김영일

논어

千室大邑百乘卿大夫之家宰邑長家臣之通號

赤也何如子曰赤也束帶立於朝可使與賓客言也不知

其仁也 朝音潮

赤孔子弟子姓公西字子華 [illegible]

○子謂子貢曰女與回也孰愈 女音汝下同

愈勝也

對曰賜也何敢望回回也聞一以知十賜也聞一以知二

一數之始十數之終二者一之對也顏子明睿所

照卽始而見終子貢推測而知因此而識彼無所不說

告往知來是其驗矣

子曰弗如也吾與女弗如也

영 어 세 대 를 위 한 완 벽 한 한 문 공 부

김영일 논어

【1】

제1편 학이(學而) ~ 제6편 옹야(雍也)

선학사

千室大邑百乘卿大夫之家宰邑長社家臣之通稱

赤也何如子曰赤也束帶立於朝可使與賓客言也不知其仁也 朝音潮

赤孔子弟子姓公西字子華 皆材者[illegible]然其德是不仁之 人[illegible]不是敢不占住是不得人

○子謂子貢曰女與回也孰愈 女音汝下同

愈勝也

對曰賜也何敢望回回也聞一以知十賜也聞一以知二

一數之始十數之終二者一之對也顏子明睿所照即始而見終子貢推測而知因此而識彼無所不說告往知來是其驗矣

子曰弗如也吾與女弗如也

머리말

『논어(論語)』는 공자와 그의 제자들이 토론한 내용을 기록한 책인데, 후세에 그의 제자들이 오랜 세월 논의를 거쳐 이룩해 놓은 동양의 고전(古典)이다. 또한 이 책은 2000년 이상 동양을 지배해 온 중심사상이었고, 지금도 전세계 사람의 정신세계에 큰 영향을 주는 보전(寶典)이기도 하다. 『논어』에서 주장하는 예(禮)와 인(仁)은 공자사상의 핵심으로, 우리 사회는 물론 전세계 분쟁지역 사람들이 반드시 관심을 가져야 하는 부분이다. 우리가 사는 세계는 혼자 사는 세상이 아니다. 성격과 환경, 인종과 종교, 습관과 생각이 다른 사람이 모여 사는 곳이다. 그러므로 좋든 그르든 서로 함께 살아가야 한다. 그러나 사람이 사는 사회는 늘 공급보다는 수요가 많은 상황이기 때문에 그 곳에는 항상 갈등과 대립, 불신과 반목, 마찰과 충돌이 끊임없이 일어난다. 이것을 막기 위하여 공자는 예와 인을 주장했다. 법과 질서를 지키고 남을 배려하는 마음을 가짐으로써 충돌을 피하고 조화(調和)로운 사회를 만들어 공생공영(共生共榮)하자는 것이 공자의 기본생각이었다. 우리는 지금 이것을 배우려고 하는 것이다. 윤리개념이나 철학이론으로 배우기보다는 한문을 통하여 이러한 갈등과 마찰의 실체를 파악하고, 이를 극복할 수 있는 지혜를 배우려는 것이다.

고등학교를 졸업하고 대학에 입학하는 학생, 그리고 대학에 재학중인 학생으로서 동양의 역사·문화·철학, 국문학, 한의학 등에 관한 고전에 접근하고는 싶으나 한문해석이 여의치 않아 주저하고 있는 사람을 위하여 한문해석의 기초교과서로 이 책은 계획되었다. 시중 서점에는 『대학한문』을 비롯하여 『천자문』 기타 한문문법책이 많이 나와 있지만,

내용에 재미를 못 느껴 쉽게 포기하는 경우가 많다는 이야기를 들었다. 그래서 내용도 재미있고 한문공부도 제대로 할 수 있는 책을 만들 수 없을까 하고 고심하던 끝에 '논어문장'을 중심으로 책을 엮어 보기로 하였다. 저자가 40여 년 전 대학에 입학하였을 때, 철학 교수님께서 "죽을 때 관(棺) 속에 넣고 저 세상으로 가져가고 싶은 책이 무엇이냐고 묻는다면 나는 서슴지 않고 『논어』라고 말하겠다."고 하시면서 『논어』야말로 이 세상에서 가장 훌륭한 책이라고 강조하시던 모습이 아직도 생생하다. 바로 그 책에 미쳐 약 5년 간의 고단한 작업을 거치면서 필자는 이 책을 세상에 내놓게 되었다.

지금의 젊은 세대는 정부의 교육정책 때문에 영어에는 신경을 많이 쓰고 관심도 갖지만, 한문은 다소 멀어진 느낌이 있다. 다음 세대는 동양을 멀리하고는 살아가기가 어려울 것이라는 이야기를 종종 듣는다. 영어는 반드시 열심히 하여야 하는 국제적인 언어이다. 그러나 한문은 우리의 마음을 지탱하여 주는 정신적 유산(遺産)이다. 우리는 고전을 떠나 우리의 문화와 역사를 지킬 수 없다. 이것이 한문을 등한히해서는 안 되는 이유이다. 이 책은 중학교 수준의 영문법 지식과 한자실력이 있다면 누구나 어려움 없이 논어문장을 독해할 수 있도록 편찬된 만큼, 동양의 철학・역사・약학・의학은 물론 우리의 고대사・종교・문화 등에 관한 고전을 잘 해독하지 못하는 영어세대의 학생을 위하여 준비한 책이다. 물론 『논어』 본래의 유교적 윤리 설명도 게을리하지는 않았다. 지금까지 출판된 대부분의 『논어』 책이 공자의 사상을 철학적 내지 윤리적 측면에서 설명하였다면 이 책은 보통 사람을 위하여 씌었으므로 추상적・철학적 설명보다는 한자 본래의 의미를 전달하는 데 중점을 두었다.

이 책은 종전의 『논어』 책에 세 가지 기능을 더 추가하였다. 첫째는 글자 한자한자의 의미와 용어설명을 평이하게 우리말로 주석을 달아 옥편을 찾지 않고도 『논어』의 문장을 쉽게 이해할 수 있도록 하였고, 둘째는 한글 주석에 다시 영어로 내용설명을 덧붙임으로써 우리말 번역에서 오는 딱딱하고 어색한 느낌을 걸러 주고 우리말 해석의 애매모호(曖昧模糊)한 점을 분명히 이해할 수 있도록 하였다. 한문문장의 구조와 어법을 영어문장과 비교하여 영어를 배운 세대가 동양문화에 관심을 갖는 데 도움을 주고자 한 것이다. 셋째는 20여 명의 외국학자들의 영어번역문을 두 개씩 발췌하여 '출판사・저자 이름'을 괄호 속에 병기하여 게재하였다. 그래서 이 책을 읽으면 영어원서 2권을 읽는 효과도

거둘 수 있다. 일석삼조(一石三鳥; To catch three pigeons with one stone. Killing three birds with one stone.)라는 말이 가장 잘 어울린다고 하겠다.

『논어』를 읽다 보면 학자 사이에 다소 해석이 다른 부분이 있다. 『논어』는 2000년 전 공자와 그의 제자들 사이의 대화내용을 기록한 것이 대부분인데, 어떤 경우는 글자 한 자를 가지고 그 당시 대화내용을 추리해야 하는 경우가 있다. 그러므로 해석에 다소 논란이 있을 수도 있고 견해가 다를 수도 있다. 어느 것이 옳고 어느 것이 틀린 것이 아니다. 유학(儒學)을 공부하는 사람은 소소한 것을 가지고 남을 비방하는 짓은 하지 않는다. 그것이 예(禮)에 맞기도 한 것이다. 이 책에서는 필자와 의견이 다른 부분의 해석도 가급적 전부 소개하기로 하였다. '이것은 맞고 저것은 틀리다'라는 이분법적(二分法的)인 사고는 『논어』의 세계에서는 부적합하다. '현실적으로 어느 것이 보다 합리적인 것이냐'라는 입장에서 판단해야 한다. 2500년 전에 뿌려놓은 고대문자의 씨앗 속에 숨겨진 태고의 비밀을 찾아내는 것은 문화재 발굴작업과도 같은 것이다. 그것은 독자의 몫이다. 이것이 『논어』의 매력이다. 『논어』는 저자보다도, 때로는 스승보다도 독자들이 더 훌륭하고 오묘한 숨은 뜻을 찾아낼 수 있기 때문이다.

특히 이 책에서 단어나 용어를 설명하는 도중에 원전(原典)을 밝히지 않은 부분이 있다. 그것은 모두 주희(朱憙)의 『논어집주(論語集註)』에서 인용한 것임을 밝혀 둔다. 또한 이 책은 영어를 배운 세대에 초점을 맞추어 한문을 설명한 것이므로 여기 나오는 문법용어도 중국문법 용어가 아니라 영어에서 사용하는 중학교 수준의 문법용어를 그대로 사용하였음을 밝혀 둔다. 아무쪼록 이 책이 우리의 고전을 탐독하려는 독자들의 뜻에 적극 부응하기를 기대한다. 그리고 여기서 세상을 살아가는 지혜를 터득하여 주었으면 하는 바람이다. **『논어』는 철학이 아니라 세상을 살아가는 상식이요, 세상을 다스리는 지혜이기 때문이다.**

끝으로, 상업성이 뒤지는 동양고전의 저술임에도 기꺼이 출판을 허락하여 주신 도서출판 선학사 이찬규 사장님께 감사드린다.

2004년 12월

저자 김영일

차 례

김영일 論語 (제1권)

제1편

學而

【학이】

제1장

子曰; 學而時習之, 不亦說乎? 有朋自遠方來, 不亦樂乎? 人不知而不慍, 不亦君子乎?

자왈; 학이시습지, 불역열호? 유붕자원방래, 불역락호? 인부지이불온, 불역군자호?

해석 | 공자께서 말씀하셨다. "배우고 제때에 그것을 익히니, 매우 기쁘지 않겠는가? 벗이 있어 먼 곳으로부터 찾아오니, 매우 즐겁지 않겠는가? 남이 알아주지 않는다 하더라도 성내지 않으니, 매우 군자다운 것이 아니겠는가?"

【주석】

01 子曰; 學而時習之, 不亦說乎 자왈; 학이시습지, 불역열호

공자께서 말씀하셨다. "배우고 제때에 그것을 익히니, 매우 기쁘지 않겠는가?" Confucius said, "Is it not a great joy to learn something and practice it at the right time?"

子 아들(자): 선생님. 여기서는 공자(孔子)를 가리킨다. 자(子)는 남자의 존칭으로 성 밑에 붙여 쓴다(老子. 孟子). 『논어』에서는 공자의 제자들이 공자의 말씀을 기록할 때 성을 생략하고 子를 주로 썼다. Confucius. ancient title of respect for a learned or virtuous man or a man in general (New Age Chinese-English Dictionary, The Commercial Press. 2001. Beijing: p.2054)

孔子 공자: 글자 그대로 번역하면 "공 선생님"이라는 뜻이다(Master Kong). 공자는 성이 공(孔)이고 이름은 구(丘), 자는 중니(仲尼)이다. 공자의 어머니는 아들을 낳기 위하여 니구산(尼丘山)에서 기도를 드렸다고 한다. 아들 이름을 구(丘)라고 짓고, 자를 중니(仲尼)라고 지은 것도 니구산과 관계가 있다. 태어나면서부터 머리 꼭대기 가운데에 움푹 들어가 언덕을 이루어 언덕(구)로 지었다고도 한다.

그런데 우리가 공자라고 하는 것은 성 뒤에 선생님이라는 뜻의 자(子)를 붙인 것이며, 자 대신에 똑 같이 선생님이란 존칭어인 부자(夫子)라고 쓰기도 한다. 성을 붙여 공부자(孔夫子)라고도 하였는데, 서양의 선교사들이 공부자를 영어로 번역하는 과정에서 중국어 발음에 가깝게 Confucius로 표기하였다고 한다. 그래서 지금 외국의 학자들은 공자를 Confucius로 번역하고 있다.

曰 가로[왈]: 말하다. 이르다. say

子曰 자왈: 공자께서 말씀하였다. 曰(왈)은 영어의 say의 의미이며, 여기서는 과거로 해석하였다. 한문에서는 글자마다 뜻이 있을 뿐 현재나 과거 등의 시제의 변화는 없다. 영어의 say, said, will say 모두가 한자로는 똑같이 曰이다. Confucius said. the Master said.

學而時習之 학이시습지: 배우고 그리고 제때에 그것을 익히다. learn something and repeat it at due times.

學 배울[학]: 배우다, 공부하다. 배우는 대상은 "학문"이지만, 그것은 "옛 선현들의 생각과 지혜 그리고 그들의 행동양식"을 배우고 깨달아 이를 본받는 것을 뜻한다. 세상을 살아가는 지혜를 배우는 것이기도 하고, 세상을 올바로 다스리는 지혜를 배우는 것이기도 하다. learn. study.

而 말 이을[이]: 그리고. …하고. …하니. 而자 앞에 나오는 문장과 而자 뒤에 오는 문장을 순차적으로 연결시켜 주는 역할을 한다고 하여 순접(順接)의 접속사(接續詞)라고 한다. and

時 때[시]: ① 제때에, 때맞추어 at the right time, at the times, timely ② 때로, 때때로, 수시로 sometimes, occasionally

習 익힐[습]: 익히다. 되풀이하여 하다, 배우다, 반복하다. 習은 새끼새가 날마다 몇 번이고 쉬지 않고 두 날개로 나는 연습을 하는 모양을 나타낸 글자이다. 새끼새가 어미새의 홰치는 것을 흉내내어 몇 번이고 되풀이하여 연습함으로써 드디어 자신의 몸체가 비상하는 것을 터득하는 과정을 의미한다. 예습, 복습을 반복함으로써 비상(飛翔)하는 방법을 배우는 것이다. repeat, practice, get accustomed to

之 갈(지): 그것. 여기서는 지시대명사로 그것 즉 배운 것(學)을 의미한다. 習이라는 동사의 목적어가 된다. it, that, them, It means what one has learnt

不亦說乎 불역열호: 매우 기쁘지 아니한가? 역시 기쁘지 않겠는가? Is it not very joyful?

不 아닐(불): 아니다. 아닌가[부]로도 읽는다. "ㄷ", "ㅈ"이 두음에 오는 일부 한자말 앞에 붙어, 그렇지 않음을 나타낼 때에는 "부"로 읽는다. [예] 부도덕(不道德). 부자유(不自由). 부정행위(不正行爲) 등. no, not, never

亦 또(역): ① 매우, 참으로. very, indeed, surely ② 또, 또한, 역시 also, too

說 기쁠(열): 기쁘다, 즐겁다, 말씀[설], 달랠[세]로도 읽는다. joyful, glad, pleased

乎 인가(호): …인가? 그러한가? 등의 의미이다. 문장 끝에 놓여 의문의 어기(語氣)를 표시한다. 물음표(?)에 해당한다. 2500여 년 전 중국 글자에는 문장형식을 표시할 때 지금과 같은 문장부호는 쓰지 않았다. 영어의 question mark (?). comma(,). colon(:). semi-colon(;). exclamation mark(!). period(.). quotation marks (" ") 등의 부호가 쓰이지 않았다. 이러한 문장부호에 해당하는 것을 모두 한자로 나타내었는데, 지역마다 언어습관이 다르고 생활관습에 차이가 있어 의문을 표시하는 글자만 하더라도 그 수가 다양하다(乎. 與. 哉. 耶. 邪 등). used to indicate the feeling of a question or counter question, used like a question mark.

02 有朋自遠方來, 不亦樂乎 유붕자원방래, 불역락호

친구가 있어 먼 곳으로부터 찾아오니, 매우 즐겁지 않겠는가? Is it not a great pleasure to have friends coming from a distant district?

有 있을(유): "가지고 있다"는 말이지만 옛글에서는 "…이 있다"라는 뜻으로 풀이하는 경우가 많다. 有 뒤에 오는 말을 마치 주어처럼 해석한다. 학자 중에는 친구라는 뜻의 우붕(友朋)이 有朋으로 잘못 표기되었다고 주장하는 사람도 있으나, 이 책의 집필목적이 어떤 고고학적인 발굴작업을 하는 것이 아니고 한자를 한자 한자 빠뜨리

지 않고 전부 젊은이에게 그 의미를 정확히 전달하려는 데 목적이 있으므로 현재 씌어 있는 글자를 중심으로 풀이하였다. there is. exist.

朋 벗(붕): 벗. 친구. 여기서는 "뜻을 같이 하는 친구"로 해석된다. friend.

自遠方 자원방: 먼 지방으로부터, 먼 곳에서. from a distant place. from a distant district. from afar.

自 스스로(자): …로부터. …에서. from, since

遠 멀(원): 멀다. far. distant. afar. remote

方 모(방): 곳. 처소. 나라. place. district. state.

來 올(래): 오다 come

樂 즐거울(락): 즐겁다. 즐기다. delightful. pleasant

不亦樂乎 불역락호: 매우 즐겁지 않겠는가? Is it not very delightful?

03 人不知而不慍, 不亦君子乎 인부지이불온, 불역군자호

남이 알아주지 않는다 하더라도 성내지 않으니, 매우 군자다운 것이 아니겠는가? Is he not like a gentleman surely, who is never vexed even if others do not know him?

人 사람(인): 사람을 뜻하는 말이지만 여기서는 "남", "다른 사람" 즉 나와 대조되는 개념으로 쓰였다. other. other person, people

人不知 인부지: 사람들이 (나를) 알아주지 아니한다. 사람들이 나를 인정하지 아니한다. 나는 나의 능력·학문·인격 등을 뜻한다. People do not know me. Others do not recognize me.

而 말 이을(이): "…하더라도". "…하지만". "그러나". 앞의 1번 문장에서의 而는 순접(順接)의 접속사로서 "그리고(and)"의 뜻이었는데 여기서는 "but" 또는 "even if"의 뜻으로 쓰였다. 而자 앞에 나오는 문장과 而자 뒤에 나오는 문장을 대조적으로

표현하는 경우 또는 앞의 문장에서 예측되는 사실이 뒤의 문장에서 실현되지 않을 경우의 문장의 접속관계를 표시한다. 한문에서는 이런 용법을 역접(逆接)의 접속사라고 한다. but. even though. even if.

慍 성낼[온]: 성내다. 화를 내다. be vexed. be upset. be resentful.

君子 군자: 학문과 덕을 갖춘 사람. 『논어』에서 군자는 덕이 있는 사람을 가리키기도 하고 또 지위를 얻은 사회지도층을 가리키기도 한다. 여기서는 학문과 덕을 갖춘 사람을 가리킨다. 주희는 군자는 덕을 이룬 사람의 이름이라고 정의하였다 (君子, 成德之名). 이 문장의 해석상으로는 君子를 "군자답다"는 형용사로 보아 "매우 군자답지 아니한가"로 해석하는 것이 자연스럽다. a man of virtue and knowledge. a gentleman. an exemplary man.

참고 **군자** | 옛사람들은 다스리는 위치에 있는 사람을 군자라고 하고, 다스림을 받는 위치에 있는 사람을 소인이라고 한 것 같다. 군자라는 말을 글자 그대로 해석하면 "임금(君)의 자식(子)"이란 뜻이다. 소인(小人)이란 말이 "하찮은(小) 사람(人)"이란 뜻과 대조를 이룬다. 지배계급(支配階級)과 피지배계급(被支配階級)으로 구분하기도 한다. 봉건제도(封建制度)시대에는 지배계급은 군자의 범위에 속하고, 피지배계급은 소인의 범위에 속하는 것으로 분류하였다. 후세에 와서 학문과 인품을 갖춘 사람을 군자로 보는 견해가 생겨났다. 공자시대에도 군자와 소인을 부분적인 것이기는 하나 위정자와 백성의 관계인 계급적인 내용으로 파악한 부분이 있다. 그러나 많은 부분에서는 학문과 덕행 등 인품에 관련된 의미로 사용되고 있다. 군자를 나타낸 외국학자들의 영어표현은 다음과 같이 다양하다. a gentleman. a man of complete virtue. a wise and good man. a princely man. a superior man. a true philosopher. a man of true nobility. a ideal man. an exemplary person

---

【 해설 】

학(學)은 "배운다"는 뜻이다. 세상을 살아가는 지혜를 배운다는 말이다. 중국 남송(南宋)시대의 유학자(儒學者)인 주자(朱子)는 "學이란 말은 본받는다는 것이다. 사람의 본성은 다 착하지만, 깨달음에는 선후가 있으니, 뒤에 깨닫는 자는 반드시 먼저 깨달은 자가 한 것을 본받아야 한다"고 주장하였다(學之爲言, 效也 人性皆善, 而覺有先後, 必效先覺之所爲). 황간(皇侃)은 『예기(禮

記)』. 학기편(學記篇)에서 "옥돌은 다듬지 않으면 옥기가 되지 못하고, 사람은 배우지 않으면 도(道)를 모른다"고 하였다(玉不琢 不成器 人不學 不知道). 백호통(白虎通)에서는 "학(學)은 각(覺)이다. 전에 알지 못하였던 것을 배워 깨닫는 것이다"라고 하였다(學者覺也 覺悟所未知也). 당시 배우는 대상은 육예(六藝)가 기본이었다고 한다. 예(禮, 예의범절). 악(樂, 음악). 사(射, 활쏘기). 어(御, 말타기). 서(書, 글쓰기). 수(數, 셈하기)가 바로 그것이다. 공자는 이것을 배우고 익히면 그 내용을 깨닫게 되고, 깨우친 것을 실천하면 마찰과 충돌이 없는 조화(調和)로운 사회가 된다고 생각하였다. 그러한 사회를 만들기 위한 이상(理想)을 가지고 한 평생 학문과 덕을 쌓았고, 뜻을 같이하는 친구, 제자들과 함께 토론하며 인생을 보냈고, 말년에는 주변 열국(列國)을 주유하면서 정치적 이상을 실현하고자 등용(登用)의 길을 찾았으나 그 기회를 끝내 얻지 못하였다. 끝 부분의 "남이 나를 알아주지 않는다 하더라도 성내지 않으니, 매우 군자(君子)다운 것이 아니겠는가?"라고 술회한 것은 정치적 야망을 이루지 못한 자신의 회한(悔恨)과 통탄(痛嘆)의 뜻이 담긴 글이다. 공자의 제자들은 공자의 일생을 이와 같이 학문, 친구, 군자의 세 가지 개념으로 요약하였다.

【외국학자 영문해석】

1 Confucius said, "Is it not a pleasure after all to practice in due time what one has learnt? Is it not a delight after all to have friends come from afar? Is it not a gentleman after all who will not take offence when others fail to appreciate him?"

(Analects of Confucius (1994): Printed by Beijing Foreign Language Printing House, China.)

2 The Master said, "To learn something and then to put it into practice at the right time: is this not a joy? To have friends coming from afar: is this not a delight? Not to be upset when one's merits are ignored: is this not the mark of a gentleman?"

(The Analects of Confucius, Translation and Notes by Simon Leys, W. W. Norton & Company. Inc. New York.)

제2장

有子曰; 其爲人也孝弟, 而好犯上者, 鮮矣. 不好犯上, 而好作亂者, 未之有也. 君子務本, 本立而道生. 孝弟也者, 其爲仁之本與!

유자왈; 기위인야효제, 이호범상자, 선의. 불호범상, 이호작란자, 미지유야. 군자무본, 본립이도생. 효제야자, 기위인지본여!

해석 | 유자가 말하였다. "그 사람됨이 부모에게 효성스럽고 형제 간에 우애가 있는데, 윗사람에게 대들기 좋아하는 사람은 드물다. 윗사람에게 대들기 좋아하지 않으면서 반란을 일으키기를 좋아하는 사람은 아직은 있지 아니하였다. 군자는 근본에 힘써야 한다. 근본이 서야만 사람이 가야 할 올바른 길이 생긴다. 효성과 공경이란 仁을 실천하는 것의 근본이 될 것이다."

【주석】

01 有子曰; 其爲人也孝弟, 而好犯上者, 鮮矣

유자왈; 기위인야효제, 이호범상자, 선의

유자가 말하였다. 그 사람됨이 효성스럽고 형을 공경하는데, 윗사람에게 대들기 좋아하는 사람은 드물다. There are few people who, being filial to their parents and obedient to their elder brothers, but are fond of offending against their superiors.

有子 유자: 공자의 제자. 노(魯)나라 사람으로 성은 유(有), 이름은 약(若), 자(字)는 자유(子有). You Zi. a disciple of Confucius.

참고 字(자): 본 이름 이외에 부르는 이름. 본 이름을 함부로 부르지 않던 시대에 장가를

든 뒤 본 이름 대신 부르던 이름을 뜻한다. [예] 이순신 장군의 자(字)는 여해(汝諧)이고, 시호(諡號)는 충무공(忠武公)이다.

其爲人 기위인: 그 사람됨. what one was made of. a person's nature. personality.

其 그(기): 그. 그것. he. it. that.

爲 할(위): 되다. become.

也 어조사(야): "…이", "…은" 하고 한 박자 멈추고 뒤에 나오는 말에 주의를 환기시키는 역할을 하는 어조사. comma 역할을 한다(최상익, 『한문해석법 연구』 pp.49~52). 체언(體言) 뒤에 붙어 이 말을 주어(主語)로 만들어 주는 역할을 한다고 설명하기도 한다(박지홍, 『한문입문』 p.179). 우리말 표현으로는 주격조사처럼 "은". "는". "이". "가"로 풀이하면 자연스럽다. equivalent to a comma. used to indicate a pause in a sentence. [The Commercial Press. 2001. Beijing, New Age Chinese-English Dictionary: p.1806].

used in the middle of a sentence, marking off a sentence element about which there is to be a statement. [Beijing Foreign Language University, A Chinese-English Dictionary, 1997 Revised Edition: p.1456].

참고 2002년 4월에 개봉된 한국영화의 영화제목에 「결혼은 미친 짓이다」라는 것이 있다. 이 영화를 보면 screen 첫 장면에 영화제목이 나오는데, 그 표현이 다음과 같다.

> 결혼은,
> 　　미친 짓이다

즉 "결혼은" 하고 comma를 찍고, 다시 한 줄 띄어서 "미친 짓이다"라고 표현하였다. 이와 같이 "결혼은" 하고 잠시 말을 멈추으로써 다음 내용을 환기시키는 표현법으로 고대중국에서는 者. 也. 也者. 焉 등이 많이 사용되었다.

孝弟 효제: 부모에게 효도하고 형제 간에 우애가 있다. 부모에게 효도하고 형을 공경한다. 孝弟는 효제(孝悌)라고도 쓴다. be filial to one's parents and obedient to one's elder brothers.

孝 효도(효): 효도, 효성. filial piety.

弟 ① 아우(제): 아우 younger brother ② 공경할(제): 형을 공경하고 잘 섬기는 것. 여기서는 ②의 의미로 쓰였다. respect one's elder brothers. respect each other between elder brothers and younger brothers.

02 而好犯上者, 鮮矣 이호범상자, 선의

그런데 윗사람에게 대들기 좋아하는 사람은 드물다. But there are few people who are fond of opposing their superiors.

而 말 이을(이): 그런데. 그러나. 역접의 접속사. 而자 앞에 나오는 문장과 而자 뒤에 나오는 문장을 대조적으로 표현하는 경우 또는 앞의 문장에서 예측되는 사실이 뒤의 문장에서 실현되지 않을 경우의 문장의 접속관계를 표시하는 접속사.(「학이」 1-1) but. and then.

好犯上者 호범상자: 윗사람에게 대들기 좋아하는 사람. the person who is fond of opposing his superiors.

好 좋을(호): 좋아하다. 기뻐하다. like. be fond of.

犯上 범상: 윗사람에게 대들다. 윗사람에 반항하다. defy one's elders. oppose one's superiors. offend one's superiors.

犯 범할(범): ① 범하다, 저촉하다. violate. offend. commit a mistake ② 거스르다, 거역하다. go against. oppose. act contrary to.

上 위(상): 윗사람. elders. superiors. those above him.

者 놈(자): …라는 사람. …라는 것. the thing which…. the person who…. those who….

鮮矣 선의: 드물다. be rare. be few.

鮮 선: 적을(선): 드물다. 적다. 흔하지 않다. rare. seldom. few.

矣 어조사〔의〕: …이다(be). 문장 끝에 쓰여 단정(斷定)의 뜻을 나타낸다. used to indicate the feeling of decision. equivalent to a period.

03 不好犯上, 而好作亂者, 未之有也 불호범상, 이호작란자, 미지유야

윗사람에게 대들기 좋아하지 않으면서 반란을 일으키기 좋아하는 사람은 아직까지는 없었다.
There have not yet been such people who did not like to offend against their superiors, was fond of stirring up a rebellion.

효성이 지극하고, 형제 간에 우애가 돈독하고, 이웃 어른들을 공경하는 사람은 반란을 일으키지 않는다. 쿠데타에 가담하지도 않고 혁명에 앞장서지도 않는다. 부모를 모시지 않는 일부 차남 이하의 사람들이 큰일을 저지르는 것을 보면 이 글귀가 재미있게 느껴진다.

不好犯上 불호범상 : 윗사람에게 대들기 좋아하지 않다. do not enjoy offending superiors.

而好作亂者 이호작란자 : 그런데 반란을 일으키기를 좋아하는 사람. but the person who is fond of causing trouble.

作亂 작란 : 반란(反亂)을 일으키다. raise a revolt. create confusion. stir up a rebellion.

作 지을〔작〕: 만들다. 일으키다. make. cause. bring about.

亂 어지러울〔난〕: 반란. 반역. 혼란. rebellion. revolt. turmoil. confusion. trouble.

未之有也 미지유야 : 아직까지는 그런 일이 있지 아니하였다. 아직까지는 그것이 없었다. 아직까지는 그런 사람이 없었다. there have not yet been such people. there have not yet been such things.

未之有 미지유 : 아직까지는 그런 일이 있지 않았다. 未之有는 未有之(아직까지는 그런 일이 없었다)의 도치형이다. 동사 다음에 목적어가 오는 영어의 제3형식 문장에 해당한다. 한문에서는 이러한 제3형식 문장이 많이 사용된다. 그런데 고어(古語)에서는 의문문이나 부정문에서 목적어가 대명사일 경우 동사와 목적어의

위치가 바뀌는 경우가 있다. 여기서는 부정문이므로 동사와 목적어의 위치가 도치되었다.

未 아닐(미) : ① 아니다. not ② 아직까지는 …하지 않다. have never yet been.

之 지 : 그것. 그런 사람. 그런 일. 여기서는 앞의 문장 전체(不好犯上, 而好作亂者)를 가리키는 지시대명사 역할을 한다. such a person. it. that.

也 어조사(야) : 문장의 끝에 쓰여 판단 또는 진술의 어기를 표시한다. 영어문장의 마침표에 해당한다. used to indicate judgement or explanation (The Commercial Press. 2001. Beijing, New Age Chinese-English Dictionary: p.1806).

used at the end of a sentence, indicating an explanation or a judgement (Beijing Foreign Language University, A Chinese-English Dictionary: p.1456). equivalent to a period.

04 君子務本, 本立而道生 군자무본, 본립이도생

군자는 근본에 힘써야 한다. 근본이 서야 도가 생긴다. The gentleman should devote his efforts to the roots, for once the roots are established, the Way will grow from them.

務本 무본 : 근본에 힘쓰다. devote one's efforts to the roots. attend to the basic. attend to the fundamental. make an effort to establish the roots.

務 힘쓸(무), 일(무) : 힘쓰다. attend to. devote one's efforts to. be engaged in.

本 밑(본) : 기초(基礎). 근본(根本). 뿌리. fundamental. root. basic.

本立而道生 본립이도생 : 근본이 서야 도가 생긴다. 근본이 서야만 사람이 가야 할 올바른 길이 생긴다. Once the roots are established, the Way will grow from them. Once the fundamentals are established, then the Way grows.

立 설(립) : 서다. 세우다. set up. establish.

生 날(생) : 나오다. 생기다. grow. be born.

而 말 이을(이): 그리고. …하고. …하여야 비로소(「학이」 1-1). and.

道 길(도): 사람이 가야 할 올바른 길. 사람이 지켜야 할 올바른 도리(道理). 도(道)는 사람이 일상생활에서 마땅히 지키고 하여야 할 올바른 길을 뜻한다. 당시로서는 자연의 이치에 순응하고, 예(禮)를 지키는 것이 도(道)의 구체적 모습이었다. the way. the principles which a man should follow in living in the world. to keep order and to follow the provision of nature.

05 孝弟也者, 其爲仁之本與 효제야자, 기위인지본여

효제란 아마도 인(仁)을 실천하는 것의 근본일 것이다. 부모에게 효도하고 윗사람을 공경하는 것은 아마도 仁을 실천하는 것의 근본일 것이다. To be filial towards one's parents and to respect one's elders-perhaps these will be the roots of humanity.

孝弟也者 효제야자 : 孝弟는, 효성과 공경이란, 부모에게 효도하고 형을 공경한다는 것은. to be filial towards one's parents and to respect one's elders.

也者 야자 : "…은", "…라는 것은". 也와 같다. 也者는 명사 뒤에 붙어 그 명사를 마치 주어(主語)처럼 보이게 하는 역할을 한다. 어법(語法)상 주격조사(主格助詞)처럼 보이므로 "은". "는". "이". "가"로 해석하면 자연스럽다. 그러나 많은 학자들은 중국의 학자들과 같이 "孝弟란" 하고 한 박자 쉬고 "仁을 이루는 것의 근본이다"라고 함으로써 어세(語勢)를 강하게 부각시키는 어기조사(語氣助詞)로 설명한다. 영어의 comma 역할을 한다고 설명하기도 한다. 영어와 중국어에는 주격조사(은. 는. 이. 가)란 없다. 잠시 숨을 고르는 comma 역할을 할 뿐이다. 중국어는 뜻글〔表意文字〕이므로 2500년 전 공자시대에는 말의 어떤 부분을 강조할 때 이와 같이 也. 也者. 者. 焉 등의 글자를 사용하여서 나타냈다. used to indicate a pause in a sentence.

其 그(기): 아마. 어쩌면 (추측을 나타내는 부사). perhaps. maybe. presumably. probably. 다음의 외국학자 영문해석 부분에서 Adam Sia는 其를 "this"로 번역하였고, Chichung Huang은 其를 "perhaps"로 번역하였다.

爲仁之本 위인지본 : 인(仁)이 되는 것의 근본. 인을 실천하는 것의 근본. 인을

실행하는 것의 근본. 주희의 『논어집주』에서는 爲仁은 "인을 실행한다는 말과 같다"고 하였다(爲仁, 猶曰行仁)〔「학이」 1-2〕. the roots of acting humanity. the roots of the way how people practice benevolence.

爲 위 : 되다. 하다. 실천하다. become. make. practice. put into practice.

之 지 : …의. …하는. of.

與 줄(여): 문장 끝에 쓰여 의문, 추측을 나타낸다. 여기서는 추측을 나타내는 부사인 其와 함께 쓰였으므로 추측의 어기가 강한 것으로 본다. 단정을 주저하는 의미를 담고 있다. 단정적으로 "仁을 이루는 근본이다"라고 하기보다는 이 與자의 의미를 살려 "仁을 이루는 근본이 될 것이다"라고 풀이함이 무난할 것이다. 주희는 『논어집주』에서 "與는 의문사로서 겸손히 물러서서 함부로 단정적으로 말하지 못하는 것이다"라고 풀이하고 있다(與者, 疑辭, 謙退不敢質言也). 드물다(鮮矣)에서의 矣는 강한 단정을 나타내지만 其爲仁之本與에서의 與는 단정적인 표현을 다소 주저하는 느낌을 주는 어조사이다. 그래서 그 해석도 "…일 것이다" 또는 "…라고나 할까" 정도의 의문을 나타내는 것으로 본다. 이런 종류의 어기사(語氣詞)는 문장의 끝에 쓰여 그 문장에 어떤 의사표시(意思表示)를 한다. 그 문장이 서술문인지, 의문문인지, 감탄문인지의 의사표명을 한다. 로마(Roma)字가 들어오기 이전인 고대 중국의 춘추전국시대에는 문장형식을 나타내는 각종부호가 쓰이지 않았다. 영어의 question mark(?), comma(,), colon(:), semi-colon(;), exclamation mark(!), period(.), quotation mark(" ") 등이 쓰이지 않고 이것을 한문 글자로 대신하였는데 지역마다 언어습관과 생활풍습이 다르므로 의문을 나타내는 글자만 하더라도 그 수가 다양하였다 (乎. 與. 哉. 耶. 邪 등).〔「위령공」 15-13〕,〔「계씨」 16-12〕 used to indicate the feeling of conjecture and question.

仁 어질(인): 자기의 사적(私的)인 욕심을 버리고, 남을 먼저 배려하는 마음. 인자(仁慈)함. 박애(博愛). 자비(慈悲). benevolence, humanity. 외국학자들은 仁을 다음과 같이 번역하고 있으나 영어 한두 단어로 仁을 설명하기는 어렵다. benevolence. humanity. kind heartedness. good. goodness. virtue. true virtue. man at his best. moral character. the true man humanity. humaneness. authoritative conduct.

【 해설 】

인(仁)은 공자사상의 핵심으로 사람이 하여야 하는 덕행(德行)을 뜻한다. 영어의 휴머니즘(humanism)에 가깝다고 할까. 학자에 따라서는 자비(慈悲), 박애정신(博愛精神)으로 표현하기도 한다. 공자는 인이 무엇을 의미하는 것인지 구체적으로 정의하지는 않았다. 여기에서는 효제(孝悌) 즉 부모에게 효도하고 형제 간에 우애하는 것을 인의 근본으로 보았다. 이것은 우선 집안 내에서부터 서로 사랑하고 협동하는 생활을 익혀야 사회에 나가서도 남의 입장을 이해하고, 서로 어울리고, 서로 돕고, 서로 사랑하는 협동정신을 실천할 수 있기 때문이다. 인은 사람이 모여 사는 세상을 배경으로 하고 있다. 사람이 사는 사회는 각기 다른 성격의 사람들이 모여 사는 곳이므로 항상 갈등(葛藤), 반목(反目)과 충돌(衝突)이 끊이지 않는다. 질서가 유지되고 사회가 안정되려면 남을 배려하는 마음이 필요하다. 남을 먼저 생각하고 남을 먼저 배려하는 박애정신이 필요하다. 인은 윤리적인 문제이므로 반드시 학문에 뛰어나거나 지혜를 갖추어야 하는 것은 아니다. 남을 사랑하고 남을 먼저 배려하는 착한 마음만 있으면 된다. 남이 아파할 때 같이 아파하고, 남이 고민할 때 같이 고민하며 해결책을 찾으려는 어진 마음이 인의 정신이다. 부모형제와 이웃에 대한 공경심(恭敬心)이 사회 전체로 번진다면, 그 사회는 어떤 갈등도 반목도 충돌도 일어나지 않을 것이다. 그래서 『논어』에서는 사회구성의 기초단위인 가정(家庭)에서의 효제(孝悌)를 인을 실천하는 근본(根本)으로 본 것이다.

【 외국학자 영문해석 】

1 You Zi said, "It is difficult is find someone who is filial towards his parents; respectful to elders but yet fond of rebelling against authorities. There has been none who is fond of causing trouble but not fond of offending their superiors. The gentleman turns his attention toward building up the basics. Once that is done, his philosophy of life would have been found. To be filial towards one's parents and to respect one's elders, this is the root of benevolence."

(The Complete Analects of Confucius(1997), translated by Adam Sia. Asiapac Books Pte Ltd. Singapore).

2 Master You said: "Those who are filial to their parents and obedient to their elder brothers but are apt to defy their superiors are rare indeed; those who are not apt to defy their superiors, but apt to stir up a rebellion simply do not exist. The gentleman applies himself to the roots. Only when the roots are well planted will the Way grow. Filial piety and brotherly obedience are perhaps the roots of humanity, are they not?"

(The analects of Confucius (Lun Yu); A Literal Translation with an Introduction and Notes by Chichung Huang, Oxford University Press, 1997.)

제1편 학이(學而) | 제3장

子曰; 巧言令色, 鮮矣仁.

자왈; 교언영색, 선의인.

해석 | 공자께서 말씀하셨다. "듣기 좋게 꾸민 말과 보기 좋게 꾸민 얼굴에는 인(仁)이 적구나!"

【주석】

01 巧言令色, 鮮矣仁 교언영색, 선의인

듣기 좋게 꾸민 말과 보기 좋게 꾸민 얼굴에는 인(仁)이 적구나! Clever words and plausible appearance have indeed little benevolence in them!

巧言令色 교언영색: 듣기 좋게 꾸민 말과 보기 좋게 꾸민 얼굴. 듣기 좋은 말을 하고 얼굴 표정을 보기 좋게 꾸미는 행위. clever words and plausible appearance. clever talk and insinuating appearance. sweet words and ingratiating face.

참고 영어에 무생물 주어(無生物 主語)라는 것이 있다. 보통의 경우에는 사람이 주어가 되고, 그 주어의 해석에는 "은", "는", "이", "가"를 붙인다. 무생물 주어의 경우에는 "은", "는", "이", "가"를 붙이지 아니하고, 부사구처럼 해석한다. 그것이 더 자연스럽다. 위 문장도 이와 같다.

(예) 1. The hotel has a Chinese restaurant on the west side.
(그 호텔에는 서쪽에 중국음식점이 있다.)

(예) 2. Excessive drinking finally took his life. (과음 때문에 결국 그는 죽었다.)

(예) 3. Her beautiful legs took my eye. (그녀의 예쁜 다리에 나는 눈을 빼앗겼다.)

한문의 경우 명사를 부사구처럼 해석하여야 문장해석이 딱딱하지 않고 자연스러운 경우가 있다.

(예) 宅邊有五柳樹(택변유오류수): "집 가장자리는 다섯 그루의 버드나무를 가지고 있다"라고 해석하기보다는 "집 가장자리에 다섯 그루의 버드나무가 있다"라고 표현함이 더 자연스럽고 딱딱하지 않다.

巧言 교언: 듣기 좋게 꾸민 말. clever talks. sweet words. artful speech.

令色 영색: 보기 좋게 꾸민 얼굴. 요염한 표정. insinuating appearance. ingratiating manner. plausible appearance. pretentious appearance.

巧 공교할(교): 교묘하게 꾸미다. use fine language. speak artfully.

令 아름다울(영): 아름답게 하다. make up one's face beautifully. adorn gracefully.

色 빛(색): 얼굴 빛. 색채. 표정. face. appearance. countenance.

鮮矣仁 선의인: 드물다 인이! 인한 데가 적다! 鮮矣仁는 仁鮮矣가 도치된 표현으로 鮮을 강조하기 위하여 앞으로 가져갔다. Virtue is seldom indeed! Humanity is rare indeed! Benevolence is seldom indeed!

鮮 적을(선): 드물다. 적다. 흔하지 않다. rare. seldom. little.

矣 의: 감탄의 어기(語氣)를 표시하는 어조사. used to indicate the feeling of exclamation. used in exclamatory sentences. (Beijing Foreign Language University, A Chinese-English Dictionary: p.1484). used in exclamation. (The Commercial Press.

2001. Beijing, New Age Chinese-English Dictionary, p.1836〕

〔예〕 甚矣吾衰也(심의오쇠야): 심하도다 나의 노쇠함이여! 〔「술이」 7-5〕
My decline is extreme indeed!

仁 인: 어진 마음씨. 인자한 마음. 남을 먼저 배려하고 사욕을 버리는 마음〔「학이」 1-2〕. humanity. virtue. benevolence. good heart. the attitudes which put aside self-interest and consider others first. humane mind to consider others first and give up self-interest.

【해설】

인은 사람의 본심(本心)에서 나오는 것이어야 한다. 그런데 말을 듣기 좋게 꾸며 농간(弄奸)을 부리고, 용모나 표정을 보기 좋게 위장하여 가면(假面)을 쓴다면 이는 위선(僞善)이고 가식(假飾)일 뿐이다. 남에게 잘 보이려고 갖은 재주를 다 부리는 사람에게는 이기심과 야망만 넘칠 뿐 무슨 인이 있겠는가. 조동아리 잘 놀리는 남자와 요염하게 교태부리는 여자에게서 어떻게 인을 찾을 수 있단 말인가. 인은 자기의 욕심은 버리고 언제나 남을 먼저 배려하는 마음이기 때문이다.

【영문해석】

1 The Master said, "Clever words and pretentious manners seldom impart nobleness."

(The Original Analects, Sayings of Confucius and His Successors, A New Translation and Commentary by E. Bruce Brooks and A Takeo Brooks, Columbia University Press, New York.)

2 Confucius said: "The cunning words and the false appearances, they are never the benevolence."

(The Analects of Confucius(unabridged), translated by Jack J. Cai & Emma Yu, Americd-rom publishing company. U.S.A).

曾子曰; 吾日三省吾身, 爲人謀而不忠乎? 與朋友交而不信乎? 傳不習乎?

증자왈; 오일삼성오신, 위인모이불충호? 여붕우교이불신호? 전불습호?

증자가 말하였다, "나는 매일 나 자신에 세 가지를 반성하는데, 남을 위하여 일을 도모하면서 충실하지 못한 것은 아닌가? 친구와 사귀면서 신의를 잃은 일은 없는가? 스승에게서 전수받은 것을 익히지 않은 것은 없는가?"

【주석】

01 曾子曰; 吾日三省吾身 증자왈; 오일삼성오신

증자가 말하였다, "나는 매일 나 자신에 세 가지를 반성한다." Zeng-zi said, "I daily examine myself on three points."

曾子 증자: 공자의 제자. 성이 증(曾), 이름이 삼(參), 자가 자여(子輿). 노나라 사람으로 공자보다 46세 연하였다. Zeng-zi. a disciple of Confucius.

吾 나(오): 나. 자신. I.

日 날(일): 매일. daily. every day.

三省 삼성: 세 가지를 반성하다. "세 번 반성하다"로 풀이하는 견해도 있으나 뒤에 세 가지 내용이 나오므로 "세 가지를 반성하다"로 풀이함이 좋다. examine in three areas. examine on three points. examine three times. examine thrice.

三 석(삼): 셋. 세 가지. three. three points.

省 살필(성): 살피다. 반성하다. examine oneself. reconsider.

吾身 오신: 나의 몸. 나 자신. myself. my person.

身 몸(신): 몸. 나 자신. myself. person.

02 爲人謀而不忠乎 위인모이불충호

남을 위하여 일을 도모하면서 충실하지 않았던 점은 없었는가? As I transact business for others, have I not been faithful?

爲人 위인: 남을 위하여. for others, on behalf of other people.

謀 꾀할(모): 일을 꾀하다. 도모하다. 모의하다. work for. plan. consult.

而 이: …하면서(순접의 접속사)(「학이」 1-1). and.

忠 충성(충): 정성을 다하다. 충실하다. sincere. faithful. do my utmost. pour out one's soul.

乎 인가 (호): …인가? 그러한가? 문장 끝에 놓여 의문의 어기(語氣)를 표시한다. 의문부호에 해당한다(「학이」 1-1). used to indicate the feeling of a question or counter question. used like a question mark.

03 與朋友交而不信乎 여붕우교이불신호

친구와 사귀면서 신의를 잃은 일은 없는가? As I associate with friends, have I not been sincere?

與 줄(여): …와. …과. 더불어. and. with.

朋友 붕우: 벗. 친구. friend.

朋 벗(붕): 벗. 친구. friend.

友 벗(우): 벗. 친구. friend.

交 사귈(교): 사귀다. 벗하다. associate with. be in intercourse with. make friend. be in interaction with.

信 믿을(신): 신의를 지키다. keep faith with.

04 傳不習乎 전불습호

(스승에게서) 전수받은 것을 익히지 않은 것은 없는가? Are there anything that I have not practised among what I have learnt?

傳 전할(전): 두 가지 해석이 가능하다. ① 전수(傳受)받은 것. what I have learnt ② 전수(傳授)하여 줌. transmitting something.

傳不習乎 전불습호: ① 전수(傳受)받은 것을 익히지 않은 것은 없는가? In what has been passed on to me, have I failed to carry it into practice? (Roger T. Ames and Henry Rosemont, Jr.) ② 전수함에 숙달되지 못한 점은 없는가? In transmitting something, have I not been proficient? (Chichung Huang)

習 익힐(습): ① 익히다. 하다. practice. carry something into practice. ② 익숙하다. 숙달하다. be proficient. master. be skillful.

【 해설 】

인(仁)을 실천하는 방법 중 한 가지를 제시하고 있다. 삼성(三省)이 바로 그것이다. 이것도 남을 배려하는 정신에서 나온 것이다. 자기반성은 수양과 인격도야의 바탕이다. 끊임없이 자기자신을 되돌아보아야 한다. 과오(過誤)나 실수(失手)가 발견되면 이를 반성하고 다시는 그와 같은 실수가 되풀이되지 않도록 유념하여야 한다.

【 외국학자 영문해석 】

1 The philosopher Zeng Zi said, "Daily, I examine myself in three areas. Have I taken advantage of others? Have I been unfaithful to my friends? Have I put into practise the lessons I have learnt?"

(The Complete Analects of Confucius(1997), translated by Adam Sia. Asiapac Books Pte Ltd. Singapore.)

2 Master Zeng said: "I daily thrice examine myself, In counseling men, have I not been wholeheartedly sincere? In associating with friends, have I not been truthful to my word? In transmitting something, have I not been proficient?"

(The analects of Confucius (Lun Yu); A Literal Translation with an Introduction and Notes by Chichung Huang, Oxford University Press 1997.)

제1편 학이(學而) | 제5장

子曰; 道千乘之國, 敬事而信, 節用而愛人, 使民以時

자왈; 도천승지국, 경사이신, 절용이애인, 사민이시

해석 | 공자께서 말씀하셨다. "전차(戰車) 1,000대를 가진 큰 나라를 다스리려면, 일을 정성 들여 처리하고 신의가 있어야 하며, 비용을 절약하고 백성을 사랑하여야 하며, 백성을 부릴 때는 때에 맞추어 일을 시켜야 한다."

【주석】

01 道千乘之國 도천승지국

전차(戰車) 1,000대를 가진 큰 나라를 다스리다. govern a thousand-chariot state. rule a country with a thousand chariots.

道 다스릴(도): 다스리다. 통치하다. govern. rule. control.

千乘之國 천승지국: 차량 1,000대의 나라. 전차 1,000대가 있는 나라. 乘은 차량을 세는 계산단위이다. 제후(諸侯)의 나라로서 군용마차 1,000대를 내놓을 수 있는 큰 규모의 국가이다. 고대 봉건국가의 통치질서를 보면 천자(天子)를 중심으로 그 밑에 제후(諸侯)가 있고, 그 아래에 대부(大夫)가 있었다. a country with a thousand chariots. a state of a thousand war-chariots.

乘 탈(승): 타다. 여기서는 수레의 계산단위로 사용되었다. calculating unit.

之 지: …의. …하는(「학이」 1-2). of.

02 敬事而信 경사이신

일을 정성 들여 처리하고 신의가 있어야 한다. carry out official duties respectfully and observe one's promise strictly.

敬事 경사: 일을 공경히 하다. 일을 신중하게 하다. 일을 처리할 때 성의를 다하고 신중을 기하다. approach your duties with reverence. perform your duties with caution and earnest. be reverent to one's duties. handle state affairs carefully. carry out official duties respectfully.

敬 공경(경): 공경하다. 조심하다. 신중하게 하다. be reverent. be careful. handle with care. deal with something reverently.

事 일(사): 일. 사건. duties. work.

信 믿을(신): 신의가 있다. 믿음직하다. be faithful to one's words. be trustworthy in words. observe one's promise strictly. make good on one's word.

03 節用而愛人 절용이애인

비용을 절약하고 백성을 사랑하여야 한다. economize expenditure and love others.

節用 절용: 비용을 절약하다. economize expenditure. reduce the expenses. cut down expenses.

節 조절할(절): 절약하다. economize. cut down. curtail. reduce.

用 쓸(용): 비용. 씀씀이. expenditure. expenses.

愛人 애인: 백성을 사랑하다. love others. love people.

04 使民以時 사민이시

때에 맞추어 백성들을 부려야 한다. employ the labour of the common people only in the right seasons. employ the common people only at the proper time.

使 하여금(사): 하게 하다. 시키다. 부리다. let. make. have

民 백성(민): 백성. 앞에 人자가 나왔으므로 표현을 달리 한 것으로 본다. the common people.

以時 이시: 때에 따라. 때에 맞추어. 토목공사나 군사훈련 등 국가의 각종 행사 등으로 백성을 동원할 때에는 파종기(播種期)나 농번기(農繁期) 등은 피하고, 농한기(農閑期)를 이용하도록 함으로써 농사일에 지장을 주지 않게 하기 위함이다. 그래서 백성을 불러들여도 적절한 때에 동원하여야 한다는 것이다. 以는 행동의 기준 또는 근거를 가리키는 전치사 역할을 한다. at the proper time. according to the seasons. at the proper seasons.

【해설】

국가를 다스리는 정치의 기본원리(fundamental principles for the government of a large state)로 공자는 다섯 가지를 제시하고 있다. 나라를 다스리는 사람은 성실하고 신의가 있어야 하며, 근검절약(勤儉節約)하고 백성을 사랑해야 한다. 또한 국가사업을 위하여 백성을 동원할 때에는 때에 맞추어 백성을 동원하여야 한다. 공자시대의 국가는 봉건주의 체제였다. 백성은 임금에게 무조건 복종하여야 하는 임금중심국가였다. 지배자와 피지배자가 엄연히 구분되었고, 백성들은 지배자인 임금이 "은혜"를 베풀어야 그나마 숨을 쉴 수 있는 독재체제였다. 공자의 주장도 결국 백성에 대한 혜택을 넓히는 측면에서 정치의 관용을 주장하였을 뿐이다. 여기서 한 가지 눈에 띄는 대목은 "백성을 사랑하여야 한다"는 것이다. 민주주의의 기본원리 세 가지 중에 겨우 한 가지의 싹을 느낄 수가 있다. 미국 제16대 대통령 링컨(Abraham Lincoln)이 주창한 "민주주의의 3대 기본원칙"인 "국민의, 국민에 의한, 국민을 위한 정부(the Government of the people, by the people, for the people)" 중에서 겨우 한 가지만 형식적으로 충족시킨 셈이다. 백성을 사랑하여야 한다는 원칙을 제시한 것은 "백성을 위한 정부"를 지향하려고 한 노력으로 평가되기 때문이다. 오늘날 민주주의 정치체제에서는 형식적으로나마 나라의 주인은 국민이라는 신념이 있다. "국민의 정부"이다. 또한 투표에 의하여 통치자를 선출하므로 "국민에 의한 정부"이다. 국민에 의하여 형성된 정부이므로 국민을 위하여야 함은 당연한 것이다. 이에 비하여 공자시대는 정치의 기초적인 하부구조가 아직 형성되지 않았다. 투표제도도 없었고 백성이 주인이라는 의식도 없었다. 이러한 상황에서 정부를 받들고 있는 백성을 의식하여 "백성을 사랑하여야 한다"는 주장을 한 것이다. 공자 사후 거의 100년이 지나 맹자(孟子)시대에 들어와서야 백성이 주인이라는 생각이 싹트게 되었다. 맹자는 "백성이 귀하고, 사직은 그 다음이며, 임금은 가볍다"고 주장하였다(民爲貴, 社稷次之, 君爲輕).〔『孟子』. 「盡心. 下」 14〕. 백성이 세금을 내고 백성이 나라를 지켜 주므로 당연히 백성이 가장 소중한 존재라는 생각이다. 유가(儒家)의 민본사상(民本思想)은 맹자에 이르러 발전되었다.

【 외국학자 영문해석 】

1 Confucius said, "When ruling a country with a thousand chariots, one must be respectable and trustworthy, exercise economy and affection to subjects and employ the people only at the proper seasons."

(The Complete Analects of Confucius(1997), translated by Adam Sia. Asiapac Books Pte Ltd. Singapore.)

2 Confucius said, "In leading a state of a thousand chariots, respect the office and be trustworthy; economize in the use of resources and love the people, and employ the people when it is timely."

(Confucius Publishing Co Ltd.: http://www.confucius.org/maine.htm//)

제6장

子曰; 弟子入則孝, 出則弟, 謹而信, 汎愛衆, 而親仁. 行有餘力, 則以學文.

자왈; 제자입즉효, 출즉제, 근이신, 범애중, 이친인. 행유여력, 즉이학문.

해석 | 공자께서 말씀하셨다. "젊은이들은 집에 들어와서는 효도를 하고, 밖에 나가서는 윗사람에게 공손(恭遜)하여야 하며, 신중하게 행동하고 신의(信義)를 지키며, 널리 많은 사람들을 사랑하되 인덕(仁德)이 있는 사람을 가까이 하여야 한다. 이렇게 하고 남는 여력(餘力)이 있으면, 곧 글을 배우는 것이다."

【주석】

01 弟子入則孝, 出則弟 제자입즉효, 출즉제

젊은이들은 집에 들어오면 효도를 하고, 밖에 나가서는 윗사람들을 공경하여야 한다. When young men are at home, they should be filial to their parents, and when they are abroad, they should be obedient to their elders.

弟子 제자: 젊은이. 젊은 사람. 부형(父兄)과 대조되는 개념이다. youth. a young man.

入 들(입): (집 안으로) 들어오다. be at home.

則 곧(즉): …하면 곧. …할 때에는. 만일…이라면. if. in case. when.

出 나갈(출): 나가다. 밖에 나가다. be abroad. be outside one's home. go out.

弟 공경할(제): 공경하다. 섬기다. 弟는 悌와 같다. 동생이 형 또는 윗사람을 공경한다는 뜻이다. 논어에서는 "섬기다"라는 뜻으로 弟자가 사용되었다. 아마 당시로서는

悌자가 아직 형성되지 아니하였던 것으로 생각된다.〔「학이」 1-6〕 obedient to one's elders.

02 謹而信, 汎愛衆, 而親仁 근이신, 범애중, 이친인

신중하게 행동하고 신의를 지키며, 널리 사람들을 사랑하되 인덕이 있는 사람을 가까이 하여야 한다. They should act with prudence and keep faith, and should love the multitude broadly, but should keep close to humane men.

槿而信 근이신: 신중하게 행동하고 신의를 지킨다. act with prudence and keep faith.

謹 삼갈(근): 근신(謹愼)하다. 삼가고 조심하다. 신중하게 행동하다. act with prudence. conduct carefully. behave cautiously. be cautious in deeds.

而 이: …하고. 그리고. and.

汎愛衆 범애중: 널리 사람들을 사랑한다. love the multitude broadly.

汎 넓을(범): 널리. 널리 차별 없이. at large. broadly. far and wide.

愛 사랑(애): 사랑하다. love.

衆 무리(중): 많은 사람들. the multitude.

而親仁 이친인: 그러나 인덕이 있는 사람을 가까이 하여야 한다. But keep close to humane men.

而 이: 그러나. …하되. 그런데. but.

親 친할(친): 가까이 하다. 친하게 지내다. keep close to. be intimated with.

仁 인: 인덕이 있는 사람. 인자(仁者). humane men. virtuous men. benevolent men.

03 行有餘力，則以學文 행유여력, 즉이학문

실행하고 남는 여력이 있으면, 그것을 가지고 곧 글을 배우는 것이다. 則자는 위에 언급한 바와 같이 영어의 if, when, in case 등에 해당하지만, 영문에서처럼 종속절(從屬節)의 맨 앞에 오지 않고 주절(主節)의 맨 앞에 온다. If they have still any energy left from such action, they will be able to study literature and the arts with it.

行 할(행): 하다. act. conduct. behave.

有 있을(유): …이 있다. there is.

餘 남을(여): 남다. 여유가 있다. be left. be spare.

力 힘(역): 힘. energy. power.

以 써(이): 그것으로써. 그것을 가지고. 그것을 이용하여 (以, 用也). 以자 다음에 목적어 之자가 생략되었다. 그것이란 남는 힘(餘力)을 가리킨다. with it. with the energy still left.

學文 학문: 글을 배우는 것이다. 文은 시서(詩書)와 육예(六藝)의 글을 말한다(『논어집주』). 정치를 배우고, 세상을 살아가는 지혜를 배우는 것일 수도 있다. 지금 시중에 나와 있는 학생용 국어사전에는 學文이란 표제어가 없고 學問으로 표시되어 있다. 학문(學文)과 학문(學問)은 그 의미가 다소 다르다. 學問은 주역(周易)의 건괘(乾卦)구이(九二)에 처음 등장하는데, 이 말은 "배움으로써 어떤 것을 모으고, 물어서 어떤 것을 변별(辨別)한다"는 뜻을 담고 있다(君子學以聚之, 問以辨之). 그러므로 學文은 단순히 글을 배우는 것이고, 學問은 글을 배우고 의심스러운 것은 물어서 그 내용을 확실하게 파악하여 판단력을 기르는 것을 뜻한다. study literature and the arts. learn rituals and music.

文 글월(문): 글. 학문. 주희는 文이란 "시서(詩書)와 육예(六藝)의 글이다."라고 풀이하였다(文, 謂詩書六藝之文). literature and the arts. rituals and music.

【 해설 】

인(仁)을 실천하는 방법을 제시하고 있다. 집에서는 효도를 하고, 사회에 나가서는 윗사람을 공경하고 근신하며 신의를 지키고, 널리 많은 사람들을 사랑하되 인덕(仁德)이 있는 사람을 특히 가까이함으로써 그를 따라 인덕을 배양해야 한다. 그런 다음에 남은 여력이 있으면 글을 배우는 것이다. 덕행을 쌓는 것이 근본적인 문제이며, 지식을 구하는 것은 그 다음의 문제임을 분명히하였다.

【 외국학자 영문해석 】

1 The Master said, "A young man should be a good son at home and an obedient young man abroad, sparing of speech but trustworthy in what he say, and should love the multitude at large but cultivate the friendship of his fellow men. If he has any energy to spare from such action, let him devote it to making himself cultivated."

(The Analects: translated by D,C. Lau, Penguin Books Ltd, London. England.)

2 The Master said, "A youth, when at home, should be filial, and, abroad, respectful to his elders. He should be earnest and truthful. He should overflow in love to all, and cultivate the friendship of the good. When he has time and opportunity, after the performance of these things, he should employ them in polite studies."

(Confucius Analects, The Great Learning and The Doctrine of The Mean, translated by James Legge, Manufactured in Dover Publication, Inc. U.S.A.)

제7장

子夏曰; 賢賢易色; 事父母, 能竭其力; 事君, 能致其身; 與朋友交, 言而有信; 雖曰未學, 吾必謂之學矣.

자하왈; 현현역색; 사부모, 능갈기력; 사군, 능치기신; 여붕우교, 언이유신; 수왈미학, 오필위지학의.

해석 | 자하가 말하였다. "여색(女色)을 소중히하는 마음을 바꾸어 어진 사람을 소중히 여기고, 부모를 섬김에 그 힘을 다할 줄 알며, 임금을 섬김에 그 몸을 바칠 줄 알며, 벗들과 사귐에 그의 말에 신의가 있다면, 비록 그가 학문을 하지 않았다고 하더라도 나는 반드시 그를 공부한 사람이라고 할 것이다."

【주석】

01 子夏曰; 賢賢易色 자하왈; 현현역색

자하가 말하였다. "여색(女色)을 소중히 하는 마음을 바꾸어 어진 사람을 소중히 여기어라."

子夏 자하: 공자의 제자. 위(衛)나라 사람으로 성이 복(卜), 이름은 상(商), 자는 자하(子夏). 공자의 제자 중에서도 학문에 뛰어나 유가(儒家)의 많은 경전(經典)을 전승하는 데 공이 크다고 한다. 공자보다 44세 아래였다. Zi-Xia. a disciple of Confucius.

賢賢易色 현현역색: 여색(女色)을 소중히 하는 마음을 바꾸어 어진 사람을 소중히 여기다. 공자는 논어의 다른 장(「자한」 9-17; 「위령공」 15-12)에서 "나는 아직 덕(德)을 좋아하기를 여색(女色)을 좋아하듯이 하는 사람을 보지 못하였다" 하였다(吾未見好德如好色者也). 당시로서는 아마 많은 젊은이들이 학문과 덕행보다는 여색을 즐기는 쪽에 빠져 있지 않았나 생각된다. 그래서 이 문장도 이 때까지는

나보다 똑똑한 사람을 똑똑하다고 대접하지 않았지만 이제부터는 마음을 바꾸어 미녀를 소중하게 여기듯이 어진 이를 소중하게 여기라고 당부한 것으로 생각된다. 이것의 해석이 다양하다. 易자를 "같이 하다"는 뜻의 如로 보아 "어진 이를 어진 이로 여기어 존중하기를 미인을 소중히 여기듯이 하라"고 해석하는 견해가 있고, 또 易자를 "소홀하게 여길〔이〕"로 보아 "부인을 얻을 경우에는 어진 덕을 어질게 여기며 미색은 가볍게 여긴다"로 해석하는 경우이다. 모두 설득력 있는 학설로서 많은 사람으로부터 주목을 받고 있다. 이 책은 학생들을 위한 한문해석에 중점을 두고 있으므로 가급적 한자 본래의 의미에 중점을 두어 풀이하였다. You had better change such a desire to enjoy a beautiful woman, and then you should treat worthy men as worthy.

賢賢 현현: 어진 사람〔賢人〕을 소중히 하다. 남의 어진 점을 어질게 여기다. 앞의 賢자는 동사로서 "존경하다", "소중히 하다"의 뜻이고, 뒤의 賢자는 명사로서 "어진 사람"이란 뜻이다. 주희는 『논어집주』에서 "다른 사람의 어진 점을 어질게 여기되 여색(女色)을 좋아하는 마음으로 한다면 선(善)을 좋아하는 데 성의(誠意)가 있는 것이다"라고 설명한다(賢人之賢, 而易其好色之心, 好善有誠也). treat worthy men as worthy.

賢 어질〔현〕: ① 존경하다. 소중히 하다. 어진 사람으로 대우하다. respect someone. treat someone as worthy man. ② 어진 사람. 나보다 먼저 배운 똑똑한 사람. 현덕(賢德)함. worthy men. men of quality. men of excellence. worthiness.

易色 역색: 여색을 소중히 하는 마음을 바꾸다. change the sexual desire to enjoy a beautiful woman.

易 바꿀〔역〕: 바꾸다. change.

色 빛〔색〕: 여색을 소중히 하는 마음. 미녀를 즐기고 싶은 마음. 미녀를 정복하고 싶은 욕정. sexual desire to enjoy a beautiful woman.

02 事父母, 能竭其力 사부모, 능갈기력

부모를 섬길 때에는 자신의 힘을 다할 수 있다. can exert one's utmost in serving one's parents. can exert all one's energy in serving one's parents.

事 섬길(사) : 섬기다. serve.

能 능할(능) : 할 수 있다. 할 줄 안다. can.

竭 다할(갈) : 다하다. 정성을 다하다. serve whole-heartedly. pour out one's soul. spare no pains. do one's best. do everything possible. endeavor.

其力 기력 : 그의 힘. 자신의 힘. one's energy.

03 事君, 能致其身 사군, 능치기신

임금을 섬길 때에는 그 몸을 다 바칠 수 있다. can devote one's whole self in serving one's prince. can lay down his life in serving the sovereign. can offer one's person to the service of one's lord.

君 임금(군) : 임금. 군주. prince. sovereign. lord.

致 이를(치) : 바치다. 내맡기다. offer one's life. lay down one's life.

其身 기신 : 그의 몸. 자기 몸. one's person.

04 與朋友交, 言而有信 여붕우교, 언이유신

친구와 교제함에 말에 신의가 있다. In associating with friends, he is truthful to his word. In intercourse with friends, he is trustworthy in what he says.

與 더불(여) : …와. …과. …와 더불어. with.

言而有信 언이유신 : 말에 신의가 있다. 말을 하는 데 신의가 있다. be truthful to one's word. be trustworthy in what he says.

05 雖曰未學, 吾必謂之學矣 수왈미학, 오필위지학의

(그가) 비록 아직 배우지 않았다 할지라도 나는 반드시 그를 배웠다고 할 것이다. Although

others say he has not yet studied, I will surely say he has studied.

雖 비록(수) : 비록. …이라 하더라도. …할지라도. although. even if. even though.

曰 가로(왈) : …이다. …라 하다. 爲와 같다. be. be said. be called.

未 아닐(미) : 아니다. 아직 …하지 않다[「학이」 1-2]. not. have not yet been.

學 배울(학) : ① 공부한 사람. 학자. scholar ② 배우다. 공부하다. learn. study.

吾 나(오) : 나(我). I.

必 반드시(필) : 반드시. 틀림없이. 꼭. surely. necessarily.

謂之學 위지학 : 그를 배웠다고 말하다. 그를 배운 사람이라고 말하다. will call him learned. will call him learned person.

謂 이를(위) : 평하다. 말하다. 비평하여 말하다. say of. talk about.

矣 어조사(의) : …이다 (be). 문장 끝에 쓰여 단정(斷定)의 뜻을 나타낸다. used to indicate the feeling of decision. equivalent to a period.

【해설】

이 장도 앞의 장과 마찬가지로 학(學)보다는 덕행이 우선한다는 입장을 강조하고 있다. 현명한 사람을 올바르게 대접하고, 부모에게 온갖 힘을 다하고, 임금에게 온 몸을 다 바치고, 친구에게 신의를 철저히 지키는 사람이라면, 비록 공부를 하지 않았다 하더라도 공부한 사람으로 대우하겠다는 것이 공자의 생각이다.

【외국학자 영문해석】

1 Tzu-hsia said, "A man who

Treats his betters as betters,

Wears an air of respect,

Who into serving father and mother
Knows how to put his whole strength,
Who in the service of his prince will lay down his life,
Who in intercourse with friends is true to his word -

others may say of him that he still lacks education, but I for my part should certainly call him an educated man."

(The analects of Confucius Translated and Annotated by Arthur Waley: A Division of Random House, INC. New York.)

2 Zixia said: "A man who values virtue more than good looks, who devotes all his energy to serving his father and mother, who is willing to give his life for his sovereign, who in intercourse with friends is true to his word---even though some may call him uneducated, I still maintain he is an educated man."

(The Analects of Confucius, Translation and Notes by Simon Leys, W. W. Norton & Company. Inc. New York.)

제1편 학이(學而) | 제8장

子曰; 君子不重則不威, 學則不固. 主忠信, 無友不如己者, 過則勿憚改

자왈; 군자부중즉불위, 학즉불고. 주충신, 무우불여기자, 과즉물탄개

해석 | 공자께서 말씀하셨다. "군자는 진중하지 않으면 위엄이 없고, 학문도 견고하지 않게 된다. 충실함과 신의를 주축으로 하고, 자기보다 못한 사람을 친구로 삼지 말 것이며, 잘못하였다면 고치는 것을 꺼려하지 말아라."

【주석】

01 君子不重則不威, 學則不固 군자부중즉불위, 학즉불고

군자는 진중하지 않으면 위엄이 없고, 학문도 견고하지 않게 된다. If a gentleman is not grave, he has no authority, and his learning also will not be solid.

君子 군자: 학문과 덕을 갖춘 사람. 사회지도층. gentleman. scholar. exemplary person.

不重 부중: 중후하지 않다. 진중하지 않다. be not grave. frivolous. lack gravity.

不 아니(부): 아니다. 아래와 같이 아닐(불)로도 읽는다. 그러나 "ㄷ", "ㅈ"이 두음에 오는 일부 한자말 앞에 붙어, 그렇지 않음을 나타낼 때에는 "부"로 읽는다. 부도덕(不道德). 부자유(不自由). 부정행위(不正行爲) 등. no. not. never.

重 무거울(중): 무겁다. 중후(重厚)하다. grave. solemn. thoughtful.

則 즉: …하면. …이면. 조건 또는 가정을 나타낸다. if. in case. when.

不威 불위: 위엄이 없다. have no authority. have no dignity. lose the respect of his inferiors. lose one's dignity.

威 위엄(위): 위엄(威嚴). 권위(權威). dignity. awe. authority.

學則不固 학즉불고: 학문도 견고하지 않다. 학문을 하여도 견고하지 않다. Even his learning will not be solid. Even though he is learned, his learning will not be firm.

不 아닐(불): 아니다. 없다. 弗. 非. 無와 같다(「학이」 1-1). no. not. never.

則 곧(즉): …해도. …하여도(역접의 접속사). even if. even though.

固 굳을(고): ① 굳다. 단단하다. 견고하다 주희는 固를 "견고하다"는 뜻으로 해석하였다(固, 堅固也). stable. firm. solid ② 고루하다. 하안(何晏)의 『논어집해(論語集解)』에서는 固를 "고루하다"는 뜻으로 보았다 (固, 蔽也). "배우면 고루하지 않게 된다"는 의미가 된다. inflexible. bigoted.

02 主忠信 주충신

충실(忠實)함과 신의(信義)를 주축(主軸)으로 하다. keep loyalty and trust as your main principle. put whole-hearted sincerity and truthfulness above everything else.

主 주로 할(주): 위주로 하다. 주축(主軸)으로 하다. make something one's guiding principle. make something main-stay. keep something as one's major principle.

忠 충: 충실(忠實)함. 忠은 어떤 일에 열과 성을 다하는 것, 또는 정성을 다하는 것 등을 뜻한다. 어떤 조직, 임금, 국가에 거역하지 않고 몸바치는 것을 뜻하는 정치적 의미의 편협한 뜻만이 있는 것은 아니다. whole-hearted sincerity. loyalty.

信 신: 신의(信義). 언행일치(言行一致)가 그 구체적 모습이다. truthfulness. faithfulness. consistency of speech and action. to be trustworthy in what one say.

03 無友不如己者 무우불여기자

자기보다 못한 사람을 친구로 삼지 말아라. Do not make friends of the people who are inferior to you. Do not accept as friends the persons who are not as good as you. Do not befriend those beneath you.

無友 무우: 친구로 삼지 말아라. 벗하지 마라. do not make close friends. do not befriend. do not accept as friend.

無 말(무): 하지 마라. 毋. 勿. 莫과 같다. used in prohibitions, admonitions, etc. do not. never.

友 벗(우): 벗하다. 친구로 삼다. 친하게 지내다. 가까이 하다. befriend. make friend.

不如己者 불여기자: 자기보다 못한 사람. 학문과 덕행이 자기보다 못한 사람을 뜻한다. 不如, 不若은 "…보다 못하다"의 뜻이다. one who is not as good as you. persons beneath you. the persons who are not like you.

(예) 百聞不如一見(백문불여일견): 백 번 듣는 것이 한 번 보는 것보다 못하다.

Hearing a hundred times is not like seeing one time. (속담: Seeing is believing. One picture is worth a thousand words. An eye finds more than two ears.)

不如 불여: …보다 못하다. 不若과 같다. be not as good as. inferior to.

04 過則勿憚改 과즉물탄개

잘못하였다면 고치는 것을 꺼려하지 말아라. When you made a mistake, do not hesitate to correct it.

過 허물(과): 잘못하다. 실수하다. make a mistake. commit a fault.

勿憚改 물탄개: 고치기를 꺼리지 말아라. don't hesitate to correct the mistake.

勿 말(물): 말라. 하지 마라. 無. 毋. 莫과 같다. 금지를 표시하는 부사. never. do not do. used in prohibitions, admonitions, etc.

(예) 己所不欲 勿施於人(기소불욕 물시어인): 자기가 원하지 않는 것은 다른 사람에게 시키지 말아라(「안연」 12-2). Do not impose upon others what you do not want for yourself.

憚 꺼릴(탄): 꺼리다, 두려워하다. hesitate. be afraid to.

改 고칠(개): 고치다, 바로잡다. correct, set right

【해설】

사회지도층에게 하는 충언이다. 여기서 다소 논란이 되는 것은 "자기보다 못한 사람과 벗하지 말라"는 구절이다. 공부가 뒤지는 사람, 집이 가난한 사람, 재능이 부족한 사람, 그리고 장애가 있는 사람, 이런 사람들은 어디 갈 곳이 없다. 너무 이기적 · 타산적이 아니냐는 의문이 제기되기도 한다. 그러나 이는 학문과 수양에 전념하여야 하는 특수한 입장에 있는 사람에 대한 격려의 말로 이해하여야 한다. 구도(求道)의 길을 걷고 있는 신학생, 불교대학생들에게 불량배 친구가 무슨 도움이 되겠는가?

【외국학자 영문해석】

1 The Master said, "Exemplary persons (junzi 君子) lacking in gravity would have no dignity. Yet in their studies they are not inflexible. Take doing your utmost and making good on your word (xin 信) as your mainstay. Do not have as a friend anyone who is not as good as you are. And where you have erred, do not hesitate to mend your ways."

(The Analects of Confucius, a philosophical translation, by Roger T. Ames and Henry Rosemont, Jr, 1998 published by The Ballantine Publishing Group.)

2 The Master said: "A gentleman who lacks gravity has no authority and his learning will remain shallow. A gentleman puts loyalty and faithfulness foremost; he does not befriend his moral inferiors. When he commits a fault, he is not afraid to amend his ways."

(The Analects of Confucius, Translation and Notes by Simon Leys, W. W. Norton & Company. Inc. New York.)

제1편 학이(學而) | 제9장

曾子曰; 愼終追遠, 民德歸厚矣.

증자왈; 신종추원, 민덕귀후의.

해석 | 증자가 말하였다. "부모의 상을 신중하게 치르고 조상의 제사를 잘 지내면, 백성들의 도덕성은 두터운 상태로 돌아갈 것이다."

【 주석 】

01 慎終追遠, 民德歸厚矣 신종추원, 민덕귀후의

부모의 상을 신중하게 치르고 조상의 제사를 잘 지내면, 백성들의 도덕성은 두터운 상태로 돌아갈 것이다. When the funeral of deceased parents are conducted cautiously in accordance with the rites and the memory of remote ancestors are given devoutly, the morality of the people will be enhanced.

慎終 신종: 장례를 정중하게 치르다. 상례를 치를 때 그 예를 다하다 (慎終者, 喪盡其禮). conduct the funeral prudently. practice the funeral cautiously in accordance with the rites.

慎 삼갈(신): 삼가다. 조심하다. 신중하게 처리하다. prudent. cautious. careful.

終 끝날(종): 끝. 종말. 죽음을 뜻하며 상례(喪禮)를 가리킨다. end. death.

追遠 추원: 멀리 가신 분을 추모하다. 조상의 제사를 지낼 때 그 정성을 다하다(追遠者, 祭盡其誠). offer sacrifices to ancestors.

追 쫓을(추): 추모하다. 사모하다. look back upon the memory of. cherish the memory of.

遠 멀(원): 멀리 가신 분. 돌아가신 분. 조상(祖上)을 가리킨다. remote ancestors.

民德歸厚矣 민덕귀후의: 백성의 도덕성은 두터운 상태로 돌아가게 될 것이다. 백성의 도덕성은 향상될 것이다. The morality of the people will be enhanced.

民德 민덕: 백성의 도덕성. 국민의 질서의식. 국민의 문화수준(民度). the morality of the people, the virtue of the people, the people's virtue.

民 백성(민): 백성. 사람들. people.

德 덕(덕): 덕. 도덕성. 남을 배려할 줄 아는 품성. morality. virtue.

歸厚 귀후: 두터운 상태로 돌아가다. 두터워지다. the virtue of the people will be enhanced. the morality of the people will be reinforced.

歸 돌아갈(귀): 돌아가다. return.

厚 두터울(후): 두텁다. 후덕(厚德)하다. be enhanced. be reinforced.

矣 의: …이다(be). 문장 끝에 놓여 단정 또는 필연의 결과를 표시한다. used to indicate the feeling of a decision or an inevitable consequence.

【해설】

왕실이든 일반 민가이든 어느 곳에서나 일어날 수 있는 행사가 상례(喪禮)와 제례(祭禮)이다. 이것만 정성 들여 신중(愼重)하게 처리하여도 그 집안은 물론 국민 전체의 도덕성이나 문화수준, 나아가서는 사회질서까지도 향상될 수 있다는 것이 이 장의 취지이다. 당시의 교육이란 지금의 영어. 수학 위주의 입시교육이 아니라 옛 선현들의 삶 속에 녹아 있는 행동양식을 배우고 본받는 것이므로 상례와 제례는 생활의 큰 부분을 차지하였다. 부모의 장례를 정성을 다하여 치른다는 것은 살아 계실 적에 효도를 다하는 것은 물론 돌아가신 후에도 잊지 않겠다는 의지를 담는 것이며, 자손들을 있게 한 조상(祖上)의 제사는 선조(先祖)의 위업을 계승하여 더욱 전진할 것을 다짐하는 자리를 마련하는 것이다. 부모의 상례와 조상의 제사를 통하여 공동체 내 구성원 간의 화합과 전진을 기원하는 목적도 담고 있다. 제사는 참여하는 모든 사람에게 상호간의 갈등과 반목을 극복하고 서로 화합하여 조직 전체의 일체감을 조성시키는 기능이 있다. 그래서 임금은 군신과 백성 모두를 결집시켜 화합의 한 마당을 이루기 위하여 조상에게 제사를 지낸다. 이렇게 함으로써 국민 전체의 도덕성도 한 단계 상승하는 효과가 있을 것이라는 것이 증자의 생각이다.

【외국학자 영문해석】

1 Zeng Zi said, "When the funeral rites of deceased parents are practiced meticulously and the practice of offering sacrifices to ancestors observed faithfully, the morality of the people will reach its pinnacle."

(The Complete Analects of Confucius(1997), translated by Adam Sia. Asiapac Books Pte Ltd. Singapore.)

2 Zeng Zi said, "When funerals are conducted in accordance with the rites and sacrifices to the remote ancestors are given devoutly, the morality of the people will naturally reach its peak."

(Analects of Confucius (1994): Printed by Beijing Foreign Language Printing House. China.)

제1편 학이(學而) | 제10장

子禽問於子貢曰; 夫子至於是邦也, 必聞其政, 求之與, 抑與之與?
子貢曰; 夫子溫. 良. 恭. 儉. 讓以得之. 夫子之求之也, 其諸異乎人之求之與.

자금문어자공왈; 부자지어시방야, 필문기정, 구지여, 억여지여?
자공왈; 부자온. 양. 공. 검. 양이득지. 부자지구지야, 기저이호인지구지여.

해석 | 자금이 자공에게 물었다. "선생님께서는 어떤 나라에 이르시든 반드시 그 나라의 정치를 들으셨습니다. 그것을 요구하신 것입니까? 그렇지 않으면 그 나라가 그에게 준 것입니까?"

자공이 대답하였다. "선생님께서는 온화(溫和)·선량(善良)·공순(恭順)·검소(儉素)·겸양(謙讓)하셔서 그것을 얻어들으신 것입니다. 선생님께서 그것을 구하시는 방법은 아마도 다른 사람이 그것을 구하는 방법과는 다를 것입니다."

【 주석 】

01 子禽問於子貢曰 자금문어자공왈

자금이 자공에게 물었다. 자금이 자공에게 물어 말하였다. Zi-qin asked of Zi-gong saying.

子禽 자금: 공자의 제자로서 성은 진(陳), 이름은 항(亢), 자는 자금(子禽). 공자보다 40세 연하이다. Zi-qin. a disciple of Confucius.

子貢 자공: 공자의 제자로서 성은 단목(端木), 이름은 사(賜), 자는 자공(子貢). 공자보다 31세 연하이다. Zi-gong. a disciple of Confucius.

問 물을(문): 묻다. 질문하다. 뒷부분에 왈(曰)자가 있다. "問…曰"은 글자의 뜻이 "물어 말하였다"는 내용이 되지만 問자 한 글자만으로도 충분하다. 아마 당시의 언어습관이 이렇게 덧붙여 사용한 것으로 생각된다. 曰자 뒤에는 질문한 내용이 나온다. "대답하다"라는 말도 동일하다. 對만으로도 충분한데 "對…曰"이라고 표현하고 있다. ask of. inquire of.

於 어조사(어): …에게. to.

02 夫子至於是邦也, 必聞其政, 求之與, 抑與之與

부자지어시방야, 필문기정, 구지여, 억여지여

선생님께서는 어떤 나라에 이르시든 반드시 그 나라의 정치를 들었습니다. 그것을 요구한 것입니까? 그렇지 않으면 그에게 준 것입니까? When the Master arrives in a certain state, he always learns about its government. Does he seek it? or is it offered to him? (Chichung Huang)

夫子 부자: 선생님. 그 어른. 그분. 제3자의 존칭. 여기서는 공자를 가리킨다. the Master.

夫 저(부): 사물을 지시하는 말(저. 그. 이). that. it. this.

至 이를(지): 이르다. 도착하다. arrive. reach.

於 어: …에. 장소의 전치사. at. in. on. to.

是邦 시방: 어떤 나라. 어느 한 나라(「위령공」 15-9). a certain state. any state. some country.

〔예〕 居是邦也, 事其大夫之賢者, 友其士之仁者(거시방야, 사기대부지현자, 우기사지인자): 어떤 나라에 살든 그 나라의 대부 중에서 현명한 사람을 섬기고, 그 나라의 선비 중에서 인한 사람을 벗으로 사귀어야 한다〔「위령공」 15-9〕. When dwelling in some country, serve the worthy among its dignitaries; befriend the rvn among its officers. (E. Bruce Brooks and A Takeo Brooks) / When you are living in any state, take service with the most worthy among its great officers, and make friends of the most virtuous among its scholars. (James Legge)

是 이(시): 이. 이것. 여기서는 "어떤", "어느", "어느 한", "어떤 하나"의 뜻으로 불특정한 것을 가리키는 지시형용사의 역할을 한다. certain. any. some.

也 야: 음절을 조절하고 어기를 고르는 어조사. 한 박자 멈추는 듯한 느낌을 주는 역할을 한다. comma 역할을 한다〔「학이」 1-2〕. used to indicate a pause in a sentence. (The Commercial Press. 2001. Beijing, New Age Chinese-English Dictionary: p.1806)

聞其政 문기정: 그 곳의 정치에 대하여 들었다. 그 나라의 정치에 대하여 자문(諮問)을 받았다. hear about its government. become informed about its politics.

聞 들을(문): 듣다. hear.

其 그(기): 그 것. 그 곳. 여기서는 "그것의". "그 나라의"로 해석된다. its. that country's.

政 정사(정): 정치(政治). 정사(政事). politics. government. administration.

求之與 구지여: 그것을 요구한 것입니까 ? 之는 직접목적어로서 "그것을 (it)"의 의미. Does he ask for it? Does he seek it? Does he ask that information?

求 구할(구): 요구하다. 청하다. ask for. seek.

之 어조사(지): 그것. "정치에 관하여 들은 것(聞其政)"을 가리킨다. it. that.

與 여: …인가? …한가? 의문의 어기를 표시하는 어조사. 여(歟)와 같다. used

to indicate the feeling of a question. equivalent to a question mark. expressing doubt or used in rhetorical questions (The Commercial Press. 2001. Beijing, New Age Chinese-English Dictionary: p.1889)

抑與之與 억여지여: 그렇지 않으면 그에게 준 것입니까? Otherwise is it offered to him? / If not, is it given to him?

抑 누를(억): 또는. 그렇지 않으면. or. otherwise. if not.

與之 여지: 그에게 주다. give him.

참고 영어에서는 I, my, me 등으로 주격, 소유격, 목적격 등을 구분하여 사용하지만 한문에서는 아(我)로 통용된다.

與 줄(여): 주다. be given. be offered. 뒤에 나오는 與는 의문을 나타내는 조사로서 영어의 question mark에 해당한다.

之 지: 그에게(간접목적어). him.

03 夫子溫.良.恭.儉.讓以得之 부자온.양.공.검.양이득지

선생님은 온순하고, 선량하고, 공손하고, 검소하고, 겸손함으로써 그것을 얻은 것이다. The Master obtains it by being cordial, kind, courteous, temperate, and deferential. (Simon Leys). / The Master obtains it through gentleness, benevolence, respectfulness, frugality, and deference. (Chichung Huang)

溫.良.恭.儉.讓 온.양.공.검.양: 온화(溫和)함. 선량(善良)함. 공순(恭順)함. 검소(儉素)함. 겸양(謙讓)함 등 다섯 가지의 미덕(美德). benign, good, modest, frugal and deferential.

以 이: ① …으로써. … 때문에. 보통은 명사 앞에 붙어 전치사로 쓰이지만 이렇게 명사 뒤에 오는 경우도 있다. with. by. ② …하여. …하여서. 而와 같다 (심재동, 『한문해석법』 p.324). and.

溫 따뜻할(온): 따뜻하다. 온화(溫和)하다. cordial. benign.

良 어질(양): 어질다. 선량하다. good. kind.

恭 공손할(공): 공손(恭遜)하다. 겸손하고 신중하다. modest and cautious. courteous and prudent. respectful.

儉 검소할(검): 검소하다. frugal.

讓 사양할(양): 사양하다. 겸손하다. decline something in favor of another. give way to another. make a concession. act with modesty. conduct in a modest way.

得之 득지: 그것을 얻게 되었다. 그것을 듣게 되었다. obtain it.

得 얻을(득): 얻다. obtain. acquire. get.

04 夫子之求之也, 其諸異乎人之求之與

부자지구지야, 기저이호인지구지여

선생님이 그것을 요구하는 방법은 아마 다른 사람이 그것을 요구하는 방법과 다를 것이다. The way the Master seeks it is, perhaps, different from the way other men seek it. (D,C. Lau)

夫子之求之也 부자지구지야: 선생님이 그것을 요구하는 것은. 선생님이 그것을 요구하는 방법은. 명사절로서 주어역할을 한다. that the Master asks for it. (noun clause). the way the Master seeks it.

之 지: 절(clause)을 만드는 역할을 한다. 주격조사처럼 "은". "는". "이". "가"로 풀이한다. "之…也"의 형식으로 많이 쓰인다(…이 …하는 것). 뒤에 나오는 之는 "정치에 관하여 들은 것(聞其政)"을 가리키는 지시대명사. "that" as conjunction leading a noun clause.

(예) 君子之過也, 如日月之食焉(군자지과야, 여일월지식언): 군자가 잘못을 저지르는 것은 일식이나 월식과 같다(「자장」 19-21). It is like the eclipses of the sun and the moon that the gentleman commits an error. The gentleman's errors are like the eclipses of the sun and the moon.

也 야: …은. 한 박자 멈추는 듯한 느낌을 주는 어조사. comma 역할을 한다〔「학이」 1-2〕. used to indicate a pause in a sentence. (The Commercial Press. 2001. Beijing, New Age Chinese-English Dictionary: p.1806) equivalent to a comma.

其諸 기저: 아마도. 혹시. 其 자만으로도 "아마"라는 뜻의 추측의 어기를 나타내는데, 여기에 어세를 강하게 하는 조사 諸를 덧붙이고, 다시 끝에 역시 추측을 표시하는 어조사 與를 추가하였다. 其諸…與로 연용되어 추측을 나타내는 말로 쓰이며, 이 어투는 "春秋公羊傳"에 등장하는데, 제(齊)나라와 노나라의 사투리〔方言〕라고 한다(양백준, 『논어역주』 p.31; 이기동, 『논어강설』 p.63 참조). perhaps. maybe. presumably. probably.

異乎 이호: …와 다르다. different from.

〔예〕 國之語音異乎中國, 與文字不相流通(국지어음이호중국, 여문자불상유통): 나라의 말소리가 중국과 달라 문자와 더불어 서로 통하지 못한다(訓民正音 序文). The sound of our language is different from Chinese, it does not communicate each other.

異 다를〔이〕: 다르다. different from.

乎 호: …와. …과. 비교대상을 표시하는 전치사로 於와 같다. indicate the object of comparison.

人之求之 인지구지: 다른 사람이 그것을 요구하는 것. 앞의 之는 절(clause)을 만드는 구조조사로서 마치 주격조사처럼 "…이"로 해석되고, 뒤에 나오는 之는 "그것"이란 뜻의 지시대명사로 "정치에 관하여 들은 것(聞其政)"을 가리킨다. 人은 사람을 뜻하는 글자이지만 많은 경우에 "남" 또는 "다른 사람"이라는 의미로 해석된다. that others ask for it. (noun clause). the way others asks for it.

與 여: …일 것이다. 문장 끝에 쓰여 의문, 추측을 나타낸다. 其와 함께 쓰이는 경우가 많다〔「학이」 1-2〕. used to indicate the feeling of conjecture.

【 해설 】

공자가 살던 시대는 정치적 혼란이 극심하였던 시절이었다. 주(周)나라가 서쪽 오랑캐인 견융(犬戎)의 침략을 받아 천자가 살해되고 수도를 낙읍으로 옮겨야 하는 수모를 당한다. 공자가 살던 노나라는 주나라의 제후국이었는데 주나라의 권위가 땅에 떨어지자 제후국 사이에 약육강식의 혈전이 끊이지 않았다. 지식인이라면 누구나 어떻게 하면 이 혼란을 극복하고 안정을 찾을 수 있을까 고민하였을 것이다. 공자는 주변의 여러 나라를 방문하면서 그 나라 임금과 정치를 논의하였다. 공자는 권모술수나 무력에 의한 억압정치를 배격하고 인덕(仁德)을 바탕으로 한 왕도정치(王道政治)를 주장하였다. 공자는 백성을 위한 정치는 주장하였지만 백성에 의한 정치는 주장하지 않았다. 훌륭한 학문과 인덕을 갖춘 군자에 의한 정치를 주장한 것이다. 그리고 그는 온화(溫和), 선량(善良), 공순(恭順), 검소(儉素), 겸양(謙讓) 등의 덕목을 정치에 구현하고자 하였다.

【 외국학자 영문해석 】

1 Tzu Chin inquired of Tzu Kung saying: "'When the Master arrives at any State he always hears about its administration. Does he ask for this information, or, is it tendered to him?' 'The Master', said Tzu Kung, 'is benign, frank, courteous, temperate, deferential and thus obtains it. The Master's way of asking, - how different it is from that of others!'"

(The Analects, Confucius translated by William Edward Soothill. Dover Publications, Inc. New York.)

2 Zi-qin asked of Zi-gong: "When the Master arrives in a certain state, he always learns about its government. Does he seek it? or is it offered to him?"
Zi-gong said: "The Master obtains it through gentleness, benevolence, respectfulness, frugality, and deference. The way the Master seeks it is perhaps different from the way others seek it, is it not?"

(The analects of Confucius (Lun Yu); A Literal Translation with an Introduction and Notes by Chichung Huang, Oxford University Press 1997.)

제1편 학이(學而) | 제11장

子曰; 父在, 觀其志. 父沒, 觀其行. 三年無改於父之道, 可謂孝矣.

자왈; 부재, 관기지. 부몰, 관기행. 삼년무개어부지도, 가위효의.

해석 | 공자께서 말씀하셨다. "아버지가 살아 계실 때에는 그분의 뜻을 살펴야 하고, 아버지가 돌아가셨을 때에는 그분의 행적을 살펴야 한다. 3년 간 아버지의 도(道)를 고치지 않는다면 효성스럽다고 할 수 있다."

【주석】

01 父在, 觀其志; 父沒, 觀其行 부재, 관기지; 부몰, 관기행

아버지가 살아 계실 때에는 그분의 뜻을 살펴야 하고, 아버지가 돌아가셨을 때에는 그분의 행적을 살펴야 한다. When one's father is alive, one should observe his father's will. When one's father is dead, one should observe his father's former actions.

父 부: 아비(부): 아버지. father.

在 재: 있을(재): 있다. 살고 있다. be alive.

觀其志 관기지: 그 뜻을 살펴야 한다. 그분의 뜻을 살펴야 한다. observe his thinking. observe his will.

觀 볼(관): 자세히 보다. 살피다. observe.

志 뜻(지): 뜻. 의향. 마음. will. mind. intention.

沒 가라앉을(몰): 죽다. 없어지다. 가라앉다. die. go down. sink.

觀其行 관기행: 그의 행적을 살펴야 한다. observe his former actions. watch his conduct. observe his deeds.

行 다닐(행): 행적(行蹟). achievements of one's lifetime. one's record of performances.

02 三年無改於父之道, 可謂孝矣 삼년무개어부지도, 가위효의

3년 동안 아버지의 도(道)를 고치지 않는다면 효성스럽다고 할 수 있다. If, for three years, he does not change his father's Way, he may be called to be filial.

於 어: …을. …를. …에 대하여. 어떤 동작의 대상을 표시하는 전치사. used as a preposition indicating the object of an action.

〔예〕 君子博學於文(군자박학어문): 군자는 학문(學文)을 널리 배운다〔「옹야」 6-25〕. A gentleman studies culture extensively.

無 무: 아니다. 不와 같다. not.

父之道 부지도: 아버지의 도(道), 아버지가 생전에 일을 처리하던 방식과 원칙. his father's Way.

可謂孝矣 가위효의: 효성스럽다고 할 수 있다. 효성스럽다고 말할 수 있다. can be called to be filial.

可 가히(가): 할 수 있다. 할 만하다. can. be able to.

謂 이를(위): 평하다. 말하다〔「학이」 1-7〕. say of. talk about.

孝 효도(효): 효도, 효성〔「학이」 1-2〕. filial piety.

矣 어조사(의): …이다 (be). 문장 끝에 쓰여 단정(斷定)의 뜻을 나타낸다〔「학이」 1-2〕. used to indicate the feeling of decision. equivalent to a period.

【 해설 】

효도의 방법으로 아버지의 마음을 잘 살펴 평소에는 그의 뜻을 잘 받들고, 그분이 돌아가셨을 때에는 그분이 하던 일을 잘 계승하여야 한다는 점을 강조한 글이다. 아버지와 함께 일하던 창업공신도 3년 정도는 계속 일할 수 있도록 하여야 한다. 아버지가 돌아가셨다고 나이 많은 공신을 즉시 해고하는 것은 불효에 속한다. 그분들에게도 직장을 떠날 수 있는 준비기간을 3년 정도는 주는 것이 아버지의 사업을 이어받은 자식으로서의 최소한의 예의이다. 이러한 해석은 논리적 타당성의 문제라기보다는 현실적인 배려의 측면에서 기술한 것이다. 그리고 아버지의 뜻이나 행적이 잘못되어 있음이 명확할 때에는 이를 고치는 것은 당연하다. 유가(儒家)에서는 일반적으로 아버지의 방식은 대개 잘 되어 있다는 전제를 깔고 있기 때문이다.

【 외국학자 영문해석 】

1 Confucius said, "When a man's father is alive, check his ideals. When a man's father is deceased, watch his conduct. If for three years after he does not change the ways he observes as when his father was alive, he has fulfilled his duty of filial piety."

(The Complete Analects of Confucius(1997), translated by Adam Sia. Asiapac Books Pte Ltd. Singapore.)

2 Confucius said, "Observe his aspirations when his father is alive, and observe his actions when his father passes away. He may well be called filial if he sticks to his father's way for three years after the latter's death."

(Analects of Confucius (1994): Printed by Beijing Foreign Language Printing House. China.)

제12장

有子曰; 禮之用, 和爲貴. 先王之道, 斯爲美, 小大由之. 有所不行, 知和而和, 不以禮節之, 亦不可行也.

유자왈; 예지용, 화위귀. 선왕지도, 사위미 소대유지. 유소불행, 지화이화, 불이예절지, 역불가행야.

해석 | 유자가 말하였다; "예법(禮法)을 적용함에는 조화(調和)가 중요하다. 선왕의 도(道)도 이것을 훌륭하다고 여겨, 크고 작은일에 그것을 따랐다. 제대로 행하여지지 않는 경우도 있다. 조화를 알고 조화만 시키려고 하면서, 예(禮)로써 그것을 조절하지 않으면 또한 행해질 수 없는 것이다."

【주석】

01 有子曰; 禮之用, 和爲貴 유자왈; 예지용, 화위귀

예법(禮法)을 적용함에는 조화(調和)가 중요하다. You Zi said, "In the application of the rituals, harmony is valuable."

有子 유자: 공자의 제자. 魯나라 사람으로 성은 유(有), 이름은 약(若), 자는 자유(子有)〔「학이」 1-2〕. You Zi. a disciple of Confucius.

禮之用 예지용: 예법(禮法)을 적용시킴. 예법(禮法)을 씀. 예의 효용. apply the rituals. conduct the rites. practice the rules of propriety.

禮 예(예): 일반적으로 예의범절을 뜻한다. 공동생활을 함에 사람이 지켜야 할 몸가짐 또는 대인관계의 법칙을 말한다. 예(禮)는 윤리도덕뿐만 아니라 법률규정까지도 포함된다. 예는 옛 성현들의 삶에서 나타난 훌륭한 행동양식을 본(本)으로 하여 만들기도 하고, 나라를 다스리기 위한 통치수단으로 만들기도 하였다. 그래서

예에는 관혼상제에 관한 격식뿐만 아니라 국가예산의 편성과 집행, 세금징수 규정, 관리 등용 규정, 관리의 봉급책정 규정, 형벌 규정 등이 모두 예에 포함되어 있다. 예는 나라와 백성 간의 관계, 임금과 신하관계, 부모와 자식관계, 남편과 아내관계, 형과 아우관계, 손윗사람과 아랫사람과의 관계, 이웃과 이웃 간의 관계, 친구와 친구관계, 남자와 여자관계 등에서 서로가 지켜야 할 사항을 규정하고 있다(『禮記』 참조). 예는 이와 같이 사람과 사람 사이의 생활관계이므로 항상 조화(調和)를 염두에 두어야 하는 속성이 있다. 특정인에게 불리하거나 특정세력에게 유리해서는 안 된다. 조화가 깨지기 때문이다. 조화가 깨지면 사람과 사람관계에 충돌과 반목이 발생할 수 있다. the rituals. the rites. regulation.

用 용: 쓸〔용〕: 적용. 사용. the application of a rule. the application of a law.

之 지: …을. …를. "예를 적용한다"고 표현할 경우에는 어순이 "用禮"가 되어야 하는데, 목적어인 禮를 강조하기 위하여 앞으로 가져가면 之가 마치 목적격 조사처럼 따라 붙는다. 之를 단순히 "…의(of)"의 역할로 볼 수도 있다. be used like an objective particle. of.

和爲貴 화위귀: 조화(調和)가 귀중하다. 조화(調和)가 중요하다. harmony is valuable.

和 화: 온화할〔화〕: 조화(調和). 운용의 묘. harmony. flexibility of the application of a law.

爲 위: 할〔위〕: …이다. be.

貴 귀: 귀중하다. 중요하다. valuable. important.

02 先王之道, 斯爲美, 小大由之 선왕지도, 사위미, 소대유지

선왕의 도(道)도 이것을 훌륭하다고 여겨, 크고작은 일에 그것을 따랐다. The Way of the former kings considered this most beautiful, they followed it, in small or great things.

先王之道 선왕지도: 선왕의 도, 선왕이 세상을 다스린 원칙과 방법. the Way of

the former kings. the way of the ancient kings. the ways prescribed by the ancient kings.

先王 선왕: 옛날의 훌륭한 임금. 선왕은 요(堯), 순(舜), 우(禹), 탕(湯), 문(文), 무(武) 등과 같이 훌륭한 정치를 베푼 선대(先代)의 임금을 가리킨다. the ancient kings. the former kings.

道 길(도): 사람이 지켜야 할 올바른 길. 도는 사람이 이 세상을 살아감에 지키고 행하여야 할 올바른 길을 뜻한다. 당시로서는 자연의 이치와 주(周)나라에서 확립한 예(禮)를 깨닫고 지키는 것이 도의 구체적 모습이었다. 여기서는 선왕(先王)을 다룬 문장이므로 "선왕이 세상을 다스린 원칙과 방법"을 뜻하는 것으로 본다〔「학이」 1-2〕. the way. the principles which a man should follow in going on in the world.

斯爲美 사위미: 이것을 아름답다고 여겼다. 이것(斯)이란 예에서의 조화를 가리킨다. consider this beautiful. regard this as the most beautiful thing.

爲 위: 여기다. 간주하다. 생각하다. regard. deem. think. treat.

小大由之 소대유지: 크고작은 일도 그것을 따랐다. 대소사(大小事)를 처리함에 그것을 따랐다. 여기서 之는 지시대명사 it(그것)에 해당한다. "그것"은 "禮에서의 조화"를 뜻한다. They followed it, in small or great things. They adopted it in all matters, both small and great.

小 소: 작을〔소〕: 작은 일. small things.

大 대: 큰〔대〕: 큰 일. great things.

由 유: 말미암을〔유〕: 따르다. 본보기로 하다. follow. adopt.

03 有所不行, 知和而和, 不以禮節之, 亦不可行也

유소불행, 지화이화, 불이예절지, 역불가행야

제대로 행하여지지 않는 경우도 있다. 조화를 알고 조화만 시키려고 하면서, 예(禮)로써 그것을 조절하지 않으면 또한 행해질 수 없는 것이다. Sometimes there is a case it will not work smoothly. If you keep pursuing harmony just because you know harmony, and do not regulate it with rituals, it will not be able to work either.

有所不行 유소불행: 행하여지지 않는 바가 있다. There is a case it will not work. Sometimes it will not work

所 바(소): … 하는 바. … 하는 것. … 하는 경우. the thing that.... the case that ....

知和而和 지화이화: 조화를 알고 조화하려고 하다. 조화가 귀중하다는 것을 알고 조화시키려고만 한다. Just because you know harmony, you are going to pursue harmony continuously.

知 지: 알(지): 알다. 깨닫다. know. understand.

和 화: 온화할(화): 화합하다. 조화를 이루다. harmonize.

而 이: …하고. 그리고 (순접의 접속사). and.

不以禮節之 불이례절지: 예(禮)로써 그것을 조절(調節)하지 않는다. do not regulate it with rituals. do not use the rituals to regulate it.

以禮 이례: 禮로써. 禮를 가지고. with rituals. with rites.

節 조절할(절): 알맞게 하다. 조절하다. regulate, modulate. adjust.

之 지: 그것. 화(和)를 가리킨다. it.

亦 또(역): 또한, 역시. also. either.

不可 불가: 할 수 없다. cannot.

行 행할(행): 하다. 실행하다. work. go right. be done.

也 야: …이다 (be). 문장의 끝에 쓰여 판단, 단정을 표시한다. equivalent to a period.

【해설】

공동생활에서 서로 충돌하지 않고, 평화롭게 삶을 유지하기 위하여는 어떤 규칙(rule)이 필요하다. 그래서 사람들은 오랫동안의 생활체험을 통하여 예(禮)라는 하나의 사회규범을 만들었다. 모든 사람이 예를 지키면 마찰이나 충돌을 미연에 방지할 수가 있다. 그래서 예는 사회구성원의 조화(調和)를 위한 중요한 요소로 간주되는 것이다. 조화를 이루면 질서가 잘 유지될 수 있다. 그러나 이것도 전체적인 예에 의하여 적절하게 조절되지 아니하면 다른 부작용을 낳게 되어 결국 조화를 이루지 못하는 경우가 발생하게 된다. 사람을 죽이면 사형에 처한다고 규정한 것은 예나 지금이나 마찬가지이다. 그렇다고 하여 사람을 죽였다고 하여 무조건 사형에 처하면 또 다른 문제가 발생한다. 예컨대 적대국가의 첩자가 침투하였을 때 이를 칼로 살해한 경우, 범죄자를 교도관이 사형집행한 경우, 외과의사가 인명을 구하기 위하여 수술하였는데 환자가 죽은 경우 등에는 "죽었다"는 사실 하나만 가지고는 판단할 수가 없다. 이 때 예로써 조절하여야 한다는 것이다. 즉 다른 예에서 "정당행위"로 인정하고 있는지? 또는 "정당방위"나 "긴급피난" 등으로 간주될 수 있는 소지는 없는지 등을 살펴보아야 한다는 것이다. 주먹구구식 운용의 묘(妙)가 아니라 예에 근거한 조화를 찾자는 것이다.

【외국학자 영문해석】

1 Master You said: "When practicing the ritual, what matters most is harmony. This is what made the beauty of the way of the ancient kings; it inspired their every move, great or small. Yet they knew where to stop: harmony can not be sought for its own sake, it must always be subordinated to the ritual; otherwise it would not do."

(The Analects of Confucius, Translation and Notes by Simon Leys, W. W. Norton & Company. Inc. New York.)

2 Youdz said, "In the practice of ritual, harmony is to be esteemed. The Way of the Former Kings was beautiful in this: in small things and great they followed it. If there is something that does not go right, one should recognize the principle of harmony, and then it will become harmonious. But if it is not moderated by ritual itself, it still won't go right."

(The Original Analects, Sayings of Confucius and His Successors, A New Translation and Commentary by E. Bruce Brooks and A Takeo Brooks, Columbia University Press, New York.)

제1편 학이(學而) | 제13장

有子曰; 信近於義, 言可復也. 恭近於禮, 遠恥辱也. 因不失其親, 亦可宗也.

유자왈; 신근어의, 언가복야. 공근어례, 원치욕야. 인불실기친, 역가종야.

해석 | 유자가 말하였다. "약속이 의리(義理)에 가까우면 그 말은 실천될 수 있고, 공손함이 예(禮)에 가까우면 치욕(恥辱)을 멀리하게 된다. 따라서 그 친할 수 있는 사람을 잃지 않는다면, 그는 역시 우두머리가 될 수 있다."

【주석】

01 **信近於義** 신근어의

약속이 의리(義理)에 가깝다. 약속한 것은 반드시 지켜야 한다는 생각을 뜻한다. one's promise is close to righteousness.

信 믿을(신): 약속. 주희는 信은 "약속"이라고 풀었다(信, 約信也). what one said. one's promise.

近 가까울(근): 가깝다. be close to. conform to. be akin to.

義 옳을(의): 의리(義理). 마땅히 지켜야 할 도리. righteousness.

於 어조사(어): …에. …에서. at. in. to.

02 言可復也 언가복야

말한 것이 실천될 수 있다. one's words can be fulfilled.

言 말씀(언): 말. 말한 것. what he said. one's promise.

可 가히(가): 할 수 있다. can.

復 되풀이할(복): 이행하다. 실천하다 (復, 踐言也). can be fulfilled.

也 야: …이다(be). 문장의 끝에 쓰여 판단, 단정을 표시한다〔「학이」 1-12〕. equivalent to a period.

03 恭近於禮 공근어례

공손함이 예(禮)에 가깝다. 공손한 태도로 임하되 예의범절에 맞게 하다. courtesy is close to the rites.

恭 공손할(공): 공손(恭遜)함. 겸손하고 신중함〔「학이」 1-10〕. courtesy. manner. the thing which is modest and cautious. the thing which is courteous and prudent. what is respectful.

禮 예: 예의범절. 공동체생활을 함에 사람들이 서로 지켜야 하는 규칙. rule. rites. rituals.

04 遠恥辱也 원치욕야

치욕(恥辱)을 멀리하게 된다. 치욕을 당하지 않는다. one keeps shame and disgrace at a distance.

遠 멀리할(원): 멀리하다. 거리를 두다. 내쫓다. keep afar. keep something away. keep something at a distance.

恥辱 치욕: 수치(羞恥)와 모욕(侮辱). shame and disgrace.

05 因不失其親 인불실기친

그런 것으로 인하여(therefore, thereby) **그 친할 수 있는 사람들을 잃지 않는다.** Therefore he does not lose such a close people.

因 인: 因은 해석이 구구하지만 두 가지로 정리하면 ① 因을 문장구조상 주어로 보는 입장과 ② 부사로 보는 입장이 있다. 그러나 어떤 입장을 취하든 결론은 비슷하다. 因자를 婚姻과 관련이 있는 것으로 보는 견해는 "信近於義 恭近於禮"의 뜻과 연관되지 않으므로 자연스럽지 못하다.

① 因을 不失이라고 하는 동사의 주어로 보는 입장: 여기에서는 因을 "의지할 만한 사람", "뒤를 잘 봐주는 배경 같은 사람" 등으로 풀이된다. 주희의 『논어집주』에는 "因은 의지와 같다(因, 猶依也)"라고 해석함으로써 "의지한다", "기댄다"라는 동사의 의미 또는 "의지할 만한 사람"이라는 명사의 의미로 풀이하였다.

因은 "의지하는 것"을 뜻한다. 사회로 진출하거나 취직을 하는 것은 자기 혼자의 힘으로 되는 것이 아니라 사회의 원로, 선생님 등의 추천이나 보증이 필요하다. 이 때 사회의 원로, 선생님 등의 보증이나 추천에 힘입는 것을 因이라고 한다(이기동, 『논어강설』 p.67). "주변을 배려하고 베푸는 사람" 그런 사람이 因에 해당하는 의지할 만한 사람이라는 내용으로 이해된다. 외국학사 중에도 因을 "어떤 사람이 의지하는 사람"으로 번역한 경우가 있다. the parties upon whom a man leans (James Legge). those whom a person relies upon (Adam Sia)

참고 인(因)이라는 글자의 모양은 잠잘 때에 사용되는 이부자리 모양의 4각형이다. 大는 그 속에 사람이 길게 눕는 모양의 글자로서 "기대다", "의지하다"의 뜻이 있으며, 옥편에서처럼 의지할[인]자로서 의지할 만한 곳 또는 의지할 만한 사람을 가리킨다. 얼마 전 TV 방송에서 상연한 「野人時代」라는 작품이 있다. 독립투사 김좌진 장군의 아들이며 전에 국회의원을 지낸 김두한 의원의 어린 시절 이야기가 나온다. 아버지가 북만주 벌판에서 일본군과 싸우고 있었으므로 돌보는 사람이 없어 김두한은 한 때 거지들이 사는 굴로 들어간다. 거지들 틈바구니 속에서도 김두한은 양심과 의리와 주먹과 친화력을 가지고 있었으므로 다른 거지들은 그를 믿고 따르게 된다. 그는 확실히 그 조직에서 다른 거지들의 "의지할 만한 사람"으로 자리를 차지한다. 이 사람을 논어식으로 보면 "因"이라고 할 수 있다.

② 인(因)을 앞의 문장을 이어 받는 부사(副詞) 또는 전치사(前置詞)로 보는 입장: "그런 것으로 인하여", "따라서", "그렇게 함으로써" 등의 뜻으로 이해한다. 因은 "인할[인]"字로서 본래의 의미가 그대로 살아나게 하는 것이다. 여기서 "그런 것으로 인하여" 또는 "그렇게 함으로써"에서의 그런 것은 앞 문장에 나와 있는 "약속이 의리에 가깝고, 공손함이 예에 가깝게 해동하는 것"을 뜻한다. 茶山은 因자를 "인하여"로 풀고 있다. 외국의 자료에도 因을 "그렇게 하여", "그것에 의하여"라는 의미를 갖는 "thereby"로 이해하여 "그렇게 하여 가까운 사람을 잃지 않고 또한 종주(宗主)자리도 보존된다"고 유사한 해석을 하고 있는 경우가 있다. Thereby those closest are not lost and the honour of the ancestors is preserved." (Confucius Publishing Co Ltd.)

不失其親 불실기친: 그 친할 수 있는 사람들을 잃지 않는다. one does not lose good relationship with close people.

失 잃을(실): 잃다. lose.

其 그(기): 그. that. such.

親 친할(친): 친한 사람들. 가까운 사람들. 주희는 親을 "친할 수 있는 사람들"로 풀이하였다(可親之人). close people. people who have a friendly relation.

06 亦可宗也 역가종야

역시 종주(宗主)가 될 수 있다. 역시 그 조직의 우두머리가 될 수 있다. He can become the head of a group. / He is worthy of being looked up to as the head of the clan. (D,C. Lau) / You can become an ancestor. (Ng Shin Kiat).

宗 마루(종): 우두머리가 되다. 왕초가 되다. 섬기다. 받들다. 宗의 해석도 다양하다. 네 글자로 된 문장에 주어(主語)로 볼 만한 글자도 없고 목적어(目的語)로 볼

만한 글자도 없기 때문에 해석이 분분하다. "비로소 그를 존경하고 주체로 삼을 수 있다", "또한 받들어 모실 수 있는 것이다", "그를 존경하고 받들 수 있다", "종족의 중추가 될 수가 있다", "또한 섬길 만하다" 등 여러 가지 해석이 있으나 실질적인 내용은 거의 비슷하다. 여기서는 宗이란 글자를 "우두머리가 되다"는 동사로 보고, 앞 문장에서 제시된 "그런 사람"인 주어(主語)가 생략된 것으로 보아 "그는 우두머리가 될 수 있다"라고 글자 그대로 직역하는 입장을 취하였다. 어떤 입장을 취하든 내용은 비슷하다. 이 책은 한문해석에 중점을 두었으므로 없는 글자를 억지로 끌어들이지 않고, 있는 글자만 가지고 그 글자 본래의 의미를 최대한 살리는 쪽으로 직역하였다. 특히 宗자 앞에 조동사 可(can)가 있으므로 宗이 본동사가 되어야 함은 당연하다. become a head.

可 가히(가): 할 수 있다 can, be able to. 조동사로서 뒤에 본동사 宗이 온다.

【해설】

사람의 언행과 대인관계의 가르침이다. 자기가 한 말은 실천이 가능한 것이어야 하고, 행동은 공손하고 예의범절에 맞아야 하며, 대인관계는 항상 베푸는 자세로 친근함을 유지하여야 한다. 그래야 그 조직을 이끌 수 있다.

【외국학자 영문해석】

1 You Zi said, "Trustworthiness is akin to righteousness. Promises made will then be kept. Respect has great affinity with propriety which keeps embarrassment and ridicule away. When those whom a person relies upon are proper, one can make them masters and guides."

(The Complete Analects of Confucius(1997), translated by Adam Sia. Asiapac Books Pte Ltd. Singapore.)

2 Tzu Yu said: "When your own trustworthiness is close to Righteousness, your words can be followed. When your show of respect is according to propriety, you will be far from shame and disgrace. If you have genuine affection within your family, you can become an ancestor."

(http://web.singnet.com.sg/~clementn/mar.htm: The Analects of Confucius: compiled by Ng Shin Kiat.)

子曰; 君子食無求飽, 居無求安. 敏於事而愼於言, 就有道而正焉, 可謂好學也已.

자왈; 군자식무구포, 거무구안. 민어사이신어언, 취유도이정언, 가위호학야이.

해석 | 공자께서 말씀하셨다. "군자는 먹는 데 배부름만을 추구하지 아니하고, 사는 데 편안함만을 추구하지 않는다. 일을 할 때에는 열심히 하고, 말을 할 때에는 신중하게 한다. 도(道)를 가진 사람을 따라 그 자신을 바로잡는다면 학문을 좋아하는 사람이라고 할 수 있다."

【주석】

01 君子食無求飽, 居無求安 군자식무구포, 거무구안

군자는 먹는 데 배부름만을 추구하지 아니하고, 사는 데 편안함만을 추구하지 않는다. The gentleman does not seek satiety in eating, and he does not seek mere comfort in dwelling.

食無求飽 식무구포: 먹는 데 배부름만을 추구하지 않는다. do not seek satiety in eating. do not seek to indulge one's appetite. do not seek to gratify one's appetite.

食 먹을(식): 먹다. 여기서는 "먹는 데", "먹는 것은"이라고 부사구처럼 해석한다. eating.

無 없을(무): 아니다. 不와 같다. no. not

求 구할(구): 구하다. 추구하다. seek. ask.

飽 배부를(포): 포식(飽食). 포만(飽滿). satiety. satiation. repletion.

居無求安 거무구안: 사는 데 편안함만을 추구하지 않는다. do not seek mere comfort in lodging.

居 살(거): 살다. 거주하다. lodging. dwelling.

安 편안할(안): 편안함. comfort.

02 敏於事而愼於言 민어사이신어언

일을 할 때에는 열심히 하고, 말을 할 때에는 신중하게 한다. He is diligent in his work and is discreet in speech.

敏於事 민어사: 일을 함에는 열심히 한다. 주희는 『논어집주』에서 敏於事라는 말은 "자기의 부족한 것을 힘쓰는 것이다"라고 하였다(敏於事者, 勉其所不足). 많은 사람이 "일을 처리함에는 민첩하다"로 해석하고 있으나 적절하지 못하다. 빠르다는 것만으로는 충분하지 않기 때문이다. 실수가 없어야 한다. 그러므로 일을 처리할 때에는 열과 성을 다하여 열심히 하는 자세가 더 중요하다. be diligent in one's work. be earnest in what one is doing. be quick in action.

敏 민첩할(민): 민첩하다. 힘써 일하다. 열심히 하다. diligent. earnest. quick.

而 이: …하고. 그리고. 그러나. and. but.

愼於言 신어언: 말에는 신중하다. be cautious in speech.

愼 삼갈(신): 삼가다. 신중히 하다. 조심하다. cautious. discreet. prudent.

03 就有道而正焉 취유도이정언

올바른 道를 가진 사람을 따라 그것을 바로 잡는다. 올바른 道를 가진 사람에게 나아가 자기의 잘못된 점을 바로 잡는다. go to those who possess the Way and rectify his mistake. frequent the possessor of the Way and correct himself. correct himself by learning from the accomplished and virtuous man.

就 좇을(취): 따르다. 좇다. 나아가다. 찾아가서 배우다. frequent. follow. catch up with.

有道 유도: 올바른 도를 가진 사람 (有道之人). 세상살이의 이치를 아는 사람. possessor of the Way. virtuous and accomplished man.

道 도: 앞의 장(「학이」 1-5)에서는 이 글자가 "다스리다(治)"의 의미로 쓰였고, 「학이」 (1-11)의 父之道에서는 "아버지가 일을 처리하는 원칙 또는 방식"이란 뜻으로 사용되었다. 「학이」 (1-12)의 先王之道에서는 "선왕이 나라를 다스리는 원칙 내지 방법"이란 뜻으로 父之道에서의 道와 비슷한 의미로 쓰였다. 여기서의 道는 주희가 풀이한 것처럼 "사물의 당연한 이치로서 사람이면 누구나 다 따라야 할 길"을 말한다 (凡言道者, 皆謂事物當然之理, 人之所共由者也).

而 이: …하고. …하여서. and.

正焉 정언: 그것을 바로잡다. 그 자신을 바로잡다. 그의 잘못된 점을 바로잡다. correct it. correct himself. correct his mistakes.

正 바를(정): 바로잡다. 바르게 하다. 바로 세우다. correct. make right. make something adjusted. straighten oneself.

焉 언: 그것. 之와 같다. "그것"은 "어떤 잘못된 것"을 뜻한다. it. his mistake.

(예) 凡人, 不能聽焉(범인, 불능청언): 보통사람은 그것을 알아들을 수 없다. 여기서 焉은 단정을 뜻하는 종결사이지만 "그것"이란 뜻의 대명사를 겸하고 있다(박지홍, 『한문입문』, p.181). Common people cannot hear it.

可謂 가위: 말할 수 있다. can say. can be said to be. may be called

好學 호학: "학문을 좋아한다"는 뜻이지만 여기서는 "학문을 좋아하는 사람"으로 이해함이 자연스럽다. be fond of learning. the person who loves to learn. the person who is fond of learning. the man who loves learning.

好 좋을(호): 좋아하다. love. be fond of.

學 학: 학문. culture. learning.

也已 야이: …이다(be). 문장 끝에 쓰여 긍정적인 어기나 감탄의 어기를 나타낸다. "…이다", "…하는구나" 등으로 해석한다(연세대 사서사전편찬실, 『四書集解辭典』 pp.493~494) used to indicate the feeling of decision. equivalent to a period.

【해설】

군자는 혼자 배불리 먹거나 자기 혼자만 편안히 살겠다고 발버둥치지 않는다. 일을 할 때에는 정성을 들여 열심히 하고 말은 신중하게 한다. 의문이 가는 점이 있으면 학문이 있고 덕망이 높은 사람을 찾아가 가르침을 받는다. 잘못된 점을 고치고 잘된 점은 몸에 익혀 다른 사람에게도 베푼다. 이런 정도가 되어야 학문을 좋아하는 사람이라고 할 수 있을 것이다.

【외국학자 영문해석】

1 The Master said, "He who aims to be a man of complete virtue in his food does not seek to gratify his appetite, nor in his dwelling place does he seek the appliances of ease; he is earnest in what he is doing, and careful in his speech; he frequents the company of men of principle that he may be rectified:-- such a person may be said indeed to love to learn."

(Confucius Analects, The Great Learning and The Doctrine of The Mean, translated by James Legge, Manufactured in Dover Publication, Inc. U.S.A.)

2 Confucius said: "When the Superior Man eats he does not try to stuff himself; at rest he does not seek perfect comfort; he is diligent in his work and careful in speech. He avails himself to people of the Tao and thereby corrects himself. This is the kind of person of whom you can say, 'he loves learning."

(The Analects of Confucius: translated by Charles Muller. http://www.human.toyogakuen-u.ac.jp/~acmuller/contao/analects.htm.)

제15장

子貢曰; 貧而無諂, 富而無驕, 何如? 子曰; 可也, 未若貧而樂, 富而好禮者也. 子貢曰; 詩云; 如切如磋, 如琢如磨. 其斯之謂與? 子曰; 賜也始可與言詩已矣! 告諸往而知來者.

자공왈; 빈이무첨, 부이무교, 하여? 자왈; 가야, 미약빈이락, 부이호례자야. 자공왈; 시운; 여절여차, 여탁여마. 기사지위여? 자왈; 사야시가여언시이의! 고저왕이지래자.

해석 | 자공이 여쭈었다. "가난하여도 아첨하지 않고, 부유하여도 교만하지 않다면 어떻겠습니까?" 공자께서 말씀하셨다. "괜찮다. 가난하지만 도(道)에 따라 사는 것을 즐거워하고, 부유하면서도 예(禮)를 좋아하는 것만은 못하다." 자공이 여쭈었다. 시경(詩經)에 이르기를, "자르고 다듬듯이 하고, 쪼고 가는 듯이 한다"고 하였는데, 아마도 이런 것을 두고 하는 말이겠지요? 공자께서 말씀하셨다. "사(賜)야! 비로소 함께 시(詩經)를 이야기할 수 있게 되었구나! 그에게 과거의 것을 알려주었는데, 미래의 것을 아는구나!"

【주석】

01 貧而無諂, 富而無驕, 何如 빈이무첨, 부이무교, 하여

가난하여도 아첨하지 않고, 부유하여도 교만하지 않다면 어떻겠습니까? He is poor but does not flatter, or he is rich but does not swagger; what do you think of him?

貧 가난할(빈): 가난하다. poor. be in want.

而 말 이을(이): 그러나 …하여도. but. and yet. even if. even though.

諂 아첨할(첨): 아첨하다. flatter. plaster a person with empty compliments.

富 넉넉할(부): 부유하다. rich. wealthy.

驕 교만할(교): 교만하다. 거만하다. proud. arrogant.

何如 하여: 어떻겠습니까? how about? what about? what as? How is that ? What do you think of this saying?

何 어찌(하): 어찌. 어떻게. 무엇. why. how. what.

如 같을(여): 같다. be as. be like.

02 可也, 未若貧而樂, 富而好禮者也 가야, 미약빈이락, 부이호례자야

괜찮다. 가난하지만 (도에 따라 사는 것을) 즐거워하고, 부유하면서도 예를 좋아하는 것만은 못하다.

可也 가야: 괜찮다. 그런 대로 좋다. 겨우 괜찮은 정도에 달한 것이지 썩 좋은 것은 아니라는 뜻이다. 주희는 "대체로 可라고 한 것은 겨우 괜찮을 뿐, 충분하지 못한 것이 있다는 말이다" 라고 적고 있다(凡曰可者, 僅可而有所未盡之辭也)〔「옹야」 6-1〕, 〔「자로」 13-10〕, 〔「자장」 19-11〕, 〔「자장」 19-12〕. will do, not too bad. be permissible.

未若 미약: …보다 못하다. 不如와 같다. inferior to. be not as good as. be not equal to. be not comparable to.

樂 즐거울(락): 즐기다. 道에 따라 사는 것을 즐기다 (樂道). cheerful. happy. be delighting in the Way.

好禮 호례: 예를 좋아하다. 예의범절을 지키는 것을 좋아하다. love courtesy. love propriety. love the rituals.

禮 예: 옛 성현들의 행동양식에서 모범적인 것만 따온 행동규범. 우리가 지켜야 할 사항을 모아놓은 윤리규범. 예의범절.

03 詩云; 如切如磋, 如琢如磨. 其斯之謂與

시운; 여절여차, 여탁여마. 기사지위여

『시경(詩經)』에 이르기를, "자르고 다듬듯이 하고, 쪼고 가는 듯이 한다"고 하였는데, 아마도 이런 것을 두고 하는 말이겠지요? The Book of Odes says: "'Like cutting, like filing, like chiseling, like polishing.' Presumably what you mean is this?"

詩云 시운: 시경(詩經)이 …라고 하였다. the Book of Odes says.

詩 시(시): 시(詩). 『시경(詩經)』. poem. poetry.`the Book of Odes.

云 이를(운): 말하다. 이르다. 曰과 같다. say.

如切如磋, 如琢如磨 여절여차, 여탁여마: ① 자르고 다듬듯이 하고, 쪼고 가는 듯이 한다. 어떤 작품의 자재를 골각(骨角)과 옥석(玉石) 두 종류로 나누어 두 공정을 거치는 것으로 설명하는 입장이다. 주희는 『논어집주』에서 "골각(骨角)을 다듬는 자는 잘라낸 다음에 다시 다듬고, 옥석(玉石)을 다듬는 자는 쪼아낸 다음에 다시 그것을 간다. 그리하여 다듬기를 이미 정교(精巧)하게 하였지만 더욱더 그 정교함을 추구하는 것이다" 라고 풀이한다(治骨角者, 旣切之而復磋之, 治玉石者, 旣琢之而復磨之, 治之已精而益求其精也). ② 네 공정으로 설명하는 견해가 있다. "자르듯이, 다듬듯이, 끌로 깎듯이, 닦아내듯이 한다". As cut, as filed, as chiselled, as polished. (Raymond Dawson). ③ 자재가 각각 다르다는 전제에서 그 자재의 특성에 맞는 조각으로 설명하는 견해도 있다. "뿔을 자르듯이, 코끼리 이빨을 조각하듯이, 옥(玉)을 깎듯이, 돌을 다듬듯이 한다. Like carving horn, like sculpting ivory, like cutting jade, like polishing stone. (Simon Leys). 어느 입장을 택하든 "갈고 다듬는다"는 점에서는 공통점이 있으며, 학문이나 인격수양은 이런 식으로 철저히 갈고 닦아야 한다는 점을 강조하고 있다. In learning, a scholar should seek progress unceasingly, like artisans cut, file, chisel and polish.

如切如磋 여절여차: 칼로 자르고, 줄로 다듬듯이 한다. 숙련공이 뼈, 뿔 또는 코끼리 이빨을 가지고 작품을 만들 때에는 칼로 자르기도 하고, 줄로 쓸기도 하면서 모양을 다듬는다. 학문과 인격을 수양할 때도 이렇게 정성들여 갈고 닦아야 한다는 뜻이다. act like cutting, like filing.

如 같을(여): 같다. …같이. …처럼. as. like. as if.

切 벨(절): 베다. 자르다. cut. carve.

磋 갈(차): 갈다. 다듬다. 짐승의 뼈, 뿔, 이빨 등을 다듬는 것을 뜻한다. file.

如琢如磨 여탁여마: 정으로 쪼고 가는 듯이 한다. 琢은 옥이나 돌을 쪼아낼 때, 磨는 돌을 다듬을 때에 사용되는 말이다. 학문과 인격도 이와 같이 갈고 닦아야 정교하고 빛이 난다는 뜻이다. act like carving with a chisel, like polishing stone.

琢 쫄(탁): 쪼다. 정으로 쪼아 구멍을 내기도 하고 모가 나지 않도록 다듬기도 하는 것을 말한다. chisel. carve with a metal tool having a V-shaped point.

磨 갈(마): 갈다. 다듬다. polish. grind.

其斯之謂與 기사지위여: ① 아마도 이것을 말하는 것이겠지요? 아마도 이런 것을 두고 하는 말이겠지요? 其를 "아마"의 뜻을 가진 부사로 본다. Presumably this applies to what you have just said? (Raymond Dawson). ② 그것은 이것을 말하는 것이군요? 그것은 이것을 두고 한 말이군요? 其를 "그것"이라고 하는 지시대명사로 보는 경우이다. 여기서 "그것"이란 『시경(詩經)』에 나오는 절차탁마(切磋琢磨) 즉 자르고, 쓸고, 쪼고, 갈고 닦는 인격수양(人格修養)을 말하며, "이것을"을 뜻하는 斯之는 낙도(樂道). 호례(好禮)를 의미한다. That is the meaning of your remark, is it not? (William Edward Soothill).

其 그(기): ① 그. 그것 it. that ② 아마, 추측을 표시하는 부사. perhaps. presumably. maybe.

斯 이(사): 이. 이것. this

之 지: 한문에서도 영어에서와 같이 동사 다음에 목적어가 오는 것이 원칙이다. 그러나 강조효과를 위하여 목적어를 동사 앞에 두는 경우가 있다. 이 때에는 목적어와 동사 사이에 之자를 집어넣는다. 이런 역할을 하는 之를 구조조사라고 한다. 우리말로는 마치 목적격 조사처럼 "…을", "…를"로 해석한다. 謂斯(이것을 말하다)가 일반적인 어순인데, 이것을 강조하기 위하여 斯를 앞으로 가져가면 斯之謂(이것을

말하다)로 된다. be used like an objective particle.

與 여: …일 것이다. …이겠지요? 문장 끝에 쓰여 의문, 추측을 나타낸다. 其와 함께 쓰이는 경우가 많다〔「학이」 1-2〕,〔「학이」 1-10〕. used to indicate the feeling of doubt and conjecture.

謂 이를〔위〕: 말하다. 평하여 말하다. say of. talk about.

04 賜也始可與言詩已矣! 告諸往而知來者

사야시가여언시이의! 고저왕이지래자

사(賜)야! 비로소 함께 시(『詩經』)를 이야기할 수 있게 되었구나! 그에게 과거의 것을 알려 주었는데, 미래의 것을 아는구나! Ci, I can begin to discuss Poetry with you now. For when I tell you what is past, you know what is to come. (Chichung Huang)

賜 사: 공자의 제자로서 성은 단목(端木)이고 이름은 사(賜)이다. 외교문제에 뛰어난 재능을 가졌다고 한다. Given name of Zi-gong.

也 야: 이름을 부를 때 이름 아래에 쓰이는 어조사. 음절을 조정하고 어기를 고르는 어조사로 볼 수도 있다. 이 때는 comma 역할을 하는 것으로 본다. a particle used behind the name when it is called. equivalent to a comma.

始可與言詩已矣 시가여언시이의: 비로소 함께 시(『詩經』)를 이야기할 수 있겠구나!

始 처음〔시〕: 비로소. 처음으로. now. for the first time.

與 줄〔여〕: 함께. 더불어. …와. …과. with. against. together.

詩 시: 『시경(詩經)』 또는 『시경』에 나오는 시어(詩語). 민요(民謠). poetry. song.

已矣 이의: …이다. …이구나(be). 문장 끝에 쓰여 단정적인 어기를 표시하는 어조사. 이미 발생하였거나 어떤 새로운 상황이 발생할 가능성이 있음을 나타낸다. 문장의 끝에 쓰이며 "이다"로 해석한다(연세대 허사사전편찬실, 『허사대사전』 p.595). used to indicate the feeling of decision. equivalent to a period.

告諸往而知來者 고저왕이지래자: 그에게 지나간 일을 말해 주었는데, 앞으로 닥쳐올 일을 아는구나! 이 부분의 해석은 미묘하다. 자공의 면전에서 한 말이라면 "諸(그에게)"라는 글자의 해석이 어색하다. 주희는 "來者" 즉 "앞으로 올 것. 미래"를 "아직 말로 표현하지 않은 것"이라고 설명하였는데(來者, 其所未言者), 그렇다면 이 부분은 공자가 자공의 면전에서 한 말이 아니고 혼잣말로 독백(獨白)처럼 이야기 한 것으로 생각된다. I told him what is past, and then he knows what is to come. I told him one point, and he knew its proper sequence. (James Legge)

告 알릴(고): 알려주다. 말해 주다. tell. inform. report.

諸 저: 그에게. 인칭대명사로서 문장 속에서 동사의 목적어가 되며, 단순한 之에 해당한다. 일반적으로 가리키는 대상이 앞에 이미 나타나며, "그", "그들", "그런 일" 등으로 해석한다 (연세대 허사사전편찬실, 『허사대사전』 p.714). him.

往 갈(왕): 과거의 일. 지나간 일. 往은 이미 말한 것을 뜻한다(往者, 其所已言者). 그러므로 공자가 자공에게 직접 말한 "可也, 未若貧而樂, 富而好禮者也"라는 구절을 뜻하는 것으로 생각된다. what is past. what has already occurred.

來者 내자: 미래의 일. 미래의 것. 아직 말하지 않은 것을 뜻한다 (來者, 其所未言者). future. what is to come after.

者 자: …한 것. …한 일. …하는 사람. the thing which. the person who.

【해설】

사회지도층의 몸가짐에 관한 교훈이다. 가난하여도 아첨하지 않고, 부유하여도 교만하지 않아야 한다. 그러나 이것만으로는 부족하다. 한 걸음 더 나아가 가난하면서도 도(道)에 따라 살고, 부유하면서도 예(禮)를 지키는 생활철학을 가져야 한다. 학문을 연구하고 덕성을 기르는 데도 마치 숙련공이 조각품을 만들 때의 자세에 비유하여 골각(骨角)을 자르고 다듬고, 옥석(玉石)을 쪼고 갈면서 훌륭한 작품을 만들어 내는 작업과정처럼 혼신의 힘을 다하라는 교훈이다.

【외국학자 영문해석】

1 Zigong said: "Poor but avoiding obsequiousness, rich but avoiding arrogance"- what about that? The Master said, "That will do, but it is not at all as good as "Poor but delighting in the Way, rich but loving ritual", Zigong said: The Songs say: "As cut, as filed, as chiselled, as polished." Presumably this applies to what you have just said? The Master said, "As far as Si is concerned, now it is definitely possible to talk about the Songs with him: if I report what has already occurred, he knows what is to come."

(The Analects: translated by Raymond Dawson, Oxford University Press.)

2 Tzu Kung said, "Poor yet not a debased flatterer, rich yet not arrogant: what do you say?" Confucius said, "It will suffice, but it is not equal to 'poor yet happy, rich yet devoted to the rites." Tzu Kung said, "The Odes say, Like bone cut, like horn polished, like jade carved, like stone ground: is this what you mean?" Confucius said, "Tzu, now I can begin to discuss the Odes with you. From what I have told you, you can deduce what is to come."

(Confucius Publishing Co: http://www.confucius.org/maine.htm//)

제16장

子曰; 不患人之不己知, 患不知人也

자왈; 불환인지불기지, 환부지인야

해석 | 공자께서 말씀하셨다. "사람들이 자기를 알아 주지 않는 것을 걱정하지 말고, 자기가 남을 알지 못하는 것을 걱정하라."

【주석】

01 不患人之不己知 불환인지불기지

사람들이 자기를 알아주지 않는 것을 걱정하지 말라. Don't worry about that other people do not recognize me.

不患 불환: 걱정하지 마라. don't worry. don't grieve.

不 불: 하지 마라. 금지를 표시하는 부사. 勿과 같다. used in prohibitions, admonitions, etc. do not do. prohibit.

患 근심(환): 걱정하다. 근심하다. worry about. grieve.

人之不己知 인지불기지: 다른 사람이 자기를 알아 주지 않는다. 명사절로서 동사 환(患)의 목적어가 된다. other people do not recognize me. others do not know me.

之 지: 우리말로 옮길 때에는 주격조사처럼 "은". "는". "이". "가"를 붙이면 자연스럽다. 이 말은 주어와 술어 사이에 쓰여 節(clause)을 만들어 주는 역할을 한다. 여기서는 명사절을 만드는 "that"과 같은 역할을 하였다. "that" as conjunction leading a noun clause.

不己知 불기지: 동사와 목적어의 위치가 도치되었다. 동사 다음에 목적어가 오는 것이 보통인데, 의문문이나 부정문에서 대명사가 목적어로 쓰일 경우에는 그 위치가 바뀐다. 여기서 己가 대명사이므로 不知己로 하지 아니하고 不己知로 도치된 것이다. 뒤에 나오는 不知人은 人이 명사이기 때문에 정상구조를 취하고 있다. do not recognize him.

〔예〕 吾誰欺 欺天乎 (오수기 기천호): 내가 누구를 속이겠는가? 하늘을 속이겠는가?(誰가 대명사이므로 도치되었으나, 天은 명사이므로 바뀌지 아니하였음)〔「자한」 9-11〕. Whom do I deceive? Do I deceive Heaven?

02 患不知人也 환부지인야

(자기가) 남을 알지 못하는 것을 걱정하라. 주희는 "남을 알지 못하면 옳고 그름, 바르고 사악한 것을 분별할 수 없으므로 근심하여야 한다"고 설명한다(不知人, 則是非邪正, 或不能辨, 故以爲患也). Worry about that you do not know others.

不知人 부지인: 남을 알지 못하다. do not know others. do not know other's capability and personality.

也 야: 명령의 어기를 표시하는 어조사. 명령문의 끝에 쓰인다 (연세대 허사사전편찬실, 『허사대사전』 pp.407~408). 〔「헌문」 14-31〕, 〔「위령공」 15-5〕. used in imperative sentence. used to indicate the feeling of imperativeness.

【해설】

학문은 자기수양(自己修養)의 한 과정이다. 남이 몰라 준다고 자기의 학문이 퇴보하는 것은 아니다. 옛 성현(聖賢)의 지혜와 그들의 행적(行蹟)을 잘 배우고 살피어 이를 본받으면 우리의 삶을 풍요롭게 가꿀 수 있다. 남이 나를 알아 주지 않는 것은 첫째는 나의 실력부족이고, 둘째는 나의 홍보부족(弘報不足)이다. 자기 PR를 열심히 하여 인정받는 길도 있을 수 있다. 그러나 학문을 하는 것은 인격을 수양하고 덕성을 쌓는 하나의 과정이지 남에게서 인정받기 위한 절차는 아니다. 출세도 필요하겠지만 기본적으로 실력배양이 더 중요하다. 기회는 언제나 존재한다. 자기자신에게 충실하는 것이 무엇보다 중요한 일이다.

【외국학자 영문해석】

1 The Master said: "Don't worry if people don't recognize your merits; worry that you may not recognize theirs."

(The Analects of Confucius, Translation and Notes by Simon Leys, W. W. Norton & Company. Inc. New York.)

2 The Master said, "He does not worry that others do not know him; he worries that he does not know others."

(The Original Analects, Sayings of Confucius and His Successors, A New Translation and Commentary by E. Bruce Brooks and A Takeo Brooks, Columbia University Press, New York.)

千室大邑百乘卿大夫之家宰邑長家臣之通號

赤也何如子曰赤也束帶立於朝可使與賓客言也不知其仁也 朝音潮

赤孔子弟子姓公西字子華 [illegible]

○子謂子貢曰女與回也孰愈 女音汝下同

愈勝也

對曰賜也何敢望回回也聞一以知十賜也聞一以知二

一數之始十數之終二者一之對也顏子明睿所照即始而見終子貢推測而知因此而識彼無所不說告往知來是其驗矣

子曰弗如也吾與女弗如也

제2편

爲政

【위정】

제2편 위정(爲政) | 제1장

子曰; 爲政以德, 譬如北辰居其所, 而衆星共之.

자왈; 위정이덕, 비여북신거기소, 이중성공지.

해석 | 공자께서 말씀하셨다. "덕으로써 정치를 하는 것은 비유하건대 마치 북극성은 그 자리에 있는데, 여러 별이 그를 둘러싸고 도는 것과 같다."

【주석】

01 爲政以德 위정이덕

덕으로써 정치를 하다. conduct government with virtue. govern with morality.

爲政 위정: 정치를 하는 것. 나라를 다스리는 것. to rule the state. to govern the country. to conduct the government.

政 정사(정): 정치. 정사. government. political affairs.

以德 이덕: 덕으로써, 덕에 근거하여 with virtue. on a moral rule. according to the rule of virtue.

德 덕: 무력이 아닌 정정당당한 통치력. 형벌 등 어떤 강제적인 통치방법이나 속임수를 쓰는 것이 아니라 자연의 이치와 예(禮)에 따라 사람이 마땅히 해야 할 도리를 다하는 것이 덕(德)이다(다음 해설 참조). moral force. virtue.

02 譬如北辰居其所, 而衆星共之 비여북신거기소, 이중성공지

비유하자면 마치 북극성은 제자리에 있고, 여러 별이 그것을 에워싸고 도는 것과 같다. It may

be compared to the North Star, which the multitudinous stars pay homage to it while it seats in its place.

譬如 비여: 비유하자면 …와 같다. may be compared to. may be likened to.

譬 비유할(비): 비유를 들다. 비유하다. compare to. liken to.

如 같을(여): …와 같다. as. like.

北辰 북신: 북극성. pole star. north star

北 북녘(북): 북쪽. north.

辰 별 이름(신): 별. 신(辰)은 "진"으로도 읽는다. star.

居其所 거기소: 그 장소에 있다. 제자리에 있다. keep its place. seat in its place. stay in its place. hold its position.

居 있을(거): 있다. keep. stay. seat.

所 곳(소): 장소. 위치. place.

衆星共之 중성공지: 여러 별이 그것을 떠받들고 돌다. 여러 별이 그것을 둘러싸고 돌다. all the other stars do homage to it. be surrounded by multitudes of other stars. many stars bow towards it. many stars revolve round it.

衆星 중성: 여러 별. other stars. many stars. multitudes of other stars.

衆 무리(중): 많은 물건. 많은 사람. many. multitude.

星 별(성): 별. star.

共 공: 떠받들다. 바치다. 둘러싸다. 供과 같다. surround. do homage to.

之 지: 그것. 北辰을 가리킨다. it.

【 해설 】

덕(德)으로써 정치를 한다는 것은 무슨 의미인가. 이에 공자는 덕(德)이 무엇이라는 것을 구체적으로 언급하지 않았다. 주희는 『논어집주』에서 "덕(德)이란 얻는다는 것을 뜻하는 것으로 사람이 마땅히 지켜야 하는 도리(道理)를 지켜서 마음 속에 얻음이 있는 것이다"라고 해석하였다(德之爲言, 得也, 行道而有得於心也). 즉 사람으로 마땅히 지켜야 할 도리를 지킴으로써 마음에 얻어지는 것을 덕이라고 표현한 것이다. 많은 학자가 덕(德)을 득(得)이라고 설명하고는 있지만 구체적으로 무엇을 얻었다는 것인지 그 내용설명이 없다. "爲政以德"에서의 덕(德)은 무력적(武力的) 방법이 아니라 백성에게 감동을 주는 정치력(政治力)을 뜻하는 것으로 생각된다. 『논어』에 나오는 30여 개의 덕(德)자 중에서 정치와 관련되는 부분을 요약하면 대략 다음과 같다.

국가를 통치함에 통치자는 선(善)을 행하고, 부정한 짓을 하지 아니하며, 솔선수범하고, 사욕을 챙기지 않아야 한다. 항상 중용을 지키고, 백성에게 혜택을 주어야 하며, 백성을 소중히 여겨야 한다. 이와 같은 행위를 항상 생활화하면 그의 마음 속에 떳떳함이 자리잡는다. 그의 행동이 사람으로서 마땅히 지켜야 할 도리를 다한 것이므로 당당하고 늠름한 기상(氣像)을 얻게 된다. 위풍당당(威風堂堂)한 통솔력 즉 정치적 카리스마(charisma)가 생긴다는 것이다. 이러한 위풍당당한 힘으로 통지에 임하라는 뜻이다. 이것은 백성을 위한 통치이념으로 자리잡은 것이므로 백성으로부터 추앙을 받을 수 있고, 그들의 자발적인 지지를 이끌어낼 수 있다. 티베트의 지도자 달라이라마(Dalai Lama)는 무력을 쓰지 않고 오로지 이러한 도덕적 카리스마를 가지고 지금 망명정부를 이끌고 있다. 덕으로써 통치를 하는 것이다. 그는 지금 관세음보살(觀世音菩薩)의 화신(化身)으로 칭송받고 있다. 정치의 기본이념은 덕(德)에 두고 구체적 실천강령은 예(禮)에 두는 것이다. 다스리는 수단은 예(禮)로써 하는 것이다(「위정」 2-3).

공자는 이와 같이 백성을 위한 정치에 통치이념을 부여하기는 하였지만 "백성이 주인"이라는 주장은 펴지 않았다. 백성이 임금을 선출해야 한다는 민주주의 원칙도 제시하지 않았다. 미국 제16대 대통령 링컨(Abraham Lincoln)이 주창한 "민주주의의 3대 기본원칙"인 "국민의, 국민에 의한, 국민을 위한 정부(the Government of the people, by the people, for the people)" 중에서 겨우 한 가지만 형식적으로 제시한 셈이다. 공자 사후 거의 100년이 지나 맹자(孟子)시대에 들어와서야 백성이 주인이라는 생각이 싹트게 되었다. 백성이 세금을 내고 백성이 나라를 지켜 주므로 당연히 백성이 가장 소중한 존재라는 생각이다. 유가(儒家)의 민본사상(民本思想)은 맹자에 이르러 발전되었다〔「학이」 1-5〕.

德으로써 하는 정치의 구체적 모습

① 예와 겸손한 마음으로 나라를 다스려야 한다

不能以禮讓爲國, 如禮何(불능이예양위국, 여례하): 예와 겸양으로써 나라를 다스릴 수 없다면, 예는 있어 무엇하겠는가?〔「이인」 4-13〕. If one cannot govern a state with courtesy and deference, what can he do with the rules of propriety?

② 솔선수범(率先垂範)

子帥以正, 孰敢不正(자솔이정, 숙감부정): 선생께서 바른 처신으로 솔선수범한다면, 누가 감히 바르지 않게 행동하겠습니까?〔「안연」 12-17〕 If you take the lead by being correct, who dares remain incorrect?

③ 올바른 처신

其身正, 不令而行, 其身不正, 雖令不從(기신정, 불령이행, 기신부정, 수령부종): 그 자신이 올바르면 명령하지 않아도 하게 되고, 그 자신이 올바르지 아니하면 비록 명령한다 해도 따르지 아니한다〔「자로」 13-6〕. If he himself is correct, even though he do not issue orders, things will get done. But if he is incorrect, even though he issues orders, they will not be obeyed.

④ 사욕의 포기

苟子之不欲, 雖賞之, 不竊(구자지불욕, 수상지, 부절): 진실로 선생께서 욕심을 부리지 않는다면, 비록 그들에게 상을 준다 할지라도 그들은 도둑질하지 않을 것입니다.〔「안연」 12-18〕 If you yourself are not lustful, even though you should reward them, they would not steal.

⑤ 자기직분의 충실의무

君君, 臣臣, 父父, 子子(군군, 신신, 부부, 자자): 임금은 임금답고, 신하는 신하다우며, 아버지는 아버지답고, 자식은 자식다워야 한다〔「안연」 12-11〕. A lord should act like a lord, a minister like a minister, a father like a father and a son like a son.

⑥ 예(禮), 의(義), 신(信)의 사랑

上好禮, 則民莫敢不敬, 上好義, 則民莫敢不服, 上好信, 則民莫敢不用情(상호례, 즉민막감불경, 상호의, 즉민막감불복, 상호신, 즉민막감불용정): 윗사람이 예(禮)를 좋아하면 백성은 감히 공경하지 않을 수 없게 되고, 윗사람이 의(義)를 좋아하면 백성은 감히 복종하지 않을 수 없게 되며, 윗사람이 신의(信義)를 좋아하면 백성은 성실하게 행동하지 않을 수 없게 된다〔「자로」 13-4〕. If their superior loves rituals, then none of the people will dare not to be reverent; if their superior loves righteousness, then none of the people will dare not to be obedient; if their superior loves truthfulness, then none of the people will dare not to be honest.

⑦ 친족에 대한 후덕, 옛친구에 대한 의리

君子篤於親, 則民興於仁. 故舊不遺, 則民不偸(군자독어친, 즉민흥어인. 고구불유, 즉민불투): 군자가 친족에게 후덕(厚德)하게 대하면 백성들 사이에 인(仁)한 기풍을 일어나게 되며, 옛친구를 버리지 않으면 백성이 각박해지지 않는다〔「태백」 8-2〕. If a gentleman cares for his kin generously, the people will rise to humaneness, and if he does not neglect old friends, people will not be indifferent to one another.

⑧ 신하에게는 예(禮)를 갖추어 명령한다

君使臣以禮, 臣事君以忠(군사신이례, 신사군이충): 임금은 신하를 예(禮)로써 부리고, 신하는 임금을 충(忠)으로 섬긴다〔「팔일」 3-19〕. The ruler should employ his subjects in accordance with the rituals. The subjects should serve their ruler with loyalty.

⑨ 백성에 대한 사랑

道千乘之國, 敬事而信, 節用而愛人, 使民以時(도천승지국, 경사이신, 절용이애인, 사민이시): 전차(戰車) 1,000대를 가진 큰 나라를 다스리려면, 일을 정성 들여 처리하고 신의가 있어야 하며, 비용을 절약하고 백성을 사랑하여야 하며, 백성을 부릴 때는 때에 맞추어 일을 시켜야 한다〔「학이」 1-5〕. If a man governs a state with a thousand chariots, he should be reverent to his duties and be truthful; be economical in expenditure and love the people. In case of mobilizing the people, he should employ them at proper time.

⑩ 백성들에게 혜택을 주어야 한다

君子惠而不費(군자혜이불비): 군자는 은혜를 베풀되 낭비하지 아니한다〔「요왈」 20-2〕. The gentleman should give benefit to the people without being wasteful.

【외국학자 영문해석】

1 Confucius said, "One who governs with morality is like the North Star which holds its position while the other stars pay homage to it."

(The Complete Analects of Confucius(1997), translated by Adam Sia. Asiapac Books Pte Ltd. Singapore.)

2 The Master said: "In governing, cleave to good; as the north star holds his place, and the multitude of stars revolve upon him."

(Harvard Classics, Vol. 44, Part 1: The Sayings of Confucius. http://www.bartleby.com/44/1/.)

제2편 위정(爲政) | 제2장

子曰; 詩三百, 一言以蔽之, 曰思無邪

자왈; 시삼백, 일언이폐지, 왈사무사

해석 | 공자께서 말씀하셨다. "시경에 실린 300편의 시(詩)는 한 마디로 그것을 요약하면 '생각에 사악(邪惡)함이 없다'라고 하겠다."

【 주석 】

01 詩三百 시삼백

『시경』에 실린 300편의 시(詩). 『시경(詩經)』에는 305편의 시가 실려 있다. the three hundred poems. the three hundred songs. The Poetry Book actually contains 305 poems; 300 is the round number.

詩 시: 시(詩). 민요(民謠). 노래. 여기서는 시(詩)로 풀이하였으나 노래 또는 민요로 보는 학자도 많이 있다. poems. songs.

02 一言以蔽之 일언이폐지

한 마디 말로 그것을 요약한다. be summed up in one phrase. be embraced in one sentence. be covered in one phrase.

一言以 일언이: 한 마디 말로써. 한 마디로 해서. 以一言의 도치형. with a single word. with a single quotation. in one sentence.

以 이: …로. …로써. …을 사용하여. 수단과 방법을 표시하는 전치사. with. as.

蔽之 폐지: 그것을 요약하다. summarize it. sum up it.

蔽 덮을(폐): 덮다, 싸다, 포괄하다. 요약하다. cover. embrace. sum up. summarize.

之 지: 그것. 詩 300편을 가리킨다. it.

03 曰思無邪 왈사무사

생각함에 사악(邪惡)함이 없다고 하겠다. 생각함에 간사(奸邪)하거나 악독(惡毒)한 마음이 없다고 하겠다. Their thoughts expressed in poems do not deviate from the right path.

생각함에 정상적인 상태에서 이탈하거나 비뚤어지거나 악한 마음을 품고 있지 않다고 할 수 있다. 이 말은 詩想이 비뚤어져 있거나 정상궤도(正常軌道)에서 이탈(離脫)되어 있지 않다는 뜻이 된다. 우리 같은 보통사람은 300편의 詩를 읽고서 이렇게 한 마디로 요약하기가 힘들겠지만, 공자는 이를 "사악함이 없다"고 요약하여 우리에게 제시하고 있다. "올바른 길에서 벗어나지 않았다"는 의미로 이해된다.

참고 외국학자들은 思無邪를 다음과 같이 표현하였다.
Swerving not from the right path.(D,C. Lau)
Without deviating.(Chichung Huang)
Having no depraved thoughts.(James Legge)
be without depravity.(E. Bruce Brooks and A Takeo Brooks)

曰 왈: 말하다. …라고 하다. say.

思 생각할(사): 생각하다. 생각. thought.

無 무: 없다. 아니다. "어느 곳에 …이 있다 또는 없다" 라는 표현을 할 때 有 또는 無가 사용된다. 이 경우 앞에 오는 말은 전치사가 개입하지 않아도, 어떤 주제를 꺼내어 이를 발표하려고 할 때 덧붙이는 말처럼, "…에 있어서", "…에 관하여는" 이라는 표현을 붙이면 자연스럽다. 영어에서의 부사구처럼 해석한다. 그리고 有. 無 다음에 오는 말이 실질적인 주어역할을 한다 (주어냐 아니냐는 논란이 있다). there is not. have no. without. nothing.

〔예〕 1. 君子食無求飽, 居無求安(군자식무구포, 거무구안): 군자는 먹는 데 배부름만을 추구하지 아니하고, 사는 데 편안함만을 추구하지 않는다 〔「학이」1-14〕. The gentleman does not seek satiety in eating, and he does not seek mere comfort in dwelling.

2. 仁者無敵(인자무적): 어진 사람에게는 적이 없다. "어진 사람은 적을 가지고 있지 않다"고 해석할 수도 있겠으나 전자가 보다 자연스럽다. There is no enemy in a benevolent person.

邪 간사할(사): 간사하다. 사악하다. 바르지 못하다. 정상에서 벗어나다. swerve. deviate. deprave.

【해설】

『시경(詩經)』은 대체로 송(頌)이라고 하여 주(周)나라 선조의 공덕을 노래한 종교적인 시(詩)와 아(雅)라고 하여 군주(君主), 제후(諸侯), 사대부(士大夫) 등 왕족 및 귀족계급의 정치, 의식, 외교, 연회, 전쟁, 수렵 등을 읊은 사회적인 詩, 그리고 풍(風)이라고 하여 각 나라의 민요(民謠), 생활풍습(生活風習) 등을 담은 서정시(抒情詩)로 나눌 수 있다. 이 시(詩)에는 인간의 다양한 희로애락(喜怒哀樂)이 담겨 있다. 또한 『시경(詩經)』의 詩는 풍자의 뜻이 담긴 글이 많다. 『시경』의 많은 시가 연정(戀情)을 표현하였다고도 한다. 이것은 그 당시 제후국(諸侯國) 간의 외교에서 본인의 생각을 직설적인 화법으로 전달하지 않고, 간접적인 화법으로 고전(古典)이나 문예작품(文藝作品)을 인용하여 우회적(迂廻的)으로 표현하였기 때문으로 생각된다. 세월이 지남에 따라 원시(原詩)에서의 뜻과는 달리 해석되었을 수도 있을 것이다. 詩는 본래 인간의 순수한 마음을 담은 글이다. 사악(邪惡)한 생각을 품으면 사악(邪惡)한 詩가 나오고 청아(淸雅)한 생각을 품으면 청아(淸雅)한 詩가 나온다. 공자는 시(詩)를 가지고 사람들을 교화하고, 정치를 순화시키고자 하였다. 그래서 그는 『시경(詩經)』에 나오는 300편의 시는 한 마디로 "시상(詩想)에 사악함이 없다"고 표현한 것이다.

【외국학자 영문해석】

1 The Master said, "The Odes are three hundred in number. They can be summed up in one phrase, Swerving not from the right path."

(The Analects: translated by D,C. Lau, Penguin Books Ltd, London. England.)

2 The Master said, The 300 Poems: if with one word I should epitomize them, it would be "In your thoughts, be without depravity."

(The Original Analects, Sayings of Confucius and His Successors, A New Translation and Commentary by E. Bruce Brooks and A Takeo Brooks, Columbia University Press, New York.)

제2편 위정(爲政) 제3장

子曰; 道之以政, 齊之以刑, 民免而無恥. 道之以德, 齊之以禮, 有恥且格.

자왈; 도지이정, 제지이형, 민면이무치. 도지이덕, 제지이례, 유치차격.

해석 | 공자께서 말씀하셨다. "법령으로써 백성을 이끌고, 형벌로써 그들을 다스린다면, 백

성은 형벌은 면하여도 수치심이 없다. 덕으로써 그들을 이끌고, 예로써 그들을 다스린다면, 수치심도 느끼고 또 올바르게 된다."

【 주석 】

01

道之以政, 齊之以刑, 民免而無恥 도지이정, 제지이형, 민면이무치

법령으로써 그들을 이끌고, 형벌로써 그들을 다스린다면, 백성들은 형벌은 면하여도 수치심이 없다. If you lead them with decrees and regulate them with punishments, the people will evade the net of them but will have no sense of shame.

道之以政 도지이정: 법령으로써 그들을 이끌다. lead them with decrees.

道 인도할(도): 이끌다. 다스리다. 인도하다. 導와 같다. control. govern.

之 지: 그것. 그들. 뒤에 나오는 백성(民)을 가리키는 지시대명사. It. them.

政 법(정): 법령(法令). 명령(命令). decrees. edicts.

齊之以刑 제지이형: 형벌로써 그들을 다스리다. keep them in line with punishments. regulate them with punishments.

齊 가지런히 할(제): 가지런히 하다. 다스리다. 질서를 잡다. regulate. control. restrain. make even.

刑 형벌(형): 형벌. punishment

民免而無恥 민면이무치: 백성이 형벌을 면하여도 수치심이 없다. 법망을 빠져나감으로써 법적인 처벌을 면한 것을 흡족해하며, "나는 법망에 걸리지 않았으므로 위법행위를 한 것이 아니다. 나야말로 세상을 요리하는 우수한 능력이 있다"고 자랑한다. 법망을 빠져나온 사람은 그의 유능함을 자랑하지 수치심은 전혀 느끼지 아니한다. The people will evade the net of laws but will have no sense of shame.

免 벗어날(면): 모면하다. 벗어나다. 피하다. evade the net of laws. avoid the punishment. stay out of trouble.

而 이: 하지만. 그러나. but. even if. even though.

恥 부끄러워할(치): 부끄러움. 수치심(羞恥心). a sense of shame.

無恥 무치: 수치심이 없다. 수치심을 느끼지 못한다. have no sense of shame.

02 道之以德, 齊之以禮, 有恥且格 도지이덕, 제지이례, 유치차격

덕(德)으로써 그들을 이끌고, 예(禮)로써 그들을 다스린다면, 수치심도 느끼고 또 올바르게 된다. If you lead them with virtue and regulate them with the rituals, they will have a sense of shame and moreover will act right.

德 덕: 나라를 다스리는 사람이 갖추어야 할 성품과 능력. 예(禮)를 배우고 익히고 실천함으로써 이러한 능력이 배양된다. 옛 성현의 가르침을 배우고 닦아 이를 실천하는 것을 내용으로 하며, 그 구체적인 모습은 "솔선수범(率先垂範)"이다. virtue.

齊之以禮 제지이례: 예로써 그들을 다스린다. restrain them with ritual. discipline them by the rules of propriety.

禮 예: 옛 성현의 행동양식에서 모범적인 것만 따온 행동규범. 우리가 지켜야 할 사항을 모아놓은 윤리규범. 예의범절(「학이」 1-15). the rules of propriety. rites. the rituals.

有恥且格 유치차격: 수치심도 느끼고 또 바르게 된다. 수치심도 느끼고 또 선(善)에 이르게 된다. They will have a sense of shame and moreover will act right. They will have a sense of shame and also will become good.

有恥 유치: 수치심이 있다. 수치심을 느끼다. have a sense of shame.

且 또(차): 또. 또한. also. too. besides.

格 바로잡을(격): 바로잡다(正). 바르게 하다. 선에 이르다(至於善). act right. reform oneself. become good.

【 해설 】

법령과 형벌제도를 폐지하여야 국가의 번영과 평화가 온다는 뜻은 아니다. 법령제도와 형벌제도는 사회질서 유지를 위하여 필요한 것이다. 다만 위정자가 이를 손쉬운 방법으로 착각하여 여기에만 집착해서는 안 된다는 뜻이다. 위정자가 무력으로 백성을 위협하고, 형벌로서 백성을 억압하면 일시적으로 복종심을 이끌어 낼 수 있을는지는 몰라도, 백성 역시 악(惡)한 감정을 갖게 되어 어떻게든지 법망을 빠져 나오려고 갖은 수단과 방법으로 탈세와 탈법행위를 저지르게 되며, 탈법행위에 하등 양심의 가책을 느끼지 않게 된다. 법에 걸리지 않으면 위법행위가 아니기 때문이다. 위정자가 권력을 이용하여 인허가업무. 치안유지업무. 세금징수업무. 주민동원업무 등과 관련하여 이권에 개입하거나 뇌물을 수령하거나 국가예산을 유용하거나 착복하는 등 많은 부정부패에 연루되어 있으면서, 백성에게는 엄격한 명령과 형벌로써 다스리려 한다면, 백성이 이에 따르지 않는 것은 역사가 증명한 사실이다. 그래서 사방에서 반란이 일어나고 인접 강대국의 침략을 받아 급기야는 나라가 망하게 되는 지경에 이르는 것이다. 그래서 덕(德)과 예(禮)가 필요한 것이다. 덕은 옛 성현의 가르침을 배우고 닦아 이를 실천하고, 솔선수범하는 것이므로 백성은 스스로 따라올 것이라는 것이 공자의 생각이다. 예(禮)는 옛 성현의 삶에서 나타나는 행동양식을 표현한 것이다. 예는 임금과 신하관계, 부모와 자식관계, 남편과 아내관계, 형과 아우관계, 손윗사람과 아랫사람관계, 이웃과 이웃관계, 친구와 친구관계, 남자와 여자관계 등에서 서로 지켜야 할 예의범절이다. 이는 의식주(衣食住), 관혼상제(冠婚喪祭) 등 사회생활 전반에 걸쳐 나타나는 사람과 사람관계의 생활규범이다. 사람과 사람의 대인관계이며, 사회생활 관계이므로 항상 예에는 조화(調和)가 이루어져야 한다. 특정인에게 불리하거나 특정세력에게 유리해서는 안 된다. 조화가 깨지기 때문이다. 조화가 깨지면 사람과 사람관계 및 사회생활 관계에 충돌과 반목이 발생하여 그 사회는 다시 혼란에 빠지게 된다. 그래서 덕을 가지고 솔선수범하여 백성을 인도하고, 예로써 모든 백성을 공평무사하게 대우한다면, 국민의 법감정(法感情) 및 도덕성(道德性)은 향상된다는 교훈이다.

【 외국학자 영문해석 】

1 The Master said, "Guide them by edicts, keep them in line with punishments, and the common people will stay out of trouble but will have no sense of shame. Guide them by virtue, keep them in line with the rites, and they will, besides having

a sense of shame, reform themselves."

(The Analects: translated by D,C. Lau, Penguin Books Ltd, London. England.)

2 Confucius said, "Regulated by the edicts and punishments, the people will know only how to stay out of trouble but will not have a sense of shame. Guided by virtues and the rites, they will not only have a sense of shame but also know how to correct their mistakes of their own accord."

(Analects of Confucius (1994): Printed by Beijing Foreign Language Printing House. China.)

제2편 위정(爲政) | 제4장

子曰; 吾十有五而志于學, 三十而立, 四十而不惑, 五十而知天命, 六十而耳順, 七十而從心所欲不踰矩.

자왈; 오십유오이지우학, 삼십이립, 사십이불혹, 오십이지천명, 육십이이순, 칠십이종심소욕불유구.

해석 | 공자께서 말씀하셨다. "나는 열다섯 살이 되어 학문에 뜻을 두었고, 서른 살이 되어 기초가 섰다. 마흔 살이 되어서야 미혹에 빠지지 않게 되었으며, 쉰 살이 되어 천명을 알게 되었다. 예순 살이 되어 귀가 순해져 남의 말을 순조롭게 이해하게 되었으며, 일흔 살이 되어서는 마음이 하고자 하는 바를 따라도 법도(法度)를 벗어나지 않게 되었다."

【주석】

01 吾十有五而志于學 오십유오이지우학

나는 열다섯 살이 되어서 학문에 뜻을 두었다. At fifteen, I bent my mind on learning.

At fifteen I set my heart on learning.

吾 나(오): 나. 我와 같다. 吾는 주격과 소유격으로 주로 쓰이고, 我는 주격과 목적격으로 쓰인다. I.

十有五 십유오: 열다섯 살. at fifteen.

有 유: 접속사로서 "와". "과". "또"의 뜻이다. 又와 같다. "열하고 또 다섯"이므로 "열다섯"이라는 계산이 나온다. and. besides. in addition to.

而 이: …에. …되어서. …하고 나서 (순접관계를 표시하는 접속사). and.

志于學 지우학: 학문에 뜻을 두다. My mind was bent on learning. I set my heart upon learning.

志 뜻(지): 뜻을 두다. 지향하다. set one's heart on.

于 우: …에 (동작의 대상을 표시하는 전치사). 於와 같다. at. in. on

02 三十而立 삼십이립

서른 살이 되어 기초가 섰다. 홀로 설 수 있게 되었다. 먹고사는 문제보다는 학문이나 수양에서 어느 정도 기초가 섰다는 의미로 해석된다. 공자가 주(周)나라의 예(禮)를 익히는 데 약 15년이 걸렸다고 하므로 입(立)은 학문(學問)의 기초가 확립되었음을 뜻한다. At thirty, I formed fundamental of my life. At thirty, I was established. At thirty I took my stand.

立 설(립): 서다. 자립하다. 기초를 튼튼히 세우다. 펀더멘털을 튼튼하게 세우다. 올바른 도(正道)를 굳건히 세워 흔들리지 않는 단계에 서다[「자한」 9-29]. I formed fundamental. I stood firm. I planted my feet firm upon the ground. I had formed my opinions and judgment.

03 四十而不惑 사십이불혹

마흔 살이 되어서야 미혹에 빠지지 않게 되었다. At forty, I was free from delusions.

不惑 불혹: 미혹(迷惑)에 빠지지 않게 되다. 미혹되지 않게 되다. 공자는 옛 선현(先賢)의 삶 속에서 형성된 행동양식인 예(禮)를 배우는 데 많은 시간을 할애하였다. 학문(學問)에 뜻을 둔 후 거의 15년이 경과되어서야 기초(基礎)가 형성되었고(三十而立), 그 때까지 배운 것을 갈고 닦고 실천하는 과정에서 다시 10년이 흘러 이제 40세가 되었다. 비로소 인간이 가야 할 바른 길〔道〕이 무엇인지를 알게 되었으며 그의 인생관과 세계관이 확고하게 형성되어, 남의 말에 유혹되지 아니하고 어떤 충격에도 흔들리지 않게 되었다. 미혹은 남의 말을 듣거나 어떤 광경을 보거나 또는 어떤 것을 맛보고 이에 도취(陶醉)되거나 정신이 헷갈려 갈팡질팡하고 헤매는 상태를 뜻한다. "부동산투자를 하면 떼돈을 벌 수 있다", "주식투자를 하면 떼돈을 만질 수 있다" 라는 말에 현혹되지 않아야 한다. 회유(懷柔)나 협박(脅迫)이 있어도 당적(黨籍)을 바꾸지 않고 자기의 주관(主觀)에 따라 옳다고 생각하는 길을 걷는 정치인(政治人)이 되어야 한다. 40대의 가장(家長)이 원조교제(援助交際)의 마술(魔術)에 휩싸여 경찰서를 왔다갔다하는 모습을 보면 불쌍한 생각이 든다.

I was free from delusions. I had no more perplexities. I was free from temptations.

惑 미혹할[혹]: 미혹하다. 무엇에 홀려서 제정신을 못 차리다. 정신이 헷갈려 갈팡질팡하다. fall into delusions. yield to temptation. be confused.

04 五十而知天命 오십이지천명

쉰 살이 되어서 천명(天命)을 알게 되었다. At fifty, I knew the decree of Heaven. At fifty I understood the Decree of Heaven.

天命 천명: 하늘이 부여한 사명. 하늘이 내려준 명령. 사람은 태어나 살다가 늙고 병들어 언젠가는 죽는다. 빈손으로 왔다가 빈손으로 돌아가는 것이 인생이다. 이 모든 것이 다 하늘의 뜻이다. 사람은 언젠가는 죽는다는 사실을 깨달아야 한다. 이것을 깨닫지 못하면 한평생 허욕(虛慾)과 번민(煩悶)에서 벗어나지 못한다. 천명은 하늘이 내려준 명령이다. 단순히 명(命)이라고도 한다. 우주만물을 지배하는 하늘의 명령에 따라 땅위의 성현(聖賢)이 나라를 통치한다는 정치사상으로 유교에서 나와 제자백가(諸子百家)의 논의를 거쳐 정치원리(政治原理)가 되기도 하였다. 전의(轉義)하여 운명(運命)과 같은 뜻으로 쓰이기도 하였는데, 이것은

인생(人生)의 종국(終局)은 인력(人力)으로 어찌할 수 없고, 결국은 하늘의 명령에 따르게 되는 수밖에 없음을 뜻한다. 명예퇴직을 하여 직장을 잃는 것, 부도가 나서 망하는 것, 복권이 당첨되는 것, 부부가 같이 길을 걷다가 나무 밑에서 소나기를 피하던 중 벼락이 내리쳐 남편은 죽고 아내는 엄청난 금액의 보험금을 받게 되는 것, 암에 걸려 죽게 되는 것, 성수대교가 무너져 익사(溺死) 하는 것, 재벌회장이 자기소유 빌딩에서 추락사하는 것, 나라를 빼앗기는 것 등, 이 모두가 천명에 속한다. 그러나 대학시험에 떨어지는 정도는 천명(天命)으로 여기지 말고 다시 한번 도전해 볼만 한 일이다. 여기서는 "자기가 세상에 태어난 것은 학문을 갈고 닦아 이를 후세에 전하라는 하늘의 명(命)임을 깨달았다"는 정도로 풀이한다. the will of heaven. the decrees of heaven. the laws of heaven. heaven-sent duty.

05 六十而耳順 육십이이순

예순 살이 되어 귀가 순해져 남의 말을 순조롭게 이해하게 되었다. My ear was an obedient organ for the reception of truth. (James Legge) / My ear was docile. (Soothill) / My ear was attuned. (Simon Leys)

耳順 이순: 귀가 순해지다. 귀가 유연(柔軟)해지다. 귀가 유연해져 어떤 소리를 들으면 곧바로 그 말의 뜻을 알며 숨은 뜻까지 다 파악된다. 자기 생각과 다른 말을 들었을 때에도 입장을 바꾸어 생각하여 그의 입장을 이해하려고 노력하므로 그 말에도 일리(一理)가 있음을 알게 되고 반발심(反撥心)을 느끼지 아니하는 경지(境地)에 이른다. 기독교의 이야기를 듣건, 불교의 이야기를 듣건, 이슬람의 이야기를 듣건 종교의 다양성과 속죄와 구원의 오묘한 진리에 이해심이 스스로 생긴다. 거리에서 또는 지하철에서 좋은 말을 들었을 때에는 그 이치를 알아들어 즐겁고, 거친 말을 들었을 때에는 한 쪽 귀로들은 것을 한 쪽 귀로 흘려 보내면 된다. 기분 나쁜 소리를 들어도 그 사람의 멱살을 잡거나 달려들지 않는다. 오래 간직하거나 원망하지도 않는다. 들은 것을 순조롭게 소통시키는 지혜를 터득하였기 때문이다. 귀가 딱딱해지면 우선 알아듣는 것조차 되지 않는다. 축구선수가 몸이 풀리지 아니하면 공을 잡지도 못하거니와 꼴을 넣지도 못한다. 귀가 딱딱해서는 안 된다. 귀가 유연하여야 한다. 그래야 남의 말도 빨리 알아듣고 거친 소리도 쉽게 소화(消化)할 수 있다. My ears became perceptive. My ears were in harmony.

My ears could digest everything.

順 순할(순), 좇을(순): 온순하다. 따르다. obedient. docile. able to digest all.

06 七十而從心所欲, 不踰矩 칠십이종심소욕, 불유구

일흔 살이 되어서는 마음이 하고자 하는 바를 따라도 법도(法度)를 벗어나지 않았다. At seventy, I could follow what my heart desired, without transgressing what was right(James Legge). / At seventy, I was able to follow my heart's desire without overstepping the rules of propriety(Chichung Huang). / I follow all the desires of my heart without breaking any rule(Simon Leys).

從心所欲 종심소욕: 마음이 하고자 하는 바를 따르다. 마음이 하고자 하는 대로 따르다. 마음내키는 대로 행동하다. follow what my heart desires.

從 좇을(종): 좇다. 따르다. 나아가다. follow.

欲 하고자 할(욕): 하고자 하다. desire. be trying to. want to.

不踰矩 불유구: 법도(法度)를 넘어서지 아니하다. 정도(正道)를 벗어나지 않는다. 공자라는 인간의 최후 모습이다. 마음이 원하는 바를 따라 행동하여도 조금도 법도(法度)를 벗어나지 않는 경지에 도달한 것이다. do not break a rule. do not trespass.

踰 넘을(유): 넘는다. 건너다. overstep the line. trespass.

矩 곱자(구): 구(矩)는 예전에 목수가 사용하던 기역(ㄱ)자 모양의 자를 말한다. 여기서는 어떤 기준선(基準線), 법도(法度), 한계(限界) 등을 뜻한다. carpenter's square. regulations. rules.

【해설】

공자가 만년에 자기의 일생을 회고하고 자신의 수양과 발전과정을 단계적으로 요약해 말한 것이다. 공자와 같은 뛰어난 성인이나 도달이 가능한 경지로 생각된다. 그러나 공자는 『논어』의 다른 편(「술이」 7-19)에서 "나는 태어나면서부터 그것을 안 사람이 아니다. 옛날의 학문을 좋아하여 힘써 알기를 추구한 사람이다"라고 술회하고 있다(我非生而知之者 好古敏以求之者也). 그러므로 보통사람도 부지런히 배우고 노력하면 이상과 같은 단계를 거쳐 성현군자(聖賢君子)의 대열에 오를 수 있음을 가르치고 있다.

【외국학자 영문해석】

1 Confucius said, "Since the age of 15, I have devoted myself to learning; since 30, I have been well established; since 40, I have understood many things and have no longer been confused; since 50, I have known my heaven-sent duty; since 60, I have been able to distinguish right and wrong in other people's words; and since 70, I have been able to do what I intend freely without breaking the rules."

(Analects of Confucius (1994): Printed by Beijing Foreign Language Printing House. China.)

2 The Master said, "At fifteen, I had my mind bent on learning.
At thirty, I stood firm.
At forty, I had no doubts.
At fifty, I knew the decrees of Heaven.
At sixty, my ear was an obedient organ for the reception of truth.
At seventy, I could follow what my heart desired, without transgressing what was right."

(Confucius Analects, The Great Learning and The Doctrine of The Mean, translated by James Legge, Manufactured in Dover Publication, Inc. U.S.A.)

孟懿子問孝, 子曰; 無違. 樊遲御, 子告之曰; 孟孫問孝於我, 我對曰, 無違, 樊遲曰; 何謂也? 子曰; 生事之以禮, 死葬之以禮, 祭之以禮.

맹의자문효, 자왈; 무위. 번지어, 자고지왈; 맹손문효어아, 아대왈, 무위, 번지왈; 하위야? 자왈; 생사지이례, 사장지이례, 제지이례.

해석 | 맹의자가 효도를 질문하자 공자께서 말씀하셨다. "예를 어기지 않는 것이다." 번지가 수레를 몰고 있었는데, 공자께서 그에게 말씀하셨다. "맹손이 나에게 효도를 묻기에 내가 "(禮)를 어기지 않는 것"이라고 대답하였네." 번지가 말하였다. "무엇을 말씀하시는 것입니까?" 공자께서 말씀하셨다. "부모가 살아 계실 때에는 예로써 그들을 섬기고, 돌아가셨을 때에는 예로써 그들을 장사지내고, 예로써 그들을 제사지내야 한다."

【주석】

01 孟懿子問孝 맹의자문효

맹의자가 효도에 관하여 질문하였다.

孟懿子 맹의자: 노나라의 대부(大夫). 성은 중손(仲孫), 이름은 하기(何忌), 의(懿)는 시호(諡號)임. 당시 노나라에서 세도를 부렸던 3개 집안 중 하나인데, 그의 아버지 맹희자(孟僖子)가 임종 때 공자에게 예(禮)를 배우게 하였다. Meng Yi-zi. minister of Lu. a disciple of Confucius.

참고 諡號(시호): 현신(賢臣)이나 유현(儒賢)이 죽은 뒤에 그 생전의 공덕을 기리어 임금이 추증(追贈)하던 이름을 말한다. In ancient China, when a noble man or a high ranking official died, he was granted a posthumous title according to the accomplishments he had performed during his lifetime.

問孝 문효: 효도를 질문하였다. asked about filial piety. asked what filial piety was.

02 無違 무위

어기지 않다. 예(禮)를 어기지 않다. 無는 不와 같다. do not violate the rules of propriety. do not act contrary. do not disobey. do not diverge. do not break the rituals. do not disobey the rites.

違 어길(위): 어기다. 위반하다. violate. breach. disobey. act contrary.

03 樊遲御 번지어

번지가 수레를 몰고 있었다. Fan Chi was driving a carriage for Confucius.

樊遲 번지: 공자의 제자. 이름은 수(須), 자는 자지(子遲). 공자보다 36세 연하이다. Fan Chi. a disciple of Confucius.

御 부릴(어): 수레를 몰다. 말을 몰다. drive a carriage.

04 子告之曰 자고지왈

공자가 그에게 말했다. 공자가 그에게 알려주면서 말했다. Confucius said to him.

告 알릴(고): 알려주다. 알리다. 말해 주다. inform. report. say to.

之 지: 그. 그것. 그들 之는 it. that. he. him. she. her. them. these. those 등을 포괄하는 개념이다. 여기서는 "그에게"의 뜻이다. him.

05 孟孫問孝於我 맹손문효어아

맹손이 나에게 효도를 물었다. Meng-sun asked me about filial piety.

孟孫 맹손: 앞에 나온 맹의자(孟懿子)를 말함. 중손씨(仲孫氏)를 맹손씨(孟孫氏)라고도 하였다. Meng-sun. also called as Zhong-sun.

於我 어아: 나에게. to me

06 我對曰 아대왈

내가 대답하여 말하였다. I replied.

對 대답할(대): 대답하다. reply. answer.

07 何謂也 하위야

무엇을 말하는 것입니까? 무슨 뜻입니까? What did you say? What did you mean?

何 어찌(하): 무엇. 어찌. 의문문에서 목적어가 대명사인 경우에는 목적어가 동사 앞에 놓인다. what.

也 야: 의문(疑問)의 어기(語氣)를 표시하는 어조사. 乎와 같다. equivalent to a question mark. used to pose a question or counter question. (The Commercial Press. 2001. Beijing, New Age Chinese-English Dictionary: p.1806)

08 生事之以禮, 死葬之以禮, 祭之以禮

생사지이례, 사장지이례, 제지이례

부모가 살아 계실 때에는 예로써 그들을 섬기고, 돌아가셨을 때에는 예로써 그들을 장사지내고, 예로써 그들을 제사지내는 것이다. When your parents are alive, serve them according to the rituals; when they are dead, bury them according to the rituals; offer sacrifices to them according to the rituals.

生事之以禮 생사지이례: (부모가) 살아 계실 때에는 예로써 그들을 섬긴다. When your parents are alive, serve them according to the rituals.

生 날(생): 살아 있다. 살다. be alive.

事 섬길(사): 섬기다. 모시다. serve.

之 지: 그들. 부모님을 표시하는 인칭대명사. them.

死葬之以禮 사장지이례: 돌아가셨을 때에는 예로써 그들을 장사지낸다. When they are dead, bury them according to the rituals.

葬 장사지낼(장): 장사지내다. bury.

祭之以禮 제지이례: 예로써 그들을 제사지내야 한다. offer sacrifices to them according to the rituals.

祭 제사(제): 제사지내다. offer sacrifices. sacrifice to.

【해설】

예(禮)는 옛 성현(聖賢)들의 삶에서 나타나는 행동양식(行動樣式)이다. 이 장에서는 부모가 살아 계실 때의 예, 돌아가셨을 때의 예, 제사지낼 때의 예를 언급하였다. 효(孝)는 부모와 자녀 간의 하나됨을 유지하기 위한 자녀의 노력인데, 이를 이루기 위한 방법으로 공자는 예를 제시하였다. 예는 사람이 사회생활에서의 삶을 영위하는 근간이 되므로 예(禮)가 없으면 바로 설 수 없다 (禮, 仁之幹也. 無禮, 無以立). 당시 노나라의 세도가였던 맹손씨, 숙손씨, 계손씨 등 삼환의 위법행위와 월권행위를 비판한 말로 생각된다.

【외국학자 영문해석】

1 Lord Meng Yi asked about filial piety. The Master said: "Never disobey." As Fan Chi was driving him in his chariot, The Master told him: "Meng Yi asked me about filial piety and I replied: 'Never disobey'." Fan Chi said: "What does that mean ?" The Master said: "When your parents are alive, serve them according to the ritual. When they die, bury them according to the ritual, make sacrifices to them according to the ritual."

(The Analects of Confucius, Translation and Notes by Simon Leys, W. W. Norton & Company. Inc. New York.)

2 Meng I Tzu asked about the meaning of filial piety. Confucius said, "It means 'not diverging (from your parents).'" Later, when Fan Chih was driving him, Confucius told Fan Chih, "Meng Sun asked me about the meaning of filial piety, and I told him 'not diverging.'" Fan Chih said, "What did you mean by that?" Confucius said, "When your parents are alive, serve them with propriety; when they die, bury them with propriety, and then worship them with propriety."

(The Analects of Confucius: translated by Charles Muller. http://www.human.toyogakuen-u.ac.jp/~acmuller/contao/analects.htm.)

제2편 위정(爲政) | 제6장

孟武伯問孝, 子曰; 父母唯其疾之憂.

맹무백문효, 자왈; 부모유기질지우.

해석 | 맹무백이 효도를 물었다. 공자께서 말씀하셨다. "부모는 오직 그 자식의 병을 걱정한다."

【주석】

01 孟武伯問孝 맹무백문효

맹무백이 효도를 물었다. Meng Wu-bo asked about filial piety. Meng Wu-bo asked what filial piety was.

孟武伯 맹무백: 맹의자(孟懿子)의 아들로서 이름은 체(彘), 무(武)는 시호(諡號)임. Meng Wu-bo. a son of Meng Yi-zi, minister of Lu and then the head of the noble house of Meng-sun.

02 父母唯其疾之憂 부모유기질지우

부모는 오직 그 자식의 병을 걱정한다. Parents worry about only their children's illness. Parents are anxious lest their children should be ill.

父母 부모: 아버지와 어머니. 양친. parents.

唯 오직(유): 오직. only.

其疾之憂 기질지우: 그 자식의 병을 걱정하다. worry about their children's illness.

其 기: 그의. 그들의. 질문이 孝이므로 효도의 수행자인 그의 자식을 가리킨다. his. their.

疾 병(질): 병(病). illness. sickness.

之 지: …을. …를. 목적어를 강조하기 위하여 목적어를 동사 앞으로 놓을 경우 목적어와 동사 사이에 쓰이는 구조조사. 憂其疾이 평서문의 정상어순인데 "그 자식의 병(其疾)"을 강조하기 위하여 목적어인 其疾을 문장 앞으로 갖다 놓으면 之가 따라붙는다. 그래서 其疾之憂로 도치되었다. 한문의 기본은 영어의 제3형식 문장이다. 즉〔주어〕+〔동사〕+〔목적어〕의 형식이다. 여기서 동사와 목적어를 바꾸면 그 사이에 之자가 들어가는데, 우리말로는 목적격 조사인 "을. 를"로 해석한다〔「학이」 1-15〕. be used like an objective particle.

憂 근심할(우): 근심하다. 걱정하다. worry about.

【해설】

아프고 싶어서 아픈 사람은 없다. 그러나 질병 때문에 부모가 근심하는 일이 없도록 자기 몸을 잘 살피고 관리하여야 한다. 병은 생기지 않도록 미리 예방하는 것 이외에는 방법이 없다. 이것은 너무 평범한 이야기이다. 그래서 학자 중에는 이를 달리 해석하는 견해도 있다. "부모가 오직 그 자식의 병만을 걱정하도록 행동하라"고 풀이한다. 이는 질문자가 권력자 집안의 자식이고 당시 이들의 권세가 왕권을 위협할 정도로 막강하였으며 위계질서를 무시하고 권력을 자의로 휘둘러대는 난세이었으므로 그런 일로 부모를 근심시켜서는 안 된다는 것을 미리 경고한 것으로 보는 입장이다.

【외국학자 영문해석】

1 Mvng Wu-bwo asked about filiality. The Master said, When his father and mother are anxious only lest he may fall ill.

(The Original Analects, Sayings of Confucius and His Successors, A New Translation and Commentary by E. Bruce Brooks and A Takeo Brooks, Columbia University Press, New York.)

2 Meng Wu asked the duty of a son. The Master said: "What weighs on your father and mother is concern for your health."

(Harvard Classics, Vol. 44, Part 1: The Sayings of Confucius. http://www.bartleby.com/44/1/.)

3 Meng Wubo consulted Confucius about filial piety. Confucius said: "Behave in such a way that your parents have no anxiety about you except with regard to your health."

(The Complete Analects of Confucius(1997), translated by Adam Sia. Asiapac Books Pte Ltd. Singapore.)

4 When Meng Wu Po asked what filial duty meant the Master answered: 'Parents should only have anxiety when their children are ill.'

(The Analects, Confucius translated by William Edward Soothill. Dover Publications, Inc. New York.)

子游問孝, 子曰; 今之孝者, 是謂能養. 至於犬馬, 皆能有養, 不敬, 何以別乎?

자유문효, 자왈; 금지효자, 시위능양. 지어견마, 개능유양, 불경, 하이별호?

해석 | 자유가 효도를 물었다. 공자께서 말씀하셨다. "오늘날의 효라는 것이 부모를 부양할 수 있는 것을 말하지만, 개나 말에 이르기까지 다 먹을 것을 주는 일이 있을 수 있다. 공경심이 없다면 무엇으로 구별하겠는가?

【주석】

01 子游問孝 자유문효

자유가 효도를 물었다. Zi-you asked about filial piety.

子游 자유: 공자의 제자. 성은 언(言), 이름은 언(偃), 자는 자유(子游). 공자보다 45세 연하라고 한다(『史記』). Zi-you. Alias of Yan Yan. a disciple of Confucius.

02 今之孝者, 是謂能養 금지효자, 시위능양

오늘날의 효란 부모를 부양할 수 있는 것을 말한다. Nowadays the filial piety merely means being able to feed one's parents.

今之孝者 금지효자: 오늘날의 효란. as for filial piety. as far as today's filial piety is concerned.

今 이제(금): 이제. 오늘. 현대. nowadays. today.

者 자: 음절을 조절하고 어기를 고르는 어조사. 말을 잠깐 멈추고, 다음 말을 환기시키려고 할 때 사용하는 용법이다(최상익, 『한문해석법연구』 pp.49~52, p.93 참조). 우리말 해석으로는 주격조사처럼 "은". "는". "이". "가"로 풀이할 수도 있고, 또 "…란". "…라는 것은". "…라는 사람은" 등으로 풀이할 수도 있다. used like a comma. as for. as to.

〔예〕 孝弟也者, 其爲仁之本與(효제야자, 기위인지본여): 孝弟란(부모에게 효도하고, 형을 공경한다는 것은) 아마도 인(仁)을 실천하는 것의 근본일 것이다〔「학이」 1-2〕. To be filial towards one's parents and to respect one's elders - perhaps these will be the roots of humanity.

是謂能養 시위능양: 단지 봉양할 줄 아는 것을 말한다. 단지 봉양할 수 있다는 것을 말한다. 단지 잘 부양하는 것을 말한다. merely mean being able to feed one's parents. only talk being able to support one's parents.

是 시: 단지. 다만〔只是〕. merely. only.

謂 이를(위): 말하다. 평하여 말하다. say. mean.

能 능할(능): 할 수 있다. 할 줄 안다. 잘하다. can. be able to.

養 기를(양): 봉양하다. 부양하다. feed. support.

03 至於犬馬, 皆能有養 지어견마, 개능유양

개나 말에 이르기까지도 다 부양이 있을 수 있다. 개나 말에게도 먹을 것을 준다. 애완견이건 똥개이건 경주마이건 보통 말이건 우리는 다 그들에게 먹을 것을 준다. People also feed their dogs and horses. Even dogs and horses can be fed. Even dogs and horses are all able to receive food from people.

至於 지어: …에 이르기까지도. …라 할지라도. even. come to some situation.

皆能有養 개능유양: 다 부양이 있을 수 있다. All can be fed. All can receive food.

皆 다(개): 다. 모두. all.

04 不敬, 何以別乎 불경, 하이별호

공경하는 마음이 없다면 무엇으로 구별할 수 있겠는가? If there is no reverence, how can you tell the difference? Without reverence, what is the difference?

敬 공경할(경): 공경하다. reverence. respect. esteem.

何以別乎 하이별호: 무엇으로 구별하겠는가? 공경하는 마음이 없다면 부모에게 식사를 제공하는 것과 개나 말에게 먹이를 주는 것 사이에 무슨 차이가 있겠는가? How can you tell the difference? What is the difference?

別 나눌(별): 나누다. 구별하다. differentiate. distinguish. classify.

乎 호: 인가(호): …인가? 그러한가? 문장 끝에 놓여 의문의 어기(語氣)를 표시한다. 물음표에 해당한다(「학이」 1-1), (「학이」 1-4). used to indicate the feeling of a question or counter question. used like a question mark.

【해설】

부모에게 식사를 대접하는 것이 효(孝)가 아니다. 음식을 드리는 것도 중요하겠지만 더 중요한 것은 공경심(恭敬心)이다. 진심으로 부모를 편안하게 모시려는 경건한 마음이 있어야 한다. 그러한 공경하는 마음이 없다면 개나 말에게 밥을 주는 행위와 무슨 차이가 있겠는가? 이 구절은 "개는 능히 사람 대신 집을 지키고, 말은 사람 대신 일을 할 수 있으니 사람을 부양하는 것이라고 할 수 있지만 견마(犬馬)는 공경할 줄을 모른다"는 뜻으로 해석하는 다른 견해도 있다. 다소 무리가 있는 해석이다. 개나 말에게 공경심이 있는지 어떤지는 아무도 모른다. 사람을 기준으로 판단하는 것이 절대적으로 옳은 것은 아니다.

【외국학자 영문해석】

1 Zi You (a disciple of Confucius') asked about being filial. Confucius said, "Nowadays, one is called a filial son only because one is able to support one's parents. Actually, however, even dogs and horses are no less able to do this. If one does not treat one's parents with reverent respect, what is then the difference between him and animals?"

(Analects of Confucius (1994): Printed by Beijing Foreign Language Printing House. China.)

2 Tzu Lu asked about the meaning of filial piety. Confucius said, "Nowadays filial piety means being able to feed your parents. But everyone does this for even horses and dogs. Without respect, what's the difference?"

(http://web.singnet.com.sg/~clementn/mar.htm: The Analects of Confucius: compiled by Ng Shin Kiat.)

제2편 위정(爲政) | 제8장

子夏問孝, 子曰; 色難. 有事, 弟子服其勞; 有酒食, 先生饌, 曾是以爲孝乎?

자하문효, 자왈; 색난. 유사, 제자복기노; 유주사, 선생찬, 증시이위효호?

해석 | 자하가 효도를 물었다. 공자께서 말씀하셨다. "안색을 부드럽게 하기가 어려울 것이다. 일이 있을 때 동생과 자녀들이 그 수고를 맡고, 술과 음식이 있을 때 어른들께 먼저 드시게 하는 것, 곧 이것만으로 효도라 할 수 있겠느냐?

【주석】

01 色難 색난

"안색을 부드럽게 하기가 어려울 것이다." The difficulty is with the countenance. (James Legge)

괴로운 일이 있는데 얼굴표정을 항상 밝고 명랑하게 하기는 사실상 어려운 것이다.

그러나 자식이 부모와 함께 살면서 얼굴을 찌푸리거나 인상을 쓰고 있으면 부모의 마음이 불안하다. 그러므로 항상 온화한 얼굴로 환한 미소 그리고 밝은 안색을 가져야 한다. 이것은 부모에 대한 존경과 사랑이 없으면 안 되는 일이다. 더욱이 그 사랑과 존경의 생각은 항상 변하지 않는 것이어야 한다. 이 구절을 부모를 중심으로 풀이할 때에는 "부모의 안색을 살펴 그들이 무엇을 원하고 있는지를 살펴 헤아린다는 것은 어려운 일이다"라는 해석도 가능하다. 그래서 과거부터 부모의 안색(顔色)을 잘 살피어 적절히 받들어 모시기가 어렵다고 해석하는 입장이 있었고(包咸. 馬融), 본인을 중심으로 "본인이 부드럽고 즐거운 안색으로 부모를 모시기가 어렵다"고 해하는 견해가 있었다(鄭玄). "효자로서 깊은 사랑이 있는 사람은 반드시 화기(和氣)가 있고, 화기가 있는 사람은 반드시 기쁜 기색이 있고, 기쁜 기색이 있는 사람은 반드시 부드러운 얼굴이 있다"는 옛 말에 따라 "안색을 부드럽게 하기가 어려울 것이다"라는 입장을 취하였다(『禮記』. 「祭義」편 참조). 주희도 색난은 "어버이를 섬길 때 안색을 온화하게 하는 것이 어려움을 말하는 것이다"라고 풀이한다 (色難, 謂事親之際, 惟色爲難也). / It is most difficult for a son to serve his parents with a consistently joyful expression on his face. (Beijing Foreign Language Printing House. China)

色 빛(색): 안색. 표정. 태도. 얼굴빛에는 그 사람의 감정이 들어 있다(「학이」 1-3). face. appearance. countenance.

難 어려울(난): 어렵다. difficult. hard.

02 有事, 弟子服其勞 유사, 제자복기노

일이 있을 때 동생과 자녀들이 그 수고를 맡는다. When there is work to be done, the younger brothers and sons undertake their elder's labours.

有事 유사: 일이 있다. There is work to be done.

弟子 제자: ① 동생과 자녀들 ② 제자. the younger brothers and sons. young people.

服其勞 복기노: 그 수고를 떠맡다. 그 수고를 대신하다. undertake their elder's labours. take the toil.

服 옷(복): 입다. 붙잡다. 떠맡다. 수행하다. take. undertake. serve.

勞 일할(노): 노고. 수고. labour. toil.

03 有酒食, 先生饌, 曾是以爲孝乎 유주사, 선생찬, 증시이위효호

술과 음식이 있을 때 어른들께 먼저 드시게 하는 것, 곧 이것만으로 효도라 할 수 있겠느냐?
When there is wine and food, they make the seniors drink and eat. Can this just be considered filial piety?

酒 술(주): 술. wine. liquor.

食 밥(사): 밥. 곡식을 익힌 주식. 食자는 "식"으로도 읽는다. boiled rice. food.

先生 선생: 먼저 태어난 사람. 어른. senior. elder.

先生饌 선생찬: 어른들께 식사하게 하다. 어른들께 먼저 그 음식을 들게 하다. make the seniors drink and eat.

饌 반찬(찬): 먹게 하다. 饌은 "어떤 것을 먹고 마시게 하는 것"이라고 주희는 설명한다(饌, 飮食之也). make something eat and drink.

曾是以爲孝乎 증시이위효호: ① 곧 이것만으로 효도라고 생각하겠느냐? ② 어찌 이것을 효도라고 생각하겠느냐? Can this just be considered filial piety? How is this considered to be filial piety?

曾 이에(증): ① 곧. 이에. 則. 乃와 같다. just ② 어찌. 어떻게. how

以爲 이위: …으로 여기다. …라고 생각하다[「팔일」 3-18], [「양화」 17-23], [「자장」 19-10]. think. consider.

乎 인가(호): …인가? 그러한가? 문장 끝에 놓여 의문의 어기(語氣)를 표시한다. 물음표에 해당한다[「학이」 1-1]. used to indicate the feeling of a question or counter question.

【 해설 】

공자는 제자들의 효의 질문에 각기 다른 내용으로 대답하였다.
맹의자(孟懿子)의 질문에는 "無違", 즉 "어기지 마라"고 하였다〔「위정」 2-5〕.
맹무백(孟武伯)에게는 "자식은 질병이 아닌 다른 잘못으로 부모에게 걱정을 끼쳐서는 안 된다"고 하였다(異說)〔「위정」 2-6〕.
자유(子游)에게는 "물질적 공양만으로는 효라고 할 수 없다"고 했다〔「위정」 2-7〕.
자하(子夏)에게는 "부모의 안색을 살피어 적절히 받들어 모시고, 늘 부드러운 얼굴로 부모를 대하여야 한다"고 했다〔「위정」 2-8〕.
공자가 효도란 무엇인가라는 질문에 각기 다르게 답변한 이유를 중국의 『논어』 학자들은 다음과 같이 설명하고 있다.
맹의자에게는 일반 모든 사람에게 공통되는 이야기를 하였다. 그는 평소 걱정을 끼치는 일을 많이 하기 때문이다. 특히 그는 권세를 믿고 무례했기 때문에 "예(禮)를 어기지 말라"고 강조하였다. 맹무백은 호전적인 인물이다. 맹무백은 애공(哀公) 11년에 군대를 이끌고 제(齊)나라 군대와 싸웠고, 애공(哀公) 14년에는 성읍(成邑)의 백성을 무참하게 유린(蹂躪)한 일이 있었다. 그의 인간성은 모질고 과격하고 호전적이었다. 그의 부친 맹의자는 공자에게 예를 배웠는데, 그 아들인 맹무백은 예를 잘 지키지 아니하므로 그에게는 질병으로 부모에 걱정을 끼쳐드리는 것은 어쩔 수 없다 하더라도 그 밖의 무모한 행동으로 부모의 마음을 상하게 하거나 걱정을 끼쳐서는 안 된다는 점을 강조하였다. 자유는 물질적 공양은 잘하나 혹시라도 공경(恭敬)의 정(情)을 잃을까 해서 "개〔犬〕나 말〔馬〕도 먹이를 주어 사육하는데, 부모에게 밥만 먹인다는 것만으로 효도를 다하였다고는 할 수 없다"는 취지의 뜻을 남겼다. 자하는 성격이 직설적이고 정의감이 넘치므로 혹시라도 온화(溫和)하고 부드러운 기색(氣色)이 부족할까 해서 "부모의 안색을 살피어 적절히 받들어 모시고, 늘 부드러운 얼굴로 부모를 대하여야 한다"고 한 것이다.

【 외국학자 영문해석 】

1 Tsze-hsia asked what filial piety was. The Master said, "The difficulty is with the countenance. If, when their elders have any troublesome affairs, the young take the toil of them, and if, when the young have wine and food, they set them before their elders, is THIS to be considered filial piety?"

(Confucius Analects, The Great Learning and The Doctrine of The Mean, translated by James Legge, Manufactured in Dover Publication, Inc. U.S.A.)

2 Tzu-hsia asked the duty of a son. The Master said: "Our manner is the hard part. For the young to be a stay in toil, and leave the wine and cakes to their elders, is this to fulfil their duty?"

(Harvard Classics, Vol. 44, Part 1: The Sayings of Confucius. http://www.bartleby.com/44/1/)

제2편 위정(爲政) | 제9장

子曰; 吾與回言終日, 不違如愚, 退而省其私, 亦足以發, 回也不愚.

자왈; 오여회언종일, 불위여우, 퇴이성기사, 역족이발, 회야불우.

해석 | 공자께서 말씀하셨다. "내가 안회와 하루종일 이야기하였으나 이의를 제기하지 않아 어리석은 사람 같았다. 물러간 뒤에 그의 사생활을 살펴보니 배운 것을 아주 잘 실천할 수 있었다. 안회는 어리석은 사람이 아니다."

【주석】

01 吾與回言終日, 不違如愚 오여회언종일, 불위여우

나는 안회와 하루종일 이야기하였으나 이의를 제기하지 않아 어리석은 사람 같았다. | talked with Hui all day long, but he did not raise any objection, as if he were stupid.

回 회: 안회(顔回)를 말함. 노나라 사람으로 공자가 가장 총애한 제자. 성은 안(顔)이

며, 이름은 회(回). 자는 자연(子淵)임. 안연(顔淵)이라고도 한다. 젊은 나이에 죽어 공자가 비통해 하였다. Yan Hui. a prominent disciple of Confucius.

不違 불위: 어기지 않다. 이의(異意)를 제기하지 않다. make no objection to anything that I said. do not put any counter-arguments. do not contradict me. never raise any objection. do not disagree with me.

違 어길(위): ① 어기다. 위반하다. act against. contradict. disobey. violate. break. ② (의견이) 서로 다르다. 틀리다. 상위(相違)하다. different from. disagree with each other. be contrary to. be not in accordance with.

如 여: 같다. …인 것 같다. seem. look like. as if.

愚 우: ① 어리석을(우): 어리석다. be stupid. be foolish ② 어리석은 사람 foolish person.

02 退而省其私, 亦足以發 퇴이성기사, 역족이발

물러간 뒤에 그의 사생활을 살펴보니, 배운 것을 아주 잘 실천할 수 있었다. When he left, I observed his private conduct and found that he can very well practice what he learned.

退 물러날(퇴): 물러나다. move backward. draw back. retire. leave.

而 이: …하여서. …해서. 그리고 and

省 살필(성): 살펴보다. 성찰하다. observe. enquire into.

省其私 성기사: 그의 사생활을 살펴보다. 그의 개인적인 언행은 살펴보다. observe his personal conduct. enquire into his private conduct.

私 사(사): 사생활. 개인적인 일. personal affairs. private matters. private life.

亦 역: 매우. 대단히. very. very well.

足以 족이: 할 수 있다. 할 줄 안다. …하기에 족하다. …하기에 충분하다. 足以는

조동사 역할을 한다. 그러므로 뒤에는 본동사가 온다. 足은 조동사(can)이며, 以는 수단과 방법을 나타내는 전치사로서 이 두 단어가 결합되어 "족히 그것으로써 …을 할 수 있다" "can do enough with it"라는 의미가 되겠으나, 두 글자를 합치어 조동사 역할을 하는 것으로 본다〔「양화」 17-6〕. can. be able to.

足 족할(족): 족하게 하다. 만족시키다. satisfy

發 행할(발): (배운 것을) 실행하다. 발휘(發揮)하다. act. practice. put into practice. display. show.

03 回也不愚 회야불우

회(回)는 어리석지 않다. 회는 어리석은 사람이 아니다. Hui is not stupid. The person of Hui is not stupid.

也 야: …은. …라는 사람은. 음절을 조정하고 어기를 고르는 어조사(회는. 회라는 사람은)〔「학이」 1-2〕. equivalent to a comma. used to indicate a pause in a sentence (The Commercial Press. 2001. Beijing, New Age Chinese-English Dictionary: p.1806).

【해설】

안회(顔回)는 공자가 가장 사랑했던 제자이다. 안회는 과묵(寡默)하고, 배우기를 좋아했고, 덕(德)을 잘 실천(實薦)하는 사람으로 알려져 있다. 이 장에서 공자는 안회를 가리켜 "회는 어리석은 사람이 아니다"라고 했다. 스승이 가르쳐 준 것을 완전히 소화하여 스스로 실천하는 안회를 칭찬한 것이다. 그러나 젊은 나이에 세상을 떠났다. 그 때 공자는 "아! 하늘이 나를 망치는구나, 하늘이 나를 망치는구나(噫 天喪予, 天喪予)!"라고 외치면서 비통해하였다. 훌륭한 제자를 잃은 것을 아쉬워하였기 때문이다〔「선진」 11-8〕.

【외국학자 영문해석】

1 The Master said: "I can talk all day to Yan hui—he never raises any objection, he looks stupid. Yet, observe him when he is on his own: his actions fully reflect what he learned. Oh no, Hui is not stupid!"

(The Analects of Confucius, Translation and Notes by Simon Leys, W. W. Norton & Company. Inc. New York.)

2 The Master said, "I can talk to Yen Hui a whole day without his ever differing from me. One would think he was stupid. But if I enquire into his private conduct when he is not with me I find that it fully demonstrates what I have taught him. No, Hui is by no means stupid."

(The analects of Confucius Translated and Annotated by Arthur Waley: A Division of Random House, INC. New York.)

제2편 위정(爲政) | 제10장

子曰; 視其所以, 觀其所由, 察其所安, 人焉廋哉, 人焉廋哉?

자왈; 시기소이, 관기소유, 찰기소안, 인언수재, 인언수재?

해석 | 공자께서 말씀하셨다. "그가 하는 바를 보고, 그가 지내온 길을 살펴보고, 그의 습관을 관찰한다면, 사람이 어찌 자기를 숨길 수 있겠는가?"

【주석】

01 視其所以 시기소이

그가 하는 바를 보다. 그가 하는 짓을 보다. observe what he does. see what a man does.

視 볼(시): 보다. 살피다. see. look into.

其所以 기소이: 그가 하는 바. 그가 하는 짓. 현재 그가 하는 행동을 말한다. what he does. how he acts. a man's action.

所 바(소): …하는 바. …하는 것. …하는 사람. 영어의 관계대명사에 해당하는데 영어에서는 이 말들이 앞에 위치하는데 한문에서는 중간에 끼어 있다. 所자 앞에 오는 말이 주어에 해당하고 所자 뒤에 나오는 말이 술어에 해당한다. what. who.

(예) 己所不欲: 자기가 원하지 않는 것. what he doesn't wish.
爾所不知: 네가 모르는 사람. (the person) whom you don't know
吾所聞: 내가 들은 것. what I heard. the fact that I heard. the thing which I heard.
其所不知: 자기가 모르는 것. what he doesn't know. the thing which he doesn't know.

以 이: 하다. 생각하다. 爲와 같다. do. act.

02 觀其所由 관기소유

그가 지내온 길을 살피다. 과거의 행적을 들여다본다. check up a person's career. trace a person's record. observe the path he has pursued till now. contemplate the path he has traversed. (Chichung Huang). / examining one's experience (Jack J. Cai & Emma Yu) / observe what path he follows. (Raymond Dawson)

참고 "그가 의도하는 비를 살핀다" 또는 "그가 그 행위를 한 동기를 살핀다"라는 해석도 있으나 앞에 나온 "그가 하는 짓"과 구분이 명확하지 않은 점이 있다 그래서 앞부분은 현재의 행동을 살펴보는 쪽으로, 뒷부분은 과거의 행적을 살피는 쪽으로 입장을 정리하였다. "동기" 쪽으로 풀이한 외국학자의 해석을 보면 아래와 같다.
scrutinize his motives.(Giles, Lionel)
mark his motives.(James Legge)
look into his motives.(William Edward Soothill)

觀 볼(관): 관찰하다. 자세히 보다. scrutinize. look into closely. contemplate.

其所由 기소유: 그가 경유하여 온 길. 그가 지내온 길. 由는 "경유하다". "지내오다"의 뜻이다. 由를 "말미암다"의 뜻으로 보아 어떤 일을 하게 된 동기나 이유를 살펴야 한다는 쪽으로 해하는 학자들도 있다. the path he has traversed. the path he has pursued till now. his career. his record of performances.

由 말미암을(유): ① 경유하다. 지내다. 따르다. 추구하다. 경력을 가지다. traverse. follow. pursue. carry through life. experience. career. ② 말미암다. 원인이 되다. cause. motive.

03 察其所安 찰기소안

그가 편안히 여기는 것을 관찰한다. 그의 습관 또는 취향을 관찰한다. examine what he feels comfortable. examine his tastes. / examine where he feels at home. (D,C. Lau) / examine in what things he rests. (James Legge) / observing one's favorite. (Jack J. Cai & Emma Yu) / examine what he is at ease with. (Chichung Huang)

察 살필(찰): 살피다. 자세히 보다. 조사하다. examine.

其所安 기소안: 그가 편안해 하는 것. 그가 편안하게 느끼는 것. 그의 습관. 그의 취향. 만약 그의 취향이 마약이거나 도박이라면 장차 그의 집안을 파멸시키는 요인으로 작용할 것이고 그의 취향이 학문과 예술이라면 사회에 큰 공헌을 할 수 있는 요인으로 작용할 것이다. 앞부분과 연관시켜 미래의 상황을 예측하는 쪽으로 관찰할 수 있다. what he is fond of. where he gets comfort. what he feels comfortable. his tastes. his hobby.

安 편안할(안): 편안하다. 즐겨하다 (安, 所樂也). be fond of. delight. feel comfortable.

04 人焉廋哉 인언수재

사람이 어찌 자기를 숨길 수 있겠는가? How can a man conceal himself? / How can a man conceal his character? (James Legge) / How can they hide who they really are? (David Hinton)

焉 어찌(언): 어찌. 어떻게. how.

廋 숨길(수): 숨기다. hide. conceal.

哉 재: 의문 또는 반문의 어기를 표시하는 어조사. equivalent to a question mark. used together with an interrogative to express doubt or form a rhetorical question. (The Commercial Press. 2001. Beijing, New Age Chinese-English Dictionary: p.1925).

【해설】

사람관리와 관계되는 문장이다. 그 사람이 현재 무엇을 하고 있으며, 또 과거 어떤 길을 걸어왔으며, 그의 취향이 무엇인지를 면밀하게 관찰한다면 그가 어떤 사람인지를 파악할 수 있다는 것이다. 일시적으로 누구를 속일 수는 있겠으나 영원히 숨길 수는 없는 것이다.

【외국학자 영문해석】

1 The Master said: "See what a man does; contemplate the path he has traversed; examine what he is at ease with. How, then, can he conceal himself? How, then, can he conceal himself?"

(The analects of Confucius (Lun Yu); A Literal Translation with an Introduction and Notes by Chichung Huang, Oxford University Press 1997.)

2 Confucius said: "Watching one's action, examining one's experience, and observing one's favorite. What could one hide? What could one hide?"

(The Analects of Confucius(unabridged), translated by Jack J. Cai & Emma Yu, Americd-rom publishing company. U.S.A.)

제11장

子曰; 溫故而知新, 可以爲師矣

자왈; 온고이지신, 가이위사의

해석 | 공자께서 말씀하셨다. "옛 것을 익히어 새로운 것을 알게 되면 스승이 될 만하다."

【주석】

01 溫故而知新 온고이지신

옛 것을 익히어 새로운 것을 알게 되다. review the old lessons and acquire something new. study classics and get to know new lessons.

溫 익힐(온): 익히다. 복습하다. 연구하다. learn. study. practice. review.

故 옛(고): 옛 것. 옛 일. 옛 사람들의 학문. classics. old lessons. old knowledge.

新 새(신): 새로운 것. something new. new lessons. up-to-date knowledge.

02 可以爲師矣 가이위사의

스승이 될 만하다. 스승이 될 수 있다. can become a teacher. be fit to be a teacher.

可以 가이: 할 수 있다. 할 만하다. can. be fit to be. be worthy of.

爲 위: 되다. become.

師 스승(사): 스승. 선생. teacher.

矣 의: …이다(be). 문장 끝에 놓여 단정 또는 필연의 결과를 표시한다(「학이」 1-9). used to indicate the feeling of decision or an inevitable consequence.

【 해설 】

과거에 있었던 개별적인 정보를 체계적으로 정리하고, 여기에 새로운 정보를 접목시키면 학문의 질(質)이 한 단계 상승하게 된다. 이러한 과정을 반복하는 가운데 우리의 학문은 발전하는 것이다. 과거를 알아야 미래를 예측할 수 있으며 미래를 예측할 수 있어야 앞으로 다가올 위험에 대처할 수 있다. 지도적 위치에 서려면 적어도 이러한 흐름을 파악하여 새로운 환경에 적응할 수 있는 힘을 길러야 한다.

【 외국학자 영문해석 】

1 The Master said, "He who by reanimating the Old can gain knowledge of the New is fit to be a teacher."

(The analects of Confucius Translated and Annotated by Arthur Waley: A Division of Random House, INC. New York.)

2 The Master said, "Warming up the old so as to understand the new; such a one can be a teacher."

(The Original Analects, Sayings of Confucius and His Successors, A New Translation and Commentary by E. Bruce Brooks and A Takeo Brooks, Columbia University Press, New York.)

제2편 위정(爲政) | 제12장

子曰; 君子不器.

자왈; 군자불기.

해석 | 공자께서 말씀하셨다. "군자는 그릇과 같은 존재가 아니다."

【주석】

01 君子不器 군자불기

군자는 (어떤 특정 용도에만 쓰이는) 그릇과 같은 것이 아니다. The accomplished scholar is not a utensil. (James Legge) / A gentleman does not behave as an implement (Raymond Dawson) / Exemplary persons (junzi 君子)are not mere vessels. (Roger T. Ames and Henry Rosemont, Jr)

不器 불기: 그릇이 아니다. 그릇과 같은 것이 아니다. 그릇은 모두가 각각 한 가지 용도에만 쓰이게 되어 있지만, 군자는 세상사(世上事) 여러 가지 일에 두루 통용된다는 뜻이다. be not a utensil. be not a vessel.

器 그릇(기): 그릇. 도구. utensil. implement. vessel. tool.

【해설】

그릇은 어떤 형체를 갖춘 물건이다. 도(道)와는 대조되는 개념이다. 여기서 말하는 그릇은 한 가지 전문적인 기능을 가진 인재를 뜻한다. 우리는 사람을 가리켜 어떤 사람은 그릇이 크다고도 하고, 어떤 사람은 그릇이 작다고도 한다. 그릇이 작은 사람도 어느 한 분야의 전문가가 되어 사회에 기여한다. 군자는 그런 존재가 아니고 사람과 사람이 살아가는 사회에서의 삶의 방법과 그 방향을 제시하여 주는 그런 역할을 하는 지도자적 인물이다. 그러므로 그는 학문과 덕을 함께 갖추고 백성의 행복한 삶을 위하여 정치에 참여하는 지도층 인사라고 할 수 있다. 오늘날의 사회는 다양성(多樣性)의 사회이다. 전문가도 필요하고 책략가도 필요하고 도덕군자(道德君子)도 필요하다. 공자가 전문적 기능을 가진 사람을 나쁘다고 비하(卑下)하지는 않았다. 다만 군자는 그릇이 아니니까 군자로서의 역할과 본분을 다해야 한다고 강조하였을 뿐이다. 영화배우는 주연이건 조연이건 단역배우이건 각각 자기의 역밖에는 아무 것도 하지 못한다. 그러나 영화감독은 영화전체를 통할하며 작품을 만드는 역할을 한다. 군자는 이러한 영화감독과 같은 역할이다. 그러면 왜 군자역할도 하고 기능적인 그릇역할도 하라고 말하지 않았는가? 그것은 인간 생명의 유한성(有限性) 때문이다. 100년을 넘기지 못하는 것이 대부분 인간의 수명(壽命)이다. 수천 년을 이어져 내려온 우주의 온갖 기술을 어느 한 사람이 이를 모두 다 체득하기란 불가능한 것이다. 그리고 앞으로도 기술은 계속 발전하고 다양화되기 때문에 어느 한 사람이 이를 모두 소화할 수는 없다. 그래서 보통사람은 그와 그의 가족의 생계를 꾸려나가기 위한 기능 정도만 익혀도 된다. 그러나 많은 사람이 함께 살아가는 세상에서는 갈등과 대립, 불신과 반목, 마찰과 충돌이 끊임없이 일어난다. 군자는 이를 방지하고 평화로운 사회를 만드는 데에 온갖 노력을 다하여야 한다는 생각이다. 그래서 군자는 조화(調和)로운 사회를 만들기 위한 정치분야에서 일하여야 한다는 논리가 도출된다. 기(器)의 개념에는 『역경(易經)』의 계사전(繫辭傳)에 "형이상학적인 것을 도(道)라고 하고, 형이하학적인 것을 기(器)라고 한다"고 풀이하고 있다(形而上者, 爲之道; 形而下者, 爲之器).

【 외국학자 영문해석 】

1 Confucius said, "A gentleman is not like a utensil (having specific and limited uses)."

(The Complete Analects of Confucius(1997), translated by Adam Sia. Asiapac Books Pte Ltd. Singapore.)

2 The Master said: "A gentleman is not a vessel."

(Harvard Classics, Vol. 44, Part 1: The Sayings of Confucius. http://www.bartleby.com/44/1/)

제2편 위정(爲政) | 제13장

子貢問君子, 子曰; 先行其言, 而後從之.

자공문군자, 자왈; 선행기언, 이후종지.

해석 | 자공이 군자에 관하여 질문하였다. 공자께서 말씀하셨다. "그 말을 먼저 실행하고, 그런 뒤에 말을 하는 것이다." (말이 앞서서는 안 된다).

【주석】

01 子貢問君子 자공문군자

자공이 군자에 관하여 질문하였다. Zi-gong asked about the gentleman.

子貢 자공: 공자의 제자. 성은 단목(端木), 이름은 사(賜), 자는 자공(子貢). 공자보다 31세 연하이며, 말을 잘하기로 소문난 제자이다. Zi-gong. a disciple of Confucius.

02 先行其言 선행기언

그 말을 먼저 실행한다. 그가 하고자 하는 말이 있다면 말하기 전에 먼저 실행하라는 뜻이다. act first before he speaks. put his idea into practice before he expresses it. His action goes first.

주희의 『논어집주』는 先行其言은 "아직 말하기 전에 실행하는 것이다"라고 설명한다(先行其言者, 行之於未言之前). 예를 들어 설명한다. 봉사활동을 하기로 마음먹었으면, 먼저 이웃에 있는 독거노인(獨居老人)을 찾아가, 식사도 준비해 주고, 빨래도 해 주고, 청소도 대신하는 등 행동을 보여야 한다. 그런 다음에 주변에 있는 사람에게 우리사회에 불우한 이웃이 너무 많으니 동참하지 않겠느냐는 권유를 하여야 한다는 뜻이다. 자기는 움직이지 않으면서 남에게만 솔선수범을 강요하는 것은 전혀 설득력이 없는 행동이다. 어떤 생각이나 마음이 있을 때, 이것이 먼저 말로 나오는 경우가 있고, 행동으로 나오는 경우가 있는데, 공자는 "먼저 실천하고 말은 그 다음에 하라"고 주장한다.

先 먼저(선): 먼저. …보다 먼저. 先은 시점이나 어떤 대상을 서로 비교할 때 사용되는 말이므로 "…보다"라는 말을 넣어 풀이하면 자연스럽다. earlier than. first. beforehand.

其 기: 그. 그의. 군자를 가리킨다. his.

03 而後從之 이후종지

그런 뒤에 그것을 좇는다. 실천한 뒤에 그것을 말하는 것이다. And then his speech follows it. And afterwards he speaks of his actions. And then he follows it.

而後 이후: 이후. 그런 뒤에. 以後와 같다. and then. and afterwards.

後 뒤(후): 뒤에. 나중에. later. afterward. then.

從之 종지: 그것을 좇는다. 먼저 행하고 다음에 말을 한다. 먼저 행하고 그렇게 한 목적과 취지 또는 대의명분(大義名分)의 설명은 나중에 한다는 뜻이다. follow it. speak according to his action.

從 좇을(종): 좇다. 따르다. follow

之 지: 그것. 그가 행한 것. it. the thing which he acted.

【해설】

자공은 임기응변(臨機應變)에 능하고 말을 잘하는 것으로 평판이 나 있는 사람이다. 「선진편」(11-2)에서 공자는 말 잘하기로는 재아(宰我)와 자공(子貢)이 있다고 하였다(言語, 宰我. 子貢). 그래서 공자는 그에게 말보다 행동이 앞서야 한다는 점을 가르치고 있는 것이다.

【외국학자 영문해석】

1 Tzu-kung asked about the true gentleman. The Master said, "He does not preach what he practises till he has practised what he preaches."

(The analects of Confucius Translated and Annotated by Arthur Waley: A Division of Random House, INC. New York.)

2 Adept Hsia asked about the noble-minded, and The Master said: "Such people act before they speak, then they speak according to their actions."

(The Analects. Confucius Translated by David Hinton, Counterpoint Washington. D.C.)

子曰; 君子周而不比, 小人比而不周.

자왈; 군자주이불비, 소인비이부주.

해석 | 공자께서 말씀하셨다. "군자는 남과 두루 친하게 지내지만 편당(偏黨)하지 않는데, 소인은 편당을 짓고 두루 친하게 지내지 않는다."

【주석】

01 君子周而不比 군자주이불비

군자는 남과 두루 친하게 지내되 편당(偏黨)을 짓지 않는다. The gentleman is all-embracing and not partial.

周 두루(주): 두루 미치다. 두루 친하게 지내다. 주희는『논어집주』에서 "주(周)는 보편적(普遍的)인 것을 말하고, 비(比)는 편당적(偏黨的)인 것을 말한다. 이는 모두 남과 더불어 친하고 두텁게 지낸다는 뜻이지만, 주(周)는 공적(公的)인 것이고, 비(比)는 사적(私的)인 것이다"라고 주장한다(周普偏也, 比偏黨也, 皆與人親厚之意, 但周公而比私爾). 군자는 사적인 이해관계를 떠나 다른 사람과 두루 친하게 지내는 특징이 있다. 군자는 나라를 위하여 여러 사람과 두루 친하게 지내지 자기들만의 이익을 위하여 "하나회"와 같은 패거리를 만드는 짓은 하지 아니한다. all-embracing. comprehensive. universal. catholic.

比 친할(비): 편들다. 편파적으로 놀다. 편당(偏黨)짓다. 출신지역별, 출신학교별, 특정세력별로 편당을 만들어 자기들끼리 똘똘 뭉쳐 그들만의 이득을 독점하려는 비열한 자세를 뜻한다〔「위정」 2-14〕, 〔「위령공」 15-21〕. conspire. be factious. be partial. be biased. be cliquey. form cliques.

02 小人比而不周 소인비이부주

소인은 편당을 짓고 두루 친하게 지내지는 않는다. The small man is partial and not all-embracing.

小人 소인: 사적(私的) 이익에 집착하는 사람을 말한다. 덕(德)을 갖추지 못한 사람이다. 외국학자들의 소인 표현을 보면 다음과 같다(군자에 관한 표현은 「학이」편 제1장 참조). small man. petty man. mean man. inferior man. petty person.

【해설】

군자는 모든 사람과의 관계에서 조화(調和)를 이루는 삶을 추구하지만 소인은 늘 남과 경쟁하고 사적 이익에만 집착하므로 자기의 이익을 위하여서는 수단과 방법을 가리지 아니한다. 그래서 자기에게 유리한 쪽으로 붙어 그런 인간끼리 당파를 형성한다. 우리의 조선 500년이 그런 종류의 인간의 당파싸움 때문에 결국 나라를 빼앗기는 운명을 맞게 된 것이다.

【외국학자 영문해석】

1 The Master said, "The gentleman is broad and not partial; the little man is partial and not broad."

(The Original Analects, Sayings of Confucius and His Successors, A New Translation and Commentary by E. Bruce Brooks and A Takeo Brooks, Columbia University Press, New York.)

2 Confucius said: "The Superior Man is all-embracing and not partial. The inferior man is partial and not all-embracing."

(http://web.singnet.com.sg/~clementn/mar.htm: The Analects of Confucius: compiled by Ng Shin Kiat.)

제2편 위정(爲政) | 제15장

子曰; 學而不思則罔, 思而不學則殆.

자왈; 학이불사즉망, 사이불학즉태.

해석 | 공자께서 말씀하셨다. "배우기만 하고 생각하지 아니하면 소용이 없고, 생각하기만 하고 배우지 아니하면 위태로워진다."

【주석】

01 學而不思則罔 학이불사즉망

배우기만 하고 생각하지 아니하면 소용이 없다. If one studies but does not think, one is fruitless.

則 곧(즉): …이면. …하면. …한즉. if. when. in case.

罔 어두울(망): 어두워지다. 멍청해지다. 효과가 없다. 어두워져서 얻는 것이 없다(昏而無得). fruitless. useless. confusing. futile.

02 思而不學則殆 사이불학즉태

생각하기만 하고 배우지 아니하면 위태로워진다. If one thinks but does not study, one is in peril.

殆 위태할(태): 위태로워진다. 오류나 독단에 빠질 위험이 있다. 주희의 『논어집주』에는 학문하는 태도를 이렇게 말했다. "널리 배우고, 자세히 묻고, 신중하게 생각하고, 명백하게 분별하고, 독실하게 행동하는 것, 다섯 가지 중에 그 하나라도 없앤다면, 그것은 학문을 하는 것이 아니다"라고 말하고 있다(博學, 審問, 愼思, 明辯, 篤行,

五者廢其一, 非學也). be dangerous. be in peril.

【해설】

책을 많이 읽고 훌륭한 선생님으로부터 다양한 지식을 습득하였다 하더라도 읽고 듣고 배운 것을 깊이 생각하지 아니하면 더 이상 진전(進展)하지도 못하고 어떤 깊이 있는 학문체계(學問體系)도 엮어내지 못한다. 또한 아무리 깊이 사색한다 하더라도 계속해서 배우고 익히지 아니하면 편견에 빠지거나 과대망상증에 걸려 독단주의로 흐를 위험성이 있다. 그러므로 열심히 공부하고 그 배운 지식을 여러 각도에서 분석 · 종합하여 체계화시키는 사유과정(思惟過程)이 필요하다. 공자는 『논어』의 다른 편(「위령공」 15-30)에서는 사색(思索)하는 것보다 배우고 공부하는 것이 더 중요하다고 하였다. 역시 공자는 사람이기 때문이다. 하늘의 아들인 예수 그리스도, 부처가 된 석가모니, 알라신이 된 마호메트, 이들은 모두 기적을 창조한 "신(神)의 그룹"이다. 모두가 일류대학을 졸업하였거나 박사학위를 얻은 사람이 아니다. 한결같이 명상(冥想)과 고행(苦行)으로 하늘의 뜻을 파악한 성자(聖者)이다. 이에 비하여 공자에게는 기적(奇蹟)을 일으킬 만한 능력이 없었다. 그는 "사람의 그룹"에 속하는 인간일 뿐이다. 그래서 그는 "내가 일찍이 종일토록 먹지 않고 밤새도록 자지 않으며 사색하여 보았는데, 유익한 게 없었으니 배우는 것만 못했다"고 술회한다(吾當終日不食, 終夜不寢, 以思, 無益, 不如學也). 그러나 그는 "인류의 스승"으로 전 세계인으로부터 추앙과 존경을 받고 있다.

【외국학자 영문해석】

1 The Master said, "If one learns from others but does not think, one will be bewildered. If, on the other hand, one thinks but does not learn from others, one will be in peril."

(The Analects: translated by D,C. Lau, Penguin Books Ltd, London. England.)

2 The Master said: "To study without thinking is futile. To think without studying is dangerous."

(The Analects of Confucius, Translation and Notes by Simon Leys, W. W. Norton & Company. Inc. New York.)

제16장

子曰; 攻乎異端, 斯害也已.

자왈; 공호이단, 사해야이.

해석 | 공자께서 말씀하셨다. "이단을 공부하면 이에 곧 해가 될 뿐이다."

【주석】

01 攻乎異端, 斯害也已 공호이단, 사해야이

이단을 공부하면 이에 곧 해가 될 뿐이다. It is just harmful for you to study heretical theories. The study of strange doctrines is merely injurious to yourself.

攻 닦을(공): 공부하다. 다스리다. 공격하다. study. learn. govern.

乎 호: …을. …를. …에 대하여. 동작의 대상을 표시하는 전치사로서 於, 于와 같다. at. against. about. a preposition indicating the object of a certain action.

異端 이단: 성인(聖人)의 도(道)가 아닌 이단적인 학설. 유가(儒家)의 도가 아닌 다른 학설. heretical theories. strange doctrines. strange teachings. the strange doctrines of the various schools other than teachings of the Confucius school.

斯 이(사): …하면 곧. …하면 비로소. hereupon. accordingly. just.

〔예〕 不憂不懼, 斯謂之君子矣乎(불우불구, 사위지군자의호): 걱정하지도 않고, 두려워하지도 않으면, 이에 곧 그를 군자라고 하겠습니까?〔「안연」 12-4〕. Can we just call him the superior man only if he has neither anxiety nor fear?

害 해칠(해): 해롭다. harmful. dangerous. injurious.

也已 야이: 이다. …일 뿐이다. …일 따름이다. 단정적인 어기를 표시한다. just. merely. only.

【해설】

이단(異端)은 성인(聖人)인 공자의 도(道)가 아니고 어떤 다른 학파의 설(說)이라고 한다. 주희는 양자(楊子)와 묵자(墨子) 같은 사람으로 보았다(異端非聖人之道 而別爲一端呂楊墨是也). 무(無)를 강조하는 도가(道家) 사상이나 개인주의를 강조하는 양자(楊子) 그리고 무차별적 겸애(兼愛)를 주장하는 묵자(墨子)를 이단(異端)으로 본 것이다. 그러나 공자시대에는 이들이 아직 문호(門戶)를 열지 못하였던 때이다. 그러므로 주희의 주장에는 다소 문제가 있어 보인다. 오히려 상식적인 방법으로 문제를 푸는 것이 무난할 것으로 생각된다. 공자가 인덕(仁德)과 예악(禮樂)을 가지고 세상을 조화롭게 만들려고 하였던 점에 미루어 단순히 인(仁)과 예악(禮樂)이 아닌 다른 잡스러운 학문, 무정부주의자들의 정치논리, 속칭 도사(道士)라는 인간의 신통력 등에 관심을 가지면 해(害)가 될 뿐이라고 훈계한 것으로 생각된다.

【외국학자 영문해석】

1 Confucius said: "To throw oneself into strange teachings is quite dangerous."

(http://web.singnet.com.sg/~clementn/mar.htm: The Analects of Confucius: compiled by Ng Shin Kiat.)

2 The Master said: "Devote yourself to strange doctrines and principles, and there's sure to be pain and suffering."

(The Analects. Confucius Translated by David Hinton, Counterpoint Washington. D.C.)

子曰; 由, 誨女知之乎? 知之爲知之, 不知爲不知, 是知也.

자왈; 유, 회녀지지호? 지지위지지, 부지위부지, 시지야.

해석 | 공자께서 말씀하셨다. "유야! 너에게 안다는 것이 무엇인지를 가르쳐 줄까? 아는 것을 안다고 하고, 모르는 것을 모른다고 하는 것, 이것이 바로 아는 것이다."

【 주석 】

01 由, 誨女知之乎 유, 회녀지지호

유야! 너에게 안다는 것을 가르쳐 줄까? 유야! 너에게 안다는 것이 무엇인지를 가르쳐 줄까?
Shall I teach you about knowing something? Shall I teach you what understands something?

由 유: 공자의 제자. 성은 仲(중), 자는 자로(子路). 노나라 사람으로 용감하기는 하나 성격이 급하고 신중하지 못하여 공자로부터 자주 꾸지람을 들었다. 공자보다 9세 연하이다. lou. given name of Zi-lu. a disciple of Confucius.

誨 가르칠(회): 가르치다. teach.

女 너(여): 너. 이인칭 대명사로서 여(汝)와 같다. you

知之 지지: 그것을 안다. 어떤 것을 안다. understand it. know something.

之 지: 그것. 어떤 것. it. something. 보통은 미리 말한 것을 다시 가리킬 때 쓰이는 지시대명사 또는 인칭대명사 역할을 한다. 그러나 일반적인 사실이나 사물 또는

사람을 가리킬 때에도 이 之자가 사용된다. 여기서도 之가 어떤 구체적인 것을 대신하여 말하는 것이 아니라 "어떤 것". "무엇인가". "도(道)" 등을 뜻하는 것으로 생각된다. 아주 적합한 예는 아니지만 영어에서도 지시대명사가 일반적인 사실 · 사정을 가리키는 경우가 있다. 영어에서 之에 해당하는 "it"도 비슷한 역할을 한다.

〔예〕 **1.** In that blue dress she was it. 그녀가 저 푸른 드레스를 입으니 정말로 그것이야(최고이다). 여기서 it 는 아주 그만인 모습 또는 최고의 아름다움을 나타낸다.

2. As a dentist, he was it. 치과의사로서는 그는 최고였지. it는 최고, 유명한 사람 등을 뜻한다.

3. She really has it. 그녀는 정말 그걸 가지고 있어. 그녀는 정말 성적 매력이 있다. it는 성적 매력을 뜻한다.

4. He is something in the department. 그는 부내에서 중요한 인물이다. something은 "없어서는 안 될 중요한 인물"임을 뜻한다.

5. There is something in it. 거기에도 일리가 있다. something은 핵심적인 point가 그 곳에도 존재한다는 점을 강조한다.

이와 같이 "it"나 "something"이 각각의 예문에서 조금씩 뉘앙스는 다르지만 very important person (thing), attractive point 등의 의미를 지니고 있음을 알 수 있다.

乎 호: 문장 끝에 놓여 의문의 어기를 표시한다. 물음표에 해당한다. used to indicate the feeling of question. equivalent to a question mark.

02 知之爲知之, 不知爲不知, 是知也 지지위지지, 부지위부지, 시지야

아는 것을 안다고 하고, 모르는 것을 모른다고 하는 것, 이것이 바로 아는 것이다. When you know something, say that you know it. When you do not know something, say that you do not know it. This is really to know something.

知之爲知之 지지위지지: 그것을 알면 그것을 안다고 말한다. 어떤 것을 알면 그것을 안다고 말한다. 아는 것은 안다고 말한다. If you know something, say you know it.

爲 위: 일컫다. 말하다. …라고 하다. 謂와 같다〔「자장」 19-2〕. say.

不知爲不知 부지위부지: 모르는 것은 모른다고 말한다. If you do not know something, say you do not know it.

是知也 시지야: 이것이 아는 것이다. This is really to know something. This is wisdom. This is true knowledge.

是 시: 이. 이것. 是는 "知之爲知之, 不知爲不知"를 가리키는 지시대명사. this.

也 야: …이다(be). 문장의 끝에 쓰여 판단 또는 진술의 어기를 나타낸다〔「학이」 1-2〕. used to indicate judgement or explanation (The Commercial Press. 2001. Beijing, New Age Chinese-English Dictionary: p.1806).

【해설】

모르는 것을 아는 척해서는 알 기회를 놓치게 된다. 자존심 때문에 또는 오기로 그런 위장된 행동을 한다는 것은 자기를 기만하고 남을 속이고 본인 자신의 지식획득기회를 잃는다는 점을 유념할 필요가 있다. 유(由)는 용맹을 좋아하여 정확히 알지 못하는 것도 안다고 하는 경향이 있었으므로 공자가 이렇게 경고한 것이다.

【외국학자 영문해석】

1 The Master said, "Yu, shall I tell you what it is to know. To say you know when you know, and to say you do not when you do not, that is knowledge."

(The Analects: translated by D.C. Lau, Penguin Books Ltd, London. England.)

2 Confucius said, "You! Do you understand what I'm saying? If you understand it, say that you understand it. If you do not understand it, say that you do not understand it. That is true knowledge indeed!"

(The Complete Analects of Confucius(1997), translated by Adam Sia. Asiapac Books Pte Ltd. Singapore.)

제18장

子張學干祿, 子曰; 多聞闕疑, 愼言其餘, 則寡尤. 多見闕殆, 愼行其餘, 則寡悔. 言寡尤, 行寡悔, 祿在其中矣.

자장학간록, 자왈; 다문궐의, 신언기여, 즉과우. 다견궐태, 신행기여, 즉과회. 언과우, 행과회, 녹재기중의.

해석 | 자장이 녹을 구하는 것을 배우려고 하자 공자께서 말씀하셨다. "많이 듣되 그 중에 의심스러운 것은 접어두고, 그 나머지를 신중하게 말하면 허물이 적을 것이다. 많이 보되 그 중에 위태로운 것을 접어두고, 그 나머지를 신중하게 행하면 후회가 적을 것이다. 말에 실수가 적고, 행동에서 후회가 적으면, 녹봉은 그 가운데 있는 것이다."

【주석】

01 子張學干祿 자장학간록

자장이 녹을 구하는 것을 배우려고 하다. 자장이 벼슬자리를 얻는 방법을 배우고 싶어하다.
Zi-zhang wished to learn the way of seeking an official position.

子張 자장: 공자의 제자. 성은 전손(顓孫), 이름은 사(師), 자가 자장(子張)이며, 진(陳)나라 사람이다. 공자의 만년 제자로 공자보다 48세 아래이다. Zi-zhang. a disciple of Confucius.

學 학: 배우려 하다. try to learn. wish to study.

干祿 간록: 녹을 얻는 방법. 벼슬자리를 얻는 방법. 세속적인 행복을 찾는 방법. the way to get emolument. the way to seek an official position. how to seek an official post.

干 구할(간): 구하다. 찾다. 얻으려고 하다. seek. get. acquire.

祿 복(녹): 녹봉(祿俸). 관리가 받는 봉급. 관직에 따라 녹의 액수가 다르다. 여기서의 녹은 벼슬자리를 뜻한다. an official's salary. an official position. officialdom.

02 多聞闕疑, 愼言其餘, 則寡尤 다문궐의, 신언기여, 즉과우

많이 듣되 그 중에 의심스러운 것은 접어 두고, 그 나머지를 신중하게 말하면 허물이 적을 것이다.

Hear much and put aside doubtful points, and cautiously speak about the rest of it, then you will make few mistakes.

多 많을(다): 많다. much. many.

多聞闕疑 다문궐의: 많이 듣되 그 중에 의심스러운 것은 접어 둔다. Hear much and put aside the things which seem doubtful. Hear much and omit doubtful points.

聞 들을(문): 듣다. 가르침을 받다. hear.

闕 궐할(궐): 빼다, 제외하다. 보류하다. 접어두다. 제쳐놓다. put aside. omit. lay aside. leave out.

疑 의심할(의): 의심스러운 것. the things which seem doubtful. doubtful points.

愼言其餘 신언기여: 그 나머지를 신중하게 이야기한다. cautiously speak about the rest of it.

愼 삼갈(신): 삼가다. 조심하다. 신중히 하다. cautious. discreet. prudent.

其餘 기여: 그 나머지. 의심스러운 것을 제외하고 그 나머지부분. 완전히 이해가 되어 전혀 의심이 없는 부분을 뜻한다. the rest of it.

則 즉: …이면. …하면. if. when. in case.

寡 적을(과): 적다. there are few.

尤 허물(우): 허물. 실수. mistake.

03 多見闕殆, 愼行其餘, 則寡悔 다견궐태, 신행기여, 즉과회

많이 보되 그 중에 위태로운 것을 접어 두고, 그 나머지를 신중하게 행하면 후회가 적을 것이다. See much and put aside what is dangerous, and cautiously practice the rest of it, then you will have few repentances.

多見闕殆 다견궐태: 많이 보되 그 중에 위태로운 것을 접어 둔다. 위태로운 것이란 아직 심중에 확신이 안서는 것을 뜻한다. See much and leave out the things which seem perilous.

殆 위태할(태): 위태로운 것. 의심스러운 것. 확신이 서지 않는 것. the things which seem perilous. the things which seem hazardous. have no confidence of it.

愼行其餘 신행기여: 그 나머지를 신중하게 행한다. discreetly put into practice the rest of it.

寡悔 과회: 후회가 적을 것이다. 뉘우침이 적을 것이다. There are few repentances.

悔 뉘우칠(회): 뉘우침. 후회. repentance. regret. remorse.

04 言寡尤, 行寡悔, 祿在其中矣 언과우, 행과회, 녹재기중의

말에 실수가 적고, 행동에 후회가 적으면, 녹봉은 그 가운데 있게 되는 것이다. If you make few mistakes in speech and have few repentances in conduct, the way to get salary lies therein.

言寡尤 언과우: 말에 실수가 적다. There are few mistakes in speech.

寡자 뒤에 위치한 尤가 사실상의 主語역할을 한다. 일반적으로 有. 無. 多. 少. 鮮. 寡 등이 술어동사의 역할을 할 경우에는 뒤에 오는 말을 주어로 처리하고, 앞의 말을 부사어로 처리함이 자연스럽다(최상익, 『한문해석법연구』 pp.65~67 참조). few.

行寡悔 행과회: 행동에 후회가 적다. There are few repentances in conduct. There are few occasions for repentance in his conduct.

祿在其中矣 녹재기중의: 녹은 그 가운데 있다. salary lies therein.

在 있을(재): 있다. 존재하다. there is. exist.

其中 기중: 그 가운데. "言寡尤, 行寡悔"를 가리킨다. therein. in it.

矣 의: …이다(be). 문장 끝에 놓여 단정 또는 필연의 결과를 표시한다〔「학이」 1-9〕, 〔「위정」 2-11〕. used to indicate the feeling of decision or an inevitable consequence.

【해설】

공자는 벼슬자리를 얻고 싶어하는 자장에게 학문에 주력하고 말과 행동을 신중하게 처신하면 벼슬자리는 저절로 굴러온다고 대답한다. 출세에만 집착하던 당시의 젊은이에게 공자는 학문과 자기수양이 우선임을 강조한 것이다. 공자로서는 벼슬을 한다는 것은 자기가 쌓은 학문과 덕성을 바탕으로 하여 도(道)를 실현하는 과정이지 출세가 목적이 아니라고 생각하였기 때문이다.

【외국학자 영문해석】

1 Tzu-chang was studying the Song Han-lu(※). The Master said, "Hear much, but maintain silence as regards doubtful points and be cautious in speaking of the rest; then you will seldom get into trouble. See much, but ignore what it is dangerous to have seen, and be cautious in acting upon the rest; then you will seldom want to undo your acts. He who seldom gets into trouble about what he has said and seldom does anything that he afterwards wishes he had not done, will be sure incidentally to get his reward."

(The analects of Confucius Translated and Annotated by Arthur Waley: A Division of Random House, INC. New York.)

(※ The Song Han-lu: The Book of Songs, p.213. It puns on Han-lu, the name of a mountain, and hau-lu 'seeking princely rewards, preferment.' 『시경(詩經)』 대아편(大雅篇)의 한록(旱麓. 한산의 산기슭. Han-lu)에 녹(祿)을 구하는 구절이 나오는데 이와 연관지어 해석하였다.)

2 Tzu Chang wished to learn how to acquire the emolument of an official. Confucius said, "Listen extensively and cast aside doubt. As for the rest, speak prudently, and there will be little accusation.

Observe extensively and cast aside desolation. As for the rest, act prudently, and there will be little remorse. With little accusation about what is spoken and little remorse about what is done, there is the emolument of an official."

(Confucius Publishing Co Ltd.: http://www.confucius.org/maine.htm//)

제2편 위정(爲政)

제19장

哀公問曰; 何爲則民服? 孔子對曰; 擧直錯諸枉, 則民服; 擧枉錯諸直, 則民不服.

애공문왈; 하위즉민복? 공자대왈; 거직조저왕, 즉민복; 거왕소서직, 즉민불복.

해석 | 애공이 물었다. "어떻게 하면 백성이 따르겠습니까?" 공자께서 대답하셨다. "곧은 사람을 등용하여 그를 구부러진 사람 위에 올려놓으면 백성이 따르고, 그릇된 사람을 등용하여 그를 곧은 사람 위에 앉혀놓으면 백성이 따르지 않습니다."

【주석】

01 哀公問曰; 何爲則民服 애공문왈; 하위즉민복

애공이 물었다. "어떻게 하면 백성이 따르겠습니까?" Duke Ai asked saying: "What must

I do to make the common people obedient?"

哀公 애공: 노(魯)나라 임금 (B.C. 494~468). 성은 희(姬)이며 애공은 시호(諡號)임. 정공(定公)의 아들로 춘추(春秋) 말엽에 노(魯)나라를 27년 동안 다스렸다. Duke Ai. the prince of Lu. governed the state of Lu for 27 years in the last days of The Spring and Autumn Annals.

何爲則民服 하위즉민복: 어떻게 하면 백성이 따르겠습니까? What should I do in order to get the support of the common people? What must I do to make the common people obedient?

何爲 하위: 어떻게 하여야 하나?. 무엇을 하여야 하나? What must I do? What shall I do?

服 좇을(복): 따르다. 말을 듣다. 복종하다. follow. look up to. obey. submit.

02 舉直錯諸枉, 則民服 거직조저왕, 즉민복

곧은 사람을 등용하여 그를 구부러진 사람 위에 올려놓으면 백성이 따른다. If you raise up the straight persons and set them over the crooked persons, the common people will follow you.

舉直錯諸枉 거직조저왕: 곧은 사람을 거용(擧用)하여 그를 구부러진 사람 위에 올려놓는다. 바르고 곧은 인재를 등용하여 그를 높은 자리에 올려놓는다. 굽은 나무를 반듯하게 펴려면 그 위에 곧은 나무를 올려 놓으면 그 무게에 눌려서 자연스럽게 펴지는 현상에서 이를 사람에 비유한 것임. raise up the straight persons and set them over the crooked persons. promote the upright persons and place them above the crooked persons.

舉直 거직: 곧은 사람을 거용(擧用)하다. 곧은 사람을 쓰다. raise up the straight person. engage the honest person. appoint a honest person as high ranking official.

舉 들(거): 등용하다. 들어올리다. raise up. appoint. employ.

直 곧을(직): 곧은 사람. 정직한 사람. the straight person. the honest person.

諸 저: 之於가 합친 글자. 직역하면 "그를 … 위에" "그를 … 에"로 풀이된다. 諸는 〔제〕로 읽기도 한다. him …on. them …over. them …above.

錯 둘〔조〕: 두다. 놓다. 섞일〔착〕으로도 읽는다. 조(措)와 같다. put. lay. place.

枉 굽을〔왕〕: 구부러진 사람. 정직하지 못한 사람. crooked person. dishonest man.

則 즉: …이면. …하면. if.

03 擧枉錯諸直, 則民不服 거왕조저직, 즉민불복

그릇된 사람을 등용하여 그를 곧은 사람 위에 앉혀놓으면 백성이 따르지 않는다. If you raise up the crooked men and set them over the straight men, the common people will not follow you.

【해설】

조직을 운영하는 데는 사람, 기구, 자금, 정보, 기술 등 여러 가지 요소가 필요하다. 사람이 중추적인 역할을 하기 때문에 그 중 가장 중요한 것은 사람이다. 그래서 바른 사람을 등용하여야 한다는 논리가 성립한다. 정직하고 우수한 인재가 등용되지 못하고 부정하고 약삭빠른 사람이 기용된다면 그 조직과 사회는 무너지게 된다. 백성이 등을 돌리면 그 나라의 통치기반이 무너질 수밖에 없는 것은 불을 보듯 뻔한 일이다. 물을 떠나 물고기가 생존할 수 있겠는가?

【외국학자 영문해석】

1 Duke Ai asked, "What can I do in order to get the support of the common people? Master K'ung replied, If you 'raise up the straight and set them on top of the crooked,' the commoners will support you. But if you raise the crooked and set them on top of the straight, the commoners will not support you."

(The analects of Confucius Translated and Annotated by Arthur Waley: A Division of Random House, INC. New York.)

2 Duke Ai asked: "What should I do to win the hearts of the people ?" Confucius replied: "Raise the straight and set them above the crooked, and you will win the hearts of the people. If you raise the crooked and set them above the straight, the people will deny you their support."

(The Analects of Confucius, Translation and Notes by Simon Leys, W. W. Norton & Company. Inc. New York.)

제2편 위정(爲政) | 제20장

季康子問; 使民敬忠以勸, 如之何?
子曰; 臨之以莊則敬, 孝慈則忠, 擧善而敎不能則勸.

계강자문; 사민경충이권, 여지하. 자왈; 임지이장즉경, 효자즉충, 거선이교불능즉권.

해석 | 계강자가 물었다. "백성에게 임금을 공경하고, 나라에 충성하고, 일에 힘쓰도록 하려면, 그것을 어떻게 하여야 되겠습니까?" 공자께서 말씀하셨다. "장엄함을 가지고 그들을 대하면 공경(恭敬)할 것이고, 부모에게 효도하고 백성을 사랑하면 그들도 충성을 다할 것이며, 훌륭한 사람을 등용하고 무능한 사람은 가르쳐 주면 열심히 일하게 될 것입니다."

【주석】

01 季康子 계강자

노(魯)나라의 대부 계손씨(季孫氏), 이름은 비(肥)이며, 강(康)은 시호(諡號)이다. 당시 그는 노나라의 세도가인 삼환씨(三桓氏) 중의 한 집안이며, 노나라의 장군과 재상을 겸해 그 세력이 임금보다도 컸다고 한다. Ji Kang-zi. the head of the noble house of Ji-sun and prime minister of Lu.

02 使民敬忠以勸, 如之何 사민경충이권, 여지하

백성에게 임금을 공경(恭敬)하고 나라에 충성하고, 일에 힘쓰도록 하려면 어떻게 하여야 되겠습니까? How do you make the people reverence their ruler and give their fealty to the nation, and work diligently?

使 하여금(사): …에게 …하게 하다. 사역동사 令과 같다. let. make. have.

敬 경: 공경하다. 임금을 공경하다. reverence one's ruler. be reverent to one's ruler.

忠 충: 충성하다. 나라에 충성하다(「위정」 2-20). be faithful to one's nation. give one's fealty to the nation.

以 이: …하고. 그리고. 접속사로서 而와 같다(「위령공」 15-30). and

勸 힘쓸(권): 일에 힘쓰다. 열심히 일하다. work zealously. work diligently.

如之何 여지하: 그것을 어떻게 합니까 ? 그것을 어떻게 해야 합니까? 何如. 如何와 유사한 표현이다. 之자는 "그것", "그렇게 하려면"의 의미를 갖는 영어의 "it 또는 something"의 의미이다. 정책방향을 "使民敬忠以勸"으로 가져가려면 "어떻게 하여야 합니까?"라는 뜻이다. 如자에도 how. what의 의미가 있고, 何자에도 how. what의 의미가 있다. What is the way? How should it be done? what should I do?

(예) 君使臣, 臣事君, 如之何(군사신, 신사군, 여지하): 임금은 신하를 부리고, 신하는 임금을 섬김에 그것을 어떻게 해야 됩니까 ? 그것(之)이란 "君使臣, 臣事君"을 의미한다(「팔일」 3-19). The ruler employes the service of his subject and subject serves his ruler. How should it be done?

03 臨之以莊則敬 임지이장즉경

장엄함을 가지고 그들을 대하면 공경(恭敬)할 것이다. 경솔하게 행동하거나 술과 여자에 미치거나, 뇌물을 좋아하는 사람으로 비춰져서는 권위도 서지 않고 공경심도 일어나지 않는다. 후덕하고

장중한 위엄이 있어야 공경심을 불러일으킬 수 있다. If you preside over them with dignity, they will reverence you.

臨之以莊 임지이장: 장엄함을 가지고 그들을 대하다. 경솔하게 행동하거나 오만하지 않고 장중(莊重)한 자세로 사람을 대하는 것을 뜻한다. preside over them with dignity. oversee them with gravity.

臨 임할(임): 임하다. 대하다. 나아가다. "낮은 곳에 임하소서"라는 기독교 다큐멘터리 영화를 본 일이 있다. 臨은 높은 곳에서 낮은 곳을 향하여 내려다본다는 뜻으로 많이 쓰인다. preside over. oversee.

以 이: …로써. …을 가지고. with

莊 엄할(장): 장엄(莊嚴)한 자세. 엄숙하고 위엄이 있는 자세. dignity. gravity.

則 즉: …이면. …하면. if.

04 孝慈則忠 효자즉충

부모에게 효도하고 백성을 사랑하면 (그들도) 충성을 다한다. If you are filial to your parents and kind to your people, they will be loyal.

孝慈 효자: 부모에게 효도하고 백성을 사랑하다. be filial to one's parents and love one's common people

慈 사랑할(자): 사랑하다. love. respect.

05 擧善而教不能則勸 거선이교불능즉권

훌륭한 사람을 등용(登用)하고 무능한 사람은 가르쳐 주면, (그들도) 열심히 일하게 된다. If you promote the good and teach the incompetent, they will work zealously.

擧善 거선: 훌륭한 사람을 등용(登用)하다. 훌륭한 사람을 거용(擧用)하다. promote the good men. raise the good persons.

善 착할(선): 훌륭한 사람. 선한 사람. the good persons.

教 가르침(교): 가르치다. teach. train.

不能 불능: 무능한 사람(「자장」 19-3). the incompetent. the incapable. the talentless.

【해설】

위정자의 자세에 관한 공자의 가르침이다. 백성으로부터 공경을 받으려면 본인 자신이 예의범절을 잘 지키고 몸가짐에 위엄과 장중함이 있어야 한다. 경박하고 주색(酒色)에 탐닉하고 뇌물을 좋아하는 사람으로 비춰져서는 권위도 서지 않고 공경심도 일어나지 않는다. 후덕하고 장중한 위엄이 있어야 공경심을 불러일으킬 수 있다. 또한 본인 자신이 부모에게 효도하고 백성을 사랑하여야 한다. 훌륭한 인재를 등용하고 무능한 사람을 잘 훈련시키는 지혜도 필요하다. 매관매직이나 청탁인사는 나라를 좀먹게 하는 지름길이다. 솔선수범하면 백성도 자연스럽게 따라오게 된다.

【외국학자 영문해석】

1 Chi K'ang-tzu asked whether there were any form of encouragement by which he could induce the common people to be respectful and loyal. The Master said, Approach them with dignity, and they will respect you. Show piety towards your parents and kindness towards your children, and they will be loyal to you. Promote those who are worthy, train those who are incompetent; that is the best form of encouragement.

(The analects of Confucius Translated and Annotated by Arthur Waley: A Division of Random House, INC. New York.)

2 Chi K'ang Tzu asked: "How can I make the people reverent and loyal, so they will work positively for me?" Confucius said, "Approach them with dignity, and they will be reverent. Be filial and compassionate and they will be loyal. Promote the able and teach the incompetent, and they will work positively for you."

(http://web.singnet.com.sg/~clementn/mar.htm. The Analects of Confucius: compiled by Ng Shin Kiat.)

제2편 위정(爲政) | **제21장**

或謂孔子曰; 子奚不爲政? 子曰; 書云; 孝乎! 惟孝, 友于兄弟, 施於有政. 是亦爲政, 奚其爲爲政?

혹위공자왈; 자해불위정? 자왈; 서운; 효호! 유효, 우우형제, 시어유정. 시역위정, 해기위위정?

해석 | 어떤 사람이 공자에게 말하였다. "선생님께서는 왜 정치를 하지 않습니까?" 공자께서 대답하셨다. 『서경(書經)』에서 말하기를, "효도하라! 오직 효도하고 형제간에 의좋게 지내고, 그것을 정사(政事)가 있는 곳에 반영시켜라" 라고 하였다. "이것이 바로 정치를 하는 것이지, 그 무엇이 정치하는 것이라고 하겠느냐?"

【주석】

01 **或謂孔子曰; 子奚不爲政** 혹위공자왈; 자해불위정

어떤 사람이 공자에게 말하였다. "선생님께서는 왜 정치를 하지 않습니까?" Someone said to Confucius: "Why do you not take part in government?"

或 혹(혹): 어떤 사람. 혹자(或者). someone. somebody.

謂 이를(위): 말하다. 謂자 하나만으로도 의미가 충분히 전달되는데 뒤에 曰자가 중복하여 사용되었다. 그 당시의 언어습관으로 보인다. say to.

子奚不爲政 자해불위정: 선생님께서는 왜 정치를 하지 않습니까 ? Why do you

not take part in government ?

子 자: 선생님. 당신. you

奚 어찌(해): 어찌하여. 왜. how. why.

爲政 위정: 정치를 하다. take part in government. be involved in government.

02 書云 서운

『서경(書經)』에서 말했다. The Book of Documents said about.

書 서: 서경(書經). 주서(周書)의 군진편(君陳篇)을 뜻한다(『논어집주』). The Book of Documents. the Book of History

云 이를(운): 이르다. 말하다. mention. say about.

03 孝乎! 惟孝, 友于兄弟, 施於有政 효호! 유효, 우우형제, 시어유정

효도하라. 오직 효도하고 형제 간에 의좋게 지내고, 그것을 정사(政事)가 있는 곳에 반영시켜라. Be filial to your parents. Only be filial to your parents, love each other between brothers, and then you can extend this idea to government.

孝乎 효호: 효도하라. Be filial to your parents.

乎 호: 명령문의 끝 부분에 쓰인다(연세대 허사사전편찬실, 『허사대사전』 p.892). used to indicate the feeling of imperativeness.

惟孝 유효: 오직 효도하다. (惟: 오직(유): 오직. 단지). Only be filial to your parents.

友于兄弟 우우형제: 형제 간에 의좋게 지내다. Brothers love each other.

友 우: 우애가 있다. 의좋게 지내다. help and love each other.

于 우: …에. 於. 乎와 같다. in. between. among.

施於有政 시어유정: 정치가 있는 곳에 나타내다. 정치에 반영시키다. 정치를 하다. You will be contributing to the existence of government.(Raymond Dawson) / You can extend this to the officialdom.(Chichung Huang)

施 베풀(시): 베풀다. 시행(施行)하다. 나타내다. reflect. spread out. show. display.

於 어: …에. in. to.

有 유: 있다. 존재하다. 有자는 운률(韻律)을 맞추기 위하여 들어간 글자로서 뜻이 없다고 설명하는 견해가 있다. 고문(古文)일수록 네 글자씩 맞추는 습성이 있다고 한다. 有자는 단음절(單音節) 명사 앞에 붙어서 어조(語調)를 고르는 역할을 하는 접두사로 설명하기도 한다. 이 설명이 틀린 것은 아니지만 그렇다고 아무 뜻이 없는 글자라는 주장도 설득력이 없다. 아무 뜻이 없다면 그 많은 한자 중에서 하필이면 有자를 선택하였단 말인가. 無자를 선택하여도 되지 않겠는가? 오히려 有자 본래의 뜻이 내재되어 있는 것으로 파악하여야 할 것이다. 有利. 有望. 有病. 有德. 有能. 有識. 有信. 有餘. 有效 등에서 有자를 除去하더라도 뜻은 같다. 내용에 전혀 변화가 없다. 그러나 有자가 붙어 있으면 "있다"라는 의미가 확실하게 부각된다. 이 "有政"에서도 앞의 전치사와 연계하여 "政務가 있는 곳에서", "政治가 있는 곳에서"라고 有자 본래의 의미를 살리는 것이 더욱 의미를 확실하게 하여 준다. have. exist.

04 是亦爲政 시역위정

이것이 바로 정치를 하는 것이다. This is also performing political action. This is also taking part in government.

05 奚其爲爲政 해기위위정

그 무엇이 정치를 하는 것이라고 하겠습니까? 관직에 있어야만 꼭 정치를 하는 것이라고 볼 수는 없다는 뜻이다. What on earth is to perform the political action besides this? What is called as taking part in government?

奚其 해기: 그 무엇이. 그 어떻게 하는 것이. what on earth.

奚 어찌(해): 어찌. 무엇. 어느. what. which one.

其 기: 음절을 고르고 어세를 강하게 하는 말. 其는 강조하고자 하는 말 다음에 온다. 굳이 우리말로 번역하자면 "그 무엇이" 또는 "도대체 어떻게 하는 것이" 정도로 풀이하면 될 것이다[「헌문」 14-36], [「미자」 18-7], [「자장」 19-3]. indicate the feeling of emphasis. put behind the word which is stressed as an emphatic particle. ([ex]: on earth. under the sun. in the world.)

[예] 子產而死, 誰其嗣之(자산이사, 수기사지): 자산이 죽는다면, 누가 (그 누가, 도대체 누가) 그를 계승하겠는가?[『左傳』 襄公三十年] If Zi-chan dies, who succeeds him? If Zi-chan dies, who on earth succeeds him? If Zi-chan dies, who in the world succeeds him?

爲 위: 앞의 爲는 "… 이다"의 뜻이며(是), 뒤에 나오는 爲는 "하다", "다스리다"의 뜻으로 爲政은 "정치를 하는 것"이란 의미가 된다. be. do. act.

【해설】

부모와 자식, 형과 동생, 이들은 한 가정을 이루는 핵심요소이며, 가정은 사회구성의 기본단위가 된다. 이와 같은 공동생활의 기본단위를 튼튼히 하고 잘 다스려 이를 온 세상으로 확충해 나간다면 이것이 곧 정치를 하는 것이 아니겠는가? 가정의 도덕성을 튼튼히 하고 이를 사회에 확장시키는 것, 이것이 바로 정치라는 것이 공자의 변(辯)이다. 수신제가치국평천하(修身齊家治國平天下)라는 말도 이를 잘 반영하고 있다.

【외국학자 영문해석】

1 Someone said to Master Kong: "Why do you not take part in government?" The Master said, "The Book of Documents mentions filial piety, doesn't it? "Only be dutiful towards your parents and friendly towards your brothers, and you will be contributing to the existence of government." These virtues surely constitute taking part in government, so why should only that particular activity be regarded as taking part in government?"

(The Analects: translated by Raymond Dawson, Oxford University Press.)

2 Some one addressed Confucius with the remark: 'Why, Sir, are you not in the public service?'

The Master answered: Does not the Book of History say concerning filial duty, - "But one's duty as a son and friendliness to one's brethren are shown forth in the public service?"

These then are also public service. Why should your idea alone be considered as constituting public service?"

(The Analects, Confucius translated by William Edward Soothill. Dover Publications, Inc. New York.)

제2편 위정(爲政) | 제22장

子曰; 人而無信, 不知其可也. 大車無輗, 小車無軏, 其何以行之哉?

자왈; 인이무신, 부지기가야. 대거무예, 소거무월, 기하이행지재?

해석 | 공자께서 말씀하셨다. "사람이면서 신의가 없다면 그 가능성을 알 수 없다. 큰 수레에 수레채가 없고 작은 수레에 멍에걸이가 없다면, 장차 무엇으로 그 수레를 나아가게 하겠느냐?"

【주석】

01 人而無信, 不知其可也 인이무신, 부지기가야

사람이 만약 신의가 없다면 그 가능성을 알 수 없다. If a man is not truthful, I do not know a possibility of his survival. If a man is not truthful, I do not know how he can get along.

而 이: …이면. …하면. 여기서 而는 가정이나 조건을 표시하는 접속사 역할을 한다. 그러나 "…이면서", "…으로서"의 뜻도 가지고 있다. 그러므로 이 문장은 "사람이면서 신의가 없다면 그 가능성을 알 수 없다"로 해석될 수 있다. if.

不知其可也 부지기가야: 그 가능성을 알 수 없다. 그것이 옳은 것인지 알 수 없다. do not know a possibility of his survival. do not know whether it is right or not.

其可 기가: ① 그 가능성. 그것의 쓸모. a possibility of his survival. his usefulness. ② 그것이 옳다. It is right.

02 大車無輗 대거무예

큰 수레에 수레채가 없다. There is no yoke-bar to a large carriage.

大車 대거: 짐을 실어 나르는 큰 수레. 무거운 짐을 싣고 소가 끌었는데, 차형이 비교적 크기 때문에 大車라고 했다. a large carriage. a big cart. a large vehicle.

輗 예: 끌채 끝쐐기〔예〕: 수레를 끌고 가기 위한 일종의 연결장치. 수레를 끄는 채의 끝 부분에 가로로 낸 나무막대기인데, 거기에 멍에를 붙들어 매고 소가 끌도록 되어 있다. 소의 멍에를 붙들어매는 이 잠금장치가 없으면 수레를 끌고 앞으로 나갈 수가 없다. yoke-bar. the cross-bar for yoking the oxen to (James Legge).

無 무: …에 …이 없다. 無자 앞에 있는 말을 부사구처럼 풀이하고 無자 뒤에 있는 말을 주어처럼 풀이한다. there is not.

〔예〕 **1.** 天下無純粹之自由(천하무순수지자유): 천하에 순수한 자유란 없다.
2. 其所無馬耶(기소무마야): 그 곳에 말이 없느냐? (耶는 의문조사).

03 小車無軏 소거무월

작은 수레에 멍에걸이가 없다. There is no collar-bar to a small carriage.

小車 소거: 네 마리의 말이 끄는 소형의 경쾌한 수레로서 전쟁시에 사용됨(兵車). a small cart. a small carriage. a small vehicle.

軏 끌채 끝(월): 멍에걸이. 수레를 끄는 채의 끝 부분의 갈고리 모양의 잠금장치인데 여기에 멍에를 걸어 수레를 끌고 감. 수레를 끌고 가기 위한 일종의 연결장치. collar-bar. the arrangement for yoking the horses (James Legge).

04 其何以行之哉 기하이행지재

장차 무엇으로 그것을 나아가게 하겠느냐? By what means can one make them run? How will the carriages be able to be made to go?

其 기: 장차 (부사). 將과 같다. be going to do in future. will try to.

何以 하이: 무엇으로. 무슨 방법으로. 무엇을 사용하여. 어떻게. 以는 수단과 방법을 표시하는 전치사인데 도치되었다. by what means. with which means. how.

行 행: 나아가게 하다. 가게 하다. go forward. make something go.

之 지: 그것. 그것들. 여기서는 수레(小車. 大車)를 가리킨다. them. those.

哉 재: 의문 또는 반문의 어기를 표시하는 어조사. used to indicate the feeling of a question or counter question. used with an interrogative word in asking a question or making a retort (Beijing Foreign Language University, A Chinese-English Dictionary, 1997 Revised Edition: p.1563).

【해설】

사람에게는 신의(信義)가 아주 중요하다. 언행일치(言行一致)는 신의의 구체적 모습 중 하나이다. 우리가 사는 사회는 여러 사람이 모여 사는 공동사회이므로 신의는 생활의 기초가 된다.

신의가 없으면 그 사회는 죽은 사회이며, 사회로서 존재하지 못한다. 우마차에 멍에나 연결장치가 없으면 앞으로 나아가지 못하는 것과 같이 인간사회도 신의가 없으면 앞으로 나아갈 수 없다.

【외국학자 영문해석】

1 The Master said: "If a man can not be trusted, I wouldn't know what to do with him. How would you pull a wagon without a yoke-bar or a chariot without a collar-bar?"

(The Analects of Confucius, Translation and Notes by Simon Leys, W. W. Norton & Company. Inc. New York.)

2 The Master said: "A man who is without good faith-I do not know how he is to manage! How can a waggon without its yoke-bar for the ox, or a carriage without its collar-bar for the horses, be made to move?"

(The Analects, Confucius translated by William Edward Soothill. Dover Publications, Inc. New York.)

제2편 위정(爲政) 제23장

子張問; 十世, 可知也? 子曰; 殷因於夏禮, 所損益可知也; 周因於殷禮, 所損益可知也. 其或繼周者, 雖百世可知也.

자장문; 십세, 가지야? 자왈; 은인어하례, 소손익가지야; 주인어은례, 소손익가지야. 기혹계주자, 수백세가지야.

해석 | 자장이 여쭈었다. "십대〔十世〕 이후의 일을 알 수 있습니까?" 공자께서 말씀하셨다. "은나라는 하나라의 예(禮)를 이어받아 거기에서 빼거나 더 보탠 것을 알 수 있다. 주나라

는 은나라의 예(禮)를 이어받아 거기에서 빼거나 더 보탠 것을 알 수 있다. 누군가가 주나라를 계승한다면 비록 100대 이후의 일이라 할지라도 알 수 있다."

【주석】

01 十世可知也 십세가지야

열 세대(世代) 이후의 일을 알 수 있습니까? Zi-zhang asked whether we can predict the things which will be occurred ten generations hence.

十世 십세: 십대(十代) 이후의 일. 1대를 대략 30년 정도로 보고 있으므로 10대면 300년으로 긴 세월이다. 자장이 묻는 것은 지금으로부터 10대 이후의 일을 미리 알 수 있느냐는 것이다(子張問, 自此以後十世之事, 可前知乎). ten generations hence.

可知 가지: 알 수 있다. can know.

也 야: 의문의 어기를 표시하는 어조사. 耶, 乎와 같다(「위정」 2-5). used to pose a question or counter question. (The Commercial Press. 2001. Beijing, New Age Chinese-English Dictionary: p.1806). equivalent to a question mark.

02 殷因於夏禮, 所損益可知也 은인어하례, 소손익가지야

은(殷)나라는 하(夏)나라의 예(禮)를 이어받았는데, (그것에서) 빼거나 더한 것을 알 수 있다. The Yin Dynasty inherited the rituals of the Xia Dynasty, and we can know what has been reduced or what has been added to them.

질문에 대한 답으로서는 해석상 다소 애매한 점이 있다. 일단 글자 그대로 직역을 하였다. 그러나 자장의 질문이 "지금으로부터 10대 이후의 일을 미리 알 수 있느냐"는 것이었으므로 알 수 있는 대상은 어디까지나 "10대 이후의 일"이어야 한다. 그래서 은나라는 하나라의 예(禮)에서 불필요한 것은 빼고, 현실적으로 필요한 것은 보태어 이를 변경하였으므로 이렇게 변경된 제도를 보면 그 나라의 10대 이후의 일을 예측할 수 있다는 뜻으로 생각된다.

殷 은: 탕왕(湯王)이 건립하였으며 고고학적으로 확인되고 있는 중국 최초의 왕조이다. B.C. 17세기 경부터 지금의 하남성 일대를 중심으로 발달한 나라이다. 마지막 임금인 주왕(紂王)은 달기(妲己)라는 요녀(妖女)에 빠져 주지육림(酒池肉林) 속에서 음란한 행위로 인생을 만끽하였으며, 구리기둥에 기름을 발라 숯불에 걸치어 달군 후, 그 위로 죄인을 맨발로 건너가게 하여 미끄러져 불에 타죽게 하는 잔인한 형벌인 포락지형(炮烙之刑)을 즐겼다고 한다. 결국 그는 주(周)나라 무왕에게 멸망당하였다(B.C. 1760~1122). The Yin Dynasty.

因 인: 이어받다. 인습(因襲)하다. 계승하다. inherit. follow.

於 어: …을. …를. 동작의 대상을 표시하는 전치사. 목적격 조사의 역할을 한다. used as a preposition indicating the object of an action.

夏 하: 하나라는 우(禹) 임금이 건립한 중국 최초의 왕조로 전해지고 있다. 마지막 임금인 걸왕(桀王)은 미녀 말희(妺姬)에게 빠져 주지육림(酒池肉林) 속에서 학정을 일삼다가 은나라의 탕왕(湯王)에게 멸망당하였다고 한다(B.C. 2200~1760 추정). the Xia Dynasty.

禮 예: 옛 성현의 행동양식에서 모범적인 것만 따온 행위규범. 우리가 지켜야 할 사항을 모아놓은 윤리규범. 나라의 법도(法度) 및 예의범절〔「학이」 1-15〕, 〔「위정」 2-3〕. the rules of propriety. the rites. the rituals.

所損益可知也 소손익가지야: 빼거나 더한 것을 알 수 있다. 계승한 것 중에서 실정에 맞지 않는 것은 빼고 현실적으로 필요한 것은 추가하였음을 알 수 있다. We can know what was reduced or what was added.

所 소: …한 바. …한 것. the thing which. what.

損 덜(손): 덜다. 줄이다. deduct. subtract.

益 더할(익): 더하다. 증가시키다. add. augment.

03 周因於殷禮, 所損益可知也 주인어은례, 소손익가지야

주(周)나라는 은(殷)나라의 예(禮)를 이어받았는데, (그것에서) 빼거나 더한 것을 알 수 있다. The Zhou Dynasty inherited the rituals of the Yin Dynasty, and we can know what has been deducted or what has been added to them.

周 주: 주(周)나라는 본래 은(殷)나라의 부속국이었다. 부속된 나라가 본토를 물려받은 것이다. 시조(始祖)는 후직(后稷)이며, 당초 섬서성 중부지역의 기산(岐山) 인근에 자리잡고 있었다. 문왕(文王) 때 문물제도가 크게 발달하였고 그의 아들 무왕(武王)이 은의 주왕(紂王)을 멸망시키고 천하를 차지하였다. 이제 부속국가이었던 주(周)가 중국 전체를 지배하는 주(周)나라로 그 위상이 바뀐 것이다. 처음의 수도는 섬서성 장안(長安) 부근의 호경(鎬京)이었으나 유왕(幽王) 때 융적(戎狄)의 침입을 받아 멸망당하는 단계에 이르렀다. 그러나 그 아들 평왕(平王)이 수도를 하남성 낙양 부근으로 옮겨 나라를 재건하였다(B.C. 770). 수도를 옮기기 전을 서주(西周), 그 이후를 동주(東周)라고 한다. 동주시대부터는 이미 왕실이 권위를 잃어 명목상의 천자(天子)자리를 지키는 형편이었다. 이 때를 보통 춘추전국시대(春秋戰國時代)라고 한다. 이를 다시 세분하여 춘추시대(B.C. 770~453)와 전국시대(B.C. 452~221)로 구분하기도 한다. 무왕의 제37대 손인 난왕(赧王) 때 진(秦)나라에 멸망당하였다(B.C. 256). 공자(B.C. 551~479)는 춘추시대(春秋時代) 주나라의 제후국인 노(魯)나라에서 태어나 전국시대(戰國時代)에 세상은 떠난 사람이다. 난세(亂世)에 이런 훌륭한 인류의 스승을 탄생시킨 것도 눈여겨볼 만한 일이다. The Zhou dynasty.

04 其或繼周者, 雖百世可知也 기혹계주자, 수백세가지야

만약 누군가가 주나라를 계승한다면, 비록 100대 이후라 할지라도 알 수 있다. If someone succeeded the Zhou, we would be able to predict even a hundred generations hence.

其 기: 단문을 연결시키며 가설을 나타낸다. "만약"으로 해석한다(연세대 사서사전편찬실, 『四書集解辭典』 p.154; 연세대 『허사사전편찬실』, 『허사대사전』 p.133). if. in case.

〔예〕 其濟, 君之靈也(기제, 군지영야): 만약 성공한다면 이는 군주의 복입니다.〔『左傳』. 僖公九年〕 If it is succeeded, it is due to the grace of sovereign.(濟는 "성공하다", "위난이나 곤경에서 구제된다"는 뜻임)

或 혹〔혹〕: 누군가. 어떤 사람. 혹자(或者). someone. somebody.

繼 이을〔계〕: 잇다. 계승하다. succeed. follow.

者 자: 음절을 조절하고 어기를 고르는 어조사. 말을 잠깐 멈추고, 다음 말을 환기시키려고 할 때 사용하는 말이다 (최상익, 『한문해석법 연구』 pp.49~52, p.93 참조). 우리말 해석으로는 "…면", "…은"하고 말을 잠깐 멈추는 역할을 한다. 조건 또는 가정을 뜻하는 어조사로 보는 다른 견해도 있다. 조건 또는 가정을 뜻하는 말은 이미 앞에서 其로 제시되었으므로 여기서는 말을 잠깐 멈추는 역할을 하는 것으로 본다. 해석상 의미에는 차이가 없다. used like a comma.

雖百世可知也 수백세가지야: 비록 백 대 이후의 일이라도 알 수 있는 것이다. We can know even a hundred generations hence.

雖 비록〔수〕: 비록 …일지라도. 설사 …하더라도 (양보관계를 나타내는 접속사). even if. even though.

【 해설 】

은(殷)나라는 하(夏)나라의 예(禮)를 이어받았고, 주(周)나라는 은(殷)나라의 예(禮)를 이어받았다. 예(禮)는 이와 같이 시대를 초월하여 보편타당성(普遍妥當性)을 갖는 면이 있다. 그러나 사회환경과 시대상황에 따라 개혁과 조정이 필요한 부분도 있다. 그래서 이를 가감(加減)하여 자기에게 적합한 제도로 새로 만들어 통치(統治)에 이용하는 것이다. 공자가 생존하였던 그 당시는 법률. 윤리. 도덕. 관습. 관혼상제 의식 등 사회규범이 아직 분리되지 않고 예라는 이름으로 혼합 운영되었던 시절이므로 예만 들여다보면 그 사회의 전반적 모습과 흐름을 전망할 수 있다. 그러므로 새로운 나라가 형성되어 예의 내용을 조정하였다면 그렇게 조정한 연유를 살펴봄으로써 대략 300년 정도의 미래(未來)를 전망할 수 있다고 생각한 것이다. 그러나 주(周)나라는 하나라와 은나라 전체의 사회규범을 계승하여 그 중 적합하지 아니한 부분은 삭제하고,

새로운 사회환경에 필요한 부분은 추가하여 그 내용을 완벽하게 보완하였다. 다시 말하여 예악과 문물제도를 완벽하게 수립하였으므로 누군가가 훌륭한 사람이 주(周)나라를 계승한다면 향후 300년 정도가 아니라 3000년까지라도 예측이 가능하다는 말이다. 주나라의 예와 문물제도에 대한 존경심이 대단함을 느낄 수 있다. 그러나 중요한 것은 집권층이건 지배를 받는 계층이건 모두가 예를 숭상(崇尙)하고 이를 준수(遵守)하여야 한다는 점이다. 예를 제대로 지켜야 300년이든 3000년이든 유지되는 것이지 예를 지키려는 정신이 사라진다면 2대도 넘기지 못하는 경우도 생길 수 있다. 예의 형식적 인 내용만 들여다보고서도 3000년을 예측할 수 있다니 놀라운 일이다. 공자의 초능력적 지혜에 새삼 고개 숙여진다. 예와 문물제도가 완벽하게 정비되었으므로 향후 3000년 정도는 더 이상 개정할 필요 없이 나라가 안정을 누릴 수 있는 기반이 다져졌다는 말로 이해하고 싶다. 아무튼 100세(3000년)라는 숫자가 중요한 것이 아니라, 과거를 들여다보고 현재를 잘 살펴보면 먼 미래도 능히 예측할 수 있다는 공자의 자신감을 보여주는 말이라고 생각된다.

【외국학자 영문해석】

1 Zi-zang asked: "Ten dynasties hence, are things predictable?"
The Master said: "The Yin followed the rituals of the Xia; what has been reduced and augmented is known to us. The Zhou followed the rituals of the Yin; what has been reduced and augmented is known to us. Whoever may succeed The Zhou, even a hundred dynasties hence, things are predictable."

(The analects of Confucius (Lun Yu); A Literal Translation with an Introduction and Notes by Chichung Huang, Oxford University Press 1997.)

2 Tzu-chang asked, "Can ten generations hence be known?" The Master said, 'The Yin built on the rites of the Hsia. What was added and what was omitted can be known. The Chou built on the rites of the Yin. What was added and what was omitted can be known. Should there be a successor to the Chou, even a hundred generations hence can be known.'

(The Analects: translated by D.C. Lau, Penguin Books Ltd, London. England.)

제24장

子曰; 非其鬼而祭之, 諂也. 見義不爲, 無勇也.

자왈; 비기귀이제지, 첨야. 견의불위, 무용야.

해석 | 공자께서 말씀하셨다. "그의 귀신이 아닌데도 그를 제사지내는 것은 아첨이다. 의로운 일을 보고서도 행하지 않는 것은 용기가 없는 것이다."

【주석】

01 **非其鬼而祭之, 諂也** 비기귀이제지, 첨야

그의 귀신이 아닌데도 그를 제사지내는 것은 아첨이다. It is flattery for a man to sacrifice to a spirit which does not belong to him.

非 아닐(비): …이 아니다. not.

其鬼 기귀: 그의 귀신. 자기가 제사지내야 할 귀신. his ancestral spirit. one's own ancestral spirits.

鬼 귀신(귀): 귀신(鬼神). 조상(祖上)의 영혼(靈魂). the ancestral spirits. ghosts.

祭 제사(제): 제사지내다. sacrifice, worship. offer sacrifices.

之 지: 그. 그것. 귀신을 가리킨다. it. him.

諂 아첨할(첨): 아첨하다. flatter. obsequious.

02 見義不爲, 無勇也 견의불위, 무용야

의로운 일을 보고서도 행하지 않는 것은 용기가 없는 것이다. To see what is right and not to do it is want of courage. (James Legge)

義 옳을(의): 옳은 일. 의리. 마땅히 지켜야 할 도리. 옳은 일을 실천하는 것(「학이」 1-13). righteousness. what is right. practice what is right.

勇 용감할(용): 용기. 용맹. courage.

【해설】

본인이 당연히 제사지내야 할 귀신이 아닌데 그를 제사지내는 것은 "하지 않아야 할 것을 하는 것"이고, 의로운 일을 보고도 이를 행하지 않는 것은 "하여야 할 일을 하지 않는 것"이므로 둘 다 잘못된 것이다. 이 말은 당시의 예(禮)로서는 천자(天子)나 제후(諸侯)만이 태산(泰山)에 제사를 지낼 수 있는데, 노나라 대부인 계씨(季氏)가 태산에 제사를 지내는 것을 보고 그 때 계씨(季氏)의 가신(家臣)으로 있던 제자 염유(冉有)에게 말리라고 말했으나 그가 말리지 못한 사실을 두고 훈계한 말이라고 한다.

【외국학자 영문해석】

1 The Master said: "To offer sacrifices to spirits other than those of your own ancestors is flattery. To see something you ought to do and not to do it is want of courage."

(The analects of Confucius (Lun Yu); A Literal Translation with an Introduction and Notes by Chichung Huang, Oxford University Press 1997.)

2 The Master said: "To sacrifice to the spirits of ancestors who are not one's own is obsequiousness, and to see what is right and not do it is cowardice."

(The Analects: translated by Raymond Dawson, Oxford University Press.)

제3편

八佾

【팔일】

제3편 팔일(八佾) 제1장

孔子謂季氏; 八佾舞於庭, 是可忍也, 孰不可忍也?

공자위계씨; 팔일무어정, 시가인야, 숙불가인야?

해석 | 공자께서 계씨(季氏)를 비판하여 말씀하셨다. "64인이 추는 춤을 뜰에서 추게 하였다니, 이 사람을 참고 용서해 줄 수 있다면, 누구를 참고 용서해 줄 수 없단 말인가?"

【주석】

01 孔子謂季氏 공자위계씨

공자께서 계씨를 비평하여 말씀하였다. Confucius said of Ji Shi.

謂 이를(위): 말하다. 비판하다. 비평하여 말하다. said of. criticized.

季氏 계씨: 노(魯)나라 대부 계평자(季平子). 주희는 季氏는 계손씨(季孫氏)라고 하였다(季氏, 魯大夫季孫氏也). 계평자(季平子)와 계손씨(季孫氏)는 같은 사람으로 생각된다. 춘추시대 후기 노나라의 정치를 전횡한 세도가 중 하나이다. 맹손씨(孟孫氏). 숙손씨(叔孫氏). 계손씨(季孫氏) 등 세 집안이 정치의 실권을 장악하였는데, 그 중에서 영향력이 가장 강한 자가 계씨(季氏)였다. Ji Shi. Head of the noble house of Ji-sun.

02 八佾舞於庭 팔일무어정

64인이 추는 춤을 뜰에서 추게 하였다. Ji Shi had eight rows of dancers perform in his courtyard.

八佾 팔일: 64人舞(64명이 화음(和音)을 맞추어 함께 추는 춤). 여덟 사람이 여덟

줄로 늘어서서 음악에 맞추어 춤을 추는 천자(天子)의 무악(舞樂). 종묘(宗廟)에서 제사를 드릴 때 64명이 춤을 추며 부르는 무곡(舞曲. dance music)으로 천자(天子)만이 할 수 있는 것인데, 계씨가 이를 무시하고 월권행위를 자행하므로 공자가 이를 비판한 것이다. dance music by 64 dancers. eight rows of eight dancers (total: 64 dancers).

佾 춤(일): 춤을 출 때 늘어선 줄(列)을 의미한다. 글자의 모양이 사람 여덟 명이 쭉 늘어선 모습이다. 八佾은 여덟 사람이 여덟 줄로 늘어섰으므로 총 64명이 춤을 추는 것이다. 그 당시 무곡(舞曲)을 연주할 수 있는 권한은 천자(天子)는 여덟 줄로 64명, 제후(諸侯)는 여섯 줄로 36명(六佾), 대부(大夫)는 네 줄로 16명(四佾)이었다고 한다(左傳). 그런데 계씨(季氏)는 대부의 지위에 있는 신분이면서 이와 같이 월권행위를 한 것이다. row.

舞 춤출(무): 춤추게 하다. have someone dance. get someone to perform.

於 어: …에서. in. at. on.

庭 뜰(정): 뜰. 정원. 집안에 있는 마당. 그 당시는 대부(大夫)의 집 정원에 그들 조상의 묘(墓) 또는 사당(祠堂)이 있었던 것으로 생각된다. garden. courtyard.

03 是可忍也, 孰不可忍也 시가인야, 숙불가인야

이것을 참을 수 있다면 무엇인들 참을 수 없겠는가? If I can tolerate this, what can I not tolerate?

이 문장에 관하여는 학자들 사이에 여러 가지 견해가 나뉘고 있다. 이 책은 학생들이 한문을 해석할 수 있도록 도와 주기 위하여 집필한 것이므로 가급적 글자 본래의 의미에 초점을 맞추어 풀이하였다. 이 문장은 공자가 계씨의 만행을 비평하는 말이므로 뒤에 나오는 구절도 말하는 주체를 공자로 보았다. 그래서 "내가 이 자의 만행을 용인할 수 있다면, 무엇인들 용인할 수 없겠는가?"라고 외치며 "용인할 수 없는 일이다"라고 분개하고 있는 상황으로 해석하였다. If this can be tolerated, what cannot be tolerated? (D.C. Lau) / If one can endure this, what can one not endure? (David H. Li) / If this man can be endured, who cannot be endured?

(Arthur Waley)

是 시: 이것. 八佾舞於庭을 가리키는 지시대명사. this.

忍 참을(인): 참다. 용인(容忍)하다. 용납하다. bear. endure.

참고 忍자를 "하다", "행하다"는 뜻으로 보고, 주어를 계씨로 보아 〈그가 이 짓을 할 수 있다면, 무슨 짓인들 못하겠는가?"의 뜻으로 해석하는 학자도 있다. If he can bear to do this, what can he not bear to do? (William Edward Soothill) / If he does this, what will he not do? (Ng Shin Kiat)

也 야: 음절을 고르고 어기를 조절하는 어조사. 우리말로는 "…은", "…이면" 하고 한 박자 숨을 고르는 듯한 역할을 하는 것으로 본다. equivalent to a comma.

孰不可忍也 숙불가인야: 무엇인들 참을 수 없겠는가? 무엇인들 용인할 수 없겠는가? What can I not tolerate? What cannot be tolerated?

孰 누구(숙): 무엇. 누구. what. who. anything.

也 야: 여기서는 의문의 어기를 표시한다. 乎와 같다.〔위정 2-5〕 equivalent to a question mark.

【해설】

이 장과 관련하여 공자가 봉건주의의 계급제도를 옹호하였다는 비판이 있다. 그 당시는 혼란기였으므로 그 혼란을 수습하고 사회의 안정을 가져오려면 임금이든 관리든 일반백성이든 누구를 막론하고 질서를 지켜야 한다고 공자는 생각한 것이다. 질서를 지키지 않으면 강자의 피해보다는 항상 약자의 피해가 컸던 것이 역사적 사실이다. 공자가 주장한 예(禮)도 핵심내용은 "질서를 확립하자"는 것이다. 질서가 확립되면 백성이 평화롭게 살 수 있다. 이것이 어떻게 지배계급만을 옹호하는 제도이겠는가. 그 당시는 지금처럼 민주화된 사회가 아니었다. 혼란과 무질서와 난동과 침략과 전쟁이 끊임없이 되풀이되던 난세였다. 질서만 제대로 지키면 평화와 안정을 되찾을 수 있다는 것이 공자의 생각이었다. 혼란기에는 미국에서도 약탈, 폭행, 강도, 강간, 방화, 살인 등이 폭발적으로 일어남을 지금도 볼 수 있다. 최근 미국 뉴욕주에서 일시적으로 정전이 되었을 때 혼란과 약탈행위가 심해지자 미국정부는 비상사태를 선포하고 경찰력을 투입하여 질서유지에 온갖 힘을 쏟는 모습을 볼 수 있었다. 예(禮)가 바르게 지켜지지 않으면 그 나라는 혼란이 오고 종국에는 약육강식(弱肉强食)이라는 정글의 법칙이 횡행(橫行)하게 된다. 그만큼 질서유지는 중요한 것이다. 예(禮) 즉 질서를 지켜야 한다고 주장하는 공자가 수구세력(守舊勢力)이고, 위계질서를 무시한 계씨를 혁신적 진보세력(進步勢力)이라고 할 수는 없을 것이다.

【외국학자 영문해석】

1 Confucius said of the Chi Family, 'They use eight rows of eight dancers each to perform in their courtyard. If this can be tolerated, what cannot be tolerated?'

(The Analects: translated by D.C. Lau, Penguin Books Ltd, London. England.)

2 Confucius said of the head of the House of Chi, who had eight rows of dancers performing in his temple: "If he can bear to do this, what can he not bear to do?"

(The Analects, Confucius translated by William Edward Soothill. Dover Publications, Inc. New York.)

제3편 팔일(八佾) | 제2장

三家者, 以雍徹, 子曰; "'相維辟公, 天子穆穆'. 奚取於三家之堂?"

삼가자, 이옹철, 자왈; "상유벽공, 천자목목. 해취어삼가지당?"

해석 | 세 대부(大夫)의 집안에서 옹(雍)을 노래하면서 제사상(祭祀床)을 치우자 공자께서 말씀하셨다. "(詩經. 周頌篇에 써 있기를) '제사를 돕는 사람은 제후들이고, 천자는 온화한 모습이네' 라는 노래를 어떻게 대부인 삼가(三家)의 사당(祠堂)에서 부르게 되었는가?"

【주석】

01 三家者, 以雍徹 삼가자, 이옹철

세 대부(大夫) 집안에서 옹(雍)을 노래하면서 제사상(祭祀床)을 치웠다. The persons of The Three noble houses removed the sacrificial vessels singing the song of the Yong.

三家者 삼가자: 세 가문. 노나라 세도가인 세 집안. 당시 노나라의 실권을 장악하고 있었던 세 대부 집안인 맹손씨(孟孫氏), 숙손씨(叔孫氏), 계손씨(季孫氏)를 가리킨다〔「헌문」 14-22〕. The Three noble houses. They controlled the state power in Lu at that time. They means Meng-sun, Shu-sun, and Ji-sun, among them Ji-sun was most powerful.

者 자: 복수의 수량명사 뒤에 붙는 구조조사. 구조조사 者는 수사의 뒤에 붙어 대신 칭하는 작용을 하여 "…몇 사람", "몇 가지 일", "몇 개의 물건" 등의 뜻을 나타낸다(요진우 편저, 이종한 옮김, 『한문문법의 분석적 이해』 p.289). 수사와 함께 명사구를 이루며, 윗문장에서 서술한 사람이나 사건을 합산한다. "…사람", "…것", "…곳" 등으로 해석한다(연세대 사서사전편찬실, 『四書集解辭典』 p.670) 〔「팔일」 3-2〕, 〔「선진」 11-25〕, 〔「계씨」 16-1〕, 〔「헌문」 14-22〕. used to indicate plural form.

〔예〕 三家者: 세 가문; 三子者: 세 사람; 夫三子者: 저 세 사람; 吾二臣者: 우리 두 신하.

以雍 이옹: 옹(雍)으로써. 옹을 노래하면서. 옹이라는 노래는 악인(樂人)들이 제사를 다 끝내고 늘어놓았던 제기를 철수시키는 마지막 마무리의 노래이다. with the Yong.

옹 누그러질〔옹〕: 옹(雍)은 『시경(詩經)』. 「주송(周頌)」 중의 한 편(篇). 옹(雍)은 주(周)나라 천자가 종묘(宗廟)에서 제사를 마치고 제사상(祭祀床)을 치우면서 연주하던 노래이다. 노래와 연주는 악인(樂人)들이 수행하지만 이 연주는 당시의 예법(禮法)에 천자만이 할 수 있도록 되어 있었다. 대부의 신분인 삼가(三家)에서 예(禮)에 어긋나는 월권행위를 자행한 것이다. the Yong. the name of one of the pieces in the Book of Songs. This song was used exclusively by the emperor at the end of a sacrificial ceremony in his ancestral temple.

徹 치울(철): 제사상을 치우다. 거두다. 철상(徹床)하다. clear. remove.

02 相維辟公, 天子穆穆. 奚取於三家之堂

상유벽공, 천자목목. 해취어삼가지당

"제사를 돕는 사람은 제후들이고, 천자는 온화한 모습이네"라는 노래를 어떻게 대부인 삼가(三家)의 사당(祠堂)에서 부르게 되었는가? "The persons who assist sacrifice are the various princes. The Son of Heaven is peaceful and majestic." How could the above songs be played in the halls of the three houses?

相 도울(상): 제사를 도와 주는 사람(助祭者). assistant for sacrifice. the person who helps sacrifice.

維 오직(유): …이다. 되다. 惟와 용법이 같다. 지정, 단정의 뜻을 나타낸다(연세대 사서사전편찬실, 『四書集解辭典』 p.600). be.

辟公 벽공: 제후(諸侯). 천자가 제사를 지내는 자리에 모여드는 제후를 말한다. 제후는 고대 중국의 봉건제도라는 정치체제에서 국가의 최고권력자인 천자(天子)로부터 일정한 구역을 봉토(封土)로 받아 그 지역을 다스리는 사람을 말한다. 큰 나라 안의 작은 나라를 뜻하며, 그 곳을 다스리는 자를 후(侯)라고 하였는데, 후는 그 지역의 임금을 뜻한다. 중국에 이러한 후가 여러 지역에 나뉘어 많이 있었으므로 이를 제후(諸侯)라고 하였으며, 제후가 다스리는 나라를 제후국(諸侯國)이라고 한다. 제후국은 천자의 정령(政令)에 복종하여 제때에 조공(朝貢), 술직(述職), 출병(出兵), 복역(服役)함으로써 예제(禮制), 명분(名分)을 함부로 넘지 않았다. 그런데 춘추시대 이후 중앙정부의 통치기능이 무력해지고 제후국이 비대해지면서 오히려 천자의 권한은 무력화되었다고 한다[「계씨」 16-2]. feudal lords. princes. the various princes.

天子 천자: 천하(天下)의 임금. 제후국의 대표가 아니라 천하의 임금을 뜻한다. 고대에는 임금의 권력을 하늘에서 부여받아 하늘의 뜻을 대신하여 통치한다고

여겼으므로 천자(天子)라고 하였다. 예컨대 『예기(禮記)』. 「곡례(曲禮)」에서 "천하의 임금을 천자라 한다"고 하였다. 또한 상대(商代)와 주대(周代)에는 왕이 스스로 하늘의 아들이라 하여 천자라 불렀다. 천자가 황제란 뜻으로 쓰인 것은 진시황(秦始皇)이 육국(六國)을 통일한 이후이다(연세대 사서사전편찬실, 『四書集解辭典』 p.795) The Son of Heaven. the Emperor.

穆 화목할(목): 화목하다. 온화하다. 穆穆은 온화한 모습을 표현한 것이다. peaceful. majestic. august.

奚取於三家之堂 해취어삼가지당: 어떻게 대부에 불과한 삼가(三家)의 사당(祠堂)에서 가져갔는가? 어떻게 대부인 삼가(三家)의 사당(祠堂)에서 부르게 되었는가? How could the Yong be played in the halls of the three houses? How can the Yong be used on the halls of the three houses?

奚 어찌(해): 어떻게. 어찌하여. 무엇. how. what.

取 취할(취): 취하다. 뽑아가다. 여기서는 천자의 종묘에서나 부를 수 있는 노래를 삼가(三家)에서 취해갔다는 뜻으로 取자를 사용하였으나 "노래를 가져가다" 또는 "노래를 부르다"라는 뜻으로 풀이함이 좋다. take away. play.

堂 집(당): 사당(祠堂). 죽은 사람의 위패(位牌)를 모시는 곳. the hall for keeping an ancestral tablet.

【해설】

위계질서가 무너진 것을 개탄한 글이다. 옹(雍)은 천자가 종묘(宗廟)에서 제사를 마치고 제사상을 치우면서 연주할 수 있는 노래인데, 대부의 신분으로 천자만이 할 수 있는 노래를 월권하여 연주하였기 때문이다. 그 당시의 위계질서를 보면, 맨 위에 천자가 있고, 그 아래에 제후가 있고, 제후 아래에 대부가 있었는데 대부가 천자의 권한을 월권하였으니 두 단계나 뛰어넘은 격이다.

【외국학자 영문해석】

1 As they cleared sacrificial vessels from the temple, the Three Families sang the Yung hymn. The Master mimicked its words:

the great lords in attendance,
the Emperor august and majestic,

then asked: "What has this to do with the temple of these Three Families?"

(The Analects. Confucius Translated by David Hinton, Counterpoint Washington. D.C.)

2 The Three Families performed the poem Yong at the end of their ancestral sacrifices. The Master said: "This poem says:

The feudal lords are in attendance,
The son of Heaven is sitting on his throne.

What application can this have in the halls of the Three Families?"

(The Analects of Confucius, Translation and Notes by Simon Leys, W. W. Norton & Company. Inc. New York.)

제3편 팔일(八佾)

제3장

子曰; 人而不仁, 如禮何? 人而不仁, 如樂何?

자왈; 인이불인, 여례하? 인이불인, 여락하?

해석 | 공자께서 말씀하셨다. "사람이 만약 어질지 않다면 예(禮)는 무엇할 것이며, 사람이 만약 어질지 않다면 음악은 무엇하겠는가?"

【주석】

01 人而不仁，如禮何 인이불인, 여례하

사람이 만약 어질지 않다면 예(禮)는 무엇하겠는가? If a man is not virtuous, what has he to do with the rituals?

人 사람(인): 보통의 경우 나와 대조되는 개념으로 "남", "다른 사람(other person.)"을 뜻하는 경우가 많으나 여기서는 "임금"을 비유하여 말한 것으로 보인다. "Man" here refers to the sovereign. (Chichung Huang).

而 이: …이면. …하면. 가정이나 조건을 표시하는 접속사 역할을 한다. if.

(예) 人而無信, 不知其可也(인이무신, 부지기가야): 사람이 만약 신의가 없다면 그 가능성을 알 수가 없다(「위정」 2-22). If a man is not truthful, I do not know how he can get along.

仁 인: 어질다. 어질다는 것은 부모에게 효도하고 형을 공경하고 이웃을 사랑하는 마음이다. 이를 확대하여 한 마디로 정의한다면 "남을 먼저 배려하고 사욕을 버리는 마음", "백성을 사랑하는 마음"이라고 할 수 있다. 이런 기본이 되어 있지 않으면 형식적으로 예(禮)를 차려도 소용이 없다. virtuous. humane. the attitudes which put aside self-interest and consider others first. humane mind to consider others first and give up self-interest.

如禮何 여례하: 글자 그대로 직역하면 "예를 따르는 것이 무엇인가"라는 해석이 되지만 그 의미는 "예를 좇아서 무엇하겠는가?", "예를 따르는 것이 무슨 소용이 있겠는가?"라는 뜻이 된다. What can he do with the rituals? What is the use of the rituals? What does he do with the rituals?

如 좇을(여): 좇다. 따르다. 따라서 하다. follow.

如何 여하: "어떠하다"라는 뜻의 관용어인데 문장에 따라 "어떻게 하겠는가", "무엇하겠는가", "어찌된 일인가" 등으로 다양하게 쓰인다. 여기서는 중간에 禮자가 끼어 있다. 그러므로 "예를 좇아서 무엇하겠는가?"라는 의미가 된다. what. how.

禮 예: 옛 성현들의 행동양식에서 모범적인 것만 따온 행위규범. 우리가 지켜야 할 사항을 모아놓은 윤리규범. 예의범절〔「학이」 1-15〕, 〔「위정」 2-3〕. the rules of propriety. rites. the rituals.

02 人而不仁, 如樂何 인이불인, 여락하

사람이 만약 어질지 않다면 음악은 무엇하겠는가? If a man is not virtuous, what has he to do with music?

如樂何 여락하: 음악은 무엇하겠는가? 음악을 해서 무엇하겠는가? What has he to do with music? What can he do with the music? What is the use of the music? What does he do with the music?

樂 풍류(악): 음악. 풍류. 예(禮)가 사람과 사람 사이의 갈등과 반목. 마찰과 충돌을 완화시키고 조화로운 사회를 만들기 위한 사회규범이라면, 악(樂)은 인간의 탐욕성과 폭력성을 다듬고, 심성(心性)을 맑고 착하게 순화시켜 마음의 평화와 심신(心身)의 조화를 가져오게 하는 윤활유 역할을 한다고 볼 수 있다. music.

【해설】

언(仁)이란 부모에게 효도하고 형제 간에 우애하고 이웃을 사랑하고 남을 먼저 배려하는 마음이다. 이런 근본이 되어 있지 않으면 형식적으로 예를 차려도 아무 소용이 없다. 인(仁)을 실천하기 위하여 예가 필요하고 악(樂)도 필요하다. 예는 여러 사람이 모여 사는 집단생활에서의 행위규범이며 질서의식이다. 많은 사람이 서로 부딪치지 않고 조화를 이루려면 질서유지를 위한 외적인 행위규범인 예를 지켜야 한다. 예를 지키지 아니하면 이러한 조화(調和)가 깨져 갈등과 반목과 충돌이 야기된다. 사회는 평온이 깨지고 혼란이 일어난다. 혼란이 계속되면 그 사회는 결국 붕괴하고 만다. 악은 인간의 내면을 다스리고 우리의 마음을 맑고 부드럽게 순화시키는 윤활유 역할을 한다. 사회가 평온해지려면 우리 마음 속에 잠재해 있는 동물적 본능인 탐욕과 폭력성을 제거하여야 한다. 여기에 음악이 필요하다. 악은 우리 마음 속에 잠재해 있는 원색적 본능을 순화(純化)시키고 이를 맑고 깨끗하게 정화시키는 청량제(淸凉劑) 역할을 한다. 악은 예와 밀접한 관련을 가지고 있다. 예가 외형적 질서유지를 위한 행동규범이라면 악은 내면적인 정화(淨

化)을 위한 세정기능(洗淨機能)을 한다. 예가 사람과 사람 사이의 충돌을 피하기 위한 조화를 추구한다면, 악은 우리의 몸과 마음 사이에서 벌어지는 갈등과 마찰, 고뇌와 번민을 완화시키는 화음(和音)을 추구한다. 예는 사람과 사람 사이의 집단생활에서의 조화를 추구한다. 마찬가지로 악도 관(管)을 통하여 소리를 내는 악기, 줄을 통하여 소리를 내는 악기, 북이나 징과 같이 두드려서 소리를 내는 악기, 여기에 입을 통하여 노래를 부르는 사람의 목소리가 혼연일체가 되어 화음(和音)을 추구한다. 2500년 전의 공자는 일찍이 악(樂)을 오늘날의 심포니 오케스트라(symphony orchestra)로 이해하여 화음(和音)과 조화(調和)의 미(美)를 추구한 음악의 달인(達人)이었다. 우리는 인을 이루기 위하여 예와 악을 마음 속에 영원히 간직해야 한다.

【외국학자 영문해석】

1 The Master said: "If a man is not humane, what can he do with the rituals? If a man is not humane, what can he do with music?"

(The analects of Confucius (Lun Yu); A Literal Translation with an Introduction and Notes by Chichung Huang, Oxford University Press 1997.)

2 The Master said: "A man without love, what is courtesy to him? A man without love, what is music to him?"

(Harvard Classics, Vol. 44, Part 1: The Sayings of Confucius. http://www.bartleby.com/44/1/)

제3편 팔일(八佾) | 제4장

林放問禮之本, 子曰; 大哉問! 禮, 與其奢也, 寧儉; 喪, 與其易也, 寧戚.

임방문례지본, 자왈; 대재문! 예, 여기사야, 영검, 상, 여기이야, 영척.

해석 | 임방이 예의 근본을 물었다. 공자께서 말씀하셨다. "거창하구나 질문이! 예(禮)는 사치스럽게 하는 것보다는 검소한 편이 더 좋으며, 상(喪)은 장례를 잘 치르는 것보다는 오히려 슬퍼하는 편이 더 낫다.

【주석】

01 林放問禮之本 임방문례지본

임방이 예의 근본을 물었다. Lin Fang asked about the root of the rituals.

林放 임방: 사람이름. 魯나라 사람으로 알려져 있으나 공자의 제자인지는 불명확하다. Lin Fang. a man of Lu. not clear whether he is a disciple of Confucius.

禮之本 예지본: 예의 근본. the root of the rituals. the fundamental of the rituals.

02 大哉問 대재문

거창하구나, 질문이! 크구나, 질문이! A great question indeed! What an enormous question!

哉 재: 감탄의 어기를 나타내는 어조사. 영어의 감탄사(!)에 해당한다. used in exclamations. [Beijing Foreign Language University, A Chinese-English Dictionary, 1997 Revised Edition: p.1563]. equivalent to an exclamation mark.

03 禮, 與其奢也, 寧儉 예, 여기사야, 영검

예는 사치스럽게 하는 것보다는 오히려 검소하게 하는 편이 더 낫다. In the rituals, it is better to be frugal than lavish.

與其~寧: "…하는 것보다는 오히려 …하는 편이 더 낫다"라는 뜻의 관용적 표현. 與其는 접속사로서 선택을 나타내고, 不如. 不若. 寧 등과 어울려 복문을 구성한다(현암사, 김원중, 『허사사전』 p.510). rather … than. better … than.

與 더불(여): …보다 …에 비하여. compared with. than.

奢 사치할(사): 사치스럽게 하다. 사치하다. lavish. extravagant.

寧 차라리(영): 차라리, 오히려. rather

儉 검소할(검): 검소할[검]: 검소하게 하다. 검소하다. frugal. simple. sparing.

也 야: 말을 잠깐 멈추고 다음 내용을 환기시키는 어조사. comma 역할을 한다. 우리말로는 "…는" 하는 정도로 해석한다(예는 사치스럽게 하는 것보다는…). equivalent to a comma.

04 喪，與其易也，寧戚 상, 여기이야, 영척

상(喪)은 형식을 갖추어 장례를 잘 치르는 것보다는 오히려 슬퍼하는 편이 더 낫다. In mourning, deep sorrow is better than the formalities.

喪 죽을(상): 상례(喪禮). 장례(葬禮). funeral, mourning.

易 다스릴(이): 다스리다. 여기서는 장례에서 "형식을 갖춘다"라는 뜻으로 해석된다. 주희는 "易는 다스리는 것으로, 맹자에 '그 밭두둑을 다스린다'고 하였다. 상례(喪禮)에 있어서 易라는 것은 절차와 꾸미는 것에만 익숙하고, 애통(哀痛)해하는 참모습이 없는 것을 말한다"고 하였다(易, 治也. 孟子曰, 易其田疇. 在喪禮, 則節文習熟, 而無哀痛慘怛之實者也). control. adhere to formality in mourning. stick to forms in funeral.

戚 슬퍼할(척): 슬퍼하다. 근심하다. sorrow. grief.

【해설】

예(禮)의 근본은 형식적인 겉치레가 아니라 실질적이며 정성어린 마음이라는 점을 강조하였다. 그러므로 예를 실천할 때 사치스럽게 하는 것보다는 검소한 것이 더 낫고, 상사(喪事)를 치를 때에도 풍성하게 형식을 갖추는 것보다는 마음 속에서 우러나오는 애도(哀悼)의 정이 더 중요하다고 지적하였다.

【외국학자 영문해석】

1 Lin Fang asked what was the first thing to be attended to in ceremonies. The Master said, "A great question indeed! In festive ceremonies, it is better to be sparing than extravagant. In the ceremonies of mourning, it is better that there be deep sorrow than a minute attention to observances."

(Confucius Analects, The Great Learning and The Doctrine of The Mean, translated by James Legge, Manufactured in Dover Publication, Inc. U.S.A.)

2 Lin Fang asked about the fundamentals of ritual. Confucius said, "What an excellent question! In ritual, it is better to be frugal than extravagant; in funerals deep sorrow is better than ease."

(The Analects of Confucius: translated by Charles Muller. http://www.human.toyogakuen-u.ac.jp/~acmuller/contao/analects.htm.)

제3편 팔일(八佾) | 제5장

子曰; 夷狄之有君, 不如諸夏之亡也.

자왈; 이적지유군, 불여제하지무야.

해석 | 공자께서 말씀하셨다. "오랑캐 나라에 임금이 있다 하여도 중국 제후국에 임금이 없는 것만 못하다."

【주석】

01 夷狄之有君，不如諸夏之亡也 이적지유군, 불여제하지무야

오랑캐 나라에 임금이 있는 것은 중국 제후국에 임금이 없는 것만 못하다. 오랑캐 나라에 임금이 있다 하여도 중국 제후국에 임금이 없는 것만 못하다. That there are kings in the Barbarian states, it is not as good as that there are not kings in the Chinese states. / Even though there are kings in the Barbarian states, they are inferior to the Chinese states without kings.

夷狄 이적: 오랑캐. 夷는 동쪽에 있는 오랑캐, 狄은 북쪽에 있는 오랑캐를 말하는데 여기서는 합하여 오랑캐 또는 야만인이라는 뜻이다. barbarian tribes. rude tribes. primitive states.

夷 오랑캐(이): 오랑캐. 야만스러운 종족. 중국의 동쪽에 있는 미개민족. barbarian tribes. uncivilized tribes to the east of China proper.

狄 오랑캐(적): 오랑캐. 야만인. 중국의 북쪽에 있는 미개민족. barbarian tribes. uncivilized tribes to the north of China proper.

之 지: 절(clause)을 만드는 구조조사. 영어의 종속접속사에 해당한다. 여기서는 명사절을 만드는 종속접속사 that의 역할을 한다. that.

有 유: …에 …이 있다. "어디에 무엇이 있다"라는 형식의 문장으로 有자 뒤에 오는 말이 주어 역할을 한다. there be.

不如諸夏之亡也 불여제하지무야: 중국 제후국에 임금이 없는 것만 못하다. be inferior to that Chinese states have no kings. be not as good as that there are not kings in the Chinese states.

不如 불여: ① "…만 못하다". "…보다 못하다". inferior to. be not as good as. be not comparable to. be not equal to.

(예) 1. 無友不如己者(무우불여기자): 자기만 못한 사람을 친구로 삼지 말아라 〔「학이」 1-8〕. Do not make friends of the people who are inferior to you.

2. 知之者不如好之者(지지자불여호지자): 그것을 아는 사람은 그것을 좋아하는 사람만 못하다〔「옹야」 6-18〕. Those who know something are not as good as those who love it.

② 不如를 글자 그대로 "같지 않다" 즉 "다르다"고 보는 입장이다(『논어집주』). 이 견해에 의하면 위 문장은 "오랑캐들에게는 군주가 있으므로 중국의 제후국들이 군주가 없는 것과는 다르다." 즉 오랑캐들까지도 군주가 있어 나름대로 정치질서를 잘 유지하고 있는데 중원지역의 국가들은 정쟁과 하극상으로 무정부상태에 빠져 있으므로 중국의 국가들이 정치적인 면에서는 사실상 오랑캐만도 못하다는 것이다. 통렬한 자기비판으로 보는 입장이다. The Master said, "The rude tribes of the east and north have their princes, and are not like the States of our great land which are without them." (James Legge)

諸夏 제하: 중국의 여러 제후국(諸侯國). various states,

諸 여러〔제〕: 여러, 모든. some, several, various.

夏 중국〔하〕: 중국. 중화민국(中華民國)이라고 할 때의 중화(中華)와 같다. China.

亡 없을〔무〕: 없다. 無와 같다. 亡자 다음에 君자가 생략되었다. do not have. no. nothing.

也 야: …다(be). 문장의 끝에 쓰여 판단, 단정을 표시한다. used to indicate judgement or decision. equivalent to a period.

【해설】

임금이 무능하면 정쟁(政爭)도 발생하고 하극상(下剋上)도 일어난다. 부왕이 죽으면 나이 어린 아들이 임금으로 등극하므로 자연적으로 섭정(攝政)하는 과정에서 정파 간의 반목도 발생하고 상하 간의 하극상도 일어난다. 난세에 임금이 정치를 잘못하여 도망치는 경우도 있고 살해되기도 한다. 그러나 중국에는 훌륭한 문화가 있다. 임금이 일시적으로 없다 하더라도 오랑캐와는 비교할 수 없을 정도로 국가를 잘 운영할 수 있는 힘과 질서가 있다. 비록 통치권자가 일시적으로 없다 하더라도 중국에는 예악문화가 있으므로 이를 잘 지키고 실천하면 무정부상태도

얼마든지 극복할 수 있다는 것이 공자의 생각이다. 예(禮)와 악(樂)은 사회를 안정시키는 질서이며 힘이라고 믿고 있었기 때문이다.

【외국학자 영문해석】

1 The Master said, "Barbarian tribes with their rulers are inferior to Chinese states without them."

(The Analects: translated by D.C. Lau, Penguin Books Ltd, London. England.)

2 Confucius said, "A primitive state of the East and North might have a monarch but they do not have customs. They are worse off than an advanced state that does not have a monarch but has a set of well developed customs."

(The Complete Analects of Confucius(1997), translated by Adam Sia. Asiapac Books Pte Ltd. Singapore.)

제3편 팔일(八佾)

제6장

季氏旅於泰山，子謂冉有曰；女弗能救與？對曰；不能．子曰；嗚呼！曾謂泰山不如林放乎？

계씨려어태산, 자위염유왈; 여불능구여? 대왈; 불능. 자왈; 오호! 증위태산불여임방호?

해석 | 계씨가 태산에서 산신제(山神祭)를 지내려고 하자, 공자께서 염유에게 말씀하셨다. "자네가 막을 수 없겠는가?" 염유는 할 수 없다고 대답하였다. 공자께서 말씀하셨다. "아아! 태산의 신이 임방만큼도 예를 모른다고 생각하는가?"

【 주석 】

01 季氏旅於泰山 계씨여어태산

계씨가 태산에서 산신제(山神祭)를 지내려고 하다. Ji Shi was about to sacrifice to the Tai mountain.

季氏 계씨: 노나라의 세도가인 대부 계손씨. 공자의 제자인 염유와 계로가 계씨의 가신으로 있었다. Ji Shi. the head of the noble house of Ji-sun and prime minister of Lu. At that time, Ji family was one of de facto rulers of Lu.

旅 나그네(여): 산신제(山神祭). 산에 지내는 제사이름인데 여기서는 동사로서 "산신제를 지내다"라는 뜻이다. 천자와 제후만이 명산대천(名山大川)에 제사를 지낼 수 있는 자격이 있었는데, 대부(大夫)의 신분인 계씨(季氏)가 이를 지낸다는 것은 예(禮)에 크게 어긋나는 일이었다. perform the sacrifice to mountain. perform the sacrifice to the god of a mountain.

泰山 태산: 노(魯)나라에 있는 유명한 산으로 오악(五嶽) 중 하나임. the Tai mountain. one of the sacred mountains in China, located in the present-day Shandong Province.

02 子謂冉有曰 자위염유왈

공자께서 염유에게 말씀하셨다. Confucius said to Ran You.

謂 위: 이르다. 말하다. 중복하여 뒤에 曰자가 덧붙여 있다. 曰자 뒤에는 말한 내용이 나온다. 중복하여 사용한 것은 그 당시의 말투로 생각된다. 굳이 구분한다면 謂는 말한 것이고 曰 이하는 말한 내용을 표시한다. 問曰, 對曰, 告曰의 경우도 같다.

冉有 염유: 공자의 제자. 성은 염(冉), 이름은 구(求), 자는 자유(子有). 노나라 사람으로 계씨(季氏)의 가신(家臣)이었는데 공자보다 29세 연하이다. Ran You. one of the disciples of Confucius, then serving as Ji Kang-ji's chief house officer.

03 女弗能救與 여불능구여

자네가 막을 수 없겠는가? Can you not stop it? Can not you prevent this? Can you not save him from this situation?

女 여: 당신. 너. 자네. 汝와 같다. you.

弗能 불능: 할 수 없다. 못하다. 不能과 같다[「팔일」 3-6]. can not.

弗 아닐(불): 아니다. 不과 같다. not.

救 막을(구): 막다. 하지 못하게 하다. 주희는 救를 "구하다"는 뜻으로 풀이하였다. 계씨가 태산에서 제사를 지내는 것은 분수에 넘치는 월권행위이므로 죄를 짓는 것이다. 그러므로 "참람(僭濫)한 죄에 빠짐을 구해내는 것을 말한다"고 하였다(救, 謂救其陷於僭竊之罪). 이에 의하면 이 문장은 "네가 그 죄를 구해낼 수 없겠느냐?"라는 해석이 나온다.\해설하는 문언 중에 간혹 "참람(僭濫)", "참월(僭越)", "참절(僭竊)" 등의 용어가 나오는데 이는 모두 "자기의 분수에 넘치는 월권행위"를 뜻하며, 죄를 짓는 행위에 속한다.

與 여: 의문의 어기를 나타내는 어조사. equivalent to a question mark. expressing doubt or used in rhetorical questions (The Commercial Press. 2001. Beijing, New Age Chinese-English Dictionary: p.1889)

04 對曰 不能 대왈 불능

할 수 없다고 대답하였다. (Ran You) replied, (I) cannot.

對曰 대왈: 대답하였다. 對자 한 글자만으로도 의미는 통하는데 曰자를 덧붙였다. 그 당시의 말투로 생각되지만 굳이 구분한다면 對는 대답한 것이고 曰은 대답한 내용을 표시한다고 본다. 問曰. 謂曰. 告曰의 경우도 같다. replied.

05 嗚呼 오호

아아! Alas!

嗚 탄식할(오): 탄식하는 소리. Alas! sound of sigh.

呼 슬프다할(호): 탄식하는 소리. Alas! sound of sigh.

〔예〕 嗚呼痛哉(오호통재): 아아! 슬프도다! Alas! Really sad!

06 曾謂泰山不如林放乎 증위태산불여임방호

곧 태산이 임방(林放)만도 못하다고 생각하느냐? 林放은 앞에 나온 「팔일」(3-4) 장에서 공자에게 예(禮)의 근본이 무엇인지를 질문한 사람으로 "태산의 신(神)이 임방만큼도 예를 모른다고 생각하느냐?"의 뜻이다. 즉 태산의 신(神)은 예에 어긋나는 계씨(季氏)의 제사를 받지 않을 것이라는 뜻이다. Do you think that Mount Tai is not as good as Lin Fang? Do you think that the God of Mount Tai knows less about the rituals than Lin Fang, and is so tolerant as to accept Ji Shi's inappropriate sacrificial offerings?

曾 일찍(증): ① 곧. 이에. 則. 乃와 같다. thus. just. ② 어찌. 어떻게. 曾을 의문부사인 "어찌"라는 뜻으로 새길 경우에는 "어찌 태산의 신이 임방만도 못하다고 생각하느냐?"라는 해석도 가능하다. how.

〔예〕 曾是以爲孝乎(증시이위효호): ① 곧 이것만으로 효도라고 생각하겠느냐? ② 어찌 이것을 효도라고 생각하겠느냐?〔「위정」 2-8〕. Can this just be considered filial piety? How is this considered to be filial piety?

謂 이를(위): …라고 말하다. …라고 생각하다. say. think.

不如 불여: …만 못하다. …보다 못하다〔「학이」 1-8〕. be not as good as. inferior to.

乎 호: 의문의 어기를 표시한다. 물음표에 해당한다〔「학이」 1-1〕. used to indicate the feeling of a question or counter question. used like a question mark.

【해설】

태산(泰山)의 산신(山神)에게 지내는 "여(旅)"라는 이름의 산신제(山神祭)는 노나라 임금이

지내는 제사인데, 예(禮)를 깨뜨리고 계씨(季氏)가 지내려고 하였다. 위계질서를 무시하고 월권행위를 한 것이다. 그래서 공자는 그의 제자임과 동시에 당시는 계씨(季氏)의 가신(家臣)이었던 염유에게 간접적인 방법으로 비난한 것이다. 계씨(季氏) 본인을 직접 비난하지 않고 태산(泰山)의 신(神)을 끌어들여 "그래 태산의 산신(山神)이 임방만도 못하단 말이냐"라고 개탄한 것이다.

【외국학자 영문해석】

1 When Ji Shi was about to perform the Display Sacrifice at Mount Tai, the Master said to Ran You: "Can you not stop it?" Ran You replied: "No, I cannot."
The Master said: "Alas! Is it possible that Mount Tai is not as good as Lin Fang?"
(The analects of Confucius (Lun Yu); A Literal Translation with an Introduction and Notes by Chichung Huang, Oxford University Press 1997.)

2 Chi was making a pilgrimage to T'ai Shan. Confucius said to Jan Yu, "Can you not save this situation?"
The reply was "I cannot."
Confucius said, "Alas, can T'ai Shan be considered not equal to Lin Fang?"
(Confucius Publishing Co Ltd.: http://www.confucius.org/maine.htm//)

제3편 팔일(八佾) | 제7장

子曰; 君子無所爭, 必也射乎, 揖讓而升, 下而飮, 其爭也君子.

자왈; 군자무소쟁, 필야사호, 읍양이승, 하이음, 기쟁야군자.

해석 | 공자께서 말씀하셨다. "군자(君子)는 다툴 것이 없는데, 굳이 말하자면 활쏘기를 할 때일 것이다. 인사하고 서로 사양하면서 활을 쏘는 장소(射堂)로 올라가고, 내려와서는 벌주를 마시게 하는 것이니 그 다투는 것도 군자답다."

【 주석 】

01 君子無所爭 군자무소쟁

군자(君子)는 다툴 것이 없다. There is no contention among gentlemen. The Superior Men have nothing to contend for.

爭 다툴(쟁): 다툼. 다투는 것. contention. competition.

02 必也射乎 필야사호

굳이 말하자면 활쏘기를 할 때일 것이다. 군자(君子)는 다툴 일이 없는데, 굳이 한 가지는 있지 않느냐고 말한다면 그것은 활쏘기일 것이다. If an exception must be cited, it is perhaps in archery. (Chichung Huang) / But if he must compete, he does it in an archery match. (Ng Shin Kiat) / Still, if he must compete let it be at archery. ((Simon Leys) / If it be said he cannot avoid them, shall this be in archery? ((James Legge)

必也 필야: 만약에 그런 일이 있다면. 굳이 말한다면(두산동아 『새漢韓辭典』 제2판 p.694)(「자장」 19-17). if there is such a thing. if it must be said.

也 야: 음절을 조절하고 어기를 고르는 어조사. "굳이 말하자면" 하고 한 박자 멈추고, 다음 말 "활쏘기일 것이다"를 환기(喚起)시키는 역할을 한다. 쉼표역할을 하는 것으로 보아도 된다(「학이」 1-2). equivalent to a comma. used to indicate a pause in a sentence. (The Commercial Press. 2001. Beijing, New Age Chinese-English Dictionary: p.1806)

射 궁술(사): 활쏘기. 궁술. archery.

乎 호: …일 것이다. …이겠지. 문장 끝에 쓰여 추측의 어기를 나타낸다(연세대

사서사전편찬실, 『四書集解辭典』 p.892; 현암사, 김원중, 『허사사전』 p.951) (「안연」 12-13), (「자로」 13-3). used to indicate the feeling of conjecture.

03 揖讓而升 읍양이승

인사하고 서로 사양하면서 활을 쏘는 장소(射堂)로 올라가다. They bow and give way to each other, and then ascend to their position.

揖 읍할(읍): 절하다, 인사하다. 揖은 스님들이 인사할 때 양손을 가슴 앞에 모으고 공손하게 목례하는 것과 비슷한 것으로 상상할 수 있다. bow. (make a) bow with hands clasped. (The Commercial Press. 2001. Beijing, New Age Chinese-English Dictionary: p.1826)

讓 사양할(양): 사양하다. 양보하다. give way to each other.

升 오를(승): 오르다. 올라가다. ascend.

04 下而飮 하이음

내려와서 벌주(罰酒)를 마시다. descend, and then exact the forfeit of drinking. descend, and then demand the loser to drink a liquor called as forfeit.

下는 활을 다 쏘고 단상(壇上. 射堂)에서 내려오는 것을 말하고, 飮은 술을 마신다는 뜻이지만 주희는 『논어집주』에서 "승자는 이에 절하고, 진자는 활을 쏘던 단상으로 올라가 벌주 잔을 들고 서서 마시는 것을 말한다"고 설명하고 있다(勝者乃揖, 不勝者升, 取觶立飮也).

下 내릴(하): 내리다. 내려오다. descend.

飮 마실(음): 마시다. 여기서는 벌주를 마시는 것으로 풀이함이 부드러운 해석이다. make the loser drink a liquor called as forfeit.

05 其爭也君子 기쟁야군자

그 다투는 것이 군자답다. The way they contend is gentlemanly.

也 야: 음절을 조절하고 어기를 고르는 어조사. "그 다투는 것이" 하고 한 박자 멈추고, 다음 말 "군자답다"를 환기(喚起)시키는 역할을 한다. 쉼표역할을 하는 것으로 본다. equivalent to a comma.

君子 군자: 군자답다. 형용사로서 술어역할을 한다. 한문에서는 동사는 물론 형용사, 명사도 술어가 된다. gentlemanly. like a gentleman.

【 해설 】

예(禮)는 사람과 사람과의 조화를 이루기 위한 질서의식이며 생활규범이다. 군자는 다툴 일도 별로 없겠지만 굳이 다툴 일이 있다면 활쏘기일 것이다. 그러나 이것도 출세나 먹고 살기 위한 생존경쟁이 아니라 정신통일을 위한 수양방법의 하나로 생각되었으며, 경쟁을 하더라도 서로 상대방을 배려하고 룰(rule)에 따라 예의를 지키고, 승패를 떠나 경기가 종료된 뒤에는 술을 마시며 우의를 다지는 조화(調和)의 자리로 보는 것이다.

【 외국학자 영문해석 】

1 Confucius said, "There is no contention among gentlemen. The only exception is archery. When it begins, two parties will bow and make way for each other; when it ends, they will drink together. Even the way they contend is quite gentlemanly."

(Analects of Confucius (1994): Printed by Beijing Foreign Language Printing House. China.)

2 Confucius said: "The Superior Man has nothing to compete for. But if he must compete, he does it in an archery match, wherein he ascends to his position, bowing in deference. Descending, he drinks the ritual cup. This is the competition of the Superior Man."

(http://web.singnet.com.sg/~clementn/mar.htm: The Analects of Confucius: compiled by Ng Shin Kiat.)

제8장

子夏問曰; 巧笑倩兮, 美目盼兮, 素以爲絢兮, 何謂也? 子曰; 繪事後素. 曰; 禮後乎? 子曰; 起予者商也, 始可與言詩已矣.

자하문왈; 교소천혜, 미목반혜, 소이위현혜, 하위야? 자왈; 회사후소. 왈; 예후호? 자왈; 기여자상야, 시가여언시이의.

해석 | 자하가 물었다. "곱게 웃는 모습이 아름답고, 아름다운 눈 곱기도 하다! 흰색 바탕에 고운 채색까지 하였으니!"라고 한 것은 무엇을 말하는 것입니까? 공자께서 말씀하셨다. "그림 그리는 일은 바탕을 만든 다음에 한다는 것이다." 자하가 말했다. "예(禮)는 뒤입니까?" 공자께서 말씀하셨다. "나를 일으켜 주는 사람은 너 상(商)이다. 비로소 함께 詩를 이야기할 수 있게 되었구나."

【주석】

01 巧笑倩兮 교소천혜

곱게 웃는 모습이 아름답다! 고운 웃음에 어여쁜 보조개여! Her entrancing smiles are pretty. Charming smiles are pretty when is dimpled.

子夏 자하: 공자의 제자. 성이 복(卜), 이름이 상(商), 자가 자하(子夏)임. 위(衛)나라 출신으로 공자의 제자 중에서도 학문에 뛰어나 유가의 많은 경전들을 전승하는 데 공이 크다고 한다. 공자보다 44세 아래였다. Zi-xia. alias of Bu Shang. a disciple of Confucius.

巧笑 교소: 곱게 웃는 것. sweet smile. artful smile. charming smile. entrancing smile.

巧 공교할(교): 예쁘다. 아름답다. pretty. beautiful.

笑 웃을(소): 웃다. smile.

倩 예쁠(천): 예쁘다. 주희는 "倩은 예쁜 보조개(口輔)이다"라고 풀이한다(倩, 好口輔也). pretty dimple. be pretty when is dimpled.

兮 어조사(혜): 시어(詩語)에 많이 쓰이며 감탄의 어기를 나타내는 어조사(…이여. …하구나). 감탄문의 끝 부분에 쓰여 찬양이나 감탄의 어기를 돕는다(연세대 사서사전편찬실, 『四書集解辭典』 p.890). used to indicate the feeling of exclamation. used as poetical language.

〔예〕 民離散而相失兮(민이산이상실혜): 백성들이 흩어져 서로를 잃는구나! 〔『楚辭』 九章 「哀郢」〕 People were separated and lost one another.

02 美目盼兮 미목반혜

아름다운 눈이 예쁘다. 아름다운 눈 곱기도 하다! 아름다운 눈에 선명한 눈동자여! Her beautiful eyes are fine and clear! The clearly defined black and white of her eye!

美 아름다울(미): 아름답다. beautiful.

目 눈(목): 눈. eyes.

盼 눈 예쁠(반): 눈이 예쁘다. 주희는 "반(盼)은 검은 눈동자와 흰자위가 뚜렷이 구분되는 것이다"라고 풀이한다(盼, 目黑白分也). the pretty eyes that the colour of black and white appeared clearly.

03 素以爲絢兮 소이위현혜

흰색 바탕을 준비하고 그리고 무늬를 만든다. 흰색 바탕에 무늬를 만든다. A white ground is prepared, and then the patterns are afterwards put in it. / After a white background is prepared, any painting is made. / A pattern is made on plain white paper.

素 휠(소), 바탕(소): 흰색. 무늬가 없는 흰 색깔의 피륙. 본바탕. 동사역할로 "색칠할 장소를 마련하다", "바탕을 준비하다"라는 뜻으로 해석된다. 주희는 "소(素)는 색칠할 장소로 그림의 바탕(質)이다"라고 하였다(素, 粉地, 畵之質也). make white ground. prepare plain silk. prepare plain white material.

以 이: …하고. 그리고. 순접관계를 표시하는 접속사로 而와 같다. and 수단방법을 뜻하는 전치사로 풀이할 수도 있다. with

絢 무늬(현): 무늬. 채색(彩色). 주희는 "현(絢)은 채색으로 그림의 꾸밈이다"라고 설명한다(絢, 采色, 畵之飾也). pattern. painting. decoration.

爲絢 위현: 무늬를 만들다. 채색(彩色)을 하다. make a pattern. make a painting.

04 何謂也 하위야

무엇을 말하는 것입니까? What does it mean?

05 繪事後素 회사후소

그림 그리는 일은 바탕을 만든 다음에 한다. 바탕이 준비된 후에 그림도 그리고 색칠도 한다는 뜻이다. 이것에는 "그림을 그릴 때에는 먼저 색칠을 하고 나중에 흰색으로 그 사이 사이를 구분함으로써 모양을 완성하는 것이다"라고 주장하는 학자도 있다(鄭玄). 당시의 그림 그리는 기법이 어떠하였는지는 잘 알 수 없지만 현실적으로 자연스럽지 못한 해석으로 보인다. Painting comes after a white ground. (Chichung Huang) / The decoration comes after the plain silk. (Raymond Dawson) / The business of laying on the colors follows (the preparation of) the plain ground. (James Legge)

繪事 회사: 그림 그리는 일(繪事, 繪畵之事也). Painting. painting work.

繪 그림(회): 그림 그리다. 그림. paint. draw. decorate.

後素 후소: 바탕보다 뒤에 한다(後素, 後於素也). 바탕을 마련한 연후에나 채색이

가능하다는 뜻이다. 종이는 한나라 이후에 사용되었으므로 당시는 아직 종이가 발견되기 이전이었다. 글자도 주로 대나무를 쪼개어 그 조각에 썼다. 지금 전해오는 논어문장도 죽간(竹簡)에 써서 이 조각들을 엮어 책으로 만들어 전해졌다고 한다. 그림도 마찬가지로 본다. 나무나 옷감 또는 바윗돌 등을 바탕으로 그 위에 그리거나 색칠하였을 것이다. 글씨를 쓰건 그림을 그리건 아무튼 바탕이 되는 재료는 반드시 먼저 존재하여야 한다. Painting is made after a white ground is prepared.

참고 竹簡(죽간): 옛날에 종이가 없었던 시절에 종이 대신에 사용하여 글을 쓰던 대쪽.

後 뒤(후): 뒤. 뒤에 하다. 시간 또는 순서에서 다음이나 나중. after. afterward. afterwards.

06 禮後乎 예후호

예(禮)는 뒤 입니까? 예(禮)는 이차적(二次的)인 것입니까? 예(禮)는 뒤에 한다는 것입니까? Then are rituals a secondary thing? (Ng Shin Kiat) / Then ritual comes afterwards? (Arthur Waley) / Ceremonies then are a subsequent thing? (James Legge) / Does the practice of the rites likewise come afterwards? (D.C. Lau)

乎 호: 문장 끝에 놓여 의문의 어기를 표시한다. 물음표에 해당한다. used like a question mark.

07 起予者商也 기여자상야

나를 일으켜 주는 사람은 상(商)이로구나. It is you, Shang, who uplift me. It is you, Shang, the person who stimulated my thoughts.

起予者 기여자: 나를 일으켜 주는 사람. the person who uplifts me. the person who stimulates my thoughts.

起 일으킬(기): 일으켜 주다. 일깨워 주다. make a person stand up. set upright.

uplift. arouse. inspire.

予 나(여): 나 (我. 吾). I

商 상: 자하(子夏)의 이름. Shang, Zi-xia's given name.

也 야: …이다. be. 문장의 끝에 쓰여 판단. 단정을 표시한다. used to indicate judgement or decision. equivalent to a period.

08 始可與言詩已矣 시가여언시이의

비로소 함께 시(詩)를 이야기할 수 있게 되었구나. Now I can really discuss Poetry with you. At last I can have someone with whom I can discuss Poetry!

始 처음(시): 비로소, 처음으로, 최초에. at last. now.

與 여: 더불어, 함께. with. together. 與 다음에 인칭대명사 女, 汝, 또는 商이 생략된 형식이다. 與는 "너와 더불어", "너와 함께"란 의미이다.

詩 시: 詩經(시경). poetry. poem. song.

已矣 이의: …이다. …하다. be. 사건의 발전이나 변화를 나타낸다. 비교적 단독으로 쓰여 긍정의 어기를 강하게 하는데 "…하구나"라고 해석한다(현암사, 김원중, 『허사사전』 p.670). 이미 발생하였거나 어떤 새로운 상황이 발생할 가능성이 있음을 나타낸다. 문장의 끝에 쓰이며 "…이다"로 해석한다(연세대 허사사전편찬실, 『허사대사전』 p.595). used to indicate the change of situations and the feeling of decision.

> **[예]** 賜也, 始可與言詩已矣(사야, 시가여언시이의): 사야, 비로소 너와 더불어 시(詩)를 이야기할 수 있게 되었구나!(「학이」 1-15). Ci, I can begin to discuss Poetry with you now. (Chichung Huang)

【 해설 】

동양화의 경우에는 보통 하얀 바탕 위에서 그림을 그린다. 하얀 바탕 자체가 아름다운 그림을 탄생시키는 기본조건이다. 이러한 기본을 갖춘 후에 소나무도 그리고, 두루미도 그리고, 흐르는 냇물과 물고기도 그린다. 그리고 아름다운 여인의 모습도 그린다. 공자는 예(禮) 이전에 먼저 기본을 갖출 것을 강조한다. 외형적인 예의범절과 형식적인 행위규범인 예보다는 예 이전에 매사(每事)에 정성과 성의를 들여 일하는 정신, 일상생활에서 신의를 지키려는 자세, 남을 배려하는 마음 등을 먼저 갖추어야 한다고 강조한다. 인(仁)이란 부모에게 효도하고 형제 간에 우애하고 이웃을 사랑하고 남을 먼저 배려하고 자신의 사욕을 버리는 마음이다. 이런 근본이 항상 마음 속에 배어 있지 아니하면, 형식적으로 예를 차려도 별 소용이 없다는 뜻으로 이해된다. 공자는 이 편 제3장에서도 "사람이 인(仁)하지 않다면 예(禮)는 하여서 무엇하며, 음악은 하여서 무엇하겠느냐?"라고 하였다(人而不仁, 如禮何. 人而不仁, 如樂何). 같은 맥락에서 이해되는 문장이다.

【 외국학자 영문해석 】

1 Zi-xia asked:
"'Dimpled are her charming smiles!
Crystal-clear are her beautiful eyes!
To a white ground are added colours bright.'
What does it means?"
The Master said: "Painting comes after a white ground."
Zi-xia said: "So the rituals come after too?"
The Master said: "Shang, you are the one to elucidate my ideas!
I can begin to discuss Poetry with you now."

(The analects of Confucius (Lun Yu); A Literal Translation with an Introduction and Notes by Chichung Huang, Oxford University Press 1997.)

2 Tzu-hsia asked, saying, What is the meaning of
Oh the sweet smile dimpling,

The lovely eyes so black and white!
Plain silk that you would take for coloured stuff.
The Master said, The painting comes after the plain groundwork.
Tzu-hsia said, Then ritual comes afterwards? The Master said, Shang it is who bears me up. At last I have someone with whom I can discuss the Songs!

(The analects of Confucius Translated and Annotated by Arthur Waley: A Division of Random House, INC. New York.)

제3편 팔일(八佾)

제9장

子曰; 夏禮, 吾能言之, 杞不足徵也, 殷禮, 吾能言之, 宋不足徵也. 文獻不足故也, 足則吾能徵之矣.

자왈; 하례, 오능언지, 기부족징야, 은례, 오능언지, 송부족징야. 문헌부족고야, 족즉오능징지의.

해석 | 공자께서 말씀하셨다. "하(夏)나라의 예(禮)는 내가 이야기할 수 있지만, 그 후손인 기(杞)나라에서 이를 입증하기가 부족하다. 은(殷)나라의 예는 내가 이야기할 수 있지만, 그 후손인 송(宋)나라에서 이를 입증하기가 부족하다. 문헌과 옛일을 잘 아는 현명한 사람이 부족하기 때문이다. 문헌이 충분하다면, 내가 그것들을 입증할 수 있다."

【주석】

01 夏禮,吾能言之 하례,오능언지

하(夏)나라의 예(禮)는 내가 그것을 이야기할 수 있다. The rituals of the Xia, I can talk about them.

之 지: 그것. 그것들. 하(夏)나라의 예를 가리킨다. it. them.

02 杞不足徵也 기부족징야

기(杞)나라의 禮에서 (그것을) 입증하기가 부족하다. Qi is not well enough documented. There are not enough records in Qi.

杞 나무이름(기): 중국 하남성(河南省) 기현(杞縣)에 있었던 나라이름. 주(周)나라 무왕(武王)이 하나라 우왕(禹王)의 후예인 동루공(東樓公)에게 우왕(禹王)의 제사를 지내게 하기 위하여 세워 준 나라. Qi. the name of a small state descended from the Xia Dynasty.

徵 증거(징): 증거를 대다. 증명하다. prove. give evidence. document.

03 殷禮, 吾能言之 은례, 오능언지

은(殷)나라의 예(禮)는 내가 그것을 이야기할 수 있다. The rituals of the Yin, I can discourse on them.

之 지: 그것. 그것들. 은(殷)나라의 예를 가리킨다. it. them.

04 宋不足徵也 송부족징야

송(宋)나라의 예에서 (그것을) 입증하기가 부족하다. Song is not well enough documented. There are not enough records in Song.

宋 송: 중국 하남성(河南省) 상구현(商邱縣)에 있었던 나라이름. 주나라 무왕이 탕왕(湯王)의 후예인 미자(微子)에게 탕왕의 제사를 지내게 하기 위하여 세워 준 나라. Song. the name of a small state descended from the Yin Dynasty.

05 文獻不足故也 문헌부족고야

문헌이 부족하기 때문이다. That is because there are not enough documentary records and wise men left.

文獻 문헌: 문헌(文獻). 문헌과 옛일을 잘 아는 사람. 주희는 "文은 文獻을 의미하고 獻은 옛일을 잘 아는 사람을 의미한다"고 설명한다(文, 典籍也. 獻, 賢也). documentary records. literature and worthy men. records and wise men. records and men of erudition.

文 글월(문): 증빙 문서. documents for evidence. records. literature.

獻 바칠(헌): 어진 사람. wise men. men of erudition.

故 고: 까닭. 이유. reason.

06 足則吾能徵之矣 족즉오능징지의

문헌이 충분하다면, 내가 그것들을 입증할 수 있다. If records and wise men were sufficient, I would be able to prove them.

足 족할(족): 족하다. 충분하다. be enough. be sufficient.

則 곧(즉): …하면 곧. …이라면[「학이」 1-6], [「위정」 2-18]. if. in case. when

吾能徵之 오능징지: 내가 그것들을 입증할 수 있다. I can prove them.

之 지: 그것. 그것들. 하례(夏禮)와 은례(殷禮)를 가리킨다. 이 장에서는 "이야기하는 것(言)"과 "입증(立證)하는 것(徵)"이 구분되어 있다. 공자는 夏禮와 殷禮를 알고는 있으므로 이야기할 수는 있었는데, 그 예(禮)가 그 후손들의 나라인 기(杞)와 송(宋)에 전하여진 구체적 내용은 전승된 문헌이 없어 이를 입증하지는 못한다는 것이다.

矣 의: …이다(be). 문장 끝에 놓여 단정 또는 필연의 결과를 표시한다. used to indicate the feeling of decision or an inevitable consequence.

【해설】

예나 지금이나 증거는 아주 소중하다. 아무런 과학적인 증거도 없이 떠드는 것은 지성인의 자세가 아니며 학자의 태도도 아니다. 공자는 하(夏)나라와 은(殷)나라의 문물제도(文物制度)와 예악(禮樂)을 많이 알고는 있었지만 그 후손들의 나라인 기(杞)와 송(宋)에서 이를 찾을 수 없어서 그것을 입증(立證)하지 못하는 입장에 처하게 되었다. 문헌(文獻)이 제대로 전승되지 못하는 현실을 안타까워한 것이다.

【외국학자 영문해석】

1 The Master said, "I could describe the ceremonies of the Hsia dynasty, but Chi cannot sufficiently attest my words. I could describe the ceremonies of the Yin dynasty, but Sung cannot sufficiently attest my words. (They cannot do so) because of the insufficiency of their records and wise men. If those were sufficient, I could adduce them in support of my words."

(Confucius Analects, The Great Learning and The Doctrine of the Mean, trans lated by James Legge, Manufactured in Dover publication, Inc. U.S.A. the Analects of Confucius: translated by James Legge.)

2 The Master said: "Can I talk about Xia ritual? Its inheritor, the country of Qi, has not preserved sufficient evidence. Can I talk about Yin ritual? Its inheritor, the country of Song, has not preserved sufficient evidence. There are not enough records and not enough wise men otherwise, I could draw evidence from them."

(The Analects of Confucius: Translation and Notes by Simon Leys., W.W.Norton & Company. Inc. New York.)

제3편 팔일(八佾) 제10장

子曰; 禘, 自旣灌而往者, 吾不欲觀之矣.

자왈; 체, 자기관이왕자, 오불욕관지의.

해석 | 공자께서 말씀하셨다. "체(禘)라고 하는 큰 제사에서, 술을 뿌리며 신(神)을 불러내는 강신(降神)의 절차를 끝마친 이후부터의 것, 나는 그것을 보고 싶지 않다."

【주석】

01 **禘, 自旣灌而往者, 吾不欲觀之矣** 체, 자기관이왕자, 오불욕관지의

체(禘)라는 큰 제사에서, 술을 뿌리며 신(神)을 불러내는 강신(降神)의 절차를 끝마친 이후부터의 것, 나는 그것을 보고 싶지 않다. At the Great Sacrifice which is called as Di, after the pouring of the first libation, I have no wish to watch.

禘 종묘제사이름(체): 천자(天子)가 종묘(宗廟)에서 시조(始祖)와 선왕(先王)께 올리는 큰 제사의 이름이다. 노나라는 본래 제후국이므로 체(禘)라는 제사를 지낼 수 없는데, 그 시조인 주공(周公)이 주나라에 공로가 많다는 이유로 성왕(成王)이 특별히 체제(禘祭)를 지낼 수 있도록 허락하였다. 이로써 노나라는 주공과 그의 조상인 문왕에게 제사를 지내게 되었는데 공자는 이것이 예(禮)가 어긋나는 것이라고 여겼다. the name of the Great Sacrifice which is called as Di. the name of the sacrifice to the Ancestor of the Dynasty.

自 자: …로부터. from.

旣 다할(기): 다 마치다. 끝마치다. finish a procedure.

灌 물댈(관): 술을 땅에 뿌리며 신(神)을 불러내는 강신(降神)을 비는 절차. 주희는

"관(灌)은 바야흐로 제사를 시작할 때에 울창(鬱鬯)이라는 술을 땅에 부어 신(神)을 강림(降臨)하게 하는 것이다"라고 설명한다(灌者, 方祭之始, 用鬱鬯之酒, 灌地以降神也). This is a kind of prologue of the sacrifice ceremony. A procedure sprinkling libation on sand and lawn at the sacrifice to the Ancestor of the Dynasty.

而往者 이왕자: 이후(以後)의 것. the thing which comes after the libation.

而往 이왕: 이후(以後). after, since.

者 자: …하는 것. …라는 것은. the thing which.

吾不欲觀之矣 오불욕관지의: 나는 그것을 보고 싶지 않다. I don't want to see it.

欲 하고자 할(욕): 하고자 하다. 하려고 하다. want to. wish to. be going to.

觀 볼(관): 보다. 관찰하다. see. watch.

之 지: 그것을. "술을 땅에 뿌리며 신을 불러내는 강신(降神)의 절차를 끝마친 이후부터의 것 (自旣灌而往者)"을 가리키는 지시대명사. 제사를 지내는 절차에서 맨 처음 신(神)을 불러내는 의식으로 빈 잔에 술을 조금 따라서 모래나 잔디 위에 뿌리는데 이를 강신(降神; 신이여, 내려오소서!)이라고 한다. 그 다음 절차로서 신을 즐겁게 해 주는 절차 즉 첫 번째 술잔인 초헌(初獻)을 올리고, 두 번째 술잔인 아헌(亞獻), 세 번째 술잔인 삼헌(三獻) 등의 순서로 진행되며, 마지막은 신을 송별하는 절차가 진행된다. 공자(孔子)는 이 절차 중에서 술을 뿌리는 강신을 끝마친 이후부터는 더 이상 보고 싶지 않다고 한 것이다. 제사의 본론(本論)을 보고 싶지 않다는 뜻이다. 그것은 천자만이 지낼 수 있는 종묘에서의 제사를 제후국인 노나라에서 지내는 것은 예(禮)에 어긋난다고 생각하였기 때문이다. it.

矣 의: …이다. be. 문장 끝에 쓰여 단정적인 어기를 표시한다[「학이」 1-7]. used to indicate the feeling of decision. equivalent to a period.

【해설】

체(禘)라는 큰 제사를 주희의 『논어집주』는 조백순(趙伯循)의 말을 빌려 "체제(禘祭)는 천자(天

子)만이 지내는 큰 제사이다. 건국의 시조(始祖)와 선조들을 함께 모신다. 주(周)나라의 성왕(成王)이 주공단(周公旦)의 공이 크므로 그에게 체제(禘祭)를 허락한 것인데, 제후국인 노(魯)나라가 계속해서 체제(禘祭)를 지내는 것은 예(禮)에 어긋난다. 또 신(神)을 불러오기 위하여 술을 뿌릴 때까지는 군신(君臣)들이 정성을 들이는 것 같았으나 그 다음 단계부터는 기강(紀綱)이 해이해지고 정성이 부족하므로 볼 수 없다고 한 것이다"라고 말하였다. 예법(禮法)에도 어긋나고 군신(君臣)들의 정성(精誠)도 부족하므로 그런 제사는 보기 싫다고 한 것이다.

【외국학자 영문해석】

1 The Master siad: At the sacrifice to the Ancestor of the Dynasty, once the first libation has been performed, I do not wish to watch the rest.

(The Analects of Confucius, Translation and Notes by Simon Leys, W. W. Norton & Company. Inc. New York.)

2 The Master said: "After the drink offering at the Great Sacrifice, I have no wish to see more."

(Harvard Classics, Vol. 44, Part 1: The Sayings of Confucius. http://www.bartleby.com/44/1/)

제3편 팔일(八佾)

제11장

或問禘之說, 子曰; 不知也. 知其說者之於天下也, 其如示諸斯乎! 指其掌.

혹문체지설, 자왈; 부지야. 지기설자지어천하야, 기여시저사호! 지기장.

해석 | 어떤 사람이 "체(禘)"라고 하는 제사의 뜻을 물었다. 공자께서 말씀하셨다. "알지 못한다. 그 뜻을 아는 사람이 천하를 다스린다면, 아마도 이 곳에서 천하를 들여다보는 것과

같을 것이다"라고 하시며 그 손바닥을 가리키셨다.

【주석】

01 或問禘之說 혹문체지설

어떤 사람이 "체(禘)"라는 제사의 뜻을 물었다. Someone asked for a principle of the great sacrifice. Some one asked for the meaning of the great sacrifice.

或 혹: 어떤 사람, 혹자(或者). someone. somebody.

禘之說 체지설: 체(禘)의 뜻, 체(禘)라는 제사의 이치(理致). the meaning of the great sacrifice. a principle of the great sacrifice.

說 말씀(설): 뜻. 이치. meaning. principle.

02 不知也 부지야

모른다. 알지 못한다. do not know.

03 知其說者之於天下也, 其如示諸斯乎! 指其掌

지기설자지어천하야, 기여시저사호! 지기장

"그 뜻을 아는 사람이 천하를 다스린다면, 아마도 이 곳에서 천하를 들여다보는 것과 같을 것이오!"라고 하며 그 손바닥을 가리켰다. If there were someone who knew this, he could see the whole world as if it were this: He pointed to the palm of his hand. (Charles Muller)

知其說者 지기설자: 그 뜻을 아는 사람. 其는 禘를 가리킨다. the man who knows its meaning.

於 어: 다스리다. govern. manage.

天下 천하: 온 세상. the whole world. the kingdom. the empire. all under heaven.

all that is under Heaven.

之 지: 주어와 술어 사이에 놓여 절(節)을 만드는 역할을 한다(…이 …하면). 영어의 종속접속사에 해당한다. if. when. that. though. how 등으로 다양하게 쓰인다. 여기서는 조건 또는 가정을 뜻하는 접속사 "if"의 역할을 한다. if. in case.

也 야: 음절을 조절하고 어기를 고르는 어조사. 한 박자 멈추는 듯한 느낌을 주는 역할을 한다. comma 역할을 한다〔「학이」 1-2〕. equivalent to a comma.

其如 기여: 아마도 …와 같다. 其는 추측을 표시하는 부사 "아마"의 뜻이다. perhaps be like. be as if.

示諸斯 시저사: 이 곳에서 그것을 들여다보다. 이 곳에서 천하를 들여다보다(示之於斯: 여기서 그것을 보다. 손바닥에서 천하를 들여다보다). see it here. look into it at this place,

示 보일〔시〕: 보다. 들여다보다. see. look at.

諸 저: 之於의 합성어 (그것을 …에서). 여기서 之는 "그것"이란 의미로 "천하"를 가리킨다. it …from. it …at (in. on).

斯 이〔사〕: 이것. 그의 손바닥(其掌)을 가리키는 지시대명사. this.

乎 호: 감탄과 추측의 어기를 표시한다. used to indicate the feeling of exclamation and conjecture. used like an exclamation mark.

指其掌 지기장: 그의 손바닥을 가리키다. He pointed to the palm of his hand.

指 가리킬〔지〕: 가리키다. point to.

掌 손바닥〔장〕: 손바닥. palm.

【해설】

체(禘)라는 대제(大祭)는 천자(天子)만이 지낼 수 있는 제사이다. 노(魯)나라에서 이를 지내는 것은 예(禮)에 어긋나는 월권행위(越權行爲)이므로 논의할 대상이 아니어서 공자는 그 이치를 모른다고 대답하였다. 아마 예(禮)를 아는 사람이 천하를 다스린다면 천하를 손바닥 들여다보듯이 환히 알 것이라는 말을 남기었다. 제사는 기본적으로 부모에 대한 효(孝)와 추모의 생각이 자리잡고 있다. 부모에 대한 공경심과 정성이 확산되어 이를 나라를 다스리는 일에 접목시킨다면 정치가 안 될 리가 없다고도 생각한 것이다. 이 장에서 공자는 체(禘)라는 제사의 뜻을 아는 사람이 천하를 다스린다면 손바닥을 들여다보듯이 정치를 잘 할 것이라는 의견을 제시하였다. 제사(祭祀)는 그 제사에 참여하는 모든 사람들에게 상호간의 갈등과 반목을 융화(融和)시키고 서로 화합하여 조직 전체의 일체감을 조성시키는 기능을 한다. 그래서 천자(天子)는 군신(君臣)과 백성(百姓) 모두를 결집시켜 화합(和合)을 이루기 위하여 건국시조(建國始祖)와 그들의 조상(祖上)에게 제사를 지내는 것이다.

【 외국학자 영문해석 】

1 Some one asked the meaning of the great sacrifice. The Master said, "I do not know. He who knew its meaning would find it as easy to govern the kingdom as to look on this" -- pointing to his palm.

(Confucius Analects, The Great Learning and The Doctrine of The Mean, translated by James Legge, Manufactured in Dover Publication, Inc. U.S.A.)

2 Someone asked about the theory of the ti sacrifice. The Master said, "It is not something I understand, for whoever understands it will be able to manage the Empire as easily as if he had it here," pointing his palm.

(The Analects: translated by D.C. Lau, Penguin Books Ltd, London. England.)

제12장

祭如在, 祭神如神在. 子曰; 吾不與祭, 如不祭.

제여재, 제신여신재. 자왈; 오불여제, 여부제.

해석 | 조상(祖上)의 제사(祭祀)를 지낼 때에는 생존해 계신 것처럼 하고, 신(神)을 제사지낼 때에는 신(神)이 앞에 있는 듯이 하였다. 공자께서 말씀하셨다. "내가 제사에 참여하지 않는 것은 제사를 지내지 않는 것과 같다."

【주석】

01 祭如在 제여재

(조상에게) 제사 지낼 때에는 앞에 있는 듯이 한다. When he offered sacrifices, he performed as if his ancestors were present.

祭 제사(제): 제사 (조상의 제사). 무생물 주어의 경우 주어를 부사구처럼 해석하여야 자연스럽다(제사지낼 때에는, 제사의 경우에는). sacrifice, offer the sacrifice.

如 여: …같이 하다. …처럼 하다. do as if. perform as if. do like.

02 祭神如神在 제신여신재

신(神)에게 제사지낼 때에는 신이 앞에 있는 듯이 한다. When he offered sacrifices to the gods, he performed as if the gods were present.

神 신: 조상(祖上) 이외의 다른 신(神). 비를 내려 주는 신에 기우제(祈雨祭)를 지내고, 산을 맡아 수호해 주는 신에 산신제(山神祭)를 지낸다. 바다를 다스리는 신에는 풍어(豊漁)와 안전을 비는 해신제(海神祭)를 지낸다. 주희는 제(祭)는

선조(先祖)에게 지내는 제사이고, 제신(祭神)은 외신(外神)에게 제사지내는 것이라고 하였다(祭, 祭先祖也. 祭神, 祭外神也). 황간(黃侃)도 앞의 제(祭)는 인귀(人鬼)를 제사지내고, 뒤의 제(祭)는 백신(百神)을 제사지내는 것이라고 하였다. gods.

03 吾不與祭, 如不祭 오불여제, 여불제

내가 제사에 참여하지 않는 것은 제사를 지내지 않는 것과 같다. That I am not present at a sacrifice is as if I did not perform the sacrifice. / If I do not personally take part in the sacrifice, it is the same as not having sacrificed at all.

與 참여할(여): 참여하다. take part in, participate.

如不祭 여불제: 제사를 지내지 않는 것과 같다. be the same as I do not perform a sacrifice at all.

【해설】

죽은 사람이나 신에 대한 예(禮)는 그분들이 내 곁에 있는 것과 같이 정성을 다하여야 하며, 제사에 참여하지 않는 것은 제사를 지내지 않는 것과 같으므로 반드시 참여하여 그분들을 추모하고 참여자들의 화목(和睦)과 결속(結束)을 다져야 한다는 것이 공자의 생각이다. 요즈음 유흥지의 콘도에서 외부 음식판매업체가 제공하는 음식으로 제사를 지내는 경우가 있다고 한다. 자손들의 정성(精誠)과 성의(誠意)가 모두 빠진 제사이다. 그 당시에도 아마 제사에 대리 참석하는 경우가 있었던 모양이다. 공자는 대리참석은 제사에 참여하지 않는 것과 같다고 말하였다.

【외국학자 영문해석】

1 When offering sacrifices, he felt as if the spirits were present; when offering sacrifices to the gods, he felt as if the gods were present.
The Master said: "If I did not participate in a sacrifices, it would be as if no sacrifice

had been offered."

(The analects of Confucius (Lun Yu); A Literal Translation with an Introduction and Notes by Chichung Huang, Oxford University Press 1997.)

2 He sacrificed to his forefathers as if they were present; He sacrificed to the gods as if the gods were present.

The Master said: "For me not to be present at a sacrifice is as if I did not sacrifice."

(The Analects, Confucius translated by William Edward Soothill. Dover Publications, Inc. New York.)

제3편 팔일(八佾) | # 제13장

王孫賈問曰; 與其媚於奧, 寧媚於竈, 何謂也? 子曰; 不然, 獲罪於天, 無所禱也.

왕손가문왈; 여기미어오, 영미어조, 하위야? 자왈; 불연, 획죄어천, 무소도야.

해석 | 왕손가(王孫賈)가 물었다. "방의 아랫목에 아첨하기보다는 차라리 부뚜막에 아첨하는 편이 더 낫다"고 한 것은 무엇을 말하는 것입니까 ? 공자께서 말씀하셨다. "그렇지 않습니다. 하늘에 죄를 지으면 빌 곳이 없습니다."

【주석】

01 王孫賈問曰 왕손가문왈

왕손가(王孫賈)가 물었다. Wang-sun Jia asked.

王孫賈 왕손가: 위(衛)나라의 대부(大夫), 성이 왕손(王孫), 이름이 가(賈). 병사훈

련, 군비확충, 전략수립 등 군대를 통솔하는 능력이 뛰어난 사람이다〔「헌문」 14-20〕. Wang-sun Jia. minister of military affairs to Duke Ling of Wei.

問曰 문왈: 물었다. 물어 말하였다. asked.

02 與其媚於奧, 寧媚於竈 여기미어오, 영미어조

방의 아랫목에 아첨하기보다는 차라리 부뚜막에 아첨하는 편이 더 낫다. It is better to flatter the Kichen God than to flatter the Interior God. (Chichung Huang) / It is better to pay court to the furnace than to the southwest corner? (James Legge)

與其…寧…: …하기보다는 오히려 …하는 편이 더 낫다. 與其와 같다〔「팔일」 3-4〕. better than, rather than.

與 더불(여): …보다. …에 비하여. than. compared with.

寧 차라리(영): 차라리, 오히려. rather

媚 아첨할(미): 아첨하다. 아양떨다. flatter. be obsequious, pay court to,

奧 아랫목(오): 방의 아랫목. 방의 아랫목에 있는 사람. 옛날 중국에서는 서남쪽 구석에 아궁이를 두었는데 이 곳에서 불을 지피면 제일 먼저 따뜻해지고 보온이 오래 지속되는 방의 서남쪽 구석진 부분이다. 그 집안의 어른이 이 곳을 차지하며 제사도 이 곳에서 지낸다. 여기서는 위(衛)나라 영공(靈公)을 가리킨다. a warm place in the southeast corner of the room (the head of the family occupies the warm place). the warmer part of the room.

竈 부엌(조): 부엌, 부뚜막. 부뚜막에 있는 사람. 방 아랫목은 그 집안의 어른이 차지하고 있어 권위를 상징하지만 먹을 것은 없다. 이에 비하여 부뚜막은 부녀자나 머슴 등이 드나드는 천한 곳이기는 하나 먹을 것이 많은 곳이다. 아랫목이 권위의 상징인 임금을 상징한다면, 부뚜막은 이권(利權)이 풍성(豊盛)한 대부(大夫)를 상징한다. the flat place on the furnace in the kitchen. There are plenty of foods around the flat place on the furnace in the kitchen.

寧媚於竈 영미어조: 차라리 부뚜막에 아첨하는 편이 더 낫다. It is better to flatter the flat part on the furnace in the kitchen.

(예) 禮, 與其奢也, 寧儉(예, 여기사야, 영검): 예는 사치스럽게 하는 것보다는 오히려 검소하게 하는 편이 더 낫다[「팔일」 3-4]. In the rituals, it is better to be frugal than lavish.

03 何謂也 하위야

무엇을 말하는 것입니까? What does it mean? What does it say about?

04 不然 불연

그러하지 않다. 그렇지 않다. not so, nonsense.

然 그러할(연): 그러하다. so.

05 獲罪於天, 無所禱也 획죄어천, 무소도야

하늘에 죄를 지으면 빌 곳이 없다. 예(禮)를 지키지 않는 것을 하늘에 죄를 짓는 것으로 단정하였다. If you offend Heaven, prayer is useless. / If one commits a sin against Heaven, there is no place to pray.

獲 얻을(획): 얻다. 손에 넣다. make, take. acquire.

禱 빌(도): 빌다. 기도하다. pray.

【해설】

위(衛)나라의 제후는 영공(靈公)이고 왕손공(王孫公)은 그 아래의 대부(大夫)였다. 대부의 신분이기는 하나 막강한 군사력과 인사권을 쥐고 있는 실권자이었으므로, 두 사람과의 관계를 "별 볼일 없는 안방의 아랫목"과 "먹을 것이 풍부한 부엌의 부뚜막"으로 비교하여 자기에게 붙는 것이 유리하다는 뜻을 암시하였으나, 공자는 신(神)의 이름으로 예(禮)에 어긋나는 사실을 지적하였다. 제후를 제쳐놓고 대부가 월권행위를 하면 하늘나라에 가서도 용서를 빌 방법이 없다는 말로 질타(叱咤)한 것이다.

【 외국학자 영문해석 】

1 Wang-sun Chia asked, saying, "What is the meaning of the saying, 'It is better to pay court to the furnace than to the southwest corner?'"
The Master said, "Not so. He who offends against Heaven has none to whom he can pray."
(Confucius Analects, The Great Learning and The Doctrine of The Mean, translated by James Legge, Manufactured in Dover Publication, Inc. U.S.A.)

2 Wangsun Jia (then a minister of Wei) asked, "What is meant by 'It is better to curry favour of Zao (the kitchen god) rather than of Ao (a god believed to dwell in the southwest corner of a room)'?"
Confucius answered, "It is not true. For, if you offend Heaven, it is no use flattering anything else."
(Analects of Confucius (1994): Printed by Beijing Foreign Language Printing House. China.)

제3편 팔일(八佾) | 제14장

子曰; 周監於二代, 郁郁乎文哉! 吾從周.

자왈; 주감어이대, 욱욱호문재 ! 오종주.

해석 | 공자께서 말씀하셨다. "주(周)나라는 하(夏). 은(殷) 두 나라를 본보기로 삼았다. 찬란하고 찬란하도다! 문물제도(文物制度)여! 나는 주(周)나라를 따르겠다."

【주석】

01 周監於二代 주감어이대

주(周)나라는 하(夏). 은(殷) 두 나라를 본보기로 삼았다. The Zhou dynasty modeled itself upon the two preceding dynasties of Xia and Yin.

監 거울삼을(감): 거울삼다. 본보기로 삼다. model after. take pattern. follow the example of.

於 어: …을. …를(동작의 대상을 표시하는 전치사). used as a preposition indicating the object of an action.

二代 이대: 주(周)나라 앞의 하(夏)나라와 은(殷)나라 두 왕조를 가리킨다. The two dynasties are Xia (B.C. 2140~1711) and Yin (B.C. 1711~1066). Zhou (B.C. 1066-256) succeeded the former.

02 郁郁乎文哉 욱욱호문재

찬란하고 찬란하도다! 문물제도(文物制度)여! What a splendid culture! How magnificent is the culture! How splendid is the culture!

郁郁乎 욱욱호: 찬란하고 찬란하다! magnificent. splendid.

郁 성할(욱): 융성하다. 찬란하다. become prosperous. flourish. thrive.

乎 호: 감탄의 어기를 표시한다. used to indicate the feeling of exclamation. equivalent to an exclamation mark.

文 글월(문): 문물제도(文物制度). culture systems including rituals and music.

哉 재: 감탄의 어기를 나타내는 어조사(…하구나. …하도다). used to indicate

the feeling of exclamation. equivalent to an exclamation mark. used in exclamations. (Beijing Foreign Language University, A Chinese-English Dictionary, 1997 Revised Edition: p.1563).

03 吾從周 오종주

나는 주(周)나라를 따르겠다. I will follow Zhou.

從 좇을(종): 좇다. 따르다. follow.

【해설】

주나라(B.C. 1122)는 하(夏)나라와 은(殷)나라의 예(禮)를 본받아 각종 문물제도(文物制度)를 만들었다. 그리고 당시의 상황을 감안하여 불필요한 것은 삭제하고 현실적으로 필요한 것은 추가하여 더욱 완벽을 기하였다. 그러나 시간이 흘러 공자의 시대에 들어와서는 예가 무너져 대부(大夫)들이 위계질서를 무시하고 참람한 행위를 일삼는 일이 빈번하여졌다. 천자나 제후의 권위가 땅에 떨어져 공직자들이 어느 쪽에 붙어야 할지를 번민하게 되었고, 국가의 기강이 해이하게 되었다. 이에 공자는 주(周)나라 초기의 봉건제도의 재건을 갈망하면서 그 당시의 예와 문물제도를 따르고 싶은 심정을 이렇게 토로한 것이다.

【외국학자 영문해석】

1 The Master said: "Zhou's culture extends that of the two dynasties. What a magnificent culture! I follow Zhou's."

(The Analects of Confucius, A New-Millennium Translation(1999), Translated and Annotated By David H. Li, Published by Premier Publishing Co. U.S.A.)

2 The Master said, Jou could look back upon the Two Dynasties. How splendid was its culture! And we follow Jou.

(The Original Analects, Sayings of Confucius and His Successors, A New Translation and Commentary by E. Bruce Brooks and A Takeo Brooks, Columbia University Press, New York.)

제3편 팔일(八佾) | 제15장

子入大廟, 每事問. 或曰; 孰謂鄹人之子知禮乎? 入大廟, 每事問. 子聞之曰; 是禮也.

자입태묘, 매사문. 혹왈; 숙위추인지자지례호? 입태묘, 매사문. 자문지왈; 시례야.

해석 | 공자께서는 태묘(大廟)에 들어가시면 매사(每事)를 물으셨다. 어떤 사람이 말하였다. "누가 추인(鄹人)의 아들이 예(禮)를 안다고 말했느냐? 태묘에 들어와서 매사를 묻는 것을." 공자께서 그것을 듣고서 말했다. "이것이 예(禮)이다."

【주석】

01 子入大廟, 每事問 자입태묘, 매사문

공자께서는 태묘(大廟)에 들어가시면 매사(每事)를 물어 보았다. When Confucius entered the Grand Temple, he asked about everything.

大廟 태묘: 천자나 제후들의 시조(始祖)를 모신 묘(廟)이다. 여기서는 노나라의 시조인 주공(周公)의 묘를 말한다. 노(魯)나라는 주(周)나라의 성왕(成王)이 주공의 공로가 크다고 하여 그 아들 백금(伯禽)을 노나라에 봉하였으므로 주공의 묘가 태묘에 해당한다. the grand temple. the great temple. the Founding Father's Temple.

每事 매사: 매사. 모든 일. everything.

每 매양(매): 늘. 언제나. 매양. every time, always.

02 或曰 혹왈

어떤 사람은 말하였다. someone said.

03 孰謂鄹人之子知禮乎？ 入大廟，每事問

숙위추인지자지례호? 입태묘, 매사문

"누가 추인(鄹人)의 아들이 예(禮)를 안다고 말했느냐 ? 태묘에 들어와서 매사를 묻는 것을" "Who said that the son of the man of Zou County knew the rituals? When he entered the grand temple, he asked about everything."

孰 누구(숙): 누구. who.

鄹 나라이름(추): 노(魯)나라 고을의 이름. 공자의 아버지 숙량흘(叔梁紇)이 이 고을의 대부였다(『논어집주』). Zou County. the name of a county. Master Kong's father had served as magistrate of Zou County.

鄹人之子 추인지자: 추인의 아들. 공자를 가리킨다. the son of the man of Zou County.

乎 호: 의문의 어기를 표시한다. 물음표에 해당한다〔「학이」 1-1〕. used to indicate the feeling of a question or counter question. equivalent to a question mark.

04 子聞之曰，是禮也 자문지왈, 시례야

공자가 그것을 듣고서 말했다. 이것이 예(禮)이다. Confucius heard it, and said. These are the rituals.

【해설】

공자는 예(禮)에 관하여 많이 알고 있다. 그러나 다른 사람과의 관계에서는 잘 알고 있지만, 묻고 확인해 가면서 신중히 일을 처리하려고 한다. 혼자 잘난 척해서는 다른 사람과의 조화(調和)에 금이 갈 수 있다. 그래서 주희의 『논어집주』에서는 예(禮)는 경건(敬虔)하게 하여야 하며, 비록 안다 하더라도 묻는 것이 신중한 태도의 극치라고 주장하였다(禮者敬而已矣 雖知亦問 謹之至也).

【외국학자 영문해석】

1 Confucius entered the temple of Duke Zhou and began asking all that he did not understand. Someone present began to whisper: "Who says that the son of Mister Zou (Confucius' father) knows the rites and rituals well? When he came into the temple, he had to ask about everything." When Confucius heard this, he said: "To question when one has doubts, Isn't that acting in accordance with the rites?"

(The Complete Analects of Confucius(1997), translated by Adam Sia. Asiapac Books Pte Ltd. Singapore.)

2 On entering the Great Temple, the Master asked how each thing was done. One said: "Who says that the man of Tsou's son has a knowledge of ceremony? On entering the Great Temple, he asked how each thing was done!"
On hearing this, the Master said: "Such is the ceremony."

(Harvard Classics, Vol. 44, Part 1: The Sayings of Confucius. http://www.bartleby.com/44/1/)

제3편 팔일(八佾)

제16장

子曰; 射不主皮, 爲力不同科, 古之道也.

자왈; 사부주피, 위력부동과, 고지도야.

해석 | 공자께서 말씀하셨다. "활쏘기는 과녁을 맞추어 뚫는 데 주력하는 것이 아니다. 왜냐하면 사람마다 힘의 등급이 같지 않기 때문이다. 이것이 옛날의 궁도(弓道)였다."

【주석】

01 射不主皮 사부주피

활쏘기는 과녁을 맞추어 뚫는데 주력하지 않는다. In archery the point is not in piercing through the leather covering of the target. Archery does not put the point in piercing through the hide.

射 사: 활쏘기. 궁술(弓術). archery.

主皮 주피: 과녁을 맞추어 뚫기에 주력하다. 과녁은 관혁(貫革)에서 유래되었으며 가죽을 뚫는 다는 의미임. the point lies in piercing through the leather covering of the target. concentrate one's energies on hitting the bull's eye.

主 주: 주력하다. 주로 하다. put a point on. put a stress on. concentrate one's energies on.

皮 피: 과녁의 한 가운데에 붙여 놓은 가죽. 활쏘기를 할 때 표적으로 거는 베의 한가운데에 붙여 놓은 가죽을 말한다. 주희는 "피(皮)는 가죽으로 과녁을 베로 하고 그 한가운데에 가죽을 붙여 표적을 삼은 것이니, 이른 바 곡(鵠)이다"라고 설명한다(皮, 革也. 布侯而棲革於其中, 以爲的, 所謂鵠也). "정곡(正鵠)을 찌른다"라는 말도 여기에서 유래한 것이다. 이 곳을 맞추어 뚫었으므로 과녁을 "가죽을 뚫는다"고 하여 관혁(貫革)이라고 했다. the target covered with hide. target. bull's eye.

02 爲力不同科 위력부동과

왜냐하면 힘이 같은 등급이 아니기 때문이다(왜냐하면 사람마다 타고난 힘이 같지 않기 때문이다). because all men do not have the same strength. for different people have different strength.

爲 위: 왜냐하면 … 때문이다. … 때문에. because. for.

(예) 天行有常, 不爲堯存, 不爲桀亡(천행유상, 불위요존, 불위걸망): 대자연의 운행은 일정한 규율이 있는데, 요임금 때문에 존재하는 것도 아니고,

결임금 때문에 소멸하는 것도 아니다〔『荀子』. 「天論」〕. There is a certain law in movement of nature, it does not exist because of the king Shun, it does not vanish either because of the king Jie.

科 과정(과): 등급. 과정. grade. rank. class.

03 古之道也 고지도야

(이것이) 옛날의 궁도였다. This is an ancient rule.

【해설】

활쏘기는 선비가 갖추어야 할 덕목 중 하나였다. 정신을 집중시켜 과녁에 명중시키는 것에 초점을 맞추었다. 힘에 의거 가죽으로 된 과녁을 뚫는 데 중점을 두지 아니하였다. 과녁에 명중시키는 기술은 정신집중과 학습 그리고 훈련을 통하여 향상시킬 수 있지만 타고난 힘은 사람마다 다르기 때문이었다. 오늘날 권투에서 라이트급 선수와 헤비급 선수를 맞붙게 하여 시합을 하지 않는 것과 같다. 옛날 주(周)나라가 융성하던 시절에는 예(禮)가 제대로 시행되어 화살의 명중에 중점을 두었다. 참가자들의 우의와 친선, 화합과 단결 등 페어플레이 정신의 함양에 의의가 있었다. 주나라의 국력이 쇠약하여지고, 인접국들의 침략행위가 창궐하면서 활쏘기는 전투력 향상과 살상기술(殺傷技術)을 연마하기 위한 목적으로 변모되었다. 그러므로 가죽으로 된 과녁을 뚫어야만 했다. 적군(敵軍)의 갑옷이 모두 가죽으로 되어 있었기 때문이다. 공자는 신선한 스포츠경기로서의 활쏘기가 사람을 죽이기 위한 살상무술로 전락한 현실을 개탄한 것이다.

【외국학자 영문해석】

1 Confucius said, "When performing archery, it is not necessary for the performer to shoot the arrow through the target, for different people have different strength, but to hit the target. This is an ancient rule."

(Analects of Confucius (1994): Printed by Beijing Foreign Language Printing House. China.)

2 The Master said, "In archery the point lies not in piercing the hide, for the reason that strength varies from man to man. This was the way of antiquity."

(The Analects: translated by D.C. Lau, Penguin Books Ltd, London. England.)

제3편 팔일(八佾) | 제17장

子貢欲去告朔之餼羊, 子曰; 賜也! 爾愛其羊, 我愛其禮.

자공욕거곡삭지희양, 자왈; 사야 ! 이애기양, 아애기례.

해석 | 자공이 "곡삭"이라는 제사의식에서 살아 있는 양을 제물로 바치는 것을 없애려고 하자, 공자께서 말씀하셨다. "사야, 너는 그 양을 아끼나 나는 그 예를 아낀다."

【주석】

01 子貢欲去告朔之餼羊 자공욕거곡삭지희양

자공이 "곡삭"이라는 제사의식에서 살아 있는 양을 제물로 바치는 것을 없애려고 하였다.

Zi-gong wanted to do away with the live goat at the sacrifice held on the first day of each month.

子貢 자공: 공자의 제자. 성은 단목(端木), 이름은 사(賜), 자가 자공(子貢)이다.

Zi-gong. a disciple of Confucius.

去 버릴(거): 내버리다. 없애 버리다. get rid of. do away with. remove.

告朔 곡삭: 매월 초하루에 종묘에 나가서 살아 있는 양을 제물로 바치며 지내는 제사의 이름. 천자가 매년 연말에 다음 해의 달력을 나누어 주면, 제후들은 그것을

받아 종묘에 보관하였다가 매월 초하루가 되면 살아 있는 양을 제물로 바치고 초하루를 알리는 의식을 거행하였다. 그런데 이 제도가 노(魯)나라 문공(文公) 때부터 군주가 참석하지 않고 단지 형식적으로 살아 있는 양을 바치는 의식만이 존속되었다. 자공은 이것이 낭비라고 생각하여 제도 자체를 없애 버리려고 한 것이다. 곡삭은 현대판 월례조회에 해당한다. 매월 초하루에 공직자들이 그 달의 업무계획을 밝히고, 앞으로의 각오를 새로이 하는 것은 필요하겠으나 살아 있는 양까지 죽여가면서 이를 지킬 필요는 없다고 자공은 생각한 것이다. the prayer ceremony on the first day of each month. the offering of a sheep on the first day of each month.

告 고할(곡): 고하다. 알리다. 告는 "고"로 읽는 경우가 더 많다. inform. announce.

朔 초하루(삭): 초하루. the first day of the month.

餼羊 희양: 제물로 바치는 살아 있는 희생양(犧牲羊). 희(餼)는 익히지 않은 것 즉 살아 있는 것을 뜻한다. living sheep for a sacrifice. scapegoat. live goat.

餼 보낼(희): 희생(犧牲)을 보내다. 여기서는 "산채로 바치는 희생(犧牲)"을 뜻한다(餼, 生牲也). living sheep or ox.

02 賜也 사야

사야. 사는…. Ci! Ci….

賜 사: 자공(子貢)의 이름. Ci. given name of Zi-gong.

也 야: 이름을 부를 때 이름 아래에 쓰는 어조사. 음절을 조절하고 어기를 고르는 어조사로 볼 수도 있다. 이 때는 쉼표역할을 하는 것으로 본다. equivalent to a comma.

03 爾愛其羊 이애기양

너는 그 양(羊)을 아낀다. You grudge your sheep. (Chichung Huang) You care for the sheep. (William Edward Soothill)

爾 너(이): 너. 당신. 그대. you.

愛 아낄(애): 아끼다. 사랑하다. care for. love.

其 기: 그. 告朔을 가리킨다. its.

04 我愛其禮 아애기례

나는 그 예(禮)를 아낀다. 한 마리의 양을 아끼기보다는 곡삭의 정신을 계승하고 싶다는 뜻이다.

I grudge my rituals. (Chichung Huang)

I care for the ritual. (William Edward Soothill)

【해설】

자공(子貢)은 경제적 계산에 밝은 사람이므로 곡삭(告朔)과 같은 매우 형식적인 제사인 매월 초하루에 지내는 월례조회(月例朝會)에 살아 있는 양(羊)을 희생으로 쓰는 것은 낭비라고 생각하였다. 그래서 이 제도를 없애려고 한 것이다. 그러나 공자는 형식적인 예(禮)라도 지키다 보면 실질적인 예로 승화(昇華)될 수 있다고 생각하여 "나는 그 예(禮)를 아낀다"고 한 것이다. 앞에서도 제사라는 말이 나오지만 양 한 마리가 중요한 것이 아니다. 제사의 기본의미가 소중한 것이다. 제사는 기본적으로 부모에 대한 효(孝)와 추모의 생각이 자리잡고 있다. 부모에 대한 공경심과 정성이 확산되어 이를 나라를 다스리는 일에 접목된다면 정치가 잘 될 것이라는 생각이 담겨 있는 것이다. 또한 제사는 그 제사에 참여하는 모든 사람들에게 상호간의 갈등과 반목을 털어 버리고 서로 화합하여 조직 전체의 일체감을 조성하는 효과도 기대한다. 제사를 계기로 임금과 신하, 신하와 백성 모두가 결집하여 조화를 이루어야 한다. 건국시조와 선왕의 위업을 되새기면서 국기(國基)를 다지는 자리이기도 하다.

【외국학자 영문해석】

1 Tzu-kung wanted to do away with the presentation of a sacrificial sheep at the Announcement of each New Moon.

The Master said, "Ssu! You grudge sheep, but I grudge ritual."

(The analects of Confucius Translated and Annotated by Arthur Waley: A Division of Random House, INC. New York.)

2 Zigong wished to dispense with the sacrifice of a sheep for the New Moon Ceremony. The Master said: You love the sheep—I love the ceremony.

(The Analects of Confucius, Translation and Notes by Simon Leys, W. W. Norton & Company. Inc. New York.)

제3편 팔일(八佾) | 제18장

子曰; 事君盡禮, 人以爲諂也.

자왈; 사군진례, 인이위첨야.

해석 | 공자께서 말씀하셨다. "임금을 섬김에 예(禮)를 다하는 것을 사람들은 아첨이라고 여긴다."

【주석】

01 **事君盡禮** 사군진례

임금을 섬김에 있어서 예를 다하다. perfectly observe the rituals in serving a ruler. serve a prince in perfect accordance with the rituals.

事 섬길(사): 섬기다. 모시다. serve.

盡 다할(진): 다하다. 있는 힘을 다하다. 정성을 다하다. do one's best endeavors. serve whole-heartedly. pour out one's soul. do everything possible.

02 人以爲諂也 인이위첨야

사람들은 아첨이라고 생각한다. 사람들은 아첨한다고 여긴다. Other people consider him a flatterer. People regard him as obsequious.

人 인: 남들. 다른 사람들. others. other people.

以爲 이위: …라고 생각하다. …라고 여기다. consider. regard.

諂 아첨할(첨): 아첨. flattery. sycophancy. fawning. obsequiousness.

【해설】

공자는 노나라 사람으로 한때 노나라에서 벼슬을 했다. 공자는 하늘의 이치에 따라 정성과 충성을 다하여 임금을 섬겼다. 그러나 당시 노나라는 삼환씨(三桓氏)가 정치·경제·군사면에서 실권을 쥐고 임금을 무시하는 일이 빈번하였다. 많은 선비와 관리들이 그들에게 붙어 출세의 길을 찾으려고 발버둥쳤다. 시대가 혼란하고 위계질서(位階秩序)가 무너져 신하가 임금을 무시하는 풍조가 만연하던 때에 공자가 임금에게 신하의 도리를 다하는 것을 보고 그들은 공자를 아첨꾼이라고 비난하였다. 이에 공자는 "임금을 섬긴다는 것은 예(禮)를 다하는 것이다"라고 말한 것이다.

【외국학자 영문해석】

1 The Master said: "If you make a Ritual of serving your sovereign, people call it mere flattery."

(The Analects. Confucius Translated by David Hinton, Counterpoint Washington. D.C.)

2 The Master said, If one served one's ruler observing every last detail of propriety, people would regard it as obsequious.

(The Original Analects, Sayings of Confucius and His Successors, A New Translation and Commentary by E. Bruce Brooks and A Takeo Brooks, Columbia University Press, New York.)

제19장

定公問; 君使臣, 臣事君, 如之何? 孔子對曰; 君使臣以禮, 臣事君以忠.

정공문; 군사신, 신사군, 여지하? 공자대왈; 군사신이례, 신사군이충.

해석 | 정공이 물었다. "임금은 신하를 부리고, 신하는 임금을 섬김에 어떻게 해야 됩니까?" 공자께서 대답하여 말씀하셨다. "임금은 신하를 예(禮)로써 부리고, 신하는 임금을 충(忠)으로 섬겨야 합니다."

【주석】

01 定公問 정공문

정공이 물었다. Duke Ding asked,

定公 정공: 노(魯)나라의 임금. 양공(襄公)의 아들이며, 소공(昭公)의 아우. Duke Ding. the prince of Lu. (B.C. 509-495).

02 君使臣, 臣事君, 如之何 군사신, 신사군, 여지하

임금은 신하를 부리고, 신하는 임금을 섬김에 어떻게 해야 됩니까? The ruler employ his ministers to do something and the ministers serve their ruler. How should it be done?

君 군: 임금. ruler. prince. sovereign.

使 사: 부리다. 사용하다. employ. employ someone to do something.

臣 신하(臣下). minister. subject.

如之何 여지하: 그것을 어떻게 하여야 합니까? 여기서 之는 君使臣, 臣事君을 가리키는 지시대명사 "It"이고, 如何. 何如는 "어떠하다"라는 뜻의 관용어인데 문장에 따라 "어떻게 하겠는가", "무엇하겠는가", "어찌된 일인가" 등으로 다양하게 쓰인다. How should it be done?

〔예〕 使民敬忠以勸, 如之何(사민경충이권,여지하): 백성에게 임금을 공경하고 나라에 충성하고 그리고 일에 힘쓰도록 하려면, 어떻게 해야 합니까? 〔「위정」 2-20〕. How do you make the people reverence their ruler and give their fealty to the nation, and work diligently?

如 여: ① 같다. …와 같이하다. …처럼 하다. 如에는 "하다", "처리하다"라는 뜻이 있음. ② (마땅히) …하여야 한다(연세대 사서사전편찬실, 『四書集解辭典』 pp.516~517 ④항; 현암사, 김원중, 『허사사전』 p.516) must. should.

〔예〕 寡人如就見者也, 有寒疾, 不可以風(과인여취현자야, 유한질, 불가이풍): 과인이 당연히 나아가 뵈어야 하지만 감기에 걸려서 바람을 쐴 수가 없습니다〔『孟子』「公孫丑 下」〕. Although I must go and see you there, I have a cold, so I cannot expose myself to the wind.

03 君使臣以禮, 臣事君以忠 군사신이례, 신사군이충

임금은 신하를 예(禮)로써 부리고, 신하는 임금을 충(忠)으로 섬긴다. The ruler should employ his subjects in accordance with the rituals. The subjects should serve their ruler with loyalty.

【해설】

신하는 종속물이 아니고 노예도 아니므로 예(禮)에 맞게 부려야 하며, 신하도 임금을 정치목적에 맞게 충성심(忠誠心)을 가지고 섬겨야 한다. 『논어집주』는 "임금과 신하는 의(義)로써 합해진 것이므로 임금은 신하를 예(禮)로써 부리며, 신하는 임금을 충(忠)으로써 섬겨야 한다"고 설명하고 있다(君臣以義合者也, 故君使臣以禮, 則臣事君以忠).

【외국학자 영문해석】

1 The duke Ting asked how a prince should employ his ministers, and how ministers should serve their prince. Confucius replied, "A prince should employ his minister according to the rules of propriety; ministers should serve their prince with faithfulness."

(Confucius Analects, The Great Learning and The Doctrine of The Mean, translated by James Legge, Manufactured in Dover Publication, Inc. U.S.A.)

2 Duke Ting asked, "What do you say about how the lord employ his subjects and how the subjects should serve their lord?"

Confucius replied, "The lord should employ his subjects in accordance with the rites. The subjects should serve their lord with loyalty."

(Confucius Publishing Co Ltd.: http://www.confucius.org/maine.htm//)

제3편 팔일(八佾)

제20장

子曰; 關雎, 樂而不淫, 哀而不傷

자왈; 관저, 낙이불음, 애이불상

해석 | 공자께서 말씀하셨다. "『시경(詩經)』의 관저(關雎)는 즐거우면서도 지나치지 않으며, 슬프면서도 마음을 상하게 하지 않는다."

【주석】

01 **關雎** 관저

『시경(詩經)』의 첫편인 국풍(國風)에 나오는 시(詩)의 이름. 관저(關雎)는 강이나 바다에서 물고기를 잡아먹고 사는 수리과에 속하는 새인 물수리의 이름이다. 이 새는 보금자리 안에 방을 두 개 내어 암수가 별거하는 특징이 있다고 한다. 서양의 학자들 중에는 "關雎"를 새 이름 그대로 "os-prey" 또는 "fish hawk"로 번역하기도 한다. Guanju. the first poem of the Book of Poetry. os-prey. fish hawk.

02 **樂而不淫** 낙이불음

즐거우면서도 지나치지 않는다. The poem of Guanju is joyous but not licentious.

樂 즐거울(낙): 즐겁다. joyous. joyful.

淫 음란할(음): 음란하다. 즐거움이 지나치다. 정도(正道)에서 벗어나다. 주희는 "음(淫)은 즐거움이 지나쳐서 그 바름을 잃는 것이다"라고 설명한다 (淫者, 樂之過而失其正者也). swerve from the right path. stray excessively. wantonly. licentious.

03 **哀而不傷** 애이불상

슬프면서도 마음상하지 않는다. be melancholy but not injurious.

哀 슬플(애): 슬프다. sad. melancholy. grievous. sorrowful.

傷 상처(상): 마음 상하게 하다. 슬픔이 지나쳐서 상처를 입게 하다. 주희는 "상(傷)은 슬픔이 지나쳐서 화(和)를 해치는 것이다"라고 설명한다(傷者, 哀之過而害於和者也). injurious. pathetic. harmed.

【해설】

『논어집주』에서 음(淫)은 즐거움이 지나쳐서 그 바른 자세를 잃는 것을 의미하고, 상(傷)은 슬픔이 지나쳐서 화(和)를 해치는 것을 뜻한다고 하였다(淫者, 樂之過而失其正者也. 傷者,

哀之過而害於和者也). 공자는 "관저(關雎)의 시(詩)는 그 내용이 즐거움을 표현하였지만 분에 넘치지 않았고, 애절한 연정(戀情)을 표현하였지만 마음을 상하게 하지는 않았다"라고 평하고 있다.

【외국학자 영문해석】

1 The Master said: "Birds Chirping is joyous but not sensual, grievous but not pathetic."

(The Analects of Confucius, A New-Millennium Translation(1999), Translated and Annotated By David H. Li, Published by Premier Publishing Co. U.S.A.)

2 The Master said, "In the kuan chu there is joy without wantonness, and sorrow without self-injury."

(The Analects: translated by D.C. Lau, Penguin Books Ltd, London. England.)

제3편 팔일(八佾)

제21장

哀公問社於宰我, 宰我對曰; 夏后氏以松, 殷人以柏, 周人以栗, 曰使民戰栗. 子聞之曰; 成事不說, 遂事不諫, 旣往不咎.

애공문사어재아, 재아대왈; 하후씨이송, 은인이백, 주인이율, 왈사민전율. 자문지왈; 성사불설, 수사불간, 기왕불구.

해석 | 애공이 재아에게 지신(地神)을 모시는 제단(祭壇)을 물었다. 재아가 대답하기를 "하(夏)나라 임금은 소나무를 사용하였고, 은(殷)나라 사람은 잣나무를 사용하였으며, 주

(周)나라 사람은 밤나무를 사용하였는데 백성들을 전율하게 하려는 것이었다"고 말하였다. 공자가 그 말을 듣고 말하였다. "완성된 일은 거론하지 말 것이며, 다 끝난 일을 고치도록 말하지 말 것이며, 과거는 탓하지 말아야 한다."

【 주석 】

01 哀公問社於宰我 애공문사어재아

애공이 재아에게 지신(地神)을 모시는 제단(祭壇)을 물었다. Duke Ai asked Zai Wo about the wooden tablet for the God of Earth. (Chichung Huang)

哀公 애공: 노(魯)나라 임금(B.C. 494~468). 성은 희(姬)이며 애공은 시호(諡號)임. 정공(定公)의 아들로 춘추(春秋) 말엽에 노(魯)나라를 27년 동안 다스렸다. Duke Ai. the prince of Lu. governed the state of Lu for 27 years in the last days of The Spring and Autumn Annals.

社 사: 지신(地神)을 모시는 곳. 적당한 곳에 단(壇)을 쌓고, 신주(神主)의 상징으로 나무를 심었다. 여기서 임금이 지신(地神)에게 제사를 지낸다. 사(社)에 대조되는 말로 직(稷)이 있다. 직(稷)은 곡식(穀食)의 신(神)을 뜻하는바, 두 글자를 합한 사직(社稷)이란 말은 "신을 섬기는 일", "땅과 곡식" 또는 "왕조(王朝)"를 뜻하는 말로 사용되기도 한다〔「선진」 11-24〕. altar. the wooden tablet for the God of Earth.

宰我 재아: 공자의 제자로서 노나라 사람이다. 성은 재(宰), 이름은 여(予), 자는 자아(子我). Zai Wo. alias of Zai Yu. a disciple of Confucius.

02 夏后氏以松 하후씨이송

하(夏)나라 임금은 소나무를 사용하였다. 지신(地神)을 모시는 제단(祭壇)을 만드는 데 소나무를 사용하였다는 것은 "소나무를 심었다"는 말과 같다. The Xia emperor used the pine. The Xia emperor planted the pines.

夏后氏 하후씨: 하(夏)나라. 하나라의 임금. 后는 君을 뜻하는 말. the Xia emperor.

以 쓸(이): 쓰다. 사용하다. use.

松 소나무(송): 소나무. pine.

03 殷人以柏 은인이백

은(殷)나라 사람은 잣나무를 사용하였다. The men of Yin used the cypress.

殷人 은인: 은(殷)나라 사람. The men of Yin.

柏 나무이름(백): 잣나무. cypress.

04 周人以栗 주인이율

주(周)나라 사람은 밤나무를 사용하였다. The men of Zhou used the chestnut.

周人 주인: 주(周)나라 사람. The men of Zhou.

栗 밤나무(율): 밤나무. chestnut.

05 曰使民戰栗 왈사민전율

백성들을 전율하게 하려는 것이었다. That they planted the chestnut is to make the people tremble. It's intention was to cause people to be in awe of these trees.

曰 왈: …이다. 爲와 같다. be. be called. be told.

使 하여금(사): …하게 하다. 시키다. let. make. have.

戰栗 전율: 전율(戰慄)하게 하다. 율(栗)과 율(慄)이 발음이 같다는 사실에 착안하여 재아가 임의로 이렇게 해석한 것이라고 한다. 실제로 옛날에 사(社)에서 범죄자를 처형한 사실이 있었다. 그러나 밤나무와 직접 관련되는 것은 아니다. 『서경(書經)』 「감서(甘誓)」편에 "명(命)을 따르지 않으면 사(社)에서 처형하겠다"는 구절이 있다(不用命, 戮於社). make someone tremble.

戰 싸울(전): 싸우다. 두려워하다. fight. tremble.

栗 밤나무(율): 밤나무. chestnut.

06 子聞之曰 자문지왈

공자가 그 말을 듣고서 말하였다. When Confucius heard this, he said.

07 成事不說 성사불설

완성된 일은 거론하지 않는다. One does not talk over what is already done.

成事 성사: 이루어진 일. 완성된 일. what is already done.

成 이룰(성): 이루다. 이루어지다. accomplish. achieve. complete.

說 말씀(설): 말하다. 이야기하다. talk over. discuss.

08 遂事不諫 수사불간

다 끝난 일을 고치도록 말하지 아니한다. One dose not argue against what is already accomplished,

遂事 수사: 이루어진 일. 끝난 일. what is already accomplished. what is irrevocable.

遂 이룰(수): 이루다. 마치다. 끝내다. finish. accomplish.

諫 간할(간): 옳지 못한 일을 고치도록 말하다. 간언(諫言)하다. 직언(直言)하여 바로잡다. dispute. demand superiors to correct mistakes.

09 旣往不咎 기왕불구

과거는 탓하지 않는다. One does not condemn what has already gone by.

旣往 기왕: 과거(過去). 이미 지난 일. what is past. things of the past. bygones.

咎 허물(구): 탓하다. 책망하다. blame. condemn. censure.

【해설】

애공이 재아에게 지신(地神)을 모시는 제단(祭壇)에 심는 나무를 물었을 때 "하나라 임금은 소나무를 사용하였고, 은나라 사람은 잣나무를 사용하였으며, 주나라 사람은 밤나무를 사용하였는데, 백성들을 전율하게 하려는 것이었다"고 말하였다. 이 말은 애공이 평소에 대부인 삼환씨(三桓氏)의 횡포에 분개하고 있음을 짐작하고 있던 재아가 이들을 겁줄 필요가 있다고 애공에게 은근히 충동질한 것이다. 그 후 실제로 애공은 삼환씨를 토벌하려다가 실패하고 국외로 도망쳤다. 공자는 이미 노나라의 파국을 예상하고 있었으므로 재아의 경솔한 행동을 책망한 것이다. 『논어집주』에서는 "옛날에는 각각 그 나라의 토양에 적합한 나무를 골라서 사수(社樹) 즉 제단에 심는 나무의 이름을 정하였다. 나무에서 어떤 뜻을 취한 것은 아니다. 재아가 잘 알지도 못하면서 함부로 대답했으므로 공자가 꾸짖은 것이다"라고 설명한다(古者各以所宜木名其社 非取義於木也 宰我不知而妄對 故夫子責之).

【외국학자 영문해석】

1 When Duke Ai asked Zai Wo about the wooden tablet for the God of Earth, Zai Wo replied: "The Emperor used pine; the Yin sovereign used cypress; the Zhou sovereign used chesnut, meant to make the people tremble."
The Master, on hearing this, said: "What has been done, do not justify; what is irrevocable, do not dispute; what is past, do not censure."
(The analects of Confucius (Lun Yu); A Literal Translation with an Introduction and Notes by Chichung Huang, Oxford University Press 1997.)

2 The Duke of Ai asked Tsai Wo about sacred temple grounds. Tsai Wo said, "The Hsia emperor planted them with pines; the Hsiang people planted them with cypress and the Chou people planted them with chestnut, thinking to cause people to be in awe of these trees."

Confucius, hearing this, said, "Don't bother explaining that which has already been done; don't bother criticizing that which is already gone; don't bother blaming that which is already past."

(http://web.singnet.com.sg/~clementn/mar.htm: The Analects of Confucius: compiled by Ng Shin Kiat.)

제3편 팔일(八佾) | 제22장

子曰; 管仲之器小哉! 或曰; 管仲儉乎?
曰; 管氏有三歸, 官事不攝, 焉得儉? 然則管仲知禮乎?
曰; 邦君樹塞門, 管氏亦樹塞門, 邦君爲兩君之好,
有反坫, 管氏亦有反坫. 管氏而知禮, 孰不知禮?

자왈; 관중지기소재! 혹왈; 관중검호?
왈; 관씨유삼귀, 관사불섭, 언득검. 연즉관중지례호?
왈; 방군수색문, 관씨역수색문, 방군위양군지호, 유반점, 관씨역유반점. 관씨이지례, 숙부지례?

해석 | 공자께서 말씀하셨다. "관중의 기량(器量)이 작구나!" 어떤 사람이 말했다. "관중은 검소하였습니까?"

"관씨에게는 세 군데의 돌아갈 수 있는 집이 있었고, 그의 가신들은 공무(官事)를 겸직하지 않았으니 어찌 검소할 수 있겠는가?" "그렇다면 관중은 예를 알았습니까?"

"나라의 임금이나 집안을 들여다보지 못하게 가리는 병풍 같은 문을 세울 수 있는데, 관씨 역시 가리개 문을 세웠고, 나라의 임금이나 두 나라의 임금끼리 잔치를 할 때 빈 잔을 올려놓는 잔대(盞臺)를 설치할 수 있는데, 관씨 역시 빈 잔을 올려놓는 잔대(盞臺)를 설치하였다. 관씨가 예(禮)를 안다면, 누가 예를 모르겠느냐?"

【주석】

01 管仲之器小哉! 或曰; 管仲儉乎 관중지기소재! 혹왈; 관중검호

관중의 기량(器量)이 작구나! 어떤 사람이 말했다. 관중은 검소하였습니까? Guan Zhong's capacity was small indeed! / Someone said, "Was Guan Zhong frugal?"

管仲 관중: 춘추시대(春秋時代)의 제(齊)나라 대부(大夫). 성은 관(管), 이름은 이오(夷吾), 자는 중(仲)이다. 공자보다 약 200년 전의 사람으로 환공(桓公)의 재상이다. 환공을 도와 내정을 개혁하고 국력을 증강시켜 패업(霸業)을 완성하게 한 사람이다. Guan Zhong. prime minister under Duke Huan of Qi.

器 그릇(기): 기량(器量). capacity.

小 작을(소): 작다. small.

哉 재: 감탄의 어기를 표시하는 어조사. used to indicate the feeling of exclamation.

儉 검소할(검): 검소하다. frugal.

乎 호: 의문의 어기를 표시하는 어조사. equivalent to a question mark.

02 管氏有三歸, 官事不攝, 焉得儉 관씨유삼귀, 관사불섭, 언득검

관씨에게는 세 곳의 돌아갈 수 있는 집이 있었다. (그의 가신들은) 공무(官事)를 겸하지 않았으니 어찌 검소할 수 있었겠는가? Guan Shi had three houses, and his house officers did not perform additional duties other than their own duties. How could he be considered frugal?

三歸 삼귀: 세 군데의 돌아갈 수 있는 집. 이것은 다음과 같이 여러 가지 다른 해석이 있다(① 집을 세 군데 가지고 있었다. ② 세 나라의 여자를 아내로 맞았다. ③ 집안의 제사 때 세 가지의 희생을 썼다. ④ 삼귀라는 창고를 가지고 있었다. ⑤ 삼귀라는 식읍(食邑)을 가지고 있었다. ⑥ 조세(租稅)를 많이 거두어 들였다). three houses. three sets of wives. three palaces.

歸 돌아갈(귀): 돌아갈 곳. the place to return. the place where one returns.

有 유: …이 있다. "어디에 무엇이 있다"라는 형식의 문장으로 有자 뒤에 오는 말이 주어역할을 한다. there be.

官事不攝 관사불섭: 공무(官事)를 겸하지 않다. 대부는 일반적으로 관원(官員)의 수효가 많지 않아 한 사람이 여러 일을 겸직하고 있었는데, 관중의 가신(家臣)들은 이를 겸직하지 않았다. 다시 말하면 관원수가 많다는 뜻이 된다. his house officers did not perform additional duties other than their own duties.

官 벼슬(관): 관직. official position.

官事 관사: 공무(公務). 공적인 일. official duties.

攝 겸할(섭): 겸하다. perform additional duties other than one's own duties.

焉得 언득: 어찌 …할 수 있겠는가? 객관적인 사물의 가능성을 부정하는 반문의 어기를 나타낸다(연세대 허사사전편찬실, 『허사대사전』 pp.450~451). 何得과 같다(「이인」 4-1), (「공야장」 5-19). how can … ?

焉 언: 어찌, 어떻게 (의문부사). how.

得 얻을(득): 할 수 있다. 능하다. can.

03 然則管仲知禮乎 연즉관중지례호

그렇다면 관중은 예를 알았습니까? If so, did Guan Zhong know the rituals?

然則 연즉: 그러한즉, 그렇다면. if so. then, if that is the case.

04 邦君樹塞門, 管氏亦樹塞門 방군수색문, 관씨역수색문

나라의 임금이 집안을 들여다보지 못하게 나무로 만든 병풍 같은 문을 세우면, 관씨 역시 가리개 문을 세웠다. If the prince of the state erected gate-screens, then Guan Shi also erected a gate-screen.

邦 나라(방): 나라. 제후국 중에서 큰 나라(大國)(「팔일」 3-22), (「공야장」 5-2),

〔「공야장」 5-21〕, 〔「안연」 12-20〕. a state.

樹 세울(수): 세우다. 심다. erect. build. construct. set.

塞門 색문: 밖에서 집안을 들여다보지 못하게 가리는 병풍 같은 문을 말한다. 가리개 역할을 하는 문으로서 나무로 만들어졌으며 대문 앞에 세워졌다. gate-screen. screen wall. a screen to mask the interior of a house. a screen intercepting the view from outside.

塞 막을(색): 막다. 차단하다. mask, cover.

05 邦君爲兩君之好, 有反坫, 管氏亦有反坫

방군위양군지호, 유반점, 관씨역유반점

나라임금이 두 나라 임금의 잔치를 할 때 빈 잔을 올려놓는 잔대(盞臺)를 설치하였는데, 관씨 역시 빈 잔을 올려놓는 잔대(盞臺)를 설치하였다. When the prince of a state had a friendly meeting with another prince, had a special stand for inverted cups, Guan Shi also had a stand for inverted cups.

兩君之好 양군지호: 두 임금의 연회(宴會). 두 임금의 우호증진을 위한 잔치. a friendly meeting between princes of the two states.

好 좋을(호): 화친(和親). 잔치. 우호(友好). a friendly meeting.

反坫 반점: 임금끼리 술을 마실 때 술을 마시고 나서 빈 잔을 엎어 놓기 위하여 만들어 놓은 잔대(盞臺). a stand for inverted cups. a stand to rest his cup.

反 되돌릴(반): 되돌리다. 되돌려 놓는 잔이므로 빈 잔이 된다. 시종이 나중에 깨끗이 씻어서 다시 술을 부어 상대방의 술 받침대에 갖다 놓는다고 한다. return.

坫 잔대(점): 술잔. 술잔이나 음식물을 엎어두는 대(臺). stand.

06 管氏而知禮, 孰不知禮 관씨이지례, 숙부지례

관씨가 예(禮)를 안다면, 누가 예를 모르겠느냐? If even Guan Shi knew the rituals, then who does not know the ritual?

而 이: 만약 …이라면. 조건이나 가정을 표시하는 접속사. if.

【해설】

관중은 제나라의 유명한 재상으로 제나라의 환공을 도와 천하의 패권을 잡는 데 큰 역할을 하였다. 관중이 유능한 재상이었지만, 예(禮)를 지키지 아니하고 분수에 넘치는 행동을 하였으며 오직 힘만에 의한 정치를 신봉하였다. 그래서 공자는 이렇게 비평한 것이다. 덕에 의거 모든 백성이 참다운 삶을 살 수 있도록 평화로운 사회를 만들자는 것이 공자의 생각이었다. 힘에 의거 백성을 다스리면 언젠가 힘이 약해지면 붕괴될 수밖에 없기 때문이다.

【외국학자 영문해석】

1 The Master said, "Kuan Chung was, indeed, a vessel of small capacity." Someone remarked, "Was Kuan Chung frugal, then?"

"Kuan Chung kept three separate establishments, each complete with its own staff. How can he be called frugal?"

"In that case, did Kuan Chung understand the rites?"

"Rulers of states erect gate-screens; Kuan Chung erected such a screen as well. The ruler of a state, when entertaining the ruler of another state, has a stand for inverted cups; Kuan Chung had such a stand as well. If even Kuan Chung understood the rites, who does not understand them?"

(The Analects: translated by D.C. Lau, Penguin Books Ltd, London. England.)

2 Confucius said: "Kuan Chung was quite limited in capacity." Someone asked: "Wasn't Kuan Chung frugal?"

Confucius said, "Kuan had three sets of wives and his officers never worked overtime. How can he be considered to have been frugal?"

"But then did Kuan Chung understand propriety?" Confucius said, "The princes of the states have a special ritual screen at their door, and so did Kuan Chung (even though he was not of the proper rank to do this). When the princes of state had a friendly meeting, they would ritually turn their cups over on the table. -Kuan also turned his cups over on the table. If Kuan Chung understood propriety, then who doesn't?"

(The Analects of Confucius: translated by Charles Muller)

(http://www.human.toyogakuen-u.ac.jp/~acmuller/contao/analects.htm.)

제3편 팔일(八佾) 제23장

子語魯大師樂曰; 樂其可知也. 始作, 翕如也, 從之, 純如也, 皦如也, 繹如也, 以成.

자어노태사악왈; 악기가지야. 시작, 흡여야, 종지, 순여야, 교여야, 역여야, 이성.

해석 | 공자가 노나라의 태사(大師)에게 음악을 말씀하셨다. "음악은 알만 하지요. 연주가 처음 시작하였을 때에는 여러 악기가 합하여 일제히 소리를 내고, 그 소리를 울려 퍼지게 하여 (전체적으로) 조화를 이루면서, 개별 악기들이 또렷이 제 목소리를 내는 것을 들을 수 있지요. (음의 길고 짧음과 높고 낮음은 있지만) 끊어지지 않고 계속 이어지면서 악곡의 한 장이 끝나게 되는 것이지요."

【주석】

01 子語魯大師樂曰 자어노태사악왈

공자가 노나라의 태사에게 음악을 말하였다. Confucius spoke to the music master of

Lu on music, saying.

語 말씀(어): 이야기하다. 말하다. 告와 같다(語, 告也). speak. talk. instruct.

大師 태사: 음악을 관장하는 벼슬 이름. 악관장(樂官長). 太師라고 표현하는 경우도 있으나 읽을 때에는 모두 "태사"로 읽는다. the music master.

02 樂其可知也 악기가지야

음악은 알 만 하지요. 그 음악이란 것 알만 하지요. 음악의 연주방법 이해할 수 있지요. We can know of music something. We can understand music in this way. The music may be readily understood.

可 가: 할 만하다. 할 수 있다. can.

其 기: 어세(語勢)를 강하게 하는 어조사. 강조하고자 하는 말 뒤에 위치한다. indicate the feeling of emphasis. put behind the word which is stressed as an emphatic particle.

[예] 1. 是亦爲政, 奚其爲爲政(시역위정, 해기위위정): 이것이 바로 정치를 하는 것이다. 그 무엇이 정치를 하는 것이라고 하겠습니까? (奚其: 그 무엇이). [위정 2-21] This is also taking part in government. What on earth is to perform the political action besides this?

2. 子產而死, 誰其嗣之(자산이사, 수기사지): 자산이 죽는다면, 그 누가 그를 계승하겠는가? (誰其: 그 누가). [左傳 襄公三十年] If Zi-chan dies, who succeeds him? If Zi-chan dies, who on earth succeeds him?

也 야: …이다(be). 판단. 단정을 표시하는 어조사. used to indicate judgement or decision. equivalent to a period.

03 始作, 翕如也 시작, 흡여야

연주를 시작할 때에는 여러 악기가 합하여 소리를 낸다. When it begins, all the instruments should sound together. It begins with an ensemble.

始作 시작: (연주를) 시작할 때에는. when the music begins. when the performance begins.

翕如 흡여: 여러 악기가 합하여 소리를 내는(형용사구). sound in unison. All the musical instruments sound all together.

翕 합할(흡): 합하다. 많은 것이 한꺼번에 일어나다. 여러 악기가 합하여 소리를 내다. 흡(翕)자는 깃털(羽)을 여러 개 합쳐(合) 놓은 글자로서, 앉아 있던 많은 새들이 한꺼번에 날아오를 때 내는 소리를 뜻한다. 처음 음악연주를 시작하였을 때 여러 악기(樂器)들이 일제히 소리를 내어 청중의 마음을 집중시키는 모습을 상징적으로 표현한 것이다. 서양음악에 교향곡(symphony)이라는 것이 있다. 교향곡 즉 심포니(symphony)라는 말의 어원은 심포니아(symphonia)라는 그리스어로 본디 동시에 울리는 음 또는 완전협화음을 의미하였다고 한다. 앉아 있던 많은 새들이 한꺼번에 날아오를 때 내는 소리와 무엇이 다르겠는가? that musical instruments sound all together. to sound in unison.

如 여: 형용사 또는 부사의 접미사. 어떤 말의 어근(語根) 뒤에 붙어서 그 뜻이나 품사를 바꾸는 역할을 하는 접미사(接尾辭)이다. 형용사 또는 부사형 어미(語尾)로 바꾸어 앞에 나오는 말의 모양(…的 様子)을 표시한다. 이런 접미사를 가지는 말은 문장 속에서 주로 술어로 쓰인다. 이에는 如. 若. 然. 焉 등이 있는데 문법상의 조어작용을 하며, 어떤 구체적인 뜻을 나타내지는 않는다. 단지 형용사 또는 부사의 표식일 뿐이다(요진우 편저. 이종한 옮김; 『한문문법의 분석적 이해』 p.90 왕력; 『중국어 어법 발전사』 pp.194~195; 연세대 허사사전편찬실, 『허사대사전』 p.459). 영어에서 美(beauty)를 "美的인 또는 아름다운"이라는 형용사로 만들려면 beauty에 "ful"을 붙여서 "beautiful"로 만들고, 편안함(comfort)을 "편안한"이라는 형용사로 만들려면 comfort에 "able"을 붙여 "comfortable"로 하는 것과 같이 한문에서도 "…ful", "…able" 등에 해당하는 여(如), 약(若), 연(然), 언(焉) 등의 접미사를 붙여 형용사 또는 부사로 만드는 경우가 있다. 어떤 모양을 상징한다〔「술이」 7-4〕, 〔「향당」 10-1〕, 〔「향당」 10-2〕. adjective or adverb suffix. used as a suffix of certain adjectives or adverbs in classical Chinese to indicate a state or manner. (The Commercial Press. 2001. Beijing, New Age Chinese-English

Dictionary: p.1.306)

〔예〕 子之燕居, 申申如也, 夭夭如也(자지연거, 신신여야, 요요여야): 공자께서 집에서 편히 쉴 때에는 여유가 있고, 화기(和氣)가 넘치는 모습이었다〔「술이」 7-4〕. When the Master was at home, he looked relaxed and comfortable.

也 야: …이다(be). 판단 또는 진술의 어기를 표시한다. 영어문장의 마침표에 해당한다. used to indicate judgement or explanation.

04 從之 종지

그 소리를 울려퍼지게 하다. 『논어집주』에서는 "從은 소리가 울려퍼지는 것이다"라고 풀이한다(從, 放也). make the sounds spread in all directions. have the sounds go into full swing. develop the performance.

從 좇을(종): 좇다. 따르다. 나아가다. follow. go forward.

之 지: "시작하였을 때 여러 악기가 합하여 낸 소리"를 가리키는 지시대명사. it. indicate the sounds when music begins.

05 純如也 순여야

조화(調和)를 이루다. be in harmony.

純如 순여: 조화를 이루는(형용사). 여기서도 如는 형용사형 접미사이다. in harmony.

純 온화할(순): 조화(調和). 『논어집주』에서 "純은 조화를 이루는 것" 이라고 풀이하였다 (純, 和也). harmony. pureness.

06 皦如也 교여야

음색이 분명해지다. 개별 악기의 소리가 분명히 구별되다. be distinct in tone colour.

皦如 교여: 음색이 분명해 지는. 개별 악기의 소리와 음색이 또렷이 나타나는(형용사). distinct in tone colour. become clear.

皦 옥석 흴(교): 희다. 분명하다(皦, 明也). 옥석의 흰 빛이 또렷하게 드러나는 모습을 가리키는 글자이다. 여기서는 음(音)이 뒤섞여 흐르는 가운데서도 개별 악기들이 또렷이 제 목소리를 내는 것을 들을 수 있음을 뜻한다. clearness. distinction.

07 繹如也 역여야

끊어지지 않고 이어진다. continue without break. play music without interruption. sound continuously.

繹如 역여: 끊어지지 않고 이어지는(형용사). unbroken. sounding without break. succeeding without stop.

繹 연달을(역): 끊어지지 않다. 이어지다. 계속되다. 『논어집주』에서는 "繹은 서로 이어져서 끊어지지 않는 것"이라고 설명한다(繹, 相續不絶也). 여기서는 소리의 길고 짧음과 음의 높고 낮음은 있겠지만 음이 끊어지지 않고 계속 이어져 흐르는 것을 뜻한다. continue. last. succeed without interruption.

08 以成 이성

그리하여 악곡의 한 장이 끝난다. 그리해서 악곡의 제1장이 완성된다. 『논어집주』에서는 "成은 악곡의 한 장이 끝나는 것이다"라고 설명하고 있다(成, 樂之一終也). And then it ends. And thus the music swells into completion. In this way the first movement of a symphony is finished.

以 이: 그리하여. 그리고. 以는 而와 같다. and then. and so. and thus. in this way.

成 이룰(성): 한 곡이 완성된다. 한 곡이 끝난다. 옛날에는 음악의 제1장을 제1성이라고 했다. 그래서 "제1장이 완성된다"고 해석하기도 한다. end. finish. be accomplished.

【해설】

2500년 이전에도 지금의 교향곡과 같은 음악이 있었던 것으로 보인다. 〔始作〕, 〔翕如〕, 〔從之〕, 〔純如〕, 〔皦如〕, 〔繹如〕, 〔以成〕이라는 불과 14글자를 가지고 지금의 심포니 오케스트라의 음악을 해설하다니 참으로 경이로운 일이다. 심포니는 여러 악기가 저마다 자기 목소리를 내되 그 소리가 각각 다른 악기의 소리를 부정하거나 방해하는 것이 아니고 함께 어울리고 서로 도와서 하나의 아름다운 멜로디로 음의 조화를 이루어 낸다. 바이올린의 흐느끼는 소리, 트럼펫의 우렁찬 소리, 피아노의 은은한 소리, 이들은 저마다 제각기 자기 목소리를 내지만 전체적으로 하나의 선율(旋律)처럼 조화(調和)를 이룬다. 공자가 꿈꾼 세상이 바로 이것이었다. 다양성(多樣性) 속에 숨겨진 조화(調和), 이로 형성되는 평화(平和)와 공영(共榮), 이런 생각이 공자의 마음을 가득 채웠을 것이다.

【외국학자 영문해석】

1 The Master instructing the Grand music master of Lu said, "How to play music may be known. At the commencement of the piece, all the parts should sound together. As it proceeds, they should be in harmony while severally distinct and flowing without break, and thus on to the conclusion."

(Confucius Analects, The Great Learning and The Doctrine of The Mean, translated by James Legge, Manufactured in Dover Publication, Inc. U.S.A.)

2 The Master was talking about music with the music master of Lu. He said: What we can know of music is only this: first, there is an opening passage with all instruments in unison from there it flows harmoniously, clearly, and continuously and then it end.

(The Analects of Confucius, Translation and Notes by Simon Leys, W. W. Norton & Company. Inc. New York.)

제24장

儀封人請見曰; 君子之至於斯也, 吾未嘗不得見也. 從者見之, 出曰; 二三子何患於喪乎 ? 天下之無道也久矣. 天將以夫子爲木鐸.

의봉인청현왈; 군자지지어사야, 오미상부득현야. 종자현지, 출왈; 이삼자하환어상호 ? 천하지무도야구의. 천장이부자위목탁.

해석 | 의(儀)라는 고을의 국경(國境)을 관장하는 관리(官吏)가 뵙기를 청하면서 말했다. "군자가 이 곳에 오셨을 때, 나는 일찍이 만나 뵙지 못한 적이 없었습니다." 공자의 수행원들이 그를 공자에게 소개하였는데, 공자를 만나고 나와서 말하였다. "여러분들은 어찌하여 공자가 지위를 잃은 것을 걱정하십니까? 천하에 도(道)가 없음이 오래 되었습니다. 하늘은 선생님을 목탁(木鐸)으로 삼으려고 하는 것입니다."

【주석】

01 儀封人請見曰 의봉인청현왈

의(儀)라는 고을의 국경(國境)을 관장(管掌)하는 관리(官吏)가 뵙기를 요청하면서 말했다. An officer who watches at outposts on the borders of the state asked to have an interview with Confucius.

儀封人 의봉인: 의(儀)라고 하는 고을의 국경을 경비하는 관리. the frontier warden of Yi county. the officer who watches at outposts on the borders of the state at a county called as Yi.

儀 의: 위(衛)나라의 고을 이름. Yi. the name of a county of the state of Wei.

封人 봉인: 봉지(封地)의 경계(境界)를 관리(管理)하는 하위직 관리. the minor

officer in charge of the watch of the border. the officer in charge of border security.

請見曰 청현왈: 뵙기를 요청하면서 말했다. request an audience.

請 청할(청): 요청하다. ask. request.

見 뵐(현): 접견(接見), 면담(面談). an audience. an interview. a meeting.

02 君子之至於斯也, 吾未嘗不得見也

군자지지어사야, 오미상부득현야

군자가 이 곳에 오면, 나는 이 때까지 만나 뵙지 못한 적이 없었습니다. When a gentleman comes to this place, nobody has denied me an interview.

君子之至於斯也 군자지지어사야: 군자가 이 곳에 오면, 군자가 이 곳에 왔을 때. when a gentleman comes to this place. if a gentleman reaches this place.

君子 군자: 지도층 인사. 정치지도자. 유명한 학자. a gentleman. a political leader.

之 지: 주어와 술어 사이에 놓여 절(節)을 만드는 역할을 한다(…가 …하면. …가 …하였을 때). 영어의 종속접속사에 해당한다. if. when. that. though. how 등으로 다양하게 쓰인다. 여기서는 시간, 조건, 가정을 뜻하는 접속사 역할을 한다. if. in case. when.

至 이를(지): 이르다. 오다. 도착하다. come to, arrive at. reach.

於斯 어사: 이 곳에, 여기에. at this place, here.

也 야: 말을 잠깐 멈추고 다음 내용을 환기시키는 역할을 한다(…은. …이면). 쉼표역할을 한다(「학이」 1-2). equivalent to a comma.

未嘗 미상: 일찍이 …한 일이 없다. 아직까지 …한 적이 없다. never been denied till now.

〔예〕 非公事未嘗至於偃之室也(비공사미상지어언지실야): 공무가 아니면 일찍이 언(偃)의 집에 온 적이 없습니다(「옹야」 6-12). He has never once been to my house (Ziyou's house), except on official business.

未 아닐(미): 아직 …하지 않다(부정문에 쓰임). not. have never yet been.

嘗 일찍(상): 일찍이. 이 때까지. till now.

不得見 부득현: 만나 뵙지 못하다. 만나 볼 수 없다. can not have an interview.

得 얻을(득): 할 수 있다. 가능하다. 能과 같다. can.

也 야: …이다(be). 판단 또는 진술의 어기를 표시한다. used to indicate judgement or explanation.

03 從者見之，出曰 종자현지, 출왈

수행원들이 그를 (공자에게) 소개하였는데, 공자를 만나고 나와서 말하였다. 從者見之於孔子인데 於孔子가 생략되었다. The followers presented him to Confucius. When he came out, he said,

從者 종자: 공자를 따라다니는 제자들. 수행원들. the followers of Confucius, the disciples of Confucius.

見 보일(현): 소개하다. 면담시키다. arranged an interview.

之 지: 그를. 儀封人을 가리킨다. him.

出曰 출왈: (공자를 뵙고) 나와서 말하였다. after he came out, he said,

04 二三子何患於喪乎 이삼자하환어상호

여러분들은 어찌하여 (선생님이) 지위 잃은 것을 걱정하십니까? Why do you worry about the loss of office?

二三子 이삼자: 여러분. 그대들. 본래의 의미는 "두세 아이"라는 뜻이므로 공자가 나이 어린 제자들을 부를 때에도 사용된다. you. gentleman.

喪 잃을(상): 지위를 잃다. 주희는 "지위(地位)를 잃고 나라를 떠나는 것"이라고 설명한다(喪, 謂失位去國). loss, dismissal.

於 어: …을. …에 대하여(동작의 대상을 표시하는 전치사). used as a particle indicating the object of an action.

乎 호: 문장 끝에 놓여 의문의 어기를 표시한다. 물음표에 해당한다. used to indicate the feeling of question. used like a question mark.

05 天下之無道也久矣 천하지무도야구의

천하에 도가 없음이 오래 되었다. The time when the empire lost the Way has been long indeed. / The Empire for long has been without light and leading. (Soothill) / The world has been without the Way for long while (Simon Leys)

之 지: 주어와 술어 사이에 놓여 절(節)을 만드는 역할을 한다. 영어의 종속접속사에 해당한다. if. when. that. though. how 등으로 다양하게 쓰인다. 여기서는 명사절을 만드는 접속사 that의 역할을 한다. that. the fact that. the time when.

無道 무도: 무질서(無秩序). 질서가 없는 상태. situation without any order system. breaking the order of rank. disturbing the social order.

也 야: 음절을 조절하고 어기를 고르는 어조사. 쉼표 역할을 한다. 之…也의 구문으로 많이 쓰인다. equivalent to a comma.

矣 의: …이다(be). 문장 끝에 쓰여 단정(斷定)의 뜻을 나타낸다. used to indicate the feeling of decision. equivalent to a period.

06 天將以夫子爲木鐸 천장이부자위목탁

하늘은 선생님을 목탁으로 삼으려고 하는 것입니다. Heaven shall use the Master as a wooden bell. (Chichung Huang) / Heaven will use your master to awaken everyone. (Ng Shin Kiat) / Heaven is going to use your master to ring the tocsin. (Simon Leys) / Heaven is about to use your Master as the wooden tongue for a bell. (D,C. Lau)

將 장차(장): …하려고 하다. be going to. be about to.

以…爲: …을 …으로 삼다. …을 …으로 여기다. use someone as. regard …as. appoint a person to a position.

夫子 부자: 선생님. 스승에 대한 존칭으로 공자를 가리킨다. 대부(大夫) 이상의 벼슬을 한 사람의 경칭으로도 쓰인다. 글자 자체의 의미는 "저 사람", "저분"이란 뜻이다(that person). master. teacher.

木鐸 목탁: 고대 중국에서 법령 등을 알릴 때 관원들이 흔들어서 주의를 환기시켰던 나무로 만든 종을 말한다. 목탁은 백성들을 가르치고 깨우치는 역할을 하였으므로 "신문은 사회의 목탁이다"라는 말도 생겨나게 되었다. 여기서는 세상을 일깨워 주는 훌륭한 인물을 뜻하며, 공자가 그러한 역할을 할 것이라고 말한 것이다. 주희의 『논어집주』에는 "목탁(木鐸)은 도로(道路)를 따라 도는 것인데, 하늘이 공자에게 벼슬자리를 잃고 사방(四方)을 주류(周流)하면서 가르침을 베푸는 것이 마치 목탁(木鐸)이 도로(道路)를 따라 도는 것과 같게 한 것이다"라고 풀이한다(或曰, 木鐸所以徇于道路, 言天使夫子失位, 周流四方, 以行其教, 如木鐸之徇于道路也). 요즈음은 어떤 법령을 만들 계획이 있으면 "입법예고"라 하여 미리 관보(官報)나 방송매체를 통하여 정부에서 발표하지만, 고대 중국에서는 종을 흔들고 다니면서 어떤 법령이 시행됨을 알렸다고 한다. a wooden bell.

鐸 방울(탁): 방울. 종. A bronze bell with a wooden tongue, used to rouse and assemble the multitudes when the emperor had a decree to proclaim or saw a need to edify the people; a metaphor signifying a great teacher of the people. (Chichung Huang)

【해설】

국경(國境)을 관리하는 하급관리가 공자를 뵙고서 "하늘이 장차 선생님을 목탁으로 삼으실 것입니다"라고 평하다니 놀라운 일이다. 아마도 변두리의 경비관리로 행세하며 숨어사는 은자(隱者)이었을 것이다. 그 관리의 예측대로 공자는 살아 있는 동안에 벼슬은 하지 못하였다. 그러나 그는 학문과 교육에 주력하여 인류의 스승으로 사회의 목탁의 역할을 충실히 하였다. 과거에도 그러하였지만 앞으로도 그는 역사와 더불어 그 이름을 찬연히 빛낼 것이다.

【외국학자 영문해석】

1 The chief of border security requested a meeting with Confucius saying: "I have been seen all the scholars with morals and knowledge who have been to this place." Hearing this, the disciples of Confucius brought him to see their master. When the chief emerged from a meeting with Confucius he said to Confucius' disciples: "Do not be in a hurry to attain an official post. There is enough darkness in the world. Your teacher will bring light to the people of this world."

(The Complete Analects of Confucius(1997), translated by Adam Sia. Asiapac Books Pte Ltd. Singapore.)

2 The border official of Yi requested an audience, saying, "I have never been denied an audience by any gentleman who has come to this place." The followers presented him. When he came out, he said, "What worry have you, gentlemen, about the loss of office? The Empire has long been without the Way. Heaven is about to use your Master as the wooden tongue for a bell."

(The Analects: translated by D.C. Lau, Penguin Books Ltd, London. England.)

제3편 팔일(八佾) | 제25장

子謂韶; 盡美矣! 又盡善也! 謂武; 盡美矣! 未盡善也!

자위소; 진미의! 우진선야! 위무; 진미의! 미진선야!

해석 | 공자께서 소(韶)에 대해 "아름다움을 다했고 또한 선(善)함을 다했다"고 말씀하셨다. 무(武)에 대해서는 "아름다움은 다했으나 선(善)함은 다하지 못하였다"고 말씀하셨다.

【주석】

01 子謂韶; 盡美矣, 又盡善也 자위소; 진미의, 우진선야

공자께서 소(韶)에 대해 말씀하시기를 "아름다움을 다했고 또한 훌륭함을 다했다"라고 하셨다.
Confucius said of Shao, It was perfectly beautiful and also perfectly good!

子謂韶 자위소: 공자께서 소(韶)에 대해 말씀하셨다. The Master said of the music called as Shao.

韶 소: 순(舜)임금의 음악. 순임금 때의 악곡으로 당시의 태평성대(太平聖代)를 구가(謳歌)한 음악이다. 韶는 풍류이름[소]자로서 "잇는다. 이어받는다. 계승한다"라는 뜻을 가지고 있다. 소(紹)와 같은 의미이다. 舜임금은 堯임금으로부터 왕위를 이어 받았으며 나중에 禹임금에게 다시 왕위를 물려 주었다. 선양(禪讓)이라고 하는 평화적인 방법으로 천하를 얻은 것이다. 舜임금은 堯임금으로부터 왕위를 이어 받았는데, 그 때 堯임금의 도(道)도 같이 계승하였다고 『한서(漢書)』는 기록하고 있다(韶, 紹也, 言能紹堯之道也)[「술이」 7-13], [「위령공」 15-10]. a dance music called by the name of "Shao". This dance (at any rate according to the later Confucian theory) mimed the peaceful accession of the legendary Emperor Shun. (Arthur Waley)

盡美矣 진미의: (음악의 형식에서) 아름다움을 다했다. perfectly beautiful!

盡 다할[진]: 다하다. 있는 힘을 다하다. 정성을 다하다. make every effort to do. do one's best. endeavor. do one's best endeavors.

矣 의: 감탄의 어기를 표시하는 어조사. used to indicate the feeling of exclamation. equivalent to an exclamation mark. used in exclamatory sentences. (Beijing Foreign Language University, A Chinese-English Dictionary: p.1484).

又盡善也 우진선야: 또한 (음악의 내용에서도) 선(善)함을 다했다. exceedingly

good! perfectly good!

又 또(우): 또. 또한. 다시. also. too.

善 착할(선): 착하다. 형식이 아니라 내면에 흐르는 내용이 선한 것을 의미한다. 살벌하거나 포악한 느낌이 전혀 들어 있지 아니한 음악임을 뜻한다. good. virtuous.

也 야: 감탄의 어기를 나타내는 어조사. used to indicate the feeling of exclamation. equivalent to an exclamation mark.

02 謂武; 盡美矣, 未盡善也 위무; 진미의, 미진선야

무(武)에 대해 말씀하시기를 "아름다움은 다했으나 선(善)함은 다하지 못하였다"고 하셨다. He said of the music of Wu; "It was perfectly beautiful, but not perfectly good."

謂武 위무: 무(武)를 말씀하셨다. He said of the music of Wu.

武 무: 무왕(武王)의 음악. 무왕은 은(殷)나라의 주왕(紂王)을 정복하고 주(周)나라를 세운 공적을 찬양한 노래이나 공자는 무력(武力)에 의한 정복은 덕망에 의한 선위(禪位)보다 못한 것으로 평가하였기 때문에 순(舜)임금의 음악인 소(韶)보다 못한 것으로 평가절하(平價切下)하였다. music adopted by the Emperor Wu when he gained rulership. a piece of music commemorating King Wu of Zhou. / The War Dance mimed the accession by conquest of the Emperor Wu, who overthrew the Yin. (Arthur Waley).

未盡善也 미진선야: 선(善)함은 다하지 못하였다. 순(舜)임금은 요(堯)임금으로부터 왕위를 이어받았으며, 무왕(武王)은 무력으로 은(殷)나라의 주왕(紂王)을 정벌하여 왕위를 빼앗았다. 왕위를 얻었다는 점에서는 동일하지만, 순(舜)은 요(堯)의 도(道)와 덕성(德性)을 함께 이어받았지만 무(武)는 무력에 의한 왕위찬탈(王位簒奪)이므로 덕성(德性)은 이어받지 못하였다. 그래서 그들의 음악도 그 형식의 아름다움에서는 다 같으나, 내면에 흐르는 평화로움과 착함에서는 뒤진다고 평가한 것이다. 그들의 음악은 그들의 정치를 잘 반영하고 있다. The music of King Wu was perfectly beautiful, but not perfectly good.

【 해설 】

소(韶)는 태고(太古)의 성왕(聖王)인 순(舜)의 음악이며, 무(武)는 주나라 시조인 무왕(武王)의 음악이다. 순(舜)의 음악은 미(美)와 선(善)을 다하였지만 무(武)의 음악은 그 형식에서는 아름답지만 선(善)은 다하지 못하였다고 평가하였다. 그것은 평화적인 방법에 의하여 왕위를 이어받았으므로 순(舜) 임금의 음악은 그 음악형식도 아름답지만 내면에 흐르는 평화로움이 깃들어 있어 "지극히 선(善)하기까지 하다"고 평가한 것이다. 그러나 무력적인 방법에 의하여 전왕조(前王朝)를 타도하고, 그 혁명의 경과를 무악(舞樂)으로 나타낸 무(武)라는 음악은 그 음악형식에 아름다움은 있으나 평화로움이 없고 살벌한 느낌이 있어 이렇게 선(善)하지 못하다고 평가절하한 것이다.

【 외국학자 영문해석 】

1 The Master said Emperor Shun's music was perfectly beautiful, and perfectly virtuous, too. He said Emperor Wu's music was perfectly beautiful, but not perfectly virtuous.

(The Analects. Confucius Translated by David Hinton, Counterpoint Washington. D.C.)

2 Confucius considered Shao as perfectly beautiful and perfectly good and considered Wu as perfectly beautiful yet not perfectly good.

(Confucius Publishing Co Ltd.: http://www.confucius.org/maine.htm//.)

제26장

子曰; 居上不寬, 爲禮不敬, 臨喪不哀, 吾何以觀之哉?

자왈; 거상불관, 위례불경, 임상불애, 오하이관지재?

해석 | 공자께서 말씀하셨다. "윗자리를 차지하고 있으면서 관대하지 못하고, 예(禮)를 행함에 공경스럽지 아니하며, 상(喪)을 당하여서도 슬퍼하지 않는다면, 내가 무엇으로 그를 평가하겠는가?"

【주석】

01 居上不寬 거상불관

윗자리를 차지하고 있으면서 관대하지 못하다. 윗자리를 차지하고 있는데도 관대하지 못하다. be in a high position but not tolerant. occupy a high position but not lenient.

居上 거상: 윗자리를 차지하고 있는 것. 무생물 주어이므로 부사구처럼 해석함이 자연스럽다(윗자리를 차지하고 있으면서). to be seated in a high position. to occupy a high position.

居 있을(거): 차지하다. 있다. be seated. occupy.

寬 너그러울(관): 너그럽다. tolerant. generous. lenient.

02 爲禮不敬 위례불경

예를 행함이 공경스럽지 못하다. 예를 지키는데 있어서 공경스럽지 못하다. be not reverent in performing the rituals.

爲 위: 하다. 실천하다. act. perform.

敬 공경할(경): 겸손하고 신중하다. 남에게는 늘 공경하는 마음을 갖고, 자신에게는 항상 조심하고 신중한 자세를 취하는 것을 뜻한다. be reverent. deal with something reverently. be respectful to others and act with prudence.

03 臨喪不哀 임상불애

상을 당하여 슬퍼하지 않는다. do not grieve in mourning.

臨喪 임상: 상을 맞음, 상을 당함. to be in mourning for. to be mourned. to confront mourning.

臨 임할(임): 맞다. 당하다. suffer.

哀 슬플(애): 슬퍼하다. grieve.

04 吾何以觀之哉 오하이관지재

내가 무엇으로 그런 사람을 보아 주겠느냐? 내가 어떻게 그런 사람을 보아 주겠느냐? How can I evaluate such a person? How can I look at such a person? What can I watch them?

何以 하이: 무엇으로. 무슨 방법으로. 어떻게. with what method. how.

觀之 관지: 그를 관찰하다. 그를 평가하다. 그를 보아 주다(그를 쓸모 있는 인간으로 보아 주다). evaluate him. look at him. watch him.

之 지: 그를. 그런 사람을. him. such a person. them.

哉 재: 의문 또는 반문의 어기를 표시한다. used to indicate the feeling of a question or counter question. used together with an interrogative to express doubt or form a rhetorical question. (The Commercial Press. 2001. Beijing, New Age Chinese-English Dictionary: p.1925).

【 해설 】

윗사람은 관대한 마음가짐으로 아랫사람을 아끼고 보살펴 조화롭고 능률적인 조직을 만들어야 한다. 사람이 갖추어야 할 가장 중요한 사항은 예(禮)인데, 그 예를 실천하는 방법이 형식에 그쳐 경건한 마음이 배어 있지 않다면 예를 실천하는 것이라고 할 수 없다. 부모의 상을 당하여 슬퍼하는 마음을 갖지 않는다면 그런 사람이 남을 위하여 또는 더 나아가 사회를 위하여 무엇을 하겠는가? 기본(基本)이 되어 있지 않기 때문이다. 요즈음 직원을 평가할 때 공공기관이건 일반기업이건 인사고과라는 제도를 실시한다고 한다. 그것이 점수화(點數化)되어 인사기록카드로 작성·관리된다. 90점짜리 인생, 60점짜리 인생, 40점짜리 인생 등 소수점까지 다양하게 기록된다. 그런데 여기 어떤 특이한 고과자가 있어서 자기가 평소 미워하던 직원에게 "인사고과 불능자"라는 평가를 내린 경우가 있다. 두 사람은 평생 원수로 지내야 하는 어쩔 수 없는 기로(岐路)에 서게 되었다. 둘 다 기본(基本)이 갖추어지지 않았기 때문에 이런 일이 발생하는 것이다.

【 외국학자 영문해석 】

1 The Master said: "Seated on high, he is not lenient; performing the rituals, he is not reverent; confronting mourning, he is not grief-stricken---How can I look at all this!"

(The analects of Confucius (Lun Yu); A Literal Translation with an Introduction and Notes by Chichung Huang, Oxford University Press 1997.)

2 The Master said, Occupying high position without magnanimity, performing rituals without assiduousness, attending funerals without grief-how can I look on at such things?

(The Original Analects, Sayings of Confucius and His Successors, A New Translation and Commentary by E. Bruce Brooks and A Takeo Brooks, Columbia University Press, New York.)

제4편

里仁

【이인】

제1장

子曰; 里仁爲美, 擇不處仁, 焉得知?

자왈; 이인위미, 택불처인, 언득지?

해석 | 공자께서 말씀하셨다. "인(仁)한 곳에서 사는 것이 좋다. 인한 환경에 처하지 아니한 곳을 선택한다면 어찌 지혜롭다고 할 수 있겠는가?"

【주석】

01

里仁爲美 이인위미

인(仁)한 곳에서 사는 것이 좋다. It is good to live in such a place with fine surroundings and educational environment.

里仁 이인: 인(仁)한 곳에서 살다. 교육환경이나 생활환경이 좋은 곳을 뜻한다. 거주하고 있는 집 근처에 도살장(屠殺場)이나 유흥가(遊興街)가 밀집되어 있다면 생활환경이나 교육환경이 좋다고 할 수 없다. 주희는 "마을에 인후(仁厚)한 풍속이 있는 것이 좋다"고 설명한다(里有仁厚之俗爲美). live in a place with good surroundings.

里 마을[리]: ① 살다, 거주하다. live in, dwell in ② 마을.

爲美 위미: 아름답다, 좋다. be beautiful, be good.

爲 위: …이다. be.

02 擇不處仁，焉得知 택불처인, 언득지

인(仁)한 환경에 처하지 아니한 곳을 선택한다면, 어찌 지혜롭다고 할 수 있겠는가? If one would select a place with a bad surroundings, how could one be called wise?

擇不處仁 택불처인: 인(仁)에 처하지 않은 곳을 선택하다. 인후(仁厚)한 환경에 위치하지 아니한 곳을 선택하다. 不處仁은 擇의 목적어이다. choose a place with a bad moral climate. select a place with a bad surroundings.

擇 가릴(택): 선택하다. select. choose. look for.

處 살(처): 처하다. 어떤 처지에 놓이다. 위치하다. 자리잡다. be surrounded with. be placed. be faced with. be situated.

焉得知 언득지: 어찌 지혜롭다고 할 수 있겠는가? How can the man be considered wise?

焉 언: 어찌. 어떻게. 의문부사로 쓰인다. how.

得 득: 할 수 있다. 能과 같다. can. be able to.

知 지: 지혜롭다, 슬기롭다. 智와 같다. be wise.

【해설】

里仁을 "인후한 곳에서 사는 것"으로 仁을 장소적 개념으로 파악하였다. 뒤에 나오는 장소적 개념의 處자와도 연관되기 때문이다. 그러나 이를 "인하게 살다"라고 추상적으로 풀이할 수도 있다. 거칠게 이기적으로 사는 것이 아니라 다른 사람의 입장도 배려해 가면서 "어질게 사는 것이 아름답다"고 표현하는 입장이 바로 그것이다. 뒤에 나오는 구절도 같은 방식으로 연계하여 "인하게 사는 것이 아름답다. 인에 처하지 않는다면 어찌 지혜롭다고 할 수 있겠는가?"라고 해석한다. 또 "인자가 살고 있는 마을이 아름답다(居仁者之里爲美)"로 해석한 학자도 있다(鄭玄). 주희의 『논어집주』에서는 "마을에 인후한 풍속이 있는 것이 아름답다. 마을을 가려서 이런 곳에 살지 않으면, 그 옳고 그름을 판단하는 마음을 잃어서 지혜로운 사람이 될 수 없다"고 풀이하였다(里有仁厚之俗爲美, 擇里而不居於是焉, 則失其是非之本心, 而不得爲知矣). 역시 교육환경·생활환경 등이 좋은 곳에서 사는 것이 지혜롭다는 해석이다.

【외국학자 영문해석】

1 Confucius said, "One should choose to dwell in such a place where there are men of benevolence. Otherwise, how can one be said to be wise?"

(Analects of Confucius (1994): Printed by Beijing Foreign Language Printing House. China.)

2 Confucius said, “When selecting a place of residence, one should look for a place with a good moral climate. If not, how could one be called wise?"

(The Complete Analects of Confucius(1997), translated by Adam Sia. Asiapac Books Pte Ltd. Singapore.)

제4편 이인(里仁) 제2장

子曰; 不仁者, 不可以久處約, 不可以長處樂. 仁者安仁, 知者利仁.

자왈; 불인자, 불가이구처약, 불가이장처락. 인자안인, 지자이인.

해석 | 공자께서 말씀하셨다. “어질지 못한 사람은 곤궁함을 오랫동안 견디지 못하고, 즐거움도 길게 누리지 못한다. 어진 사람은 인(仁)을 편안하게 여기며, 지혜로운 사람은 인을 이롭게 여긴다.”

【주석】

01 不仁者, 不可以久處約, 不可以長處樂

불인자, 불가이구처약, 불가이장처락

어질지 못한 사람은 곤궁함을 오랫동안 견디지 못하고, 즐거움도 길게 누리지 못한다. Those who are not humane cannot endure hardship for a long time, also cannot enjoy prosperity for a good while.

不仁者 불인자: 인하지 않은 사람. 어질지 못한 사람. 인한 사람은 남을 먼저 배려하고 남을 사랑하고 자기의 사욕을 버릴 줄 아는 사람이다. 不仁者는 이와 반대되는 개념이므로 동물적인 욕구과 자기만을 생각하는 이기적인 인간이다. an inhumane man. those who are not humane.

不可以久處約 불가이구처약: 곤궁함을 오랫동안 견디지 못한다. 어질지 못한 사람은 어진 마음(仁心)을 상실하였으므로 빈궁한 처지에 오랫동안 있게 되면 문란한 짓을 하게 되며 이권(利權)에 개입하여 먼저 어떤 이득을 챙기려고 한다. cannot endure hardship for long. cannot dwell for long in adversity.

可以 가이: 할 수 있다. 能 및 得과 같은 뜻이다. 조동사로 사용된다. can, be able to.

久 오랠(구): 오랫동안. long. for a long time. for a good while.

處約 처약: 곤궁함에 처하다. 곤궁함에 머무르다. 곤궁함을 견디다. abide in poverty. endure adversity. endure hardship. dwell in adversity.

處 살(처): 처하다. 살다. 머무르다. abide in. be placed. be faced with.

約 고생할(약): 곤궁(困窮). 곤궁한 상황. poverty and hardship. adversity.

不可以長處樂 불가이장처락: 즐거움을 길게 누리지 못한다. 항상 즐거움에 처할 수 없다. 주희는 "인(仁)하지 않은 사람은 어진 마음(仁心)을 상실하였으므로 빈궁(貧窮)한 처지에 오래 머무르게 되면 반드시 문란(紊亂)하게 되고, 반대로 오랫동안 안락(安樂)을 누리면 반드시 음란(淫亂)하고 난잡(亂雜)하게 된다"고

하였다(不仁之人 失其本心 久約必濫 久樂必淫). cannot long abide in comfort. cannot dwell for long in prosperity.

02 仁者安仁, 知者利仁 인자안인, 지자이인

어진 사람은 인(仁)을 편안하게 여기며, 지혜로운 사람은 인(仁)을 이롭다고 여긴다. A humane man regards humanity as comfortable, a wise man regards humanity as beneficial.

仁者安仁 인자안인: 어진 사람은 인(仁)에 안주한다. 인을 편하게 받아들이고 빈곤(貧困)이나 쾌락(快樂)에 초연(超然)해한다. The virtuous man regards humanity as comfort. The virtuous man is at ease with humanity. The good man rests in virtue.

知者利仁 지자이인: 지혜로운 사람은 인(仁)을 이롭게 여긴다. 지혜로운 사람은 인이 자기에게 이로운 것이라고 생각한다. A wise man regards humanity as beneficial. A wise man benefits from humanity.

【해설】

아프리카 오지(奧地)에서 인술(仁術)을 베푸는 의사선생님들은 그런 열악한 환경 속에서도 안주(安住)하며 편안함을 느낀다. 연말의 혹독한 추위 속에서도 자선냄비를 놓고 종을 치며 "가난한 이웃을 도웁시다"를 외치는 구세군의 교인들은 그 강추위 속에서도 어려운 이웃에게 조금이라도 도움이 될 수 있다는 생각에 기쁨을 느끼고 또한 예수님의 복음을 전파하는데도 이롭다고 생각한다. 이분들이야말로 인(仁)을 실천하는 산 역군들이다.

【외국학자 영문해석】

1 The Master said, "Without Goodness a man
Can not for long endure adversity,
Can not for long enjoy prosperity.
The good man rests content with goodness; he that is merely wise pursues Goodness

in the belief that it pays to do so."

(The analects of Confucius Translated and Annotated by Arthur Waley.: A Division of Random House, INC. New York.)

2 Confucius said: "If you lack humaneness you can't handle long periods of difficulty or long periods of comfortability. humane men are comfortable in humaneness. The wise take advantage of humaneness."

(The Analects of Confucius: translated by Charles Muller)

(http://www.human.toyogakuen-u.ac.jp/~acmuller/contao/analects.htm)

제4편 이인(里仁) | 제3장

子曰; 唯仁者. 能好人, 能惡人.

자왈; 유인자. 능호인, 능오인.

해석 | 공자께서 말씀하셨다. "오직 어진 사람만이 남을 좋아할 수도 있고, 남을 미워할 수도 있다."

【주석】

01 **唯仁者. 能好人, 能惡人** 유인자. 능호인, 능오인

오직 어진 사람만이 남을 좋아할 수도 있고, 남을 미워할 수도 있다. Only a humane man can love others, and can dislike others.

唯仁者 유인자: 오직 인(仁)한 사람. only a humane man. Only the virtuous man.

唯 오직(유): 오직. 다만. only.

能好人 능호인: 남을 좋아할 수 있다. be capable of loving other people. can love others.

能惡人 능오인: 남을 미워할 수 있다. be capable of loathing other people. can hate other people.

惡 미워할(오): 미워하다. 증오하다. hate. loathe. dislike.

【해설】

사사(私事)로운 감정(感情)과 탐욕(貪慾)에 마음이 사로잡혀 있으면 사물을 정확하게 판단할 수 없다. 그러나 어진 사람은 사심(私心)과 편견(偏見)이 없으므로 옳고그름을 제대로 판단할 수 있다.

【외국학자 영문해석】

1 The Master said, "Only the Humane can love people, and only they can despise people."

(The Analects. Confucius Translated by David Hinton, Counterpoint Washington. D.C.)

2 The Master said: "Only the virtuous are competent to love or to hate men."

(The Analects, Confucius translated by William Edward Soothill. Dover Publications, Inc. New York.)

子曰; 苟志於仁矣, 無惡也.

자왈; 구지어인의, 무악야.

해석 | 공자께서 말씀하셨다. "진실로 인(仁)에 뜻을 둔다면, 악한 짓은 하지 않는다."

【주석】

01 **苟志於仁矣, 無惡也** 구지어인의, 무악야

진실로 인(仁)에 뜻을 둔다면 악한 행위는 없다. 진실로 인(仁)에 뜻을 둔다면 악한 짓은 하지 않는다. If one sets his heart on benevolence, he will be free from evil.

苟 진실로(구): 진실로. 만일. 苟는 가정이나 조건을 표시하는 접속사이나 글자 본래의 뜻인 "진실로"의 의미도 있다(苟, 誠也)〔「술이」 7-30〕. if. when. really.

志於仁 지어인: 인(仁)에 뜻을 두다. set one's heart on benevolence. set one's will on virtue.

志 뜻(지): 뜻을 두다, 지향하다. 마음이 가는 것을 말한다(志者, 心之所之也). set one's mind on. set one's will on.

矣 의: 잠시 말을 멈추게 하는 느낌을 주는 어조사. 정지형 어조사로 분류하기도 하고(최상익, 『한문해석법』 연구 p.51), 짧은 휴지(休止)를 나타내 문장이 끝나지 않았음을 나타낸다고 설명하기도 한다(王力, 『중국어 어법 발전사』 p.421). 말을 잠시 멈추면서 다음에 나오는 말 "無惡也"를 환기시키는 역할을 한다고 볼 수 있다. 쉼표역할을 한다. used to indicate a pause in a sentence. equivalent to a comma.

無惡也 무악야: 악한 행위는 없다. 악한 짓은 하지 않는다. There is no practice of wickedness. One will have no evilness. He does not take a wicked action.

惡 악할(악): 악한 행위. 나쁜 짓. evil. wickedness. a wicked action.

【해설】

인(仁)은 사회공동생활을 함에 언제나 남을 먼저 배려하고 자기의 사욕(私慾)을 버리는 박애정신(博愛精神)이 기본이다. 이런 정신세계에 뜻을 둔 사람이라면 나쁜 짓을 할 수 없다. 어쩌다 과실(過失)은 저지를 수 있겠으나 악행(惡行)은 저지르지 않는다는 것이 공자의 생각이다.

【외국학자 영문해석】

1 The Master said, "If you bend your mind on humanity, you are free from evil."
(The analects of Confucius (Lun Yu); A Literal Translation with an Introduction and Notes by Chichung Huang, Oxford University Press 1997.)

2 Confucius said: "If one has the aspiration of benevolence, one could have no evilness."
(The Analects of Confucius(unabridged), translated by Jack J. Cai & Emma Yu, Americd-rom publishing company. U.S.A.)

제5장

子曰; 富與貴, 是人之所欲也, 不以其道得之, 不處也.
貧與賤, 是人之所惡也, 不以其道得之, 不去也.
君子去仁, 惡乎成名? 君子無終食之間違仁,
造次必於是, 顚沛必於是.

자왈; 부여귀, 시인지소욕야, 불이기도득지, 불처야. 빈여천, 시인지소오야, 불이기도득지, 불거야. 군자거인, 오호성명. 군자무종식지간위인, 조차필어시, 전패필어시.

해석 | 공자께서 말씀하셨다. "부와 귀, 이것은 사람들이 원하는 바이지만 그에 합당한 방법으로써 얻은 것이 아니라면, 차지하지 말아야 한다. 가난함과 천함, 이것은 사람들이 싫어하는 바이지만, 그에 합당한 방법으로 그것을 얻은 것이 아니라 하더라도 벗어나려 하지 말아야 한다. 군자가 인을 버린다면, 어디에서 군자라는 이름을 이루겠는가? 군자는 식사 한 끼를 먹는 사이에도 인(仁)을 어기지 않는 것이므로, 다급한 상황에서도 반드시 이것을 의지하여야 하고, 넘어지는 순간에도 반드시 이것을 의지하여야 한다."

【주석】

01 富與貴, 是人之所欲也, 不以其道得之, 不處也

부여귀, 시인지소욕야, 불이기도득지, 불처야

부와 귀, 이것은 사람들이 원하는 바이지만 그에 합당한 방법으로써 얻은 것이 아니라면, 차지하지 않아야 한다.

富與貴 부여귀: 부와 귀. (與: …와 …과). riches and honours, wealth and high station, wealth and rank.

人之所欲 인지소욕: 사람들이 원하는 것. what people want to have. what men desire.

之 지: 之자가 주어와 술어 사이에 끼어 있을 때에는 마치 주격조사처럼 "은. 는. 이. 가"로 해석한다. used as subjective particle.

所 소: …하는 바. …하는 것. the thing which. what.

也 야: …이다(be). 문장의 끝에 쓰여 판단 또는 진술의 어기를 나타낸다. used to indicate judgement or explanation.

不以其道得之, 不處也 불이기도득지, 불처야: 그에 합당한 방법으로써 얻은 것이 아니라면, 차지하지 않아야 한다. If one did not get them in accordance with the appropriate way, one should not occupy them.

以其道 이기도: 그에 합당한 도리로써. 그에 합당한 방법으로. 도(道)는 도리, 길, 방법이란 뜻임. in the proper way. in a right way. with the lawful means.

得之 득지: 그것을 얻다. 그것이란 부와 귀를 의미한다. obtain it. get them.

處 처: 자리를 차지하다. 머무르다. 누리다. occupy. held. abide.

02 貧與賤, 是人之所惡也, 不以其道得之, 不去也

빈여천, 시인지소오야, 불이기도득지, 불거야

가난함과 천함, 이것은 사람들이 싫어하는 바이지만, 그에 합당한 방법으로 그것을 얻은 것이 아니라 하더라도 벗어나려 하지 말아야 한다. Poverty and low status, these are what people dislike. Even if one did not get them in the right way, one should not try to escape from them.

貧與賤 빈여천: 가난함과 천함. poverty and low status. poverty and obscurity.

賤 천할(천): 천한 것. 신분이 낮은 것. low status. obscurity. disgrace.

是人之所惡也 시인지소오야: 이것은 사람들이 싫어하는 것이다. These are what men hates. These are what people dislike.

不以其道得之 불이기도득지: 그에 합당한 방법으로 그것을 얻은 것이 아니다. 이 구절은 "본인의 책임으로 돌릴 만한 원인으로 빈천해진 것이 아닌 경우"를 뜻한다. 빈천해지는 이유를 크게 둘로 나누어 보면, 본인에게 "그 책임이 있는 경우"와 본인에게 "그 책임이 없는 경우"가 있다. 좋은 집안에서 태어났지만 마약, 사기, 도박, 축첩 등의 행위로 빈천하게 된 경우는 "본인에게 그 책임이 있는 경우"에 속한다. 그러나 거지(beggar)의 자식으로 태어나 고아원을 전전하다 보니 빈천하게 될 수밖에 없었던 운명이라면 이는 "본인에게 그 책임이 없는 경우"에 속한다. 본인에게 전혀 책임이 없는 경우라 하더라도 이를 벗어나기 위하여 부당한 방법을 동원하여서는 안 된다는 것이 공자의 생각인 것 같다. 공자는 인간이 가야 할 올바른 길은 "부귀(富貴)나 빈천(貧賤)이 아니라 오로지 인(仁)의 길뿐이다"라는 생각이다. 그래서 공자는 『논어』의 다른 편(「술이」 7-15)에서 "거친 밥을 먹고, 물을 마신 뒤에, 팔을 굽혀 베개로 삼아 누웠어도 즐거움은 또한 그 가운데에 있다. 정의롭지 않으면서 부유하고 또한 귀하게 되는 것은 나에게는 뜬 구름과 같다"라는 교훈을 우리에게 던져 주고 있다(飯疏食, 飮水, 曲肱而枕之, 樂亦在其中矣. 不義而富且貴, 於我如浮雲).

不去也 불거야: 벗어나려고 하지 말아야 한다. 빈천을 벗어나려고 발버둥치면 아무래도 부정과 타협하게 된다. 그러므로 공자는 "부당한 방법으로 그것으로부터 벗어나려고 날뛰어서는 안 된다"는 점을 강조한 것이다. One should not try to escape from them (in an unjust way).

去 갈(거): 벗어나다. 제거하다. 버리다. get rid of. abandon. escape. •

03 君子去仁, 惡乎成名 군자거인, 오호성명

군자가 인(仁)을 버린다면, 어디에서 군자라는 이름을 이루겠는가? If a gentleman abandons humanity, at which place does he make a name for himself?

惡乎 오호: 어디에서. at which place. where.

惡 오: 어디. 어찌. 어떻게. where. how.

乎 호: …에서. 장소를 표시하는 전치사. 乎를 의문사로 보아 惡乎를 "어찌…하겠는가?"로 처리하는 학자들도 있다. at. in. on.

成名 성명: 군자다운 이름을 이룩하다. 군자다운 명성을 이룩하다. make a name for oneself. make a reputation. fulfill the name.

04 君子無終食之間違仁, 造次必於是, 顚沛必於是

군자무종식지간위인, 조차필어시, 전패필어시

군자는 식사 한 끼를 먹는 사이에도 인을 어기지 않는 것이므로, 다급한 상황에서도 반드시 이것을 의지하여야 하고, 넘어지는 순간에도 반드시 이것을 의지하여야 한다. A gentleman will not, for the space of a meal, depart from humanity. In haste and hurry, he always adheres to it; in fall and stumble, he always adheres to it. (Chichung Hwang). / Never for a moment does a gentleman part from humanity; he clings to it through trials, he clings to it through tribulations. (Simon Leys) / The superior man does not, even for the space of a single meal, act contrary to virtue. In moments of haste, he cleaves to it. In seasons of danger, he cleaves to it. (James Legge)

終食之間 종식지간: 식사 한 끼를 다 마치는 사이. 밥 한 끼를 먹는 짧은 시간. the space of a meal.

間 사이(간): 사이. 시간. space. time. moment.

終 마칠(종): 마치다. 끝내다. end. finish.

違仁 위인: 인을 어기다. depart from humanity. desert benevolence. disregard virtue.

違 어길(위): 어기다. 위반하다. violate. break. offend.

造次必於是 조차필어시: 다급한 상황에서도 반드시 이것(仁)을 의지한다. In moments of haste and hurry, he always clings to it.

造次 조차: 다급한 상황. moment of haste and hurry.

造 갑자기(조): 졸지(猝地). 갑작스러운 상황. suddenness.

次 차례(차): 차례. 순서. 때. order. turn. time.

於 기댈(어): 의지하다. 의존하다. depend on. cling to. cleave. adhere to.

是 시: 이것. 인(仁)을 가리키는 지시대명사. this.

顚沛必於是 전패필어시: 넘어지는 순간에도 반드시 이것을 의지한다. He clings to this, even in moment of fall and stumble.

顚沛 전패: 넘어지는 순간. 주희의 『논어집주』에서는 "顚沛"를 "기울어 넘어져서 떨어지는 순간"으로 해석한다. 傾覆流離之際(경복유리지제). moment of fall and stumble. moment of danger and peril.

顚 넘어질(전): 넘어지다. 뒤집히다. fall down. tumble down. collapse.

沛 늪(패): 넘어지다. 자빠지다. fall down. tumble down.

【해설】

거지의 빈천한 천막에서 출생하든 재벌의 집에서 출생하든 그것은 본인의 의지와는 아무 관련이 없다. 운명적으로 그렇게 되었을 뿐이다. 그러나 태어난 이후에 돈을 벌거나 출세를 하는 것은 본인의 노력과 의지에 따라 차이가 나게 된다. 많은 부(富)를 축적하려면 권력층과 결탁하거나 독과점, 매점매석 등 부정한 방법을 동원하지 않으면 어렵다. 공자는 부정부패와 결탁하느니 차라리 가난하더라도 이를 감수하는 편이 낫다는 생각이다. 그래서 "합당한 방법으로 얻은 것이 아니면 그것을 차지하지 말고, 불리한 조건이나 어떤 편파적인 행위 때문에 빈궁하게 되었다 하더라도 이를 벗어나기 위하여 부당한 방법을 동원하여서는 안 된다"는 점을 강조하고 있다. 빈궁에서 벗어나려고 발버둥치는 과정에서도 부정한 방법이 동원될 우려가 있다. 이를 몰아내기 위한 방법으로 공자는 인(仁)의 정신을 제시하였다. 인(仁)은 사회공동생활을 함에 언제나 남을 먼저 배려하고 남을 사랑하는 마음이며, 자기의 개인적인 욕심을 버리는 정신이다. 인(仁)에 뜻을 두면 나쁜 짓을 할 수도 없고, 남보다 앞서 가려고 술수(術數)를 쓰지도 않는다. 한 순간도 인에서 눈을 떼면 안 된다는 것이 공자의 생각이다. 군자가 가야 할 길은 인(仁)을 바탕으로 한 안빈낙도(安貧樂道)의 길뿐이다.

【외국학자 영문해석】

1 The Master said: "Riches and rank are what every man craves; yet if the only way to obtain them goes against his principles, he should desist from such a pursuit. Poverty and obscurity are what every man hates; yet if the only escape from them goes against his principles, he should accept his lot. If a gentleman forsakes humanity, how can he make a name for himself? Never for a moment does a gentleman part from humanity; he clings to it through trials, he clings to it through tribulations."

(The Analects of Confucius, Translation and Notes by Simon Leys, W. W. Norton & Company. Inc. New York.)

2 The Master said, "Wealth and high station are what men desire but unless I got them in the right way I would not remain in them. Poverty and low station are what men dislike, but even if I did not get them in the right way I would not try to escape from them.

If the gentleman forsakes benevolence, in what way can he make a name for himself?

The gentleman never deserts benevolence, not even for as long as it takes to eat a meal. If he hurries and stumbles one may be sure that it is in benevolence that he does so."

(The Analects: translated by D,C. Lau, Penguin Books Ltd, London. England.)

子曰; 我未見好仁者, 惡不仁者. 好仁者, 無以尙之; 惡不仁者, 其爲仁矣, 不使不仁者加乎其身. 有能一日用其力於仁矣乎? 我未見力不足者. 蓋有之矣, 我未之見也.

자왈; 아미견호인자, 오불인자. 호인자, 무이상지. 오불인자, 기위인의, 불사불인자가호기신. 유능일일용기력어인의호? 아미견력부족자. 개유지의, 아미지견야.

해석 | 공자께서 말씀하셨다. "나는 아직 인(仁)을 좋아하는 사람과 인하지 않음을 미워하는 사람을 보지 못하였다. 인을 좋아하는 사람의 경우에는 더 이상 보탤 것이 없다. 불인(不仁)을 미워하는 사람도 그가 인을 행함에서 '인하지 않은 것들'이 그의 몸에 달라붙지 못하게 한다. 하루 동안이라도 그의 힘을 인에다 쓸 수 있는 사람이 있었는가? 나는 능력이 부족한 자를 보지 못하였다. 아마 그런 사람(力不足者)이 있었을 것이다. 나는 아직 그런 사람을 보지 못하였다."

【주석】

01 我未見好仁者, 惡不仁者 아미견호인자, 오불인자

나는 아직 인을 좋아하는 사람과 인하지 않음(不仁)을 미워하는 사람을 보지 못하였다. I have never yet seen one who loves humanity, and also one who hates inhumanity.

好仁者 호인자: 인을 좋아하는 사람. one who loves humanity.

惡不仁者 오불인자: 불인(不仁)을 미워하는 사람. the man who hates inhumanity.

02 好仁者, 無以尙之 호인자, 무이상지

인(仁)을 좋아하는 사람에게는 더 보탤 것이 없다. 인은 인간이 지녀야 할 최고의 덕목이므로 인을 좋아하는 사람은 최고의 경지에 오른 사람이다. 더 보탤 것도 없고, 어느 것도 그것을 능가할 수 없다. He who loved humanity, would put nothing above it. As far as the man who loves humanity, nothing can surpass him. A man who loves benevolence cannot be surpassed.

無以尙之 무이상지: ① 어떤 것을 더 보탤 것이 없다. 더 바랄 것이 없다. put nothing else above it. esteem nothing above it. ② 그를 능가할 수 없다. can not surpass him.

無以 무이: 할 것이 없다. 할 수 없다. 방법(以)이 없다. can not. there is nothing.

〔예〕 不學詩, 無以言(불학시, 무이언): 『시경(詩經)』을 배우지 아니하면 남들과 어떤 것도 이야기할 수 없다〔「계씨」 16-13〕. If you do not learn the Poems, you will not be able to talk about anything.

尙 더할(상): 더하다. 보태다. 능가하다. add. surpass. excel.

之 지: 그것. 어떤 것. 그를. it. something. him. that person.

03 惡不仁者, 其爲仁矣, 不使不仁者加乎其身

오불인자, 기위인의, 불사불인자가호기신

인하지 않음(不仁)을 미워하는 사람은, 그가 인을 행함에 있어서 "인하지 않은 것들"이 그의 몸에 붙지 못하게 한다. 그러므로 좀 소극적이기는 하나 이것도 인을 행하는 것이다. One who hates inhumanity, in practicing humanity, makes the things which are inhumane not to affect his person.

惡不仁者 오불인자: 불인(不仁)을 미워하는 사람. one who hates inhumanity.

其爲仁矣 기위인의: 그가 인을 행함에 있어서. in that he practices humanity. in that he performs benevolence.

矣 의: 잠시 말을 멈추게 하는 느낌을 주는 어조사. 쉼표역할을 한다〔「이인」 4-4〕.

used to indicate a pause in a sentence. equivalent to a comma.

使 사: 하게 하다. 시키다. let. make. have.

不仁者 불인자: 불인(不仁)한 것. 인하지 않은 것. inhumanity. wickedness. the things which are inhumane.

加乎其身 가호기신: 그의 몸에 붙다. come closely to his body. touch his body. affect one's person.

加 더할(가): 더하다. 보태다. 덧붙이다. add. affect. approach. influence.

乎 호: …에. 동작의 대상을 표시하는 전치사. at. on. in. to.

其 기: 그. 그 사람. 惡不仁者를 가리키는 지시대명사. he. that person.

04 有能一日用其力於仁矣乎 유능일일용기력어인의호

하루 동안이라도 그의 힘을 인에다 쓸 수 있는 사람이 있었는가? 하루 동안이라도 그의 힘을 인에다 쓰는 능력 있는 사람이 있었는가? Was there anyone who can, just for one day, use his energy on humanity? / Is there anyone who is able to devote all his strength to goodness just for one day?

有 유: …이 있다. there be.

能一日用其力於仁 능일일용기력어인: 하루 동안이라도 그의 힘을 인에다 쓸 수 있는 사람. the man who, just for a single day, is able to devote all his strength to benevolence.

能 능할(능): 할 수 있는 사람. 능력이 있는 사람. the person who can do something. able man, talented person.

(예) 尊賢使能(존현사능): 어진 사람을 존경하고, 능력이 있는 사람을 부린다. (『孟子』. 「公孫丑上」) A gentleman respects a wise man, and employs an able man.

一日 일일: 하루 동안. for one day. for a single day.

於 어: …에. to. on. at.

矣乎 의호: …인가? …한가? 의문의 어기를 표시한다. 여기서는 문맥상 과거로 보아 "…있었는가?"로 풀이한다. was there?

05 我未見力不足者 아미견력부족자

나는 능력이 부족한 자를 보지 못하였다. 능력이 부족해서 인을 이루지 못하는 것이 아니라 하고자 하는 적극적인 의지가 부족하다는 것이다. 누구나 뜻만 세우면 할 수 있는 것인데, 그렇게 하지 않는 풍토를 개탄한 글이다. I have never seen any person whose strength is insufficient.

力不足者 역부족자: 능력이 부족한 자. 힘이 부족해서 仁을 이루지 못하는 사람. a person whose strength is insufficient. anyone whose energy is insufficient.

06 蓋有之矣, 我未之見也 개유지의, 아미지견야

아마 그런 사람이 있었을 것이다. 나는 아직 그런 사람을 보지 못하였다. There may be such a person, but I have not yet seen him.

蓋 개: 아마. 혹시. perhaps. maybe.

之 지: 그런 사람. 능력이 부족한 자(力不足者)를 가리키는 지시대명사. 두 번째 나오는 之자도 의미는 같다. 見이라는 동사의 목적어인데 고어(古語)에서는 의문문이나 부정문에서 목적어가 대명사일 경우에는 그 위치가 바뀔 때가 있다. 여기서는 부정문이므로 동사와 목적어의 위치가 도치되었다. such a person. him.

〔예〕 吾誰欺? 欺天乎(오수기, 기천호): 내가 누구를 속이겠는가? 하늘을 속이겠는가?〔「자한」 9-11〕. Whom do I deceive? Do I deceive Heaven?

矣 의: …이다(be). 문장 끝에 쓰여 결정, 완료의 뜻을 나타낸다〔「공야장」 5-19〕, 〔「옹야」 6-2〕, 〔「태백」 8-5〕, 〔「자장」 19-23〕. used to indicate the feeling of finish. used at the end of a sentence like 了(le) (Beijing Foreign Language University, A Chinese-English Dictionary, 1997 Revised Edition: p.1484).

也 야: …이다(be). 문장의 끝에 쓰여 판단 또는 진술의 어기를 나타낸다. used at the end of a sentence, indicating an explanation or a judgement (Beijing Foreign Language University, A Chinese-English Dictionary: p.1456).

【해설】

인(仁)은 인간이 지녀야 할 최고의 덕목이므로 인(仁)을 좋아하는 사람은 최고의 경지에 오른 사람이다. 그러나 불인(不仁)을 미워하는 사람도 그가 인을 실천할 때는 "인하지 않은 것들"이 그의 몸에 달라붙지 못하게 하므로 역시 훌륭한 덕목을 갖춘 것이다. 좋은 일을 많이 하는 사람도 훌륭한 인물이고, 부정한 일을 하지 않는 사람도 훌륭한 인물이다. 적극적으로 인을 실천하는 사람이냐 또는 소극적으로 불인(不仁)을 거부하는 사람이냐 하는 표현상의 문제일 뿐이다.

【외국학자 영문해석】

1 The Master said, "I have never met a man who finds benevolence attractive or a man who finds unbenevolence repulsive. A man who finds benevolence attractive cannot be surpassed. A man who finds unbenevolence repulsive can, perhaps, be counted as benevolent, for he would not allow what is not benevolent to contaminate his person. Is there a man who, for the space of a single day, is able to devote all his strength to benevolence? I have not come across such a man whose strength proves insufficient for the task. There must be such cases of insufficient strength, only I have not come across them."

(The Analects: translated by D.C. Lau, Penguin Books Ltd, London. England.)

2 The Master said, "I have not seen a person who loved virtue, or one who hated what was not virtuous. He who loved virtue, would esteem nothing above it. He who hated what is not virtuous, would practice virtue in such a way that he would not allow anything that is not virtuous to approach his person. Is any one able for one day to apply his strength to virtue? I have not seen the case in which his strength would be insufficient. Should there possibly be any such case, I have not seen it."

(Confucius Analects, The Great Learning and The Doctrine of The Mean, translated by James Legge, Manufactured in Dover Publication, Inc. U.S.A.)

제4편 이인(里仁)

제7장

子曰; 人之過也, 各於其黨. 觀過, 斯知仁矣.

자왈; 인지과야, 각어기당. 관과, 사지인의.

해석 | 공자께서 말씀하셨다. "사람들의 잘못은 각각 그 부류(部類)를 따른다. 잘못된 것을 보면 이에 곧 인(仁)의 정도를 알게 된다."

【주석】

01 人之過也, 各於其黨 인지과야, 각어기당

사람들의 잘못은 각각 그 부류(部類)를 따른다. 사람들의 과실은 그가 속한 그룹의 유형에 따라 다르다. The faults of men are characteristic of the class to which they belong. (James Legge) / People's faults may be ascribed to their respective kind. (Chichung Huang) / A man's faults all conform to his type of mind. (William Edward Soothill)

於 기댈(어): 의지하다. 따르다. depend on. follow. conform to.

也 야: 말을 잠깐 멈추고 다음 내용을 환기시키는 역할을 한다. 쉼표역할을 한다. 우리말 표현으로는 "…는", "…이란" 정도로 해석한다. used to indicate a pause in a sentence. equivalent to a comma.

各於其黨 각어기당: 각각 그 집단을 따른다. 각각 그 조직의 특성을 따르는 경향이 있다. 각각 그 스타일(類型)이 있다. 군 출신 대통령의 정치집단은 행정처리가 독단적이고 일방적 명령방식으로 밀어부치는 특성이 있고, 인권변호사출신 대통령 집단은 소외계층의 인권과 복지를 배려하는 과정에서 각 이해집단의 질서파괴적 과격행동을 방치하는 특성이 있다. respectively conform to the climate of one's organization. follow the character of the class to which they belong.

黨 무리(당): 유형. 부류. 집단. 당풍. 버릇. 다산은 黨을 "어느 한 쪽으로 치우친 버릇" 또는 편벽(偏僻) 같은 개념으로 파악하였다 (黨, 猶偏也). the class to which people belong. party's work style. type. kind. level. habit. the climate of one's organization.

02 觀過, 斯知仁矣 관과, 사지인의

잘못된 것을 보면 이에 곧 인(仁)의 정도를 알게된다. 허물을 보면 "그 사람의 인품(人品)"이 어느 정도인지를 알게 된다. 仁을 人에 가깝게 해석하는 견해도 있다. "사람의 잘못에는 저마다 버릇이 있다. 그 사람이 잘못한 모양을 보면 그 인물을 알 수 있다"고 해석한다(宮崎市定, 論語). By observing a man's mistakes, we can see what type of person he is. If one contemplates a mistake, then one get to know humaneness of the man.

觀過 관과: (그 사람의) 잘못된 것을 보다. 과실을 보다. contemplate a man's faults. observe a man's mistakes.

斯知仁矣 사지인의: 이에 곧 仁의 정도를 알게 된다. 그 사람의 인품(人品)이 어느 정도인지를 알게 된다. Then one gets to know the degree of humaneness of the man. You can know whether he is humane or not.

斯 사: 이에 곧. 곧. 바로. 앞의 문장을 이어 받는 말이다. then. simply by such a reason,

矣 의: …하게 되다. 어떤 사건이 발전・변화하는 과정을 서술하는 어조사(김원중, 『허사사전』 pp.637~640). get to. come to.

〔예〕 旣庶矣, 又何加焉(기서의, 우하가언): 이미 백성들이 많아지게 되었으면, 또 무엇을 거기에 추가해야 합니까?〔「자로」 13-9〕. When the people have already multiplied, what more should be added for them?

【해설】

사람은 누구나 실수를 한다. 군자도 예외는 아니다. 그리고 사람들의 인품이나 인덕의 정도에 따라 그 실수의 유형(類型)도 다르게 나타난다. 『논어집주』에서는 다음과 같이 해석한다. "당(黨)은 어떤 유형(類型)을 뜻한다. 정자(程子)가 말하기를 '사람의 과실도 저마다의 유형에 따른다. 군자는 항상 후덕함에서 실수를 하고, 소인은 항상 경박한 데서 실수를 한다. 군자는 사랑에 지나치고, 소인은 잔인함에 지나치다.' 윤씨가 말하기를 '이것으로써 과실을 살펴보면 그 사람이 인덕이 있는 사람인지 인덕이 없는 사람인지를 알 수 있다'고 하였다." (黨, 類也. 程子曰, 人之過也, 各於其類, 君子常失於厚, 小人常失於薄, 君子過於愛, 小人過於忍. 尹氏曰, 於此觀之.則人之仁不仁, 可知矣).

골프를 좋아하는 군자그룹의 고급공무원은 뇌물을 좋아하는 버릇이 있고, 금고털이나 소매치기를 일삼는 인간들은 일하지 않고 남을 적당히 속여 어떻게 편히 살아 볼까 하는 기생충 같은 도벽(盜癖)이 있다. 공부를 많이 하였건 집이 가난하여 소매치기가 되었건 모두가 다 선도(鮮度)가 떨어지는 인간들이나. 여기에 무슨 군사와 소인의 구분이 있겠는가. 배운 것이 없는 농사꾼이라도 활어(活魚)그룹이 있고, 생태(生太)그룹이 있다. 『사서삼경(四書三經)』을 모두 통달하여 과거시험에 합격하였어도 동태(凍太)그룹이 있고, 부패태(腐敗太) 그룹이 있는 것이 오늘의 현실이다. 선도의 높고낮음이 인(仁)의 높고 낮음을 결정하는 것이 아닐까? 그가 자라난 환경이 어떠한가? 그가 어떤 교육을 받았는가? 그가 고민하며 찾고 있는 길이 어떤 길인가? 그의 성장과정, 교육환경과 친구관계 등 여러 요인을 모두 다 들여다보아야 할 것이다. 黨이라는 말을 "그가 성장하여 온 배경"으로 이해하고 싶다.

【외국학자 영문해석】

1 Confucius said, "The mistakes one makes has to do with one's social position. By looking at someone's mistakes we can see what type of person he is."

(Analects of Confucius (1994): Printed by Beijing Foreign Language Printing House. China.)

2 The Master said: "A man's faults all conform to his type of mind. Observe his faults and you may know his virtues."

(The Analects, Confucius translated by William Edward Soothill. Dover Publications, Inc. New York.)

제4편 이인(里仁)

제8장

子曰; 朝聞道, 夕死可矣.

자왈; 조문도, 석사가의.

해석 | 공자께서 말씀하셨다. "아침에 도를 들어 깨닫는다면 저녁에 죽어도 좋다."

【주석】

01 朝聞道, 夕死可矣 조문도, 석사가의

아침에 도를 들어 깨닫는다면 저녁에 죽어도 좋다. 득도(得道)를 갈망하는 공자의 소망으로 풀이하였다. 그러나 이 문장에는 다른 해석도 있다. 즉 여기서의 도(道)를 "훌륭한 임금이 출현하여 도덕적 정치를 실현하려는 정부가 탄생하였다는 소리"로 푸는 입장이다. 그러면 이 문장은 "'성왕(聖王)이 출현하여 도덕정치를 베푸는 세상이 되었다는 말'을 아침에 듣게 된다면, 저녁에 죽어도 좋다"는 해석이 된다. 뜻은 통하지만 道라는 글자를 너무 확대해석한 느낌이다. If I should hear about the right way in the morning, I might die in the evening without regret.

朝聞道 조문도: 아침에 道를 들어 깨닫다. hear the right way. get the way of truth. hear and perceive the right way that people should keep and perform.

朝 아침(조): 아침. 朝는 명사이지만 부사역할을 한다 (아침에). 뒤에 나오는 夕도 마찬가지이다. in the morning.

聞 들을(문): 듣다. 듣고 깨닫다. hear and perceive. understand.

道 도: 인간이 가야 할 올바른 길. 인간의 도리(道理). 사물(事物)의 당연한 이치. 주희는 "道란 사물의 당연한 이치이다. 진실로 그것을 듣고 깨닫는다면, 살아서는 도(道)에 따르고 오늘 죽는다 하더라도 편안한 마음을 갖게 되며 다시 유한(遺恨)이 없을 것이다"라고 설명한다(道者, 事物當然之理, 苟得聞之, 則生順死安, 無復遺恨矣). 설명이 다소 어렵게 표현되었지만, 도(道)는 "인간이 가야 할 올바른 길"을 말한다. 이는 질서 즉 예(禮)를 지키고 자연의 이치에 순응하며 사는 것이 도(道)의 구체적 모습이다〔「이인」 4-8〕. the right way. the way of truth. the right way that people should keep and perform, the way of humanity. to keep order and to follow the provision of nature.

夕死可矣 석사가의: 저녁에 죽어도 좋다. may die in the evening.

夕 저녁(석): 저녁. in the evening.

可 가: 좋다, 가하다, 할 수 있다. good, may.

矣 의: …이다(be). 문장 끝에 놓여 단정적인 어기를 표시한다. used to indicate the feeling of decision. equivalent to a period.

【해설】

사람이 태어나고 죽는 것, 호흡하는 것, 심장이 뛰는 것, 잠자는 것, 해와 달이 비추어 만물을 소생시키는 것, 계절이 바뀌고 시간이 흐르는 것, 이런 것들은 사람이 마음대로 할 수 있는 것도 아니고 마음대로 막을 수 있는 것도 아니다. 그것은 자연의 이치이기 때문이다. 이 세상에 죽지 않은 사람은 없다. 예수도 석가도 공자도 모두 죽었다. 자연의 이치이다. 이 짧은 기간

동안 서로 다투고, 싸우고, 상처받고, 원한 품고, 복수하고…, 이런 식으로 인간은 살아가고 있다. 예수가 태어난 이스라엘과 팔레스타인 지역에서는 오늘도 두 나라 사람이 싸우고, 죽이고, 복수하고, 또 죽이고, 또 복수하는 악순환이 계속되고 있다. 사람은 태어나서는 언젠가는 죽게 되는데 그 짧은 생존기간에 이렇게 증오하고 싸우면서 앞당겨 죽어 가고 있는 것이 지금 지구상에서 벌어지고 있는 현실이다. 싸우지 않고 어떻게 평화롭게 살아갈 수 있는 방법은 없을까 하는 것을 모색하여야 하는 것이 지금을 살아가고 있는 사람들의 임무(任務)다. 이 세상은 여러 사람이 모여서 함께 살아가는 곳이다. 서로 충돌하지 않고 조화를 이루고 평화스럽게 살아가려면 어떤 룰(rule)이 필요함을 느끼게 된다. 그래서 과거에는 옛 성현들의 삶에 나타난 훌륭한 행동양식(行動樣式)을 본받아 예(禮)라는 것을 만들었다. 이 예에는 예의범절(禮儀凡節)과 질서 있는 생활을 하기 위한 규율(規律)이 모두 포함되어 있는 아주 광범위한 행동규정(行動規定)이다. 이것은 인간의 지혜로 만든 것이다. 인간의 지혜로 만들기는 하였지만 예에도 물론 그 내용은 자연의 이치를 담고 있다. 자기를 낳고 길러 준 부모에게 효도하여야 한다는 것은 하늘의 뜻이며 자연의 이치이다. 태어난다는 것 자체가 내 마음대로 되는 것이 아니기 때문이다. 어쨌든 세상을 살아가려면 "자연의 이치"와 "인간의 지혜로 만든 예"를 모두 알고 이를 깨달아야 한다. 이것은 우리가 배우고 깨닫고 지켜야 할 도리(道理)이다. 이러한 세상살이의 이치가 도(道)이다. 주희는 도(道)를 "사물의 당연한 이치"라고 표현하였다. 좀 쉽게 설명하면 "세상살이의 이치"이다. 이것을 하나하나 정성을 가지고 지키고 실천하는 것이 덕(德)이다. 음(陰)과 양(陽)이 결합하여 아이가 태어난다. 자연의 이치이다. 태어난 후에는 땅에서 나오는 물과 곡식을 먹고 자라고, 죽을 때에는 다시 물과 곡식에 의하여 형성된 육체를 다시 땅에다 바친다. 당연한 이치이다. 빈손으로 왔다가 빈손으로 돌아가는 것이 인생이다. 무엇이 원통하고 무엇이 두렵단 말인가. 자연의 이치를 알면 죽음이 가까이 다가온다 하더라도 아무 두려움이 없으며 마음의 평온을 느끼게 된다. 죽음이란 너무나 당연한 생로병사(生老病死)의 순서이기 때문이다. 우리가 할 수 있는 것은 순서를 지키고 질서를 지키는 일 뿐이다.

【외국학자 영문해석】

1 Confucius said: "If I could get the way of truth in the morning, it is worth even if I die in the evening."

(The Analects of Confucius(unabridged), translated by Jack J. Cai & Emma Yu, Americd-rom publishing company. U.S.A.)

2 Confucius said, "If in the morning I learn of the truth, I shall die without regrets in the evening."

(The Complete Analects of Confucius(1997), translated by Adam Sia. Asiapac Books Pte Ltd. Singapore.)

제4편 이인(里仁) 제9장

子曰; 士志於道, 而恥惡衣惡食者, 未足與議也.

자왈; 사지어도, 이치악의악식자, 미족여의야.

해석 | 공자께서 말씀하셨다. "선비가 도(道)에 뜻을 두고 있으면서도 나쁜 옷과 나쁜 음식을 부끄럽게 여기는 사람이라면 그런 사람과는 함께 의논하기에는 부족하다."

【주석】

01 士志於道, 而恥惡衣惡食者, 未足與議也

사지어도, 이치악의악식자, 미족여의야

선비가 도(道)에 뜻을 두고 있으면서도 나쁜 옷과 나쁜 음식을 부끄럽게 여기는 사람이라면 함께 의논하기에는 부족하다. A scholar, whose mind is set on the way, but who is ashamed of bad clothes and bad food, is not fit to be discoursed with.

士志於道 사지어도: 선비가 도(道)에 뜻을 두다. A scholar sets his mind on truth. A scholar sets his mind on the way.

士 선비(사): 학문에 뜻을 둔 사람. 진리를 탐구하는 사람. 학자들을 포함하여 장관급 관리 아래에 있는 고급관리들을 선비라고 하기도 한다. 외국학자 중에는 선비를

기사(knight)로 번역한 경우도 있다. 고대 유럽지역에서는 기사(騎士)들이 무술로 써 왕이나 제후들을 받들었기 때문이다. 그러나 이들은 말을 타고 창을 휘두르는 일 뿐만 아니라 기사도(騎士道)를 발휘할 줄 아는 학문과 예절을 익힌 사람들이었다. 공자시대에도 기본교양과목으로 육예(六藝)를 가르쳤는데 이에는 말타기(御)와 활쏘기(射)가 포함되어 있다. 그 당시는 문무(文武)가 구분되어 있지 않았던 시절이므로 군인이 따로 있는 것이 아니라 일반관리들이 전쟁시에는 모두 군대역할을 수행하였다. 재상(宰相) 중에 명장(名將)이 많았던 것도 이런 이유 때문이다. a scholar. the person who is searching the truth. knight. that class of men who ranked between ministers and commoners, inclusive of minor officials and scholars (Chichung Huang).

志 뜻(지): 뜻을 두다. set one's mind on. aspire after the Way.

而 이: 그러나. but.

恥惡衣惡食者 치악의악식자: 나쁜 옷과 나쁜 음식을 부끄럽게 여기는 사람. the person who is ashamed of bad clothes and coarse food. the man who is ashamed of wearing shabby clothes and poor food.

恥 부끄러워할(치): 부끄럽게 여기다, 부끄러워하다. be ashamed of.

惡 나쁠(악): 나쁘다. bad. coarse.

衣 옷(의): 옷. clothes.

食 밥(식): 음식. food.

未足與議也 미족여의야: 함께 의논하기에 부족하다. 함께 의논할 가치가 없다. be not fit to be discoursed with. be not worth consulting with. be not worth discoursing with.

未足 미족: 부족(不足)하다. 의역하면 "가치가 없다"는 의미가 된다. not sufficient to do. not enough to do. be not worth.

未 미: 아니다. not.

與 여: 함께. 더불어. together. with.

議 의논할(의): 의논하다. consult with. discourse with.

也 야: …이다(be). 문장의 끝에 쓰여 판단, 단정을 표시한다. used to indicate judgement or decision.

【해설】

학문에 뜻을 두고도 아직도 세속적인 의(衣), 식(食), 주(住)에 집착하는 인간이라면, 그런 인간과는 진리를 논할 수 없다는 가르침이다. 선비는 오로지 진리탐구에만 전념하여야지 세속적인 이윤추구에 관여하여서는 안 된다.

【외국학자 영문해석】

1 The Master said: "A scholar sets his heart on the Way if he is ashamed of his shabby clothes and coarse food, he is not worth listening to."

(The Analects of Confucius, Translation and Notes by Simon Leys, W. W. Norton & Company. Inc. New York.)

2 A shih who is set on the way, "but is ashamed of old clothes and coarse food, is not worth consulting."

[Comment] The title shih is usually translated into English as either "knight" or "scholar." While the shih of later Chinese history is more definitely a scholar than a knight, in the Analects, what Confucius is referring to is a level of spiritual/moral development, as well as academic and martial cultivation which is clearly above that of the average person. Thus, we can understand the shih to be a person who is well on the way toward becoming a "Superior Man," but is not quite there yet. I am reluctant to render shih, as either "scholar" or "knight" because of the limitations in meaning that occur with these English words.

(The Analects of Confucius: translated by Charles Muller.)

(http://www.human.toyogakuen-u.ac.jp/~acmuller/contao/analects.htm.)

子曰; 君子之於天下也, 無適也, 無莫也, 義之與比.

자왈; 군자지어천하야, 무적야, 무막야, 의지여비.

해석 | 공자께서 말씀하셨다. "군자가 세상일을 처리함에는 이것만이 절대적으로 옳다"고 주장하는 일도 없고, "이것은 절대 아니다"라고 주장하는 일도 없다. 의로움을 함께 하며 따르는 것이다."

【주석】

01 君子之於天下也 군자지어천하야

군자가 세상일을 처리함에는. 군자가 세상을 다스릴 때에는. When the Superior Man deals with the world [he is not prejudiced for or against anything. He does what is Right.] (Ng Shin Kiat)

之 지: 절(節)을 만드는 구조조사. (…할 때에는. …경우에는). 영어의 종속접속사에 해당한다. if. when. that. though. how 등으로 다양하게 쓰인다. when. in case.

於 어: 대하다. 처리하다. 다스리다[「팔일」 3-11]. deal with. manage. govern.

也 야: 음절을 조절하고 어기를 고르는 어조사. 쉼표역할을 한다. equivalent to a comma. used to indicate a pause in a sentence. (The Commercial Press. 2001. Beijing, New Age Chinese-English Dictionary: p.1806)

02 無適也 무적야

"이것만이 절대적으로 옳다"고 주장하는 일이 없다. "꼭 이래야만 한다"는 주장도 하지 않는다. do not stick to one's opinion that this one only is absolutely right. do not have a prejudice for anything.

適 맞을(적): 맞다. 적합하다. 가(可)하다. "이것만이 절대적으로 옳다"는 고집. 주희는 "오로지 주장하는 것이다"라고 설명한다(適, 專主也). 그리고 사씨(謝氏)의 말을 인용하여 "適은 可한 것이다"라고 부연 설명한다(適, 可也). suitable. right. okay. a prejudice for anything. unconditional predilection for anything.

也 야: …이다(be). 문장의 끝에 쓰여 판단, 단정을 표시한다. used to indicate judgement or decision.

03 無莫也 무막야

"이것은 절대 아니다"라는 주장도 없다. "이것 아니면 안 된다"라는 주장도 하지 않는다. 부정적으로만 생각하지도 않는다. no만을 주장하는 일도 없다. do not stick to one's opinion that it is absolutely wrong. do not have a prejudice against anything.

莫 없을(막): 아니다. 불가(不可)하다. "이것은 절대 아니다"라는 고집. 주희는 "긍정하지 않는 것이다"라고 설명한다(莫, 不肯也). 그리고 사씨(謝氏)의 말을 인용하여 "莫은 不可한 것이다"라고 부연설명한다(莫, 不可也). not. a prejudice against anything. unconditional prohibition.

04 義之與比 의지여비

의로움을 더불어 하며 따른다. share with righteousness and follow it. / What is right he will follow. (James Legge) / He takes the side of justice. (Simon Leys) / He is on the side of what is moral. (D,C. Lau) / What is right he sides with. (Raymond Dawson). / He does what is Right. (Ng Shin Kiat) / They go with what is appropriate(yi 義). (Roger T. Ames and Henry Rosemont, Jr.)

義 옳을(의): 의로운 것. 합리적인 것. what is right. righteousness.

之 지: 與比義가 정상어순인데 강조용법으로 목적어인 義를 앞으로 가져가면 목적격 조사처럼 之가 따라붙는다. be used like an objective particle.

與 여: 더불어 하다. 함께 하다. 의로움 편에 서서 따른다는 뜻이 됨(성균관대학교 출판부, 이기동 역해, 『논어강설』 p.143 참조). share with. be on the side of.

比 따를[비]: 좇다. 따르다. 주희는 比는 따르는 것이라고 해한다(比, 從也). 그러나 比를 친할[비]자로 보아 "의로움과 친할 뿐이다"라고 해석하기도 하고, 또 比를 비교한다는 뜻으로 새겨 "의로써 비교하여 볼 뿐이다"로 풀이하는 견해도 있다. follow. conform to. go with. take.

【해설】

사건현장에서 붙잡힌 어떤 범죄혐의자에게 아직 확증도 없는 상태에서, 말단 수사관이라면 "이 자가 틀림없는 살인범이다" 또는 "이 자는 확실히 범인이 아니다" 라고 극단적으로 말할 수 있을는지는 몰라도 군자급에 속하는 수사기관장이라면 "아직 밝힐 단계가 아닙니다. 증거가 아직 충분하지 않습니다. 좀더 수사해 보아야 알겠습니다"라고 할 것이다. 즉 군자는 "이것이 절대적으로 옳다", "당신의 견해는 절대적으로 틀리다"라는 식으로 극단적으로는 말하지는 않는다는 것이다. 군자는 사회지도층인사에 속한다. 사리사욕에 집착하여 공정성을 해하여서는 안 된다. "이것이 절대적으로 옳다"라든가, "이것은 절대 틀린다"라든가 하는 선입감을 가져서는 안 된다. 의로움과 합리성의 관점에서 일을 처리하여야 한다. 여기서도 중용(中庸)의 숨결을 느낄 수 있다. 어느 한편에 치우치지 않고 한 가운데 바르게 서서 세상을 내다보는 자세가 필요하다. 다수결의 원칙이 꼭 맞는 제도라고 할 수는 없다. 그러나 꼭 틀린 제도라고 할 수도 없다. 그러나 우리는 아직은 이것보다 더 좋은 제도를 찾지 못하였다. 공산주의 국가의 독재체제와 중동국가의 왕정체제보다는 그래도 민주주의 국가의 선거제도에 의한 정치체제가 합리적이다. 합리성과 의로움, 이것은 우리가 세상을 살아가는 데 하나의 판단기준이 된다. 특히 공직자의 경우 업무처리의 신중성과 합리성은 무엇보다 중요하다. 適을 가까이하는 것(親), 莫을 멀리하는 것(疎)으로 해석하는 다른 견해도 있다.

【외국학자 영문해석】

1 The Master said: "The wise man in his attitude towards the world has neither predilections nor prejudices. He is on the side of what is right."

(The Analects, Confucius translated by William Edward Soothill. Dover Publications, Inc. New York.)

2 Confucius said: "When the Superior Man deals with the world he is not prejudiced for or against anything. He does what is Right."

(http://web.singnet.com.sg/~clementn/mar.htm: The Analects of Confucius: compiled by Ng Shin Kiat.)

3 The Master said, "The superior man, in the world, does not set his mind either for anything, or against anything; what is right he will follow."

(Confucius Analects, The Great Learning and The Doctrine of The Mean, translated by James Legge, Manufactured in Dover Publication, Inc. U.S.A.)

제4편 이인(里仁) | 제11장

子曰; 君子懷德, 小人懷土; 君子懷刑, 小人懷惠.

자왈; 군자회덕, 소인회사토; 군자회형, 소인회혜.

해석 | 공자께서 말씀하셨다. "군자는 덕을 생각하나 소인은 살아 나가야 할 땅을 생각한다. 군자는 백성을 다스릴 법령제도를 생각하나 소인은 나라에서 받을 혜택을 생각한다."

【주석】

01 君子懷德, 小人懷土 군자회덕, 소인회토

군자는 덕을 생각하나 소인은 살아 나가야 할 땅을 생각한다. A gentleman seeks virtue, but a small man seeks land.

君子懷德 군자회덕: 군자는 덕을 생각한다. 덕으로써 세상을 다스릴 생각을 품는다. The superior man thinks of virtue.

君子 군자: 백성을 다스리는 위치에 있는 사람. 집권층에 있는 사람. 사회지도층 인사. gentleman. superior man. the ruling class. political leader.

懷 품을(회): 생각을 품다. think. cherish.

小人懷土 소인회토: 소인은 살아 나가야 할 땅을 생각한다. The small man thinks of land. The inferior man cares about material things.

小人 소인: 일반백성. 군자의 지배를 받는 계층. small man. inferior man. common people.

土 흙(토): 사는 곳. 살아 나가야 할 땅. 편히 쉴 곳. land. soil. the place where one gets comfort.

02 君子懷刑, 小人懷惠 군자회형, 소인회혜

군자는 백성을 다스릴 법령제도를 생각하나 소인은 나라에서 받을 혜택을 생각한다.
A gentleman seeks legal institutions, but a small man seeks favors.

君子懷刑 군자회형: 군자는 백성을 다스릴 법령제도를 생각한다. The superior man thinks of the sanctions of law.

刑 법(형): 법규(法規). 백성을 통제하기 위한 규제법규(規制法規)를 가리킨다. 반드시 형벌만을 의미하는 것은 아니며, 어떤 행위를 규제하기 위한 법령제도 전반을 뜻한다. 지금은 법망(法網)을 피한다는 말을 쓰지만 옛날에는 형망(刑網)을

피한다고 하였다고 한다. legal institutions to control people. the legal parts of the rituals. the sanctions of law. the criminal law.

小人懷惠 소인회혜: 소인은 혜택을 생각한다. 소인은 나라에서 받을 혜택을 생각한다. The small man thinks of favors which he may receive. the small man cherishes favors.

惠 은혜(혜): 은혜, 혜택. favors.

【해설】

군자는 백성을 다스리기 위한 덕과 질서를 생각하는 데 비하여, 소인은 자기 개인이 살아 나가야 할 땅과 정부의 혜택을 생각한다. 이렇게 두 계층은 서로 생각하는 바가 다르다. 위정자는 이 점을 알아야 한다.

【외국학자 영문해석】

1 The Master said: "A gentleman seeks virtue, a small man seeks land. A gentleman seeks justice, a small man seeks favors."

(The Analects of Confucius, Translation and Notes by Simon Leys, W. W. Norton & Company. Inc. New York.)

2 Confucius said: "The Superior Man cares about virtue; the inferior man cares about material things. The Superior Man seeks discipline; the inferior man seeks favors."

(The Analects of Confucius: translated by Charles Muller)

(http://www.human.toyogakuen-u.ac.jp/~acmuller/contao/analects.htm)

제12장

子曰; 放於利而行, 多怨.

자왈; 방어리이행, 다원.

해석 | 공자께서 말씀하셨다. "이익에 따라 행동한다면, 원망이 많아진다."

【주석】

01 **放於利而行, 多怨** 방어리이행, 다원

이익에 따라 행동한다면, 원망이 많아진다. If one acts according to his own profit, there will be much resentment. The man who acts solely with a view to his own advantage will incur much resentment.

放於利 방어리: 이익을 따르다, 이익에 의존하다. depend on advantage. follow profit. seek for one's advantage.

放 의할(방): 의지하다. 따르다(放, 依也). seek for. adhere. depend on.

於 어: …에. at. on. in.

利 이(리): 사리(私利). 개인적인 이익. private gain. personal profit. self-interest.

而 이: …이면. …하면. if. in case.

多怨 다원: 원망이 많다. 어느 한 쪽이 개인적으로 이익을 보게 되면, 다른 한 쪽은 손해를 보게 되므로 원망이 많아지게 된다. there is much resentment. arouse much resentment.

多 많을(다): 많다. much. many.

怨 원망할(원): 원망. 한탄. resentment. grudge. spite.

【 해설 】

자기에게 이롭게 하고자 하면 반드시 남에게 해를 끼치게 되므로 원망이 많아지는 것이다(欲利於己, 必害於人, 故多怨). 그러므로 다른 사람과의 관계에서는 항상 덕을 베풀려고 하는 자세를 가져야 하며, 사물을 판단할 때에는 의로움에 기준을 두어야 한다. 소리(小利)에 집착하면 원망(怨望)만 들끓게 된다.

【 외국학자 영문해석 】

1 The Master said, "Those whose measures are dictated by mere expediency will arouse continual discontent."

(The analects of Confucius Translated and Annotated by Arthur Waley: A Division of Random House, INC. New York.)

2 The Master said: "He who works for his own interests will arouse much animosity."

(The Analects, Confucius translated by William Edward Soothill. Dover Publications, Inc. New York.)

제4편 이인(里仁)

제13장

子曰; 能以禮讓爲國乎, 何有? 不能以禮讓爲國, 如禮何?

자왈; 능이례양위국호, 하유? 불능이례양위국, 여례하?

해석 | 공자께서 말씀하셨다. "능히 예와 겸양으로써 나라를 다스리는 데에, 무슨 문제가 있습니까? 예와 겸양으로써 나라를 다스리지 않는다면, 예(禮)는 있어 무엇하겠습니까?"

【주석】

01 能以禮讓爲國乎, 何有 능이례양위국호, 하유

능히 예(禮)와 겸양(謙讓)으로써 나라를 다스리는 데에, 무슨 문제가 있겠는가? 예(禮)와 겸양(謙讓)으로써 나라를 잘 다스린다면, 무슨 문제가 있겠는가? If you can govern a state by observing rituals and showing deference, what difficulty do you have in conducting state affairs?

能 능할(능): 능하다. 잘하다. 할 수 있다. 여기서는 "능히", "잘" 등의 부사적 용법으로 처리함이 자연스럽다. 能을 "할 수 있다"로 새기고, 뒤에 나오는 乎를 의문사로 처리한다면 "예와 겸양으로써 나라를 다스릴 수 있겠는가?"로 해석된다. well. skillfully. can.

以禮讓 이례양: 예와 겸양으로써(부사구). with courtesy and deference. by observing the rituals and showing deference.

讓 겸손할(양): 겸양. 겸손하게 행동하고 사양할 줄 아는 마음 즉 "남을 배려하는 마음"이다. 위정자의 〈관용〉을 뜻한다. deference. showing deference.

爲 다스릴(위): 다스리다. govern. run.

乎 호: 乎는 也, 也者 등과 같이 음절을 조정하고 어기(語氣)를 고르는 어조사로서 comma처럼 쉼표역할을 한다. 乎자는 구문중(句文中)에서 멈추는 역할을 한다(홍인표, 『한문문법』 p.302). 구(句)의 가운데에 쓰여 잠시 멈춤이나 느슨함을 나타낸다(김원중 편저, 『허사사전』 p.953). 문장의 끝에 쓰여 잠시 쉬는 느낌을 나타낸다(연세대 사서사전편찬실, 『四書集解辭典』 p.892). 乎를 의문의 어기를 표시하는 어조사로 보아 "예와 겸양으로써 나라를 다스릴 수 있습니까? 무슨 문제가 있습니까?"로 풀이하는 다른 견해도 있으나 문장해석이 매끄럽지 못하다. "…인데", "…면" 하는 정도의 쉼표역할로 본다. used to indicate a pause in a sentence. equivalent to a comma.

〔예〕 子曰; 由也果, 於從政乎何有(자왈; 유야과, 어종정호하유): 공자께서 말씀하셨다. 유(由)는 과단성이 있습니다. 정사(政事)에 종사(從事)하는 데 (문제될 것이) 무엇이 있겠습니까?〔「옹야」 6-6〕. The Master said: "Iou is resolute. In conducting state affairs, what difficulty does he have?"(Chichung Huang)

何有 하유: 무슨 문제가 있겠는가? 무슨 어려움이 있겠는가? What difficulty do you have? What difficulty does he have?

何 하: 무엇 (의문대명사). 여기서는 何困難(어떤 어려움. 무슨 곤란한 문제)의 뜻이다. what. what difficulty. what problem.

02 不能以禮讓爲國, 如禮何 불능이례양위국, 여례하

예와 겸양으로써 나라를 잘 다스리지 않는다면, 예는 있어 무엇하겠는가? If one does not govern a state with courtesy and deference, what can he do with the rituals? If one does not run a country with the rituals and deference, what does he do with the rituals?

如禮何 여례하: 글자 그대로 직역하면 "예를 따르는 것이 무엇인가"라는 해석이 되지만 그 의미는 "예를 좇아서 무엇하겠는가?", "예를 따르는 것이 무슨 소용이 있겠는가?"라는 뜻이 된다〔「팔일」 3-3〕. What can he do with the rituals? What is the use of the rituals? What does he do with the rituals?

如 좇을(여): 좇다. 따르다. follow. act.

如何 여하: "어떠하다"라는 뜻의 관용어인데 문장에 따라 "어떻게 하겠는가", "무엇하겠는가", "어찌된 일인가" 등으로 다양하게 쓰인다. 여기서는 중간에 禮자가 끼어 있다. 그러므로 "예를 좇아서 무엇하겠는가?"라는 의미가 된다. what. how.

〔예〕 人而不仁, 如禮何(인이불인, 여례하): 사람이 만약 어질지 않다면 예(禮)는 무엇하겠는가?〔팔일 3-3〕 If a man is not virtuous, what has he to do with the rituals?

禮 예: 옛 성현들의 행동양식에서 모범적인 것만 따온 행위규범. 우리가 지켜야 할 사항을 모아놓은 윤리규범. the rules of propriety. rites. the rituals.

【해설】

예(禮)는 옛 성현(聖賢)들의 삶에서 본받은 훌륭한 생활양식이며, 질서유지를 위한 행동양식이다. 예는 질서유지를 위한 규범이므로 예의범절뿐만 아니라 법률적인 규제도 포함되어 있다. 예는 질서 있는 사회를 만들기 위한 통치수단으로써 통치자에게는 반드시 필요한 것이다. 그러나 통치자에게도 예라는 칼을 휘두르기 전에 갖추어야 할 덕목이 있다. 그것은 관용(寬容)을 베풀 줄 아는 너그러운 마음이다. 여기서 공자는 그것을 "禮讓"이라고 표현하였다. 통치자 자신은 물론 집권층에 있는 모든 권력자가 모두 다 "백성에 대한 예의와 겸양"을 갖추어야 한다.

【외국학자 영문해석】

1 The Master said: "Is a prince able to rule his country with courtesy and deference,—then what difficulty will he have? And if he cannot rule his country with courtesy and deference, what use are the forms of courtesy to him?"

(The Analects, Confucius translated by William Edward Soothill. Dover Publications, Inc. New York.)

2 The Master said,: "If you can govern a state with courtesy and deference, what difficulty do you have in conducting state affairs? If you cannot govern a state with courtesy and deference, what can you do with the rituals?"

(The analects of Confucius (Lun Yu); A Literal Translation with an Introduction and Notes by Chichung Huang, Oxford University Press 1997.)

제14장

子曰; 不患無位, 患所以立; 不患莫己知, 求爲可知也.

자왈; 불환무위, 환소이립; 불환막기지, 구위가지야.

해석 | 공자께서 말씀하셨다. "지위가 없음을 걱정하지 말고, 일어서는 방법을 걱정하여야 한다. 자기를 알아주지 않음을 걱정하지 말고, 남들이 알아 볼 만하게 되도록 힘써야 한다."

【주석】

01 不患無位, 患所以立 불환무위, 환소이립

지위가 없음을 걱정하지 말고, 일어서는 방법을 걱정하여야 한다. Don't worry that you have no official position. Worry about your qualifications.

患 근심(환): 걱정하다. 근심하다〔「학이」 1-16〕. worry about. grieve.

位 자리(위): 지위. an official position.

所以立 소이립: 일어서는 방법. 본인 자신의 자질을 향상시키는 방법. 지위를 얻기 이전에 자신의 학문(學問)과 심신(心身)을 갈고 닦아 사회에 나가 일할 수 있는 자질을 갖추는 일이 입신(立身)하는 첫 번째 방법이다. 출세는 그 다음 단계로 이루어진다. 입신출세(立身出世)라는 말도 첫째는 立身(자질향상에 의한 기반구축)이고, 그 다음이 세상에 뜨는 것(出世)이다. the means to gain the official position. the means to improve one's qualifications.

所以 소이: 까닭, 방법. way. method. means.

立 설(립): 서다. 자기 자신을 세우다. 실력을 쌓다. set. accumulate knowledge. improve one's ability. enhance one's qualifications.

02 不患莫己知, 求爲可知也 불환막기지, 구위가지야

자기를 알아주지 않음을 걱정하지 말고, 남들이 알아볼 만하게 되도록 노력하다. Don't worry that nobody knows you. Seek to be worth knowing.

莫己知 막기지: 자기를 알아주지 않다. 不己知와 같다(「학이」 1-16). 고어에서는 부정문 또는 의문문에서 대명사가 목적어로 될 경우에는 동사와 목적어가 도치되는 경우가 있다. Nobody knows me. be not recognized by others.

莫 없을(막): 아니다. 아무도…하지 않다. not. nobody.

求爲可知也 구위가지야: 직역하면 "남들이 알아볼 만하게 되는 것을 추구하다". 남들이 알아볼 만한 상태가 되도록 노력하다. seek to be worthy of being known. make efforts to be worthy of appreciation. endeavor to become fit to be known. make efforts to become a man worthy of note.

求 구: 추구하다. 힘쓰다. 노력하다. seek. make efforts. endeavor.

爲 위: 되다. become.

可知 가지: 알 수 있다. 알 만하다. 남들이 알아 볼 만한 상태가 되는 것을 뜻한다. be worthy of being known.

【해설】

인정받고 출세하고 싶은 것은 사람의 공통된 마음이다. 그러나 매관매직과 지원세력이 있어야만 그것이 해결되는 사회라면 그 사회는 희망이 없는 사회이다. 어떠한 상황이든 본인이 할 수 있는 것은 자기의 실력을 기르는 일뿐이다. 군자는 "자신의 무능을 고민할 뿐 남이 자기를 알아주지 않음을 고민하지 않는다"고 공자는 말하고 있다(君子病無能焉, 不病人之不己知也)〔「위령공」 15-18〕.

【외국학자 영문해석】

1 The Master said, "He does not mind not being in office; all he minds about is whether he has qualities that entitle him to office. He does not mind failing to get recognition; he is too busy doing the things that entitle him to recognition."
(The analects of Confucius Translated and Annotated by Arthur Waley: A Division of Random House, INC. New York.)

2 Confucius said: "I don't worry abut not having a good position; I worry about the means I use to gain position. I don't worry about being unknown; I seek to be known in the right way."
(http://web.singnet.com.sg/~clementn/mar.htm: The Analects of Confucius: compiled by Ng Shin Kiat.)

제4편 이인(里仁) 제15장

子曰; 參乎! 吾道一以貫之. 曾子曰; 唯. 子出, 門人問曰; 何謂也? 曾子曰; 夫子之道, 忠恕而已矣.

자왈; 삼호! 오도일이관지. 증자왈; 유. 자출, 문인문왈; 하위야? 증자왈; 부자지도, 충서이이의.

해석 | 공자께서 말씀하셨다. "삼아! 나의 도(道)는 하나로써 그것을 관통하고 있다." 증자는 "예, 그렇습니다"라고 말하였다. 공자가 나가시자 제자가 물었다. "무슨 뜻입니까." 증자가 말하였다. "선생님의 도(道)는 충(忠)과 서(恕)일 뿐입니다."

【주석】

01 **參乎! 吾道一以貫之** 삼호! 오도일이관지

삼아! 나의 도(道)는 하나로써 그것을 관통하고 있다. Shen, my Way has a principle that runs through it by one single thread.

參 삼: 증자(曾子)의 이름. 공자의 제자. 성이 증(曾), 이름이 삼(參), 자가 자여(子與). 노나라 사람으로 공자보다 46세 연하이다(「학이」 1-4). Shen. the name of Zeng-zi. a disciple of Confucius.

乎 호: 이름을 부를 때 이름 아래에 쓰는 조사. a particle used when calls someone's name.

吾道一以貫之 오도일이관지: 나의 도(道)는 하나로써 그것을 관통하고 있다. My Way has a principle that runs through it by one single thread.

一以 일이: 以一이 도치되어 있다 (하나로써. 하나의 축으로). by one connected principle. by one thread. in one string.

貫之 관지: 그것을 꿰뚫고 있다. 그것을 관통하고 있다. pass through it. run through his idea. go through his thought.

貫 꿸(관): 꿰뚫다. 관통하다. go through. pass through. run through. penetrate.

之 지: 일반적인 사실. 사물. 사람을 가리킨다. 여기서는 공자의 기본생각인 도(道)를 의미한다. it. the Way.

02 **曾子曰; 唯** 증자왈: 유

증자는 "예, 그렇습니다." 라고 말하였다. Zeng said: "Yes."

唯 유: "예, 그렇습니다." 남이 묻는 것에 대한 공손한 긍정적 응답이다. yes. right. indeed. assent.

03 子出, 門人問曰; 何謂也? 자출, 문인문왈; 하위야

공자가 나가시자 제자가 물었다. 무엇을 말하는 것입니까? After the Master had gone out, the disciples asked. What did he say?

子出 자출: 공자께서 나가다. The Master went out.

門人 문인: 문인은 문하(門下)에 있는 서생(書生)으로 문하생(門下生) 또는 제자(弟子)를 의미한다. the disciples.

何謂也 하위야: 무엇을 말하는 것입니까? 무슨 뜻입니까? 부정문 또는 의문문에서 대명사가 목적어로 될 경우 동사와 목적어의 위치가 바뀌는 경우가 있다〔「안연」 12-22〕. What did he say? What do his words mean? What does it mean?

也 야: 문장 끝에 쓰여 의문의 어기를 표시한다. 가벼운 의문을 나타낸다. (최상익, 『한문해석법 연구』 p.82). equivalent to a question mark. used to pose a question or counter question. (The Commercial Press. 2001. Beijing, New Age Chinese-English Dictionary: p.1806).

04 夫子之道, 忠恕而已矣 부자지도, 충서이이의

선생님의 도는 충(忠)과 서(恕)일 뿐이다. The Master's Way simply consists of loyalty and reciprocity. That is all.

夫子 부자: 선생님. 스승의 존칭으로 공자를 가리킨다. 글자 자체의 의미는 저 사람, 저분의 뜻이다. Master. teacher. that person.

忠 충성(충), 정성(충): 일을 처리함에 온갖 정성을 다 쏟는 정신자세. 성심성의(誠心誠意)를 다하는 것. doing one's best. loyalty to the country or to the superior. serving whole-heartedly. pouring out one's soul. It means that we do our best with wholehearted sincerity.

恕 어질(서): 남을 배려하는 마음. 자신의 처지로 미루어 남의 처지를 이해해 주려는 마음이 서(恕)의 개념이다. 글자의 모양이 자신의 마음(心)과 다른 사람의 마음이 같다(如)고 구성되어 있다. 즉 자기가 좋아하는 것은 남들도 좋아하므로 베풀어

주고, 자기가 싫어하는 것은 남들도 싫어할 터이므로 시키지 않는다. 내 배가 고프면 다른 사람도 당연히 배가 고플 것이므로 빵 한 조각이라도 있으면 같이 나누어 먹어야 한다. 이것이 서의 구체적 모습이다. 「위령공편」(15-23)에서는 "아마 恕일 것이다. 자기가 원하지 않는 것은 남에게도 시키지 마라"라고 하고 있다(其恕乎, 己所不欲, 勿施於人). consideration for others. considerateness. like-hearted considerateness. the attitudes which put aside self-interest and consider others first. humane mind to consider others first and give up self-interest.

而已矣 이이의: …일 뿐이다. that's all. nothing but. simply this.

【해설】

충(忠)은 일을 처리함에 온갖 정성을 다 쏟아붇는 정신자세를 뜻한다. 글자모양이 가운데를 뜻하는 中과 마음을 의미하는 心으로 구성되어 있다. 즉 마음 한가운데로부터 우러나오는 정신자세를 뜻하며, 정성을 다하여 일하는 마음가짐을 의미한다. 서(恕)는 남을 배려하는 마음이다. 남의 마음도 내 마음과 같은 것이므로 자기가 좋아하는 것은 남들도 좋아하므로 베풀어주고, 자기가 싫어하는 것은 남들도 싫어할 터이므로 시키지 않아야 한다. 공자는 논어의 다른 편(「위령공」 15-23)에서도 제자 자공이 "평생 동안 실천할 만한 것이 있습니까?"라는 질문에 "그것은 서(恕)이다. 자기가 원하지 않는 것은 시키지 마라"고 하였다(子貢問曰; 有一言而可以終身行之者乎? 子曰; 其恕乎! 己所不欲, 勿施於人). 우리가 사는 세상은 나 혼자 사는 곳이 아니다. 남과 더불어 살아가는 세상이다. 남과 어울려 같이 살려면 남을 먼저 배려하는 서의 마음이 필요함은 당연하다.

【외국학자 영문해석】

1 The Master said,: "Well, Shen, my way is threaded together in one string."
Master Zeng said: "Right."
When the Master went out, the pupils asked: "What did he mean?"
Master Zeng said: "The Master's Way consists in wholehearted sincerity and like-hearted considerateness, that is all."

(The analects of Confucius (Lun Yu); A Literal Translation with an Introduction and Notes by Chichung Huang,

Oxford University Press 1997.)

2 The Master said: "Shen, my doctrine has one single thread running through it."
Master Zeng Shen replied: "Indeed."
The Master left. The other disciples asked: "What did he mean?"
Master Zeng said: "The doctrine of the Master is: Loyalty and reciprocity, and that's all."

(The Analects of Confucius, Translation and Notes by Simon Leys, W. W. Norton & Company. Inc. New York.)

제4편 이인(里仁) | 제16장

子曰; 君子喩於義, 小人喩於利.

자왈; 군자유어의, 소인유어리.

해석 | 공자께서 말씀하셨다. "군자는 의로움을 환히 알고 있고, 소인은 개인적인 이익을 환히 알고 있다."

【주석】

01 君子喩於義 군자유어의

군자는 의로움에 밝다. 군자는 의로움을 환히 알고 있다. A gentleman is aware of righteousness.

喩 깨우칠(유): 깨닫다. 밝다. 환히 알고 있다(喩, 猶曉也). be aware of, be conversant with, be acquainted with.

於 어: …에. …에서. …을. …를. at. in. on.

義 의: 의로움. 정의감. 올바르고 합리적인 것. 악을 버리고 선을 택하는 것. 사리사욕을 버리고 다른 사람과 조화롭게 사는 것 등이 義의 구체적 모습이다. righteousness. what is moral. what is reasonable. justice.

02 小人喩於利 소인유어리

소인은 개인적인 이익에 밝다. 소인은 개인적인 이익을 환히 알고 있다. A small man is aware of advantage.

利 이(리): 사리(私利). 개인적인 이익. private gain. personal profit. self-interest. what is profitable.

【해설】

군자(君子)는 무엇이 정의롭고, 무엇이 도리에 맞는 것인가를 찾는 데 관심이 있다. 이에 반하여 소인(小人)은 무엇이 자기에게 이익이 되고 어떻게 하면 더 육체적 쾌락을 즐길 수 있을 것인가에 관심을 가지고 있다. 주자(朱子)는 "의(義)는 하늘의 도리에 합당한 것이고, 이(利)는 인간의 욕정이 바라는 것이다"라고 말하고 있다(義者天理之所宜, 利者人情之所欲).

【외국학자 영문해석】

1 Confucius said, "A gentleman is well acquainted with righteousness, the petty man is acquainted with profit."

(The Complete Analects of Confucius(1997), translated by Adam Sia. Asiapac Books Pte Ltd. Singapore.)

2 The Master said: "The wise man is informed in what is right. The inferior man is informed in what will pay."

(The Analects, Confucius translated by William Edward Soothill. Dover Publications, Inc. New York.)

제17장

子曰; 見賢思齊焉, 見不賢而內自省也.

자왈; 견현사제언, 견불현이내자성야.

해석 | 공자께서 말씀하셨다. "현명한 사람을 보면 그 사람과 같아질 것을 생각하고, 현명하지 못한 사람을 보면 마음 속으로 스스로를 반성한다."

【주석】

01 見賢思齊焉 견현사제언

현명한 사람을 보면, 그 사람과 같아질 것을 생각한다. When you see a wise man, you should think of equaling him.

賢 어질(현): 어진 사람, 현명한 사람. a wise person. a man of worth. a worthy man. someone better than oneself.

思齊 사제: 같게 될 것을 생각하다. think of being equal to someone. think of equaling someone.

齊 같을(제), 가지런히 할(제): 같다. 같게 하다. 가지런하게 하다. make one's quality with (a wise man) equally. become equal. become like (a wise man). equal (a wise man).

焉 언: 그것. 그 사람. 之와 같다. 주로 타동사의 목적어로 쓰인다 (최상익, 『한문해석법 연구』 p.85). 사람을 가리킨다. "그(것)"으로 해석한다 (연세대 사서사전편찬실, 『四書集解辭典』 p.511)〔「위령공」 15-27〕. it. him. that person. someone.

02 見不賢而內自省也 견불현이내자성야

현명하지 못한 사람을 보면, 마음속으로 스스로를 반성한다. When you see an unwise man, you should turn inwards and examine yourself.

不賢 불현: 어질지 못한 사람, 현명하지 못한 사람. an unwise person. an unworthy man. someone not as good as you.

而 이: …하면. …이면. 조건 또는 가정을 표시하는 접속사. if. in case.

內自省 내자성: 마음속으로 자기 자신을 반성한다. turn inwards and examine oneself. look within and examine oneself.

內 안(내): 안. 속. inside. inward. the inner part.

省 살필(성): 살피다. 반성하다. examine. reflect.

【해설】

배우는 입장에 있는 사람이 가져야 할 바람직한 인간상의 교훈이다. 나보다 훌륭한 사람을 보면 그 사람을 본보기로 삼아 그 사람과 같아지려는 노력을 하여야 하고, 나보다도 못한 사람을 보면 나는 어떨까 하고 스스로를 뒤돌아보아야 한다. 공자께서는 "세 사람이 길을 가게 되면, 그 중에는 반드시 나의 스승이 있다"고 하였다. 본받아야 할 인물이 있다는 뜻이다(三人行, 必有我師焉)〔「술이」 7-21〕.

【외국학자 영문해석】

1 The Master said: "When you come across a superior person, think of being equal to him. when you come across an inferior person, turn inwards and examine yourself."

(The Analects: translated by Raymond Dawson, Oxford University Press)

2 Confucius said: "When you see a good person, think of becoming like her/him.

When you see someone not so good, reflect on your own weak points."

(The Analects of Confucius: translated by Charles Muller.)

(http://www.human.toyogakuen-u.ac.jp/~acmuller/contao/analects.htm)

제4편 이인(里仁) 제18장

子曰; 事父母幾諫, 見志不從, 又敬不違, 勞而不怨.

자왈; 사부모기간, 견지부종, 우경불위, 노이불원.

해석 | 공자께서 말씀하셨다. "부모를 섬김에는 조용하고 공손하게 부모의 잘못을 간하여야 하며, 뜻이 따라와 주지 않는 것을 보게 되더라도, 더욱 공경하고 부모의 말씀을 어기지 아니하며, 괴롭더라도 원망하지 말아야 한다."

【주석】

01 事父母幾諫 사부모기간

부모를 섬김에는 조용하고 공손하게 바른 말을 한다. On serving father and mother, you should gently remonstrate with them.

幾諫 기간: 조용하고 공손하게 바른 말을 하다. 아주 작은 기미(幾微) 정도로 바른 말을 하다. 주희의 『논어집주』에서는 "幾는 은미(隱微)이다. 微諫은 이른바 부모가 허물이 있을 때에는 기운을 내리고 얼굴빛을 온화하게 하고 소리를 부드럽게 하여 바른 말을 한다는 것이다"라고 설명한다(幾, 微也. 微諫, 所謂父母有過, 下氣怡色, 柔聲以諫也). remonstrate gently.

幾 기미(기): 조용히. 조용하고 공손하게. 기미(幾微) 정도로(부사적 용법). 은미(隱微)하게 말하는 것을 표현한 글자이다(幾, 微也). gently. in a polite attitude. by gentle means.

諫 간할(간): 바른 말을 하다, 옳은 말을 하여 바로잡다, 고치다. remonstrate. try to correct.

02 見志不從, 又敬不違, 勞而不怨 견지부종, 우경불위, 노이불원

뜻이 따라와 주지 않는 것을 보게 되더라도, 더욱 공경하고 (부모의 말씀을) 어기지 아니하며, 괴롭더라도 원망하지 말아야 한다. Even if you see that they do not incline to follow your advice, you remain reverent, and do not disobey them. Even though you are weary, you should not feel resentful.

見志不從 견지부종: 뜻이 따라와 주지 않는 것을 보다. 뜻이 받아들여지지 않음을 보게되다. 志不從은 見의 목적어이다. You see that they do not incline to follow your advice. You see that they do not take your advice.

又敬不違 우경불위: 더욱 공경하며 (부모의 말씀을) 어기지 아니한다. more respectful and do not contradict them.

又 또(우): 또. 다시 더. 더욱. more. still more. all the more.

違 어길(위): 어기다, 위반하다. disobey. go against. contradict.

勞而不怨 노이불원: 괴롭더라도 원망하지 아니한다. Even though you are weary, you should not feel resentful. Even if you are weary of doing so, you should not complain.

勞 괴로워 할(로): 괴롭다. 괴로워하다. 근심하다. be weary of. be troubled with. be in pain.

而 이: …하더라도. …하지만. …이지만. even if. even though.

怨 원망할(원): 원망하다. resent. complain.

【해설】

부모가 잘못한다고 느꼈다 하더라도 자식은 자식된 도리로서 그 부모를 직접적으로 야단칠 수는 없다. 그래서 공자께서는 기미(幾微) 정도로 또는 귀띔하는 정도로 조용하고 공손하게 간(諫)하여야 한다고 가르치고 있다. 『예기(禮記)』「내칙(內則) 편」에서는 "부모에게 잘못이 있으면 기분을 억누르고 기쁜 얼굴빛으로 부드러운 소리를 내어 간(諫)하되, 만약 간하는 말이 받아들여지지 않을 경우에는 더욱 공경하고 효도를 더하며, 나중에 기뻐하시게 되면 그 때 가서 다시 간하여야 한다"고 하였다. 매우 힘든 일이다.

【외국학자 영문해석】

1 The Master said: "In his duty to his parents a son may gently remonstrate with them. If he see that they are not inclined to yield, he should be increasingly respectable but not desist, and though they deal hardly with him he must not complain."

(The Analects, Confucius translated by William Edward Soothill. Dover Publications, Inc. New York.)

2 The Master said, "When you serve your parents, you may gently remonstrate with them. If you see that they do not take your advice, be all the more respectful and do not contradict them. Let not your efforts turn to bitterness."

(The Analects of Confucius, Translation and Notes by Simon Leys, W. W. Norton & Company. Inc. New York.)

제4편 이인(里仁)

제19장

子曰; 父母在, 不遠遊, 遊必有方.

자왈; 부모재, 불원유, 유필유방.

해석 | 공자께서 말씀하셨다. "부모가 살아 계실 때에는 멀리 떠나지 아니한다. 떠날 때에는 반드시 가는 곳을 알려 주어야 한다."

【 주석 】

01 父母在，不遠遊 부모재, 불원유

부모가 살아 계실 때에는 멀리 떠나지 아니한다. When one's parents are alive, one should not travel far away.

在 있을(재): 살아 있다. be alive.

遠 멀(원): 멀리. 먼 곳으로. far. afar. to the distant place.

遊 놀(유): 떠나다. 여행하다. 놀다. travel. go far away.

02 遊必有方 유필유방

떠날 때에는 반드시 가는 곳을 알려 주어야 한다. 떠날 때에는 반드시 향방(向方)이 있어야 한다. If you travel far away, you should tell them where you are going. If you go far away, you should have a definite destination.

有 유: ① 있다. 가지고 있다. have ② 알다. 알게 하다. let parents know one's destination. let them know one's whereabouts.

方 방: 가는 곳. 향방(向方). a fixed destination. a fixed place to which he goes. where abouts.

【 해설 】

효도(孝道)는 물질적으로 잘 해드리는 것도 중요하지만 정신적으로 마음을 편안하게 해드리는 것이 더 중요하다. 그러므로 부모가 생존하고 계실 때에는 가급적 멀리 떠나는 것을 피하고, 특별한 사정이 있어 떠날 경우에는 목적지를 알려드려 언제라도 연락이 가능하도록 하여야 한다. 그래야 부모의 걱정을 조금이라도 덜어드릴 수 있다는 것이다. 2500년 전의 휴대폰이 없었던 시절의 생각이라고 소홀히 해서는 안 된다.

【외국학자 영문해석】

1 Confucius said, "When one's parents are alive, one should not go far away. If one has to, one should tell them where one is going."

(Analects of Confucius (1994): Printed by Beijing Foreign Language Printing House. China.)

2 Confucius said: "When one's parents live, one should not travel too far. If one travels, one should follow the certain rules."

(The Analects of Confucius(unabridged), translated by Jack J. Cai & Emma Yu, Americd-rom publishing company. U.S.A.)

제4편 이인(里仁)

제20장

子曰; 三年無改於父之道, 可謂孝矣.

자왈; 삼년무개어부지도, 가위효의.

해석 | 공자께서 말씀하셨다. "3년 동안 아버지의 도(道)를 고치지 않는다면, 효성스럽다고 할 수 있다."

【주석】

01 三年無改於父之道, 可謂孝矣 삼년무개어부지도, 가위효의

3년 동안 아버지의 도(道)를 고치지 않는다면, 효성스럽다고 할 수 있다. If a man for three years does not change his father's Way, he may be called to be filial.

無 무: 아니다. 不와 같다. not.

改 고칠(개): 고치다. 바꾸다. change. alter.

於 어: …을. …를. …에 대하여. 동작의 대상을 표시하는 전치사. used as a particle indicating the object of an action.

父之道 부지도: 아버지의 도(道), 아버지가 생전에 일을 처리하던 방식이나 원칙. the way of one's father. the principles that laid down by one's father.

可謂孝矣 가위효의: 효성스럽다고 할 수 있다. can be said to be filial. may be considered filial. may be called filial.

可謂 가위: 말할 수 있다. can say.

矣 의: …다 (be). 문장 끝에 놓여 단정적인 어기를 표시한다. used to indicate the feeling of decision.

【해설】

적어도 3년 정도는 아버지가 하던 사업을 계승하여야 한다는 의미가 내포되어 있다. 이는 아버지의 채권채무관계, 주변 사람들과의 이해관계 등의 깨끗한 뒷처리를 위하여는 이 정도의 기간은 필요하다고 본 것이다. 이러한 마감처리를 잘 해드리는 것도 효성스러운 행위의 하나로 보는 것이 공자의 생각이다. 3년을 삼년상(三年喪)으로 보는 학자도 있으나(孔安國), 굳이 문장에 표시되지 않은 글자를 억지로 갖다 붙여 해석할 필요를 느끼지 않는다.

【외국학자 영문해석】

1 The Master said, "If for three years he does not change from the ways of his father, he may be called filial."

(The Original Analects, Sayings of Confucius and His Successors, A New Translation and Commentary by E. Bruce Brooks and A Takeo Brooks, Columbia University Press, New York.)

2 The Master said: "If for three years a son do not forsake his father's ways, he may be called dutiful."

(Harvard Classics, Vol. 44, Part 1: The Sayings of Confucius.)

(http://www.bartleby.com/44/1/.)

제4편 이인(里仁) 제21장

子曰; 父母之年, 不可不知也; 一則以喜, 一則以懼.

자왈; 부모지년, 불가부지야; 일즉이희, 일즉이구.

해석 | 공자께서 말씀하셨다. "부모의 나이는 모르면 안 된다. 한편으로는 (부모님이 장수하심을 알게 되어) 기쁘기 때문이고, 한편으로는 (부모님이 노쇠하심을 알게 되어) 두렵기 때문이다."

【주석】

01 父母之年, 不可不知也 부모지년, 불가부지야

부모의 나이는 모르면 안 된다. A man should not be ignorant of his parents' age. A man must know the age of his father and mother.

父母之年 부모지년: 부모의 나이. one's parents' age.

不可不知也 불가부지야: 모르면 안 된다. should not be ignorant of (the age). must bear in mind,

02 一則以喜, 一則以懼 일즉이희, 일즉이구

한편으로는 (부모님이 장수하심을 알게 되어) 기쁘기 때문이고, 한편으로는 (부모님이 노쇠하심을 알게 되어) 두렵기 때문이다. It is happy for me to remember the age of parents, on the one hand, because they have lived long time, but on the other hand, it is uneasy for me to remember the age of parents because they have become old. On the one hand, it is for joy, and on the one hand, it is for fear.

一則以喜 일즉이희: 하나는 기쁘기 때문이다. 한편으로는 (부모님이 장수하심을 알게 되어) 기쁘기 때문이다. On the one hand, it is a matter for rejoicing. It is happy for me to remember the age of parents, on the one hand, because they have lived long time.

則 즉: …은. …는. …로 말할 것 같으면. …로 말하면. 두 가지 이상의 사실을 비교할 때 쓰인다. as for. as far as concerned. as regards. so to speak.

〔예〕 諫則不行, 言則不聽(간즉불행, 언즉불청): 충고는 행하여지지 않고, 건의는 받아들여지지 않는다. 〔『孟子』. 「離婁 下」〕 Advice does not prevail, and recommendation is not accepted.

以 이: 때문이다. 까닭이다. for (anxiety). because of (rejoicing).

一則以懼 일즉이구: 하나는 두렵기 때문이다. 한편으로는 (부모님이 노쇠하심을 알게 되어) 두렵기 때문이다. On the other hand, it is a matter for anxiety. On the other hand, it is uneasy for me to remember the age of parents, because they have become old.

懼 두려워할(구): 두렵다. be uneasy. be fearful. be afraid of.

【해설】

생로병사(生老病死)는 자연의 이치이다. 부모가 오래 사시는 것은 기쁜 일이지만 노쇠하여 병고에 시달리는 것은 슬픈 일이다. 그러나 우리는 어차피 빈손으로 왔다가 빈손으로 가는 존재이다. 살아 계신 동안 잘 해드리는 것 이외에는 우리가 할 수 있는 것은 아무것도 없다.

【외국학자 영문해석】

1 The Master said: "One must not be ignorant of the parents' age. It is both a bliss and a concern."

(The Analects of Confucius, A New-Millennium Translation(1999), Translated and Annotated By David H. Li, Published by Premier Publishing Co. U.S.A.)

2 The Master said, "Children must know the age of their father and mother. On one hand, it is a source of joy; on the other, of trepidation."

(The Analects of Confucius, a philosophical translation, by Roger T. Ames and Henry Rosemont, Jr, 1998 published by The Ballantine Publishing Group.)

제4편 이인(里仁) | 제22장

子曰; 古者言之不出, 恥躬之不逮也.

자왈; 고자언지불출, 치궁지불체야.

해석 | 공자께서 말씀하셨다. "옛 사람들이 말을 함부로 입 밖에 내지 않았던 것은, 몸이 이야기하는 대로 따르지 못할 경우를 부끄럽게 여겼기 때문이다."

【 주석 】

01 古者言之不出，恥躬之不逮也 고자언지불출, 치궁지불체야

옛 사람들이 말을 함부로 밖으로 내보내지 않았던 것은, 몸이 이야기하는 대로 따르지 못할 경우를 부끄럽게 여겼기 때문이다. The reason why ancient people would not rashly utter words is because they deemed it shameful not to live up to them.

古者 고자: ① 옛 사람들. ancient people. the ancients. ② 옛날에. in antiquity. in ancient times.

者 놈(자): ① 사람. person. ② 시기. 시간 등을 나타내는 말 뒤에 붙어 그 단어를 부사어로 만들어 주는 역할을 한다(近者: 요즈음에, 今者: 오늘날에). equivalent to an adverbial suffix, "…ly".

言之不出 언지불출: 말을 입 밖에 내보내지 않다. 말을 함부로 하지 않다. 본래〔동사〕+〔목적어〕 형식의 문장 "不出言"이 일반어순인데, 목적어인 言을 강조하여 맨 앞에 갖다놓으면 목적어와 동사 사이에 之자가 들어간다. do not make remarks carelessly. do not speak without thinking. don't say something lightly.

恥躬之不逮也 치궁지불체야: 몸이 미치지 않음을 부끄럽게 여기다. 몸(실천하는 것)이 이야기하는 대로 따르지 못하는 것을 부끄럽게 여기다. They thought it very shameful that their person failed to keep up with their words. They considered it shameful not to come up to their words.

恥 부끄러워할(치): 부끄럽게 여기다. 부끄러워하다. think it shameful. deem something shameful.

躬 몸(궁): 몸. 자신. person. one's actions. one's practice.

之 지: 명사구 또는 절(節)을 만드는 구조조사(to. that). 명사구를 만드는 경우는 영어에서는 "to-infinitive" 형식구문으로, 명사절을 만드는 경우에는 "that-clause" 구문으로 만든다.

〔예〕 1. To learn English is difficult. 여기서 to는 명사구를 만드는 전치사인

데 영문법에서는 이를 부정사(infinitive)라고 한다.

2. That we learn English is difficult. 여기서 that는 명사절을 만드는 대명사인데 영문법에서는 이를 접속사(conjunction)라고 한다.

逮 미칠(체): 미치다. 따르다. reach. come up to. keep up with. follow. conform to.

【해설】

말보다는 실천이 중요함을 다시 한번 생각하게 하는 문장이다. 공자는 위정편 제13절에서도 제자 자공이 군자에 대해 물었을 때 "그 자신의 말보다 먼저 실행하고, 그런 뒤에 말이 행동을 따르게 하여야 한다"라고 하였다(先行其言, 而後從之). 행동보다 말이 앞서는 사람들이 귀담아 들어야 할 좌우명이다.

【외국학자 영문해석】

1 Confucius said, "In ancient times, people didn't say things lightly, as they would be ashamed not to be able to match up to their words."

(Analects of Confucius (1994): Printed by Beijing Foreign Language Printing House. China.)

2 The Master said: "The ancients spoke little. They were too ashamed when their actions fell short of their words."

(The Analects. Confucius Translated by David Hinton, Counterpoint Washington. D.C.)

子曰; 以約失之者, 鮮矣.

자왈; 이약실지자, 선의.

해석 | 공자께서 말씀하셨다. "절제함으로써 실수를 하는 사람은 드물다."

【주석】

01 以約失之者, 鮮矣 이약실지자, 선의

절제함으로써 실수를 하는 사람은 드물다. There are few indeed who fail in something through exercising restraint. (Raymond Dawson) / It is rare indeed for someone to get wrong due to personal restraint. (Roger T. Ames and Henry Rosemont, Jr) / Self-control seldom leads astray. (Simon Leys) / Those who err through self restraint are rare indeed. (Chichung Huang)

以約失之者 이약실지자: 절제함으로써 어떤 것을 실수 하는 사람. 자신의 말과 행동을 절제함으로써 무언가를 실수 하는 사람. the person who makes a mistake in something in spite of regulating himself with the rituals cautiously.

約 약: 검약(儉約), 절제(節制). 제약(制約). 매사를 신중하게 대처하고 자기 자신의 마음을 적절하게 조절하는 태도. 경제적으로 검소하게 지내는 것을 뜻하기도 하지만 여기서는 말과 행동을 절제하고 조심하는 자세를 뜻한다. 마음 속에서 쏟아져 나오는 격한 감정도 절약·조절하여야 한다는 의미를 담고 있다. 주희는 "오만하고 스스로 방종하지 않는 것을 約이라 한다"고 설명한다(不侈然以自放之謂約). to restrain oneself with rituals. to discipline oneself with propriety.

失之者 실지자: 어떤 일에 실수를 하는 사람. 실패하는 사람. 여기서는 之자를

"어떤 일(something)"이라고 풀이하였으나, "…하는"의 수식어(修飾語)적 용법으로 이해할 수도 있다. the person who makes a mistake in it. a man who commits an error in something.

失 허물(실): 실수하다. 실패하다. make a mistake. commit an error. commit a fault.

之 지: 그것. 어떤 일. 무언가. it. something.

鮮矣 선의: 드물다. be rare.

鮮 적을(선): 드물다. 흔하지 않다. rare. seldom. little.

矣 의: …이다(be). 단정 또는 필연의 결과를 표시한다[「학이」 1-9], [「이인」 4-26]. used to indicate the feeling of decision or an inevitable consequence.

【 해설 】

개인이든 정부든 근검절약 하여야 흥하고, 사치와 방탕이 난무하면 그 나라 · 그 국민은 망하는 것이 역사의 교훈이다. 여기서 근검절약은 경제적인 측면뿐만 아니라 우리의 마음가짐도 조심성과 절제하는 습관을 가져야 하는 것으로 이해된다. 그렇게 함으로써 다른 사람 · 다른 조직과 조화를 이루며 마찰이 없는 사회를 이루어 나갈 수 있다.

【 외국학자 영문해석 】

1 The Master said: "To lose by caution is rare indeed."

(The Analects. Confucius Translated by David Hinton, Counterpoint Washington. D.C.)

2 The Master said: "There are few indeed who fail in something through exercising restraint."

(The Analects: translated by Raymond Dawson, Oxford University Press.)

제24장

子曰; 君子欲訥於言, 而敏於行.

자왈; 군자욕눌어언, 이민어행.

해석 | 공자께서 말씀하셨다. "군자는 말을 함에 신중하게 하려고 한다. 그러나 행동을 함에는 민첩하게 하려고 한다."

【주석】

01 君子欲訥於言 군자욕눌어언

군자는 말을 함에 있어서는 신중하게 하려고 한다. The gentleman wishes to be slow in speech. The gentleman wishes to be cautious in speech.

欲 욕: …하려고 한다. …하고자 한다. wish to. want to.

訥 말더듬을(눌): 말을 더듬다. 말을 천천히 하다. 말을 신중하게 하다. 말을 할 때에는 마치 말을 더듬듯이 신중을 기하여야 한다는 점을 강조한 것이다. be slow in speech. be cautious in speech.

02 而敏於行 이민어행

그러나 행동을 함에는 민첩하게 하려고 한다. But he is prompt in action. But he is quick in action.

敏 민첩할(민): 민첩하다. 힘써 일하다. 열심히 하다. quick. prompt. diligent. earnest.

【 해설 】

말은 신중히 하여 마치 말을 더듬어 입 밖으로 내놓지 못하는 것처럼 하되 행동할 때는 민첩하게 하려고 노력하여야 한다는 것이다. 그것은 말은 아무리 느려도 별 문제가 없기 때문이다. 그러나 실천은 항상 빨라야 한다. 모든 것이 다 때가 있기 때문이다. 공자는 말이 앞서는 인간을 좋아하지 않았다.

【 외국학자 영문해석 】

1 The Master said, "A gentleman covets the reputation of being slow in word but prompt in deed."

(The analects of Confucius Translated and Annotated by Arthur Waley: A Division of Random House, INC. New York.)

2 The Master said, "The gentleman wants to be slow in giving his word, but quick in carrying it out."

(The Original Analects, Sayings of Confucius and His Successors, A New Translation and Commentary by E. Bruce Brooks and A Takeo Brooks, Columbia University Press, New York.)

제4편 이인(里仁)

제25장

子曰; 德不孤, 必有鄰.

자왈; 덕불고, 필유린.

해석 | 공자께서 말씀하셨다. "덕이 있는 사람은 외롭지 않다. 반드시 이웃이 있다."

【주석】

01 德不孤 덕불고

덕이 있는 사람은 외롭지 않다. A man of virtue is not solitary. Virtuous man will not be lonely.

德 덕: 덕이 있는 사람. a man of virtue. a virtuous man.

孤 외로울(고): 외롭다. 의지할 데가 없다. be alone, be in solitude. be lonely.

02 必有鄰 필유린

반드시 이웃이 있다. He always has neighbours. He has like-minded companions.

必 반드시(필): 반드시. 틀림없이. always. surely. without fail. necessarily.

鄰 이웃(인): 이웃. neighbours. companions.

【해설】

주희의 『논어집주』에서는 덕을 가진 사람은 결코 고립되지 않으며, 반드시 뜻과 신념을 같이 하는 친구가 있게 되어 서로 따르게 되며, 이는 마치 사는 데 이웃이 있는 것과 같다고 설명한다(鄰, 猶親也. 德不孤立, 必以類應, 故有德者, 必有其類從之, 如居之有鄰也). 덕(德)은 예(禮)를 배우고 실천함으로써 우리 마음 속에 축적할 수 있다. 예를 배우고 익혀 그 내용을 터득하게 되면 이를 실천할 수 있는 능력을 얻는다. 마음 속에 쌓여 있는 이러한 능력이 덕이라고 할 수 있다. 이렇게 축적된 덕은 필요할 경우 몸 밖으로 나타나 인간과 사회를 위하여 쓰일 수 있다. 불우이웃을 위한 행동으로 나타나면 덕행(德行)이 되고, 방황하는 학생들을 위하여 말로 나타나면 덕담(德談)이 된다. 정치에 이를 반영하면 덕치(德治)가 될 수도 있다. 자전거를 처음 배울 때, 우리는 자주 넘어지거나 잘 안 되어 힘든 경우를 당한다. 그러나 계속 연습하며 이에 힘쓰다 보면 어느 순간에 혼자서도 앞으로 달릴 수 있는 능력이 생긴다. 이후부터는 몸에 배어 있는 이러한 주행능력(走行能力)에 의하여 필요시 시장에도 타고 갈 수 있고, 자전거 경주에도 참가할 수 있다. 수영의 경우도 마찬가지이다. 이와 같이 우리 몸에 배어 있는 "능력"이

덕이다. 우리 몸 안에 잠재하여 있으므로 언제라도 활용할 수 있는 힘이 되는 것이다. 우리가 사는 세상은 많은 사람이 함께 사는 곳이다. 여러 사람이 함께 살다 보면 그 곳에는 항상 이해(利害)와 충돌(衝突)이 발생하게 됨을 볼 수 있다. 갈등(葛藤)과 대립(對立), 불신(不信)과 마찰(摩擦), 이것이 우리가 살고 있는 세상의 참모습이다. 덕은 이러한 상호불신과 대립의 벽을 허물 수 있는 인간의 지혜라고 할 수 있다. 덕을 가진 사람이 그 덕을 남에게 베풀고 자기 개인의 사리사욕을 버리면 주변 사람으로부터 배척을 받을 하등의 이유가 없게 된다. 그래서 덕이 있는 사람은 외롭지 않고 반드시 이웃이 있다고 공자는 주장한 것이다.

【외국학자 영문해석】

1 The Master said: "Virtue never dwells alone; it always has neighbours."

(The Analects, Confucius translated by William Edward Soothill. Dover Publications, Inc. New York.)

2 Confucius said: "If you are virtuous, you will not be lonely. You will always have friends."

(http://web.singnet.com.sg/~clementn/mar.htm: The Analects of Confucius: compiled by Ng Shin Kiat.)

제4편 이인(里仁) | 제26장

子游曰; 事君數, 斯辱矣; 朋友數, 斯疏矣.

자유왈; 사군삭, 사욕의; 붕우삭, 사소의.

해석 | 자유(子游)가 말했다. "임금을 섬길 때 간언(諫言)을 자주 하면 이에 곧 곤욕을 당하게 되고, 친구에게 충고를 자주 하게 되면 이에 곧 소원해진다."

【 주석 】

01 事君數, 斯辱矣 사군삭, 사욕의

임금을 섬길 때 간언(諫言)을 자주 하면, 이에 곧 곤욕을 당하게 된다. In serving a prince, frequent remonstrances lead to disgrace. (James Legge). If one is censorious when serving one's ruler, then one falls into disgrace.(Raymond Dawson)

子游 자유: 공자의 제자. 성은 언(言), 이름은 언(偃), 자가 자유(子游). 공자보다 45세 연하라고 한다. Zi-you. Alias of Yan Yan. a disciple of Confucius.

事君數 사군삭: 임금을 섬길 때 간언(諫言)을 자주 하다. In serving a prince, you give frequent remonstrances to him.

數 자주 할(삭): 자주 하다. 여러 번 되풀이하다. 문맥으로 보아 "간언(諫言)을 자주 하다"라는 뜻으로 이해된다. 주희는 "번거롭게 자주 하는 것이다"라고 설명한다(數, 煩數也). 간언을 한 번해서 들으면 좋은데 여러 번 계속해도 듣지 않는다는 것은 수용(受容)할 의사가 없는 것이다. 이를 모르고 다시 번거로이 한다면 이에 곧 곤욕을 당하게 된다는 것이다. 數는〔수〕로도 읽는다. give frequent remonstrances. scold repeatedly.

斯 사: …하면 곧. 이에 곧. 앞의 문장을 이어 받는 말이다〔「이인」 4-7〕, 〔「자장」 19-25〕. then. accordingly. just. simply by such a reason,

辱 욕되게 할(욕): 욕되게 하다. 여기서는 수동의 뜻으로 "곤욕을 당하다", "곤욕을 치르다" 라는 의미로 해석된다〔「미자」 18-8〕. be disgraced. be humiliated. bring disgrace.

斯辱矣 사욕의: 이에 곧 곤욕을 당하게 된다. 이렇게 되면 곧 곤욕을 치르게 된다. and then you may be disgraced.

矣 의: …이다(be). 단정 또는 필연의 결과를 표시한다〔「학이」 1-9〕, 〔「이인」 4-23〕. used to indicate the feeling of decision or an inevitable consequence.

02 朋友數, 斯疏矣 붕우삭, 사소의

친구에게 충고를 자주 하게 되면 이에 곧 소원해진다. Between friends, frequent reproofs make the friendship distant. (James Legge) / If one is censorious with one's friends, then one becomes estranged. (Raymond Dawson)

朋友數 붕우삭: 친구에게 충고를 자주 하다. give advice to friend repeatedly.

斯疏矣 사소의: 이에 곧 소원해진다. 이렇게 되면 곧 소원해진다. then you may be distant from your friend.

疏 트일(소): 멀어지다. 소원해지다. become distant, be separated.

【해설】

삭(數)은 번거롭게 자주 하는 것을 의미한다. 임금을 섬길 때 간(諫)을 한 것이 받아들여지지 아니하면 마땅히 떠나야 하며, 벗을 선도(善導)할 때 자기가 말한 선(善)이 받아들여지지 않으면 마땅히 그쳐야 한다. 번거롭고 시끄럽게 자주 간(諫)하게 되면 말하는 사람은 가볍게 되고, 듣는 사람은 싫어하게 된다. 그러므로 영화(榮華)를 구하려다가 오히려 곤욕을 치르게 되고, 친(親)하기를 구하려다가 오히려 소원(疏遠)하게 된다. 군신(君臣)과 붕우(朋友)는 다 의(義)로써 합한 사이므로 그 일이 서로 같은 것이다.〔『논어집주』〕

【외국학자 영문해석】

1 Tzu-yu said, "In the service of one's prince repeated scolding can only lead to loss of favour; in friendship, it can only lead to estrangement."

(The analects of Confucius Translated and Annotated by Arthur Waley: A Division of Random House, INC. New York.)

2 Tsze-yu said, "In serving a prince, frequent remonstrances lead to disgrace. Between friends, frequent reproofs make the friendship distant."

(Confucius Analects, The Great Learning and The Doctrine of The Mean, translated by James Legge, Manufactured in Dover Publication, Inc. U.S.A.)

千室大邑百乘卿大夫之家宰邑長家臣之通稱

赤也何如子曰赤也束帶立於朝可使與賓客言也不知其仁也 朝音潮

赤孔子弟子姓公西字子華 [illegible]

○子謂子貢曰女與回也孰愈 女音汝

愈勝也

對曰賜也何敢望回回也聞一以知十賜也聞一以知二

一數之始十數之終二者一之對也顏子明睿所照即始而見終子貢推測而知因此而識彼無所不說告往知來是其驗矣

子曰弗如也吾與女弗如也

제5편

公冶長

【공야장】

子謂公冶長; 可妻也. 雖在縲絏之中, 非其罪也. 以其子妻之.

자위공야장; 가처야. 수재누설지중, 비기죄야. 이기자처지.

해석 | 공자께서 공야장을 "시집 보낼 만하다. 비록 감옥 안에 있었지만 그의 죄가 아니었다" 라고 평하시고, 그의 딸을 그에게 시집보냈다.

【주석】

01 子謂公冶長 자위공야장

공자가 공야장을 평하였다. Confucius said of Gong-ye Chang.

謂 이를(위): 말하다. 평하다. 평가하다. say of. review. comment.

公冶長 공야장: 공자의 제자, 성은 공야(公冶), 이름은 장(長), 자는 자장(子長)이다. Gong-ye Chang. a disciple of Confucius.

02 **可妻也** 가처야: 시집보낼 수 있다. 시집보낼 만하다. can give him my daughter in marriage.

可 가: 할 만하다. 할 수 있다. deserve. can.

妻 시집보낼(처): 시집보내다. "사위삼다"로 번역하는 학자도 있다. marry one's daughter to a man. give one's daughter in marriage.

03 雖在縲絏之中, 非其罪也 수재누설지중, 비기죄야

비록 감옥 안에 있었지만 그의 죄가 아니다. Even though he was once bound in jail, he was not guilty of the crime.

在 있을(재): 있다. 존재하다. there is. exist.

縲絏之中 누설지중: 감옥의 가운데. 감옥 안. in jail, in prison. in bonds.

縲絏 누설: 감옥(監獄). 검은 포승. 누(縲)는 검은 줄, 설(絏)은 묶는 것을 말한다. 옛날에 죄인을 검은 줄로 묶어 감옥에 가두어 놓았기 때문에 생긴 말로서 여기서는 감옥을 뜻한다. prison. jail. black rope. black handcuffs.

縲 포승(누): 포승. 검은 밧줄. rope. handcuffs.

絏 맬(설): 매다. 묶다. bind. tie. fasten.

04 以其子妻之 이기자처지

그의 딸을 그에게 시집보냈다. He gave his daughter to him in marriage.

其子 기자: 그의 딸(子는 자식이란 말이지만 여기서는 딸을 뜻한다). his daughter.

妻之 처지: 그에게 시집보내다. 공야장에게 시집보내다. give one's daughter to him in marriage.

以 이: …을. …를. …을 가지고. 동작의 대상을 표시하는 전치사. 동작이나 행위가 발생할 때, 직접적으로 파급되는 대상을 이끌어 낸다. "…을", "…와 함께" 등으로 해석한다 (연세대 허사사전편찬실, 『허사대사전』 pp.598~599). used as a particle indicating the object of an action.

〔예〕 爲善者, 天報之以福. 爲不善者, 天報之以禍(위선자, 천보지이복. 위불선자, 천보지이화): 착한 일을 하는 사람에게는 하늘이 그에게 복을 주고, 착하지 아니한 일을 하는 사람에게는 하늘이 그에게 화를 내린다. 〔『명심보감』〕. As for the person who has done something good, Heaven gives a good fortune to him. As for the person who has not done something good, Heaven gives a disaster to him.

【해설】

공야장은 논어에서 여기에 한 번 나오는 인물이다. 공자 문하에서 잘 알려지지도 않은 인물이다. 감옥까지 갔다온 공야장을 사위로 선택한 공자의 마음이 궁금하다. 일설에 의하면 공야장은 새들이 속삭이는 소리까지 알아들을 수 있는 비범한 재능이 있어, 어떤 살인사건이 일어났을 때 새의 소리를 듣고 시체가 있는 곳을 찾아내어 도리어 혐의를 받은 일도 있다는 이야기가 있다. 결국 그 일로 인하여 공야장은 한때 살인혐의로 구속까지 당하였으나 나중에 혐의가 풀려 석방되었다고 한다. 공자가 이런 사람을 사위로 삼다니 그저 놀라운 일이다.

【외국학자 영문해석】

1 The Master said: "Kung-yeh Ch'ang would make a fine husband, for although he's been in prison, it was through no fault of his own. And so the master gave his daughter in marriage to him."

(The Analects. Confucius Translated by David Hinton, Counterpoint Washington. D.C.)

2 Confucius talked about Chang Gongye, said: "Can let my daughter marry him. Although he was once in the jail, it was not his fault." So Confucius let his own daughter marry him.

(The Analects of Confucius(unabridged), translated by Jack J. Cai & Emma Yu, Americd-rom publishing company. U.S.A.)

子爲南容; 邦有道, 不廢; 邦無道, 免於刑戮. 以其兄之子妻之.

자위남용; 방유도, 불폐; 방무도, 면어형륙. 이기형지자처지.

해석 | 공자께서 남용에 대하여 "나라에 도가 있을 때에는 쫓겨나지 아니하였고, 나라에 도가 없었을 때에도 형벌에서 면하였다"라고 말씀하시고, 그의 형의 딸을 그에게 시집보냈다.

【주석】

01 子爲南容 자위남용

공자께서 남용에 대하여 말했다.

爲 위: 평하다. 말하다. say of. review. comment.

南容 남용: 노나라 사람으로 공자의 제자. 성은 남궁(南宮), 이름은 괄(适), 자는 자용(子容). 남용은 남궁자용(南容子容)을 간략히 부른 것이다. 공자는 남용을 조카사위로 삼았다. alias of Nan-gong Kuo. a disciple and a niece's husband of Confucius.

02 邦有道, 不廢; 邦無道, 免於刑戮 방유도, 불폐; 방무도, 면어형륙

나라에 도가 있을 때에는 쫓겨나지 아니하였고, 나라에 도가 없었을 때에도 형벌에서 면하였다.
When there was the Way in the state, he was not cast out of office. Even when there was not the Way in the state, he was exempt from punishment.

邦有道 방유도: 나라에 도(道)가 있다. 나라에 도가 있다는 말은 "정치가 바르고 질서가 있다"는 뜻임. 有는 "…에 …이 있다 (there is)"는 뜻으로 쓰인다〔「공야장」 5-21〕, 〔「태백」 8-13〕, 〔「헌문」 14-1, 14-4〕, 〔「위령공」 15-6〕. There was the Way in the state. The state possessed the Way. The state was in order. The state was well governed. The Way prevailed in a state.

廢 폐할(폐): 없애다. 폐하다. 몰아내다. 쫓겨나다. 여기서는 수동의 의미로 "퇴출(退出)되다", "쫓겨나다"의 뜻으로 쓰였다. cast out of office. expel. dismiss. fire. discard.

邦無道 방무도: 나라에 도가 없다. 정치가 바르지 못하고 나라에 질서가 없는 것을 뜻한다. There was not the Way in the state. The state lost the Way. The state was not in order. The state was ill governed. The Way did not prevail in a state.

免於刑戮 면어형륙: 형벌을 면하다. 형벌로부터 면하다. be exempted from punishment.

免 면할(면): 면하다. free from. escape from. be exempted from.

於 어: …에서. …로부터. from.

刑戮 형륙: 형벌. 형벌을 가하여 죽이는 것. 사형집행. punishment. punishment and disgrace. punishment and humiliation. punishment and slaying. the punishment of death.

戮 죽일(륙): 죽이다. 목을 베다. 욕보이다. kill. cut off a person's head. decapitate. behead.

03 以其兄之子妻之 이기형지자처지

그 형의 딸을 그에게 시집보냈다. He gave his brother's daughter in marriage to him. He gave his niece to him in marriage.

以 이: …을. …를. …로써. …을 가지고. 동작의 대상을 표시하는 전치사〔「공야장」

5-1]. used as a particle indicating the object of an action.

其兄之子 기형지자: 그 형의 딸. 공자의 이복형인 맹피(孟皮)의 딸을 말한다. 형이 이미 죽었으므로 공자가 조카딸의 혼사를 주관한 것이다. his brother's daughter.

之 지: 앞에 나오는 之는 "of"의 뜻이며, 뒤에 나오는 之는 "to him"에 해당한다. him은 남용을 가리킨다.

【해설】

남용(南容)은 "말과 행실이 신중하기 때문에" 나라에 도가 있을 때에는 쫓겨나지 아니하였고, 나라에 도가 없는 어지러운 세상에서도 화(禍)를 면할 수 있었다. 좋은 세상에서는 누구나 살아남을 수 있겠지만, 난세에서는 그저 무난한 사람이 살아남기가 쉬우므로 공자는 이런 인물을 조카사위로 선택하지 않았나 추측해 본다.

【외국학자 영문해석】

1 The Master said of Nan-jung that when the Way prevailed in the state he was not cast aside and when the Way fell into disuse he stayed clear of the humiliation of punishment. He gave him his elder brother's daughter in marriage.

(The Analects: translated by D,C. Lau, Penguin Books Ltd, London. England.)

2 Of Nan Yung he(The Master) said that "if the country were well governed he would not be out of office, and if it were ill governed, he would escape punishment and disgrace." He gave him the daughter of his own elder brother to wife.

(Confucius Analects, The Great Learning and The Doctrine of The Mean, translated by James Legge, Manufactured in Dover Publication, Inc. U.S.A.)

제3장

子謂子賤; "君子哉, 若人! 魯無君子者, 斯焉取斯?"

자위자천; "군자재, 약인! 노무군자자, 사언취사?"

해석 | 공자께서 자천에 대해 말씀하셨다. "군자답다! 이 사람은! 노나라에 군자가 없다면, 이 사람이 어디에서 이런 덕성을 취득했겠는가?

【주석】

01 子謂子賤 자위자천

공자께서 자천에 대해 말씀하셨다. The Master said of Zi-jian.

子賤 자천: 공자의 제자, 노(魯)나라 사람으로 성은 복(宓), 이름은 부제(不齊), 자는 자천(子賤). Zi-jian. Alias of Fu Bi-qi. a disciple of Confucius.

02 君子哉, 若人 군자재, 약인

군자답다! 이 사람은! A gentleman indeed! this man! What a gentleman this man is!

君子哉 군자재: 군자로다! 군자답다! a gentleman indeed!

哉 재: …로다. …이구나. …답다. 감탄의 어기(語氣)를 표시하는 어조사. 감탄부호와 같은 역할을 한다. used to indicate the feeling of exclamation. used in exclamations (Beijing Foreign Language University, A Chinese-English Dictionary, 1997 Revised Edition: p.1563).

〔예〕 賢哉, 回也(현재, 회야): 어질도다! 안회(顏回)는!〔「옹야」 6-9〕. How noble Yan Hui is! How admirable Yan Hui is!

若人 약인: 이 사람. 이런 사람. 이와 같은 사람. this man.

若 약: 이. 이런. 이와 같은. 가까이 있는 사물. 상황 등을 나타내며, 주어, 관형어, 부사어로 쓰인다. "이", "이러한" 등으로 해석한다(연세대 허사사전편찬실, 『허사대사전』 p.421). this. this kind of.

03 魯無君子者, 斯焉取斯 노무군자자, 사언취사

노나라에 군자가 없다면, 이 사람이 어디에서 이것을 취득했겠는가? If there were no gentleman in Lu, where could he have acquired this kind of virtue?

無 무: …에 …이 없다 (有: …에 …이 있다). there is not.

者 자: …하면. …이면. 조건 또는 가정을 나타내는 어조사 (최상익, 『한문해석법연구』 p.93). if. in case.

〔예〕 其或繼周者, 雖百世可知也(기혹계주자, 수백세가지야): 만약 누군가가 주나라를 계승한다면, 비록 100대 이후라 할지라도 알 수가 있다〔「위정」 2-23〕. If someone succeeded the Zhou, we would be able to predict even a hundred generations hence.

斯焉取斯 사언취사: 이 사람이 어디에서 이것(군자다운 덕성)을 취득했겠는가? 의문부사 焉자가 있으므로 의문문으로 해석한다. 앞에 나온 斯는 "이 사람"으로 자천(子賤)을 가리키고, 맨 뒤에 나온 斯는 "군자다운 것(君子哉)"을 가리키는 것으로 본다. 주희의 『논어집주』는 앞의 斯자는 "이 사람" 즉 子賤을 가리키고, 뒤에 나오는 斯는 德을 가리킨다고 한다(上斯斯此人, 下斯斯此德). 노나라에 군자가 많이 있고 또 노나라에는 인재를 양성할 수 있는 훌륭한 교육환경이 갖추어져 있음을 자랑한 것으로 보인다. Where could this man have acquired this kind of virtue? How could this man have acquired this character?

焉 언: 어디에서. 어떻게 (의문사). where. how.

【해설】

공자께서는 자천(子賤)을 참으로 군자답다고 칭찬하면서 만약에 노나라에 군자가 없었더라면, 어디에서 이러한 군자의 훌륭한 덕성(德性)을 배웠겠느냐고 반문한다. 공자가 노나라에 위대한 인물을 배출할 수 있는 많은 인재와 문화유산이 축적되어 있음을 자랑한 구절로 생각된다. 훌륭한 인물을 배출하는 인물 중에는 공자 자신도 포함되어 있음은 물론이다.

【외국학자 영문해석】

1 Speaking about Lun Zi Jian, Confucius said, "Isn't this man really a gentleman? If it is true that the state of Lu does not have any gentleman, where did he acquire such character from?"

(The Complete Analects of Confucius(1997), translated by Adam Sia. Asiapac Books Pte Ltd. Singapore.)

2 The Master remarked about Zijian, "He is truly an exemplary person (junzi 君子). If Lu had no other exemplary persons, where could he have gotten his character from?"

(The Analects of Confucius, a philosophical translation, by Roger T. Ames and Henry Rosemont, Jr, 1998 published by The Ballantine Publishing Group.)

子貢問曰; 賜也何如? 子曰; 女器也. 曰; 何器也? 曰; 瑚璉也.

자공문왈; 사야하여? 자왈; 여기야. 왈; 하기야? 왈; 호련야.

해석 | 자공이 물어 말하였다. "저(賜)는 어떻습니까?" 공자께서 말씀하셨다. "너는 그릇이다." "무슨 그릇입니까"라고 물었다. 공자께서 말씀하셨다. 종묘(宗廟)에서 제사 때 쓰는 "호련(瑚璉)이라는 그릇이다."

【주석】

01 子貢問曰 자공문왈

자공이 물어 말하였다.

02 賜也何如 사야하여

저 사(賜)는 어떻습니까? What do you think of me?

賜 사: 자공(子貢)의 이름, 자기 자신을 말할 때 자신의 이름을 썼다. Ci. given name of Zi-gong. a disciple of Confucius.

也 야: 음절을 조절하는 어조사. 우리말로는 주격조사 "…은", "…는" 정도로 해석한다. 잠깐 숨을 고르는 쉼표역할을 한다. used to indicate a pause in a sentence. equivalent to a comma.

何如 하여: 어떻습니까? how about?

03 女器也 여기야

너는 그릇이다. You are a vessel. You are a pot. You are like a vessel.

女 여: 당신. 너. 자네. 汝와 같다〔「팔일」 3-6〕. you.

04 何器也 하기야

무슨 그릇입니까? What kind of vessel? What sort of pot?

05 瑚璉也 호련야

(宗廟에서 제사때 쓰는) 호련이다. 호련이라는 그릇이다. 호련(瑚璉)은 오곡(五穀) 중에서 찰기가 가장 많은 기장(찰수수)을 담는 그릇으로서 "귀중한 재목"을 의미한다. A sacrificial vessel. A precious ritual vase. A precious utensil used in grand sacrifices.

【해설】

이 문장은 〔「위정」 2-12〕의 군자불기(君子不器)라는 말 때문에 학자 사이에 논란이 많다. 그러나 글자 본래의 의미를 충실하게 해석하면, 자공(子貢)은 공자로부터 "귀중한 재목"이라는 평가를 받은 것이다. 물론 군자의 정도에까지는 이르지 못한 것으로 생각된다. 주희의 『논어집주』에서는 "기(器)는 쓸모가 있는 완성된 재목이다. 하(夏)나라에서는 호(瑚), 상(商)나라에서는 련(璉), 주(周)나라에서는 궤보(簋簠)라고 하였다. 모두 종묘(宗廟)에서 기장과 수수를 담는 그릇인데, 옥(玉)으로 장식했으니 그릇으로서는 귀중하고 아름다운 것이다. 자공(子貢)이 공자께서 자천(子賤)을 군자로 인정하신 것을 보았기 때문에 자기에 대해 물어 본 것인데, 공자께서 이와 같이 대답하신 것이다. 자공이 비록 不器(그릇과 같이 한 가지 용도로만 쓰이는 것이 아님)의 경지에는 이르지 못하였으나, 역시 그릇으로서는 귀한 것이었다"고 말하고 있다(器者, 有用之成材, 夏曰瑚, 商曰璉, 周曰簋簠, 皆宗廟盛黍稷之器, 而飾以玉, 器之貴重而華美者也. 子貢見孔子以君子許子賤, 故以己爲問, 而孔子告之以此. 然則子貢, 雖未至於不器, 其亦器之貴者歟).

【외국학자 영문해석】

1 Zi Gong asked, "What do you think of me?" Confucius answered, "You are like a vessel." "What kind of vessel then?" "A precious one used in grand sacrifices."

(Analects of Confucius (1994): Printed by Beijing Foreign Language Printing House. China.)

2 Tsze-kung asked, "What do you say of me, Ts'ze!" The Master said, "You are a utensil." "What utensil?" "A gemmed sacrificial utensil."

(Confucius Analects, The Great Learning and The Doctrine of The Mean, translated by James Legge, Manufactured in Dover Publication, Inc. U.S.A.)

제5편 공야장(公冶長) 제5장

或曰; 雍也, 仁而不佞. 子曰; 焉用佞? 禦人以口給, 屢憎於人, 不知其仁, 焉用佞?

혹왈; 옹야, 인이불녕. 자왈; 언용녕? 어인이구급, 누증어인, 부지기인, 언용녕?

해석 | 어떤 사람이 말하기를 "옹은 인(仁)하지만 말재주는 없습니다"라고 하였다. 공자께서 말씀하셨다. "말재주는 어디에 쓰겠는가? 말재주로써 사람들을 응대하면, 늘 다른 사람들로부터 미움만 받는다. 그가 인한지는 모르겠으나 말재주는 어디에 쓰겠는가?"

【주석】

01 或曰; 雍也仁而不佞 혹왈; 옹야인이불녕

어떤 사람이 말하기를 "옹은 인(仁)하지만 말재주는 없습니다"라고 하였다. Someone said:

Yong is humane but not eloquent.

或曰 혹왈: 어떤 사람이 말했습니다. Someone said,

雍 옹: 공자의 제자. 성은 염(冉), 자는 중궁(仲弓), 雍은 그의 이름이다. 노나라 사람으로 공자보다 29세 연하로 알려져 있다. Yong. a disciple of Confucius.

也 야: 음절을 조절하는 어조사. 우리말로는 주격조사 "…은", "…는" 정도로 해석한다. 잠깐 숨을 고르는 쉼표역할을 한다. used to indicate a pause in a sentence. equivalent to a comma.

而 이: …이지만. …하지만. 그러나 (역접의 접속사). but. although.

佞 녕: 아첨할〔녕〕: 간사하다. 말재주가 있다〔「헌문」 14-33〕. have a facile tongue. be eloquent.

02 焉用佞 언용녕

말재주를 어디에 쓰겠는가? 어디에 말재주를 사용하겠는가? What does he need eloquence for? What is the use of eloquence? What need is there for him to have a facile tongue?

焉 언: 어디에. 무엇에. where. what. how.

佞 녕: 말재주. 명사적 용법으로 사용되었다. eloquence. a glib tongue. an agile tongue.

03 禦人以口給, 屢憎於人 어인이구급, 누증어인

말재주로써 사람들을 응대하면, 늘 다른 사람들로부터 미움만 받는다. If you deal with people by eloquence, you will soon be disliked.

禦 막을(어): 막다. 응대하다. 주희는 "당해내다"는 뜻으로 "응답과 같은 말이다"라고 하였다(禦, 當也, 猶應答也). 禦를 "남의 말을 가로막는다"는 뜻으로 풀이하는

학자도 있다. deal with. respond. confront.

以口給 이구급: 말의 공급으로써. 구변으로써. 말재주로써. by eloquence. with a glib tongue. with a facile tongue.

屢憎於人 누증어인: 늘 다른 사람들로부터 미움만 받는다. You will always meet the hatred from others. An agile tongue always makes others detest you.

屢 여러(누): 자주. 늘. 항상. always. often.

憎 미워할(증): 미워하다. 증오하다. will be hated.

於 어: …으로부터. …에 의하여. 於자 앞에 있는 동사를 피동의 뜻으로 만든다. 영어에서도 by 앞에 오는 동사가 수동형을 이루는 경우가 많다. from. by.

〔예〕 故有備則制人, 無備則制於人(고유비즉제인, 무비즉제어인): 그러므로 준비가 있으면 적을 제압할 수 있고, 준비가 없으면 적들에게 제압당한다. 〔鹽鐵論. 險固〕 Therefore if you are ready for a fight, you can control the enemy, but if you are not ready for it, you would be controlled. by the enemy.

04 不知其仁, 焉用佞 부지기인, 언용녕

그가 인한 지는 모르겠으나 말재주를 어디에 쓰겠는가? I do not know whether Yong is humane, but what does he need eloquence for?

不知其仁 부지기인: 그가 인한 지는 모르겠다. I don't know whether he is humane.

【해설】

경쟁사회에서 말재주가 없는 사람보다는 말재주가 있는 사람이 먼저 출세할 가능성이 있다. 그러나 얼마나 지속되겠는가. 말재주란 덕(德)을 닦는 일과는 아무 관련이 없는 화장술(化粧術)이다. 공자는 늘 말보다 행동과 실천이 앞서야 함을 강조하였다.

【외국학자 영문해석】

1 Someone said: "Yong is humane but not eloquent." The Master said: "What does he need eloquence for? To confront people with a glib tongue often makes them detest you. I do not know about his being humane, but what does he need eloquence for?"

(The analects of Confucius (Lun Yu); A Literal Translation with an Introduction and Notes by Chichung Huang, Oxford University Press 1997.)

2 Someone said: "Yung is a man of jen, but he is not sharp enough with his tongue." Confucius said, "Why does he need to be sharp with his tongue? If you deal with people by smooth talk, you will soon be disliked. I don't know if Yung is a jen man, but why should he have to be a clever speaker?"

(http://web.singnet.com.sg/~clementn/mar.htm: The Analects of Confucius: compiled by Ng Shin Kiat.)

제5편 공야장(公冶長) | 제6장

子使漆雕開仕, 對曰; 吾斯之未能信, 子說.

자사칠조개사, 대왈; 오사지미능신, 자열.

해석 | 공자께서 칠조개에게 벼슬을 하라고 하자 그가 대답하기를 "나는 이 일에 아직 자신할 수가 없습니다"라고 했다. 공자께서 기뻐하셨다.

【주석】

01

子使漆雕開仕 자사칠조개사

공자께서 칠조개에게 벼슬을 하라고 하였다. The Master had Qi-diao Kai to take office. The Master asked Qi-diao Kai to have an official position.

使 하여금(사): …에게 …하게 하다. 시키다. let. make. have. ask.

(예) 鄭人使我掌其北門之管(정인사아장기북문지관): 鄭나라 사람은 나에게 그 북문의 관리를 관장하게 하였다[『左傳』. 僖公三十二年]. The official of Zheng let me take charge of the north gate.

漆雕開 칠조개: 노나라 사람으로 공자의 제자임. 성은 칠조(漆雕), 이름은 啓(계), 자는 자개(子開). Qi-diao Kai. a disciple of Confucius.

仕 벼슬할(사): 벼슬하다. take office. have an official position.

02

吾斯之未能信 오사지미능신

나는 이것을(벼슬하는 일) 아직 자신할 수 없습니다. I cannot yet have a confidence about this matter. I cannot trust myself to do yet on this matter.

斯 사: 이것. 이일. 벼슬하는 일. 仕를 가리킨다. this. to take office.

之 지: 목적어를 강조하기 위하여 목적어를 동사 앞으로 놓을 경우 목적어와 동사 사이에 쓰이는 구조조사. 우리말로는 마치 목적격 조사처럼 "…을", "…를"로 해석한다. be used like an objective particle.

未能信 미능신: 아직까지 자신할 수가 없다. can not have a confidence about this matter.

未 미: 아직까지 …하지 않다. yet

03 子說 자열

공자가 기뻐하였다. The Master was pleased.

說 기뻐할(열) : 기뻐하다. 悅과 같다. be pleased.

【 해설 】

기초가 굳건하지 않은 사람이 너무 출세에만 연연하게 되면 부정과 타협하거나 정치를 잘 못하여 사회에 해악을 끼칠 수 있다. 그래서 이를 사양한 칠조개의 생각에 공자는 기뻐한 것이다. 공자는 「이인편」(4-14)에서 "지위가 없음을 걱정하지 말고 본인 자신의 자질을 향상시키는 방법을 걱정하라"고 하였다(不患無位, 患所以立). 출세를 하는 것도 중요하지만 출세이전에 "자신의 몸과 마음을 갈고 닦아 사회에 나가 일할 수 있는 자질을 갖추는 일"이 더욱 중요한 것이다. 출세는 그 다음 단계로 이루어진다. 입신출세(立身出世)라는 말도 첫째는 "입신 (자질향상에 의한 기반구축)"이고 그 다음이 출세이다. 본인 자신의 자질향상을 구축하는 일이 무엇보다 시급한 것이다.

【 외국학자 영문해석 】

1 When the Master asked "Qi-diao Kai to take office, the latter replied: Of that I am not very confident yet."
The Master was pleased.
(The analects of Confucius (Lun Yu); A Literal Translation with an Introduction and Notes by Chichung Huang, Oxford University Press 1997.)

2 The Master suggested to Qi Diao Kai[Zi-kai] that he was ready to enter public service. Zi-kai answered; "I am not confident of my governance ability." The Master was pleased.
(The Analects of Confucius, A New-Millennium Translation(1999), Translated and Annotated By David H. Li, Published by Premier Publishing Co. U.S.A.)

子曰; 道不行, 乘桴浮於海, 從我者其由與. 子路聞之喜, 子曰; 由也, 好勇過我, 無所取材

자왈; 도불행, 승부부어해, 종아자기유여. 자로문지희, 자왈; 유야, 호용과아, 무소취재

해석 | 공자께서 "도가 행하여지지 않아 뗏목을 타고 바다로 떠난다면 나를 따를 사람은 아마 유(由)일 것이다"라고 말씀하시자 자로가 그 말을 듣고 기뻐하였다. 공자께서 말씀하셨다. "由는 용맹을 좋아하는 것이 나를 능가하지만 뗏목을 만들 목재를 취득할 길이 없구나."

【주석】

01 道不行, 乘桴浮於海, 從我者其由與

도불행, 승부부어해, 종아자기유여

도가 행하여지지 않아 뗏목을 타고 바다로 떠난다면 나를 따를 사람은 아마 유(由)일 것이다. If the Way should not be practiced and I take a raft and put out to sea, the one who follows me would probably be lou.

道不行 도불행: 도가 실천되지 않다. The Way is not practiced. The Way does not prevail.

乘桴浮於海 승부부어해: 뗏목을 타고 바다로 떠나다. take a raft and put out to sea. board a raft and float to sea. get on a raft and float about on the sea.

乘 탈(승): 타다. 오르다. get on. take. ride. board.

桴 뗏목(부): 뗏목. 마융(馬融)에 의하면 뗏목〔桴〕은 대나무와 통나무를 엮은 것이라

고 한다(桴, 編竹木也). a raft

浮 뜰(부): 뜨다. 뗏목을 타고 물 위를 가다. 뗏목을 타고 살기 좋은 세상을 찾아가다. 세속을 등지고 은거함을 뜻한다. float to sea. float about on the sea.

從我者 종아자: 나를 따를 사람. the man who follows me.

其 기: 아마. 어쩌면 (추측을 표시하는 부사). perhaps. maybe. probably.

由 유: 공자의 제자인 자로의 이름. lou. given name of Zi-lu. a disciple of Confucius.

與 여: …일 것이다. 문장 끝에 쓰여 의문. 추측을 나타낸다. 其와 함께 쓰이는 경우가 많다. used to indicate the feeling of conjecture.

(예) 孝弟也者, 其爲仁之本與(효제야자, 기위인지본여): 효제라는 것은 아마도 인(仁)을 실천하는 것의 근본일 것이다(「학이」 1-2). To be filial towards one's parents and to respect one's elders - perhaps these will be the roots of humanity.

02 子路聞之喜 자로문지희

자로가 그 말을 듣고 기뻐하였다. When Zi-lu heard it, he was delighted. On hearing that, Zi-lu was overjoyed.

喜 기쁠(희): 기뻐하다. 즐거워하다. be delighted.

03 由也, 好勇過我, 無所取材 유야, 호용과아, 무소취재

유(由)는 용맹을 좋아하는 것이 나를 능가하지만 (뗏목을 만들) 목재를 취득할 길이 없다. lou is the person who surpasses me in love of courage, but there is no way to acquire the timbers. (therefore we cannot leave here).

也 야: 음절을 조절하고 어기를 고르는 어조사. 쉼표역할을 한다(「팔일」 3-24), (「이인」 4-10). used to indicate a pause in a sentence. equivalent to a comma.

好勇過我 호용과아: 용맹을 좋아하는 것이 나를 능가하다. Iou surpasses me in love of courage. Iou is bolder than I.

過 지날(과): 지나치다. 초월하다. 능가하다. surpass. exceed. be superior to.

無所取材 무소취재: ① (뗏목을 만들) 목재를 취득할 길이 없다. 材를 글자 본래의 의미인 材木 또는 木材로 해석한다. ② 사리에 맞게 헤아리는 것이 없다. 사리를 헤아리지 못한다. 材를 裁와 같은 것으로 보아 "재량(裁量)하다"로 해석하는 입장이다. 주희는 "사리(事理)를 헤아려 의(義)에 맞게 하지 못한다"고 해석한다. ③ 材를 감탄사 역할을 하는 裁로 보아 "취할 것이 없구나!"라는 해석이다. 자로 너 이외에는 아무도 취할 만한 사람이 없어 다른 사람은 데리고 가지 않겠다는 뜻으로 해석하는 것이다. 이 문장은 이와 같이 여러 가지 해석상 논란이 있을 수 있으나 이 책에서는 글자 본래의 의미를 살려 ①의 뜻으로 풀이하였다. 우리도 어떤 때 특히 일이 잘 안 될 때 "정 안 되면 시골에 내려가서 속 편하게 농사나 짓겠다"고 말하는 경우가 있다. 실제로 농사를 지으려는 뜻은 없는 것이다. 한탄의 소리일 뿐이다. 그런데 이것을 자로는 액면 그대로 받아들여 기뻐 어쩔 줄 몰라하므로 공자가 "목재를 취득할 길이 없어 떠날 수 없다"고 신경질적으로 짜증을 낸 표현으로 생각한다. There is no way to get the timber for raft.

材 재목(재): 재목(材木). timber.

【해설】

천하(天下)에 어진 임금도 없고, 자신을 받아 주지도 않는 세상에 대하여 한탄하면서 "뗏목을 타고 바다에 띄우고 싶다"고 한 것이다. 그런데 자로는 스승의 그런 심정을 헤아리지 못하고 "나를 따를 자는 유(由)일 것이다"라는 말에 기뻐 어쩔 줄 몰라했다. 이에 공자는 자로의 우직한 성품을 좋아하면서도 그의 과격한 성격을 이런 식으로 "재목이 없어 뗏목을 만들 수 없으니 어떻게 떠날 수 있겠느냐"고 짜증을 낸 것이다. 이 부분을 "사리에 맞게 헤아리는 것이 없다. (You are lacking in judgement.)"고 해석하기도 하나 이는 자로를 너무 무시하는 말 같아 공자의 표현방법으로는 적절하지 않다고 본다.

【외국학자 영문해석】

1 The Master said: The Way does not prevail. I shall take a raft and put out to sea. I am sure Zilu will accompany me. Hearing this, Zilu was overjoyed. The Master said: Zilu is bolder than I. Still, where would we get the timber for our craft?

(The Analects of Confucius, Translation and Notes by Simon Leys, W. W. Norton & Company. Inc. New York.)

2 The Master said, "If the Way should fail to prevail and I were to put to sea on a raft, the one who would follow me would no doubt be Yu." Tzu-lu, on hearing this, was overjoyed. The Master said, "Yu has a great love for courage than I, but is lacking in judgement."

(The Analects: translated by D.C. Lau, Penguin Books Ltd, London. England.)

제5편 공야장(公冶長) 제8장

孟武伯問; 子路仁乎? 子曰; 不知也, 又問. 子曰; 由也, 千乘之國, 可使治其賦也, 不知其仁也. 求也何如? 子曰; 求也, 千室之邑, 百乘之家, 可使爲之宰也, 不知其仁也. 赤也何如? 子曰; 赤也, 束帶立於朝, 可使與賓客言也, 不知其仁也.

맹무백문; 자로인호? 자왈; 부지야, 우문. 자왈; 유야, 천승지국, 가사치기부야, 부지기인야. 구야하여? 자왈; 구야, 천실지읍, 백승지가, 가사위지재야, 부지기인야. 적야하여? 자왈; 적야, 속대립어조, 가사여빈객언야, 부지기인야.

해석 | 맹무백이 여쭈었다. 자로(子路)는 인합니까? 공자께서 대답하셨다. "모르겠습니다." 또 여쭈었다. 공자께서 말씀하셨다. "유(由)는 제후(諸侯)의 나라에서 그 군대를 다스리게 할 수는 있으나, 그가 인(仁)한지 어떤지는 모르겠습니다." 구(求)는 어떻습니까? 공자께서 말씀하셨다. "구(求)는 천호(千戶)의 고을이나 대부의 집안에서 그 곳의 읍장이나 가신들 중 우두머리가 되게 할 수는 있으나 그가 인(仁)한지 어떤지는 모르겠습니다." 적(赤)은 어떻습니까? 공자께서 말씀하셨다. "적(赤)은 관복을 입고 조정(朝廷)에 서서, 귀빈(貴賓)을 응대(應待)하게 할 수는 있다. 그러나 그가 인(仁)한지 어떤지는 모르겠습니다."

【주석】

01 孟武伯問；子路仁乎？子曰；不知也，又問

맹무백문; 자로인호? 자왈; 부지야, 우문

맹무백이 물었다. 자로는 인합니까? 공자께서 대답하셨다. "모르겠다." 또 물었다. Meng Wu-bo asked whether Zi-lu was benevolent. The Master said, I do not know. He asked again.

孟武伯 맹무백: 노나라 대부. 맹의자(孟懿子)의 아들. 이름은 체(彘), 무(武)는 시호(諡號), 백(伯)은 항렬임. Meng Wu-bo. a son of Meng Yi-zi, minister of Lu and then the head of the noble house of Meng-sun.

02 由也，千乘之國，可使治其賦也，不知其仁也

유야, 천승지국, 가사치기부야, 부지기인야

유(由)는 제후(諸侯)의 나라에서 그 군대를 다스리게 할 수는 있으나, 그가 인한지 어떤지는 모르겠다. Iou can be given the responsibility of commanding the army in a state of a thousand chariots, but I don't know whether he is benevolent or not.

由 유: 자로의 이름. Iou. given name of Zi-lu. a disciple of Confucius.

也 야: 음절을 조정하고 어기를 고르는 어조사. comma 역할을 한다. 우리말 표현으로는 "은", "는", "이", "가"로 풀이한다. used to indicate a pause in a sentence

(The Commercial Press. 2001. Beijing, New Age Chinese-English Dictionary: p.1806). equivalent to a comma.

千乘之國 천승지국: 제후(諸侯)의 나라. 전차(戰車) 1,000대를 가진 나라를 뜻한다. 천자(天子)는 만 대(萬乘)를 가졌고, 대부(大夫)는 100대(百乘)를 가질 수 있었다. 전쟁용 차량 1대를 1승이라고 했다. a state of a thousand chariots.

乘 탈 것(승): 수레를 계산하는 단위. 차량 1대, 2대, 3대 …로 셈할 경우의 계산단위인 대수(臺數)를 의미한다. a unit counting the number of the vehicles.

可使治其賦也 가사치기부야: 그 군대를 다스리게 할 수 있다. 제후가 그에게 그 나라의 군대를 다스리게 시킬 수 있다. 使자 다음에 시킬 대상인물인 유(由)가 생략되었다. can let him command that state's army.

使 하여금(사): 하게 하다. 시키다. let. make. have.

治 다스릴(치): 다스리다. 바로잡다. govern. control. command.

其 기: 그것. 그 나라 즉 千乘之國을 가리킨다. 여기서는 소유격인 "그 나라의"의 뜻이다. its. that state's.

賦 군사(부): 병사. 군대. army. financial affairs of the army.

不知其仁也 부지기인야: 그가 인한지 어떤지는 모른다. I don't know whether he is virtuous.

也 야: …이다(be). 판단 또는 진술의 어기를 표시한다. used to indicate judgement or explanation. equivalent to a period.

03 求也何如 구야하여

구(求)는 어떻습니까? What about Qiu?

求 구: 공자의 제자 염구(冉求). 노나라 사람으로 성이 염(冉), 이름은 구(求), 자는 자유(子有). 공자보다 29세 연하이다. Qiu. the given name of Ran You.

a disciple of Confucius.

04 求也, 千室之邑, 百乘之家, 可使爲之宰也

구야, 천실지읍, 백승지가, 가사위지재야

구(求)는 천호의 고을이나 대부의 집안에서 우두머리가 되게 할 수는 있다. Qiu can be given the responsibility of a head in a city of a thousand households, or a family with a hundred chariots.

千室之邑 천실지읍: 천호(千戶)의 민가(民家)가 있는 큰 고을. 대부(大夫)의 고을을 가리킨다. 제후가 사는 수도를 제외한 지방의 큰 도시를 말하므로 요즈음 도(道)나 광역시(廣域市)에 해당할 것이다. a city of a thousand households. a thousand-household county. a city of a thousand families.

百乘之家 백승지가: 대부(大夫)의 가(家). 제후(諸侯)가 다스리는 지역을 국(國)이라 하고 대부가 다스리는 지역을 가(家)라 한다. 대부는 100대의 병거(兵車)를 가질 수 있다. a family with a hundred chariots. a hundred-chariot fief. a clan of a hundred chariots.

家 집(가): 대부가 다스리는 지역. 대부는 그 곳을 통치하므로 조세를 받아들일 수 있다. 그래서 이를 대부의 식읍(食邑)이라고 한다. 식읍은 과거 임금이 공신에게 봉토처럼 나누어 준 땅이다. fief.

可使爲之宰也 가사위지재야: 그 곳의 우두머리(그 읍의 읍장. 그 집안의 가신들 중 우두머리)가 되게 할 수 있다. can let Qiu become a head of the city. can have Qiu engage to the major of the city.

爲 위: 하다. 되다. 삼다. do. become. adopt.

之宰 지재: 그 곳의 우두머리(그 고을의 지방장관. 그 집안 가신 중 우두머리). 之는 지시형용사 "그". "그의". "그 곳의"의 뜻이다. its head. that place's head.

宰 우두머리(재): 대부의 고을을 다스리는 읍장(邑長). 지방장관에 해당한다. 또는 대부의 가(家)를 다스리는 가신 중의 우두머리를 뜻하기도 한다(宰, 邑長家臣之通

號). governor. head. a major of a city.

05 赤也, 束帶立於朝, 可使與賓客言也

적야, 속대입어조, 가사여빈객언야

적(赤)은 관복을 입고 조정에 서서, 귀빈(貴賓)들을 응대(應待)하게 할 수는 있다. When Chi puts on his sash and takes his place at court, he can entertain with the guests.

赤 적: 공자의 제자. 노나라 사람으로 성은 공서(公西), 이름은 적(赤), 자는 자화(子華)이다. 공자보다 42세 연하였다. Chi. the name of Gong-xi Chi. a disciple of Confucius.

束帶 속대: 띠를 묶다. 띠를 두르다. 관복(官服)을 입다. put on a sash. gird a sash. put on an official uniform.

束 묶을(속): 묶다. bind. put on.

帶 띠(대): 띠. 띠를 두르다. belt. sash.

立於朝 입어조: 조정(朝廷)에 서다. stand at court. take his place at court.

朝 조정(조): 조정(朝廷). 임금이 정사를 재결하는 곳(「자장」 19-23). court.

與 여: …와. …과. with.

賓客 빈객: 귀빈(貴賓). 천자나 제후를 만나러 온 손님. 일반적으로 천자나 제후의 손님을 빈(賓)이라 하고, 일반적인 손님을 객(客)이라고 하였는데 여기서는 두 글자를 합쳐 타국에서 온 외교사절을 뜻하는 말로 사용되었다. guest.

賓 손(빈): 손님. guest.

言 말씀(언): 이야기하다. 말하다. converse with. talk with.

【 해설 】

맹무백은 노(魯)나라의 대부이기는 하나 위계질서를 무시하고 방자하기 그지없는 맹손씨(孟孫氏) 집안의 사람이다. 공자는 학문과 덕행을 제자들에게 가르치고 그들이 정치에 참여하여 조화로운 사회를 만들기를 바랐다. 그러나 맹무백 같은 인간 밑에서 제자들이 정치에 참여하는 것은 그리 바람직한 것은 아니었다. 그런데 인(仁)과 덕(德)을 알지도 못하는 자가 인을 질문을 하므로 "나는 모른다"고 대답한 것이다. 제자들의 능력은 높이 평가하였지만 그들이 세상사를 처리할 능력이 있다고 하여 곧 인하다고는 말할 수는 없다고 단서를 붙이기도 하였다.

【 외국학자 영문해석 】

1 Meng Wu-bo asked: "Is Zi-lu humane?"

The Master said: "I do not know."

When he asked again, The Master said: "Lou is one who, in a thousand-chariots state, may be engaged to command its army. I do not know about his being humane."

"What about Qiu?"

The Master said: "Qui is one who, in a thousand-household county or a hundred-chariot fief, may be engaged to be its magistrate. I do not know about his being humane."

"What about Chi?"

The Master said: "Chi is one who, standing in court with a fastened sash, may be engaged to converse with guests of state. I do not know about his being humane."

(The analects of Confucius (Lun Yu); A Literal Translation with an Introduction and Notes by Chichung Huang, Oxford University Press 1997.)

2 Mang Wu asked about Tsze-lu, whether he was perfectly virtuous. The Master said, "I do not know."

He asked again, when the Master replied, "In a kingdom of a thousand chariots, Yu might be employed to manage the military levies, but I do not know whether he be perfectly virtuous."

"And what do you say of Ch'iu?" The Master replied, "In a city of a thousand families, or a clan of a hundred chariots, Ch'iu might be employed as governor, but I do not know whether he is perfectly virtuous."

"What do you say of Ch'ih?" The Master replied, "With his sash girt and standing in a court, Ch'ih might be employed to converse with the visitors and guests, but I do not know whether he is perfectly virtuous."

(Confucius Analects, The Great Learning and The Doctrine of The Mean, translated by James Legge, Manufactured in Dover Publication, Inc. U.S.A.)

제5편 공야장(公冶長) 제9장

子謂子貢曰; 女與回也孰愈? 對曰; 賜也何敢望回? 回也聞一以知十, 賜也聞一以知二. 子曰; 弗如也. 吾與女弗如也.

자위자공왈; 여여회야숙유? 대왈; 사야하감망회? 회야문일이지십, 사야문일이지이. 자왈; 불여야. 오여여불여야.

해석 | 공자께서 자공에게 말하였다. "너와 회(回)는 누가 우수하냐?" 대답하여 말했다. "사(賜)가 어찌 감히 회(回)를 넘보겠습니까?" "회는 하나를 들어서 열을 알고, 저는 하나를 들어서 둘을 압니다." 공자께서 말씀하셨다. "못하구나, 나와 너는 그만 못하구나."

【주석】

01 子謂子貢曰. 女與回也孰愈 자위자공왈. 여여회야숙유

공자께서 자공에게 말하였다. "너와 회는 누가 우수하냐?" Confucius said to Zi-gong. Between you and Hui, Who is superior?

女 여: 너. 당신. 그대. 여(汝)와 같다. you.

與 여: …와. …과. and. with.

回 회: 안회(顔回)를 말함. 노나라 사람으로 공자가 가장 총애한 제자. 성은 안(顔), 이름은 회(回), 자는 자연(子淵). 흔히 안연(顔淵)이라고 함. 41세의 젊은 나이에 죽어 공자를 비통하게 하였다〔「위정」 2-9〕. Yan Hui. a prominent disciple of Confucius.

也 야: 음절을 조절하고 어기를 고르는 어조사. 쉼표역할을 한다. used to indicate a pause in a sentence. equivalent to a comma.

孰 누구(숙): 누구. who

愈 나을(유): …보다 낫다. …보다 우수하다. better than. superior to.

02 賜也何敢望回 사야하감망회

사(賜)가 어찌 감히 회(回)를 넘보겠습니까? 제가 어찌 감히 회(回)를 바라보겠습니까? How dare I have a look at Hui? How dare I compare with Hui?

賜 사: 자공(子貢)의 이름. Ci. a disciple of Confucius. given name of Zi-gong.

望 바랄(망): 바라다. 넘보다. 엿보다. look at. covet. compare.

03 回也聞一以知十, 賜也聞一以知二

회야문일이지십, 사야문일이지이

회(回)는 하나를 들어서 열을 알고, 저(賜)는 하나를 들어서 둘을 압니다. Hui hears one thing and by it he knows ten. I hear one thing and by it I know two.

聞一以知十 문일이지십: 하나를 들어서 열을 알다. 하나를 들음으로써 열을 알다. 하나를 들으면 그것으로써 열을 알다. 聞一以은 以聞一이 도치되었다. By learning one thing, he deduces ten. Hui hears one thing and by it he knows ten.

04 弗如也. 吾與女弗如也 불여야. 오여여불여야

못하구나. 나와 너는 그만 못하구나. You are not as excellent as he is. Both you and I are not as excellent as he is.

弗如 불여: 같지 않다. 못하다. …만 못하다. 不如와 같다. 弗如回인데 목적어인 回가 생략되었다. be not as good as. be not equal to one. inferior to.

吾與女 오여여: ① 나와 너. I and you. ② 내가 너에게 허여한다. I grant you.

與 여: …와. …과. 접속사로 본다(and. with). 그러나 주희는 與를 "허여하다", "인정하다"라는 뜻으로 풀이하였다(與, 許也). 그러면 이 문장은 "같지 않다. 내가 너의 같지 않음을 허여한다"라는 해석이 나온다. You are not equal to him. I grant you, you are not equal to him. (James Legge)

也 야: …이다(be). 판단 또는 진술의 어기를 나타낸다. used to indicate judgement or explanation. (The Commercial Press. 2001. Beijing, New Age Chinese-English Dictionary: p.1806).

【해설】

재주가 많고 뽐내기를 좋아하는 자공에게 겸손의 미덕을 가르치려고 한 말이다. 그래서 그 표현도 공자 자신보다도 더 우수하다고 하였다. 겸손(謙遜)과 자중(自重), 그것이 도(道)에 가까워지는 지름길이기 때문이다.

【외국학자 영문해석】

1 The Master said to Tzu-kung, "Who is the better man, you or Hui?"
"Hoe dare I compare myself with Hui?" "When he is told one thing he understands ten. When I am told one thing I understand only two."
The Master said, "You are not as good as he is. Neither of us is as good as he is."

(The Analects: translated by D.C. Lau, Penguin Books Ltd, London. England.)

2 Confucius, speaking to Tzu Kung said, "Who is superior, you or Hui?" Tzu Kung answered, saying: "How could I compare myself to Hui? He hears one point and understands the whole thing. I hear one point and understand another." Confucius said, "You are not equal to him; you are right, you are not equal to him."

(http://web.singnet.com.sg/~clementn/mar.htm: The Analects of Confucius: compiled by Ng Shin Kiat.)

제5편 공야장(公冶長) 제10장

宰予晝寢, 子曰; 朽木不可雕也, 糞土之牆, 不可杇也, 於予與何誅? 子曰; 始吾於人也, 聽其言而信其行; 今吾於人也, 聽其言而觀其行. 於予與, 改是.

재여주침, 자왈; 후목불가조야, 분토지장, 불가오야, 어여여하주? 자왈; 시오어인야, 청기언이신기행; 금오어인야, 청기언이관기행. 어여여, 개시.

해석 | 재여가 낮에 잠을 자자 공자께서 말씀하셨다. "썩은 나무는 조각할 수 없고 거름흙으로 쌓은 담장은 흙손으로 다듬을 수 없다. 여(予)에게 무엇을 책망하겠는가?" 공자께서 말씀하셨다. "전에(처음에) 내가 다른 사람을 대함에는, 그의 말을 듣고 그의 행실을 믿었는데, 지금은 내가 다른 사람을 대함에, 그의 말을 듣고도 그의 행동을 관찰하게 되었다. 여(予)로 인하여 이렇게 바꾼 것이다."

【주석】

01 宰予晝寢 재여주침

재여가 낮잠을 자다. Zai Yu was asleep during the daytime.

宰予 재여: 공자의 제자, 성은 재(宰), 이름은 여(予), 자는 자아(子我). Zai Yu. a disciple of Confucius.

晝寢 주침: 낮잠을 자다. 낮에 잠을 자다. sleep during the daytime.

晝 낮(주): 낮. daytime.

寢 잠잘(침): 잠자다. sleep. be asleep.

02 朽木不可雕也 후목불가조야

썩은 나무는 조각할 수 없다. Rotten wood cannot be carved.

朽木 후목: 썩은 나무. rotten wood. rotten log.

朽 썩을(후): 썩다. 부패하다. rot. spoil. decay.

雕 새길(조): 조각하다. 새기다. 한자로 彫刻은 雕刻과 같다. carve. sculpture. engrave.

03 糞土之牆, 不可杇也 분토지장, 불가오야

거름흙으로 쌓은 담장은 흙손으로 다듬을 수 없다. A wall made by dung and mud cannot be trowelled. / A wall of dirty earth will not receive the trowel. (Legge). / Dirty earth cannot be used for cement. (Ng Shin Kiat).

糞土之牆 분토지장: 거름흙의 담장. 분뇨(糞尿)가 썩은 거름흙으로 쌓은 담장. 지금은 농사를 지을 때 흙에 화학비료를 사용하거나 짚이나 풀을 썩혀서 만든 퇴비(堆肥)가 사용되고 있다. 그러나 화학비료가 발견되기 이전인 옛날에는 사람의 분뇨이건 짐승의 분뇨이건 모두 거름으로 사용되었다. 흙에 분뇨를 뿌려놓으면

그 흙이 썩어 거름흙이 되어 농산물의 성장에 영양분을 제공한다. 이렇게 썩은 흙은 찰기가 없어 담장을 쌓는 데는 전혀 적합하지 않은 것이다. a wall made by dung and mud. mud wall. a wall made of dirty earth.

糞 똥(분): 똥. 거름. dung. fertilizer.

土 흙(토): 흙. earth.

牆 담(장): 담장. wall.

不可杇也 불가오야: 흙손으로 다듬을 수 없다. cannot be plastered with a trowel. cannot be trowelled.

杇 흙손(오): 흙손으로 다듬다. 흙손은 토공(土工) 즉 미장이가 흙이나 시멘트 등을 벽에 바르거나 반듯하게 다듬는 연장을 말한다. plaster with a trowel. trim a wall with a trowel.

04 於予與何誅 어여여하주

여(予)에게 무엇을 책망하겠는가? (꾸짖을 것이 못된다. 꾸짖을 가치조차 없다) As far as Zai Yu is concerned, what point do I scold him about? / What is the use of scolding him? (Simon Leys) / What is the use of my reproving him?" (James Legge) / What use is there in my scolding him any more? (Arthur Waley)

誅 벨(주): 책망하다. 꾸짖다. 베다. 죽이다. scold. reprove.

與 여: 문장의 중간이나 끝에 쓰여 완만한 어기를 나타내거나, 잠시 쉬는 역할을 한다. 이 경우 대부분 해석하지 않지만 문맥에 따라 해석하기도 한다(연세대 허사사전편찬실, 『허사대사전』 p.469). 也, 也者의 역할과 같이 쉼표(comma) 역할을 한다. 〈予에게 …는〉하고 잠시 숨을 고르고, 다음에 나올 말 "무엇을 책망하겠는가?" 라는 말을 환기시킨다. 우리말로 굳이 풀이하자면 "…은". "…는" 하는 정도로 처리하면 될 것이다. 주희의 『논어집주』에서도 어조사로 본다(與, 語辭)(「자장」 19-3). used to indicate a pause in a sentence. equivalent to a comma.

(예) 如寡人者, 安與知恥(여과인자, 안여지치): 과인(寡人) 같은 사람이 어찌

부끄러움을 알겠습니까?〔『國語』. 「越語上」〕 How can a man like me feel a sense of shame?

何誅 하주: 무엇을 책망하겠는가? 의문문에서 대명사가 목적어이므로 술어동사와 목적어의 위치가 도치되었다. What point do I scold him about?

05 始吾於人也, 聽其言而信其行 시오어인야, 청기언이신기행

처음에 내가 다른 사람을 대함에는, 그의 말을 듣고서 그의 행동을 믿었다. At first my thinking toward others was to hear their words and to believe in their deeds.

始吾於人也 시오어인야: 처음에 내가 남에게는. 처음에 내가 다른 사람을 대할 때에는. In my treating others at first. In my facing people at the beginning.

始 시: 처음에. at first. at the beginning.

於 어: ① …에 대하여 (동작의 대상을 표시하는 전치사). to. against. for. ② 대(對)하다. 상대하다. 관계하다. 다스리다. face. treat a person with. receive a person with. relate to. deal with. manage. govern.

也 야: 한 박자 멈추는 듯한 느낌을 주는 어조사. comma 역할을 한다. used to indicate a pause in a sentence. (The Commercial Press. 2001. Beijing, New Age Chinese-English Dictionary: p.1806) equivalent to a comma.

聽基言而信基行 청기언이신기행: 그의 말을 듣고 그의 행동을 믿었다. hear their words and believe in their deeds.

06 今吾於人也, 聽基言而觀基行 금오어인야, 청기언이관기행

지금 내가 다른 사람을 대함에는. 그의 말을 듣고 그의 행동을 관찰한다. Now my thinking toward others is to hear their words and observe their deeds.

今吾於人也 금오어인야: 지금 내가 다른 사람을 대할 때에는. 지금 내가 다른 사람을 대함에는. now my thinking toward others. In my treating others now.

聽基言而觀基行 청기언이관기행: 그의 말을 듣고 그의 행동을 관찰한다. hear their words and observe their deeds.

07 於予與, 改是 어여여, 개시

여(予)로 인하여 이것을 바꾸었다. 여(予) 때문에 이렇게 바꾸었다. Because of Yu, I changed this.

於 어: …로 인하여. … 때문에 (원인. 근거를 표시하는 전치사). due to, because of.

與 여: 잠시 말을 멈추는 느낌을 주는 어조사. 위에 이미 나온 與와 같다. used to indicate a pause in a sentence. equivalent to a comma.

是 이(시): 이것. 이렇게. this. like this.

【해설】

재여(宰予)는 자공(子貢)과 더불어 공자의 제자 중에서 뛰어난 능변가(能辯家)이었는데, 말과는 달리 낮잠을 자고 게으른 사실이 발견되었다. 한 평생을 바쳐 공부하여도 시간이 모자라는데 낮잠을 즐기는 재여를 보고 "썩은 나무에는 조각을 할 수 없고, 끈기 없는 썩은 흙으로는 담장을 말끔하게 흙손질을 할 수 없다"고 한 것이다. 바탕이 되어 있지 않은 재여를 책망하여 보았자 무슨 소용이 있겠느냐고 탄식하면서, 앞으로는 말보다는 행동과 실천이 어떠한지를 살펴보겠다고 평하였다. 낮잠은 일종의 생리적 리듬인데 제자를 일깨우기 위한 훈계로는 가혹한 느낌이 있어 보인다.

【외국학자 영문해석】

1 Tsai Yu used to sleep during the day. The Master said, "Rotten wood cannot be carved, nor a wall of dried dung be trowelled. What use is there in my scolding him any more?"

The Master said, "There was a time when I merely listened attentively to what people said, and took for granted that they would carry out their words. Now I am obliged not only to give ear to what they say, but also to keep an eye on what they do. It was my dealings with Tsai Yu that brought about the change."

(The analects of Confucius Translated and Annotated by Arthur Waley: A Division of Random House, INC. New York.)

2 Zai Yu was sleeping during the day. The Master said: "Rotten wood cannot be carved; dung walls cannot be troweled. What is the use of scolding him?"
The Master said: "There was a time when I used to listen to what people said and trusted that they would act accordingly, but now I listen to what they say and watch what they do. It is Zai Yu who made me change."

(The Analects of Confucius, Translation and Notes by Simon Leys, W. W. Norton & Company. Inc. New York.)

제5편 공야장(公冶長) | 제11장

子曰; 吾未見剛者. 或對曰; 申棖. 子曰; 棖也慾, 焉得剛?

자왈; 오미견강자. 혹대왈; 신정. 자왈; 정야욕, 언득강?

해석 | 공자께서 말씀하셨다. "나는 아직 강직(剛直)한 사람을 보지 못하였다." "어떤 사람이 신정(申棖)이라고 대답하였다." 공자께서 말씀하셨다. "신정(申棖)은 탐욕스러운데, 어찌 강직할 수 있겠는가?"

【주석】

01 吾未見剛者 오미견강자

나는 아직 강직(剛直)한 사람을 보지 못하였다. I have never met anyone who is unyielding. I have never seen a firm man.

未見 미견: 아직 보지 못하였다. I have never seen.

剛者 강자: 강직(剛直)한 사람. a firm man. a staunch man. upright and honest person. a man who is unyielding. a man who is unwavering.

剛 굳셀(강): 굳세다. 강직하다. upright and honest. unyielding. resolute. steadfast. unbending.

02 或對曰; 申棖 혹대왈; 신정

어떤 사람이 신정(申棖)이라고 대답하였다. Someone replied, there is Shen Cheng.

申棖 신정: 공자의 제자. 자는 자주(子周). 노나라 사람이다. Shen Cheng. a disciple of Confucius.

03 棖也慾, 焉得剛 정야욕, 언득강

신정(申棖)은 탐욕스러운데, 어찌 강직할 수 있겠는가? Cheng is full of desire, and how could he be unyielding? Cheng is lustful, and how can he be firm and unbending?

也 야: …은. …는. 음절을 조절하고 어기를 고르는 어조사. 한 박자 멈추는 듯한 느낌을 준다. comma 역할을 한다. used to indicate a pause in a sentence. (The Commercial Press. 2001. Beijing, New Age Chinese-English Dictionary: p.1806)

慾 욕심(욕): 탐욕스럽다. 欲과 같다. be full of desire. lustful.

焉 어찌(언): 어찌. 어떻게. how.

得 얻을(득): 할 수 있다. 가능하다. 能과 같다. 가능을 표시하는 조동사. can.

【해설】

강(剛)은 굳세고 꼿꼿하여 구부려지지 않는 성질을 나타낸다. 대쪽같이 강직한 사람은 뇌물을 좋아하지 않는다. 욕심을 버려야 구부려지지 않는다. 뇌물을 밝히면 쉽게 부정과 타협하므로 꼿꼿함을 잃게 된다. 욕심을 버리는 것이 정직하고 강직(剛直)하여지는 필수조건이다. 욕심이 마음 속에 가득 차 있으면 앞이 보이지 않는다. 이는 마치 먹구름이 가득히 끼어 있으면, 태양이 보이지 않는 것과 같다. 『논어집주』에서는 "강(剛)은 굳고 강하여 굴하지 않는다는 뜻이며, 가장 사람이 하기 어려운 것이다. 그러므로 공자께서 그것을 보지 못한 것을 한탄하신 것이다"라고 설명한다(剛, 堅强不屈之意, 最人所難能者, 故夫子歎其未見).

【외국학자 영문해석】

1 The Master said: "I have yet to meet a person who is unwavering. Someone answered: "How about Shen Cheng?"
The Master said: "Cheng is lustful. How can he be unwavering?"
(The Analects of Confucius, A New-Millennium Translation(1999), Translated and Annotated By David H. Li, Published by Premier Publishing Co. U.S.A.)

2 The Master said: "I've never met anyone who is truly resolute."
"What about Shen Ch'eng?"
"Ch'eng-that bundle of passions? How resolute can he be?"
(The Analects. Confucius Translated by David Hinton, Counterpoint Washington. D.C.)

子貢曰; 我不欲人之加諸我也, 吾亦欲無加諸人. 子曰; 賜也, 非爾所及也.

자공왈; 아불욕인지가저아야, 오역욕무가저인. 자왈; 사야, 비이소급야.

해석 | 자공이 말했다. "나는 다른 사람이 나에게 공격을 가하는 것을 원하지 않으며, 나 역시 남에게 공격을 가하고 싶지 않습니다." 공자께서 말씀하셨다. "사야, 네가 어떤 영향력을 미치게 할 수 있는 것이 아니다."

【주석】

01 我不欲人之加諸我也, 吾亦欲無加諸人

아불욕인지가저아야, 오역욕무가저인

나는 다른 사람이 나에게 무언가를 공격하는 것을 원하지 않는다. 나 역시 남에게 무언가를 공격하지 않으려고 한다. I don't want that others impose something on me,

我不欲 아불욕: 나는 원하지 않는다. I don't want, I don't wish.

人之加諸我也 인지가저아야: "남이 나에게 무엇인가를 공격하는 것을" (원하지 않는다). 不欲의 목적어로서 명사절이다. (I don't want) that others inflict something on me.

之 지: …이 …하는 것(之…也의 구문). 之는 절(clause)을 만들 때 쓰이는 구조조사. 여기서는 명사절을 만들었다. "that" as conjunction leading a noun clause.

加 칠(가): 치다. 공격하다. 헐뜯다. inflict. impose. attack. slander.

諸 저: 之와 於의 합성어. 여기서 之는 "어떤 것", "무엇인가" 등의 뜻으로 일반적인 사실 또는 사물을 가리킨다. 於는 "…에게"의 뜻이다 (to). something … to (at. in. on).

吾亦欲無加諸人 오역욕무가저인: 나 역시 남에게 무언가를 공격하지 않으려고 한다. I also want not to impose something on others.

無 무: 不와 같다. not.

02 賜也, 非爾所及也 사야, 비이소급야

사야, 네가 해낼 수 있는 일이 아니다. Ci, it is beyond your reach.

也 야: 이름을 부를 때 이름 아래에 쓰는 조사(민중서림, 『한한대자전』 p.121). a particle used when calls someone's name.

非爾所及也 비이소급야: 네가 미칠 바가 아니다. 네가 해낼 수 있는 일이 아니다. 네가 영향력을 미치게 할 수 있는 일이 아니다. It is not something that you can influence. It is beyond your reach. It is not a thing that you can settle now.

爾 너(이): 너. 그대. 당신. you.

所及 소급: (너의 힘이) 미치는 일. (네가) 해낼 수 있는 일. something that you can influence. a thing that you can settle now.

及 미칠(급): 미치다. 영향을 끼치다. 생각. 힘. 작용 등이 어떤 상황에 이르게 하다. reach. cause. influence.

【해설】

공자는 『논어』의 「안연편」(12-2)에서 내가 원하지 않는 것을 남에게 시키지 않는다고 하였다. (己所不欲, 勿施於人). 이것은 인(仁)을 갈고 닦으면 어느 정도 가능할 것이다. 내가 남을 헐뜯지 않고 남을 공격하지 않는 것도 어느 정도 인격수양을 쌓으면 가능할 수 있다. 그러나 남이 나를 헐뜯고 공격하는 것을 무슨 수로 막을 수 있단 말인가. 도(道)를 터득하고 덕(德)을 쌓아 인(仁)의 경지에 들어가야 그것이 가능하다면, 자공(子貢)으로서는 아직 갈 길이 먼 것이다. 그리 쉬운 일이 아니므로 "네 힘으로 곧 바로 해결될 수 있는 일이 아니다"라고 말한 것이다.

【외국학자 영문해석】

1 Zigong said, "I do not want others to impose on me, nor do I want to impose on others." Confucius replied, "Zigong, this is quite beyond your reach."

(The Analects of Confucius, a philosophical translation, by Roger T. Ames and Henry Rosemont, Jr, 1998 published by The Ballantine Publishing Group.)

2 Zi Gong said, "I do not want others to impose things on me, and nor do I want to impose things on others."
Confucius commented, "Ci, you have yet been far from practising this."

(Analects of Confucius (1994): Printed by Beijing Foreign Language Printing House. China.)

제5편 공야장(公冶長) | 제13장

子貢曰; 夫子之文章, 可得而聞也; 夫子之言性與天道, 不可得而聞也.

자공왈; 부자지문장, 가득이문야; 부자지언성여천도, 불가득이문야.

해석 | 자공이 말했다. "선생님의 문장은 얻어들을 수 있었으나 선생님께서 인간의 본성과 하늘의 이치를 이야기하시는 말씀은 들을 수가 없었습니다."

【주석】

01 夫子之文章, 可得而聞也 부자지문장, 가득이문야

선생님의 문장(文章)은 얻어들을 수 있었다. We can get and hear about The Master's cultural accomplishments. We can get the chances to hear about The Master's views on culture.

夫子 부자: 선생님. 그 어른. 여기서는 공자를 가리킨다〔「학이」 1-1〕. Confucius. the Master.

文章 문장: 고대문헌(古代文獻). 이에는 육예(六藝)인 예(禮). 악(樂). 御(어). 사(射). 서(書). 수(數)의 가르침과 기타 도덕규범 전반의 문화전적(文化典籍)이 포함된다. Master's views on culture. Confucius's cultural accomplishments, including the Six Arts namely the rituals, music, archery, charioteering, language, and arithmetic.

可得而聞也 가득이문야: 얻어들을 수 있다. can get and hear. can get a chance to hear something.

得而聞 득이문: ① 얻어듣다 ② 들을 수 있다. 得而를 합쳐 "할 수 있다"는 조동사로 보는 견해인데, 이 말 앞에 있는 可자에도 이미 "할 수 있다"는 뜻이 있으므로 이중으로 겹쳐 자연스럽지 못하다. get and hear. get a chance to hear something.

02 夫子之言性與天道, 不可得而聞也

부자지언성여천도, 불가득이문야

선생님이 인간의 성품(性品)과 하늘의 이치를 말씀하시는 것은 들을 수 없었습니다. 공자는 사람이 사는 세상에서 필요한 예(禮)와 문물제도와 같은 구체적인 것에 관심이 있었다. 하늘의 이치라든가 귀신이라든가 인간의 성품이 선(善)한 것이냐 악(惡)한 것이냐 하는 것과 같은 추상적 · 형이상학적인 문제는 별로 말하지 않았다. We could not get and hear that the Master spoke on human nature and on the Way of Heaven. It was impossible that we can get the chances to hear his views on human nature and on the Way of Heaven.

之 지: 절(clause)을 만드는 구조조사. 주격조사처럼 "은", "는", "이", "가"로 해석한다. "夫子之言性與天道"는 명사절로서 동사(得而聞)의 목적어가 된다. "that" as conjunction leading a noun clause. that the Master spoke on human nature and on the Way of Heaven.

性 성품[성]: 타고난 성품(性品). 천성(天性). 본성(本性). nature. tendency.

天道 천도: 하늘의 이치. 해와 달, 별 등이 운행하는 길을 우리는 궤도(軌道)라고 한다. 해와 달은 그 궤도를 이탈하지 아니하고 항상 일정한 길을 간다. 빛을 비추어 주고, 비를 뿌려 주고 공기를 우리에게 준다. 대가를 바라지 않고 만물을 생성하게 한다. 이러한 질서가 자연의 이치이고 하늘의 섭리(攝理)이다. 그래서 인간도 하늘의 이치를 배우고 본받아 대가성이 없이 가지지 못한 자에게 가진 것을 베풀어야 한다. the Way of Heaven.

性與天道 성여천도: 인간의 성품(性品)과 하늘의 이치. 사람의 천성(天性)과 하늘의 이치. 주희의 『논어집주』에서는 "성(性)이란 사람이 부여받은 하늘의 이치이고, 천도(天道)는 천리자연(天理自然)의 본체인데, 그 실(實)은 같은 하나의 이치이다"라고 설명한다(性者, 人所受之天理, 天道者, 天理自然之本體, 其實一理也). human nature and the way of heaven.

不可得而聞也 불가득이문야: 얻어들을 수 없다. cannot get and hear. cannot get the chances to hear something.

也 야: …이다(be). 문장의 끝에 쓰여 판단 또는 진술의 어기를 나타낸다. used to indicate judgement or explanation.

【해설】

공자는 선현(先賢)들의 삶 속에서 형성된 행동양식(行動樣式)인 예(禮)를 배우고 실천하는 데 비중을 두었다. 인간의 본성(本性)이나 하늘 이치(理致)의 철학적(哲學的) 내지 종교적(宗教的) 설명은 별로 하지 않았다. 『논어』에서는 「양화편」(17-2)에서 "사람의 성품은 서로 비슷하지만 습관이 서로를 멀어지게 한다"고 말하였을 뿐이다(性相近也, 習相遠也). 사람들은 흔히 우주(宇宙)의 운행(運行)과 자연만물(自然萬物)의 생성변화(해와 달이 지구주위를 운행하는 것, 사계절이 바뀌는 것, 꽃이 피고 지는 것, 남대천에서 태어난 연어가 알을 낳을 때 다시 남대천을 찾아오는 것), 인간의 생사(生死), 출생시부터의 빈부귀천(貧富貴賤), 국가의 흥망성쇠(興亡盛衰), 대통령이 될 시운(時運) 등을 천명으로 여긴다. 인간의 힘으로 이를 극복하기가 어렵기 때문이다. 공자는 제자 안연의 죽음을 보고 「선진편」(11-9)에서 "아! 하늘이 나를 망치는구나! 하늘이 나를 망쳐!"라고 외친 일이 있다(噫天喪予, 天喪予). 공자는 안연에게 자기의 도(道)를 후세에 전하고 싶었는데 안연이 먼저 죽자, 너무나 슬퍼 이렇게 "하늘"을 외친 것이다. 죽고사는 문제를 하늘의 뜻으로 여겼다. 또 「양화편」(17-)에서는 "하늘이 무엇을 말하더냐? 사계절이 운행되고, 만물이 생성하지만 하늘이 무엇을 말하더냐?"라고 말하였다(天何言哉, 四時行焉, 百物生焉, 天何言哉). 하늘은 햇볕을 비춰 주고 비를 뿌려주며, 땅에 풀과 열매를 주고, 물에 고기와 소금을 주어 만물을 자라게 한다. 하늘은 우리 인간에게 베풀기만 할 뿐 아무런 대가를 요구하지 않는다. 우리 인간도 이와 같은 하늘의 이치에 따라 옛 선현들의 삶 속에 녹아 있는 훌륭한 지혜와 생활양식을 배우고 이를 본받고 익혀, 도(道)를 깨닫고 이를 실천하여 덕행을 베풀어야 한다. 그래야 배우지 못한 사람도 덕행을 베푸는 사람들의 혜택을 받아 모두가 조화롭게 사는 사회가 된다. 하늘의 이치를 배워야 한다. 하늘은 베풀기만 한다. 어떠한 대가도 요구하지 않는다. 인(仁)이란 그런 것이다. 덕행을 베풀기만 하고 아무런 보상도 요구하지 않는 것, 그것이 인이다. 인은 남과 나를 구분하지 않는다. 남을 사랑하는 것이며, 나의 사적인 욕망을 버리는 것이다. 오히려 나보다 남을 더 사랑하는 것이다. 그런데 하늘의 이치를 실천하는 것은 말로써 되는 것이 아니다. 스스로 생각하고 공부하고 실천하여야 한다. 공자는 하늘을 보고 천당이라든가 지옥이라든가 하는 형이상학적 · 종교적 측면의 이야기는 하지 않았다.

【외국학자 영문해석】

1 Zigong said; "Confucius's knowledge, we can get the chances to hear it, but Confucius's words of the fate and the way of Heaven, we cannot get many chances to hear it."

(The Analects of Confucius(unabridged), translated by Jack J. Cai & Emma Yu, Americd-rom publishing company. U.S.A.)

2 Zigong said, "Our Master's views on culture can be gathered, but it is not possible to hear his views on the nature of things and on the Way of Heaven."

(The Analects of Confucius, Translation and Notes by Simon Leys, W. W. Norton & Company. Inc. New York.)

제5편 공야장(公冶長) | 제14장

子路有聞; 未之能行, 唯恐有聞.

자로유문; 미지능행, 유공유문.

해석 | 자로에게는 가르침을 들은 것이 있는데, 그것을 아직 실행하지 못하였으면, 오직 또 들을까 봐 걱정했다.

【주석】

01 **子路有聞** 자로유문

자로에게는 들은 것이 있다. 자로는 가르침을 받은 것이 있다. There was something Zi-lu had heard.

有聞 유문: 들은 것이 있다. 가르침을 받은 것이 있다. There was something (Zi-lu) had heard.

聞 문: 들은 것. 가르침을 들은 것. 들은 교훈. something one heard. precept.

02 未之能行 미지능행

그것을 아직 실행하지 못하였다. 그것을 아직 실행할 수 없었다. can not put it into practice as yet. not yet been able to practice it.

之 지: 앞 문장의 "들은 것"을 가리킨다. 대명사가 목적어인 부정문이므로 목적어와 술어동사의 위치가 도치되었다. it. something he heard.

03 唯恐有聞 유공유문

오직 또 듣는 것을 걱정하다. 오직 또 들을까 봐 걱정하다. He was only afraid that he might hear something else.

唯 오직(유): 오직. simply. only.

恐 두려울(공): 두려워하다. 걱정하다. be afraid. be apprehensive. worry about.

有 또(유): 동작이나 행위가 반복 또는 연속적으로 발생하는 것을 나타낸다. "또", "다시", "거듭" 등으로 해석한다. 又와 용법이 같다(연세대 사서사전편찬실, 『四書集解辭典』 pp.589~590). again. once again. once more.

〔예〕 吾十有五而志于學(오십유오이지우학): 나는 열하고 또 다섯 살에(열다섯 살에) 학문에 뜻을 두었다. 나는 열다섯 살이 되어 학문에 뜻을 두었다〔「위정」 2-4〕. At fifteen, I bent my mind on learning. At fifteen I set my heart on learning.

【해설】

자로는 가르침을 듣고 그것을 미처 실천하지 못한 경우에는 또 다른 가르침을 듣는 것을 무척 두려워하였다. 주희의 『논어집주』는 "자로는 좋은 말을 들으면 그것을 과감하게 바로 실천했다. 다른 제자가 자신은 자로에 미치지 못한다고 생각하고 자로의 장점을 밝히고자 기록한 것이다. 자로같이 하여야 비로소 실천을 과감히 한 것이라고 말할 수 있다"고 주장한다(子路聞善, 勇於必行, 門人自以爲不及也, 故著之, 若子路, 可謂能用其勇矣). 자로의 결단성과 실천력을 부러워한

다른 제자의 평인 것 같다.

【 외국학자 영문해석 】

1 When Tzu Lu heard any precept and had not yet been able to put it into practice, he was only afraid lest he should hear some other.

(The Analects, Confucius translated by William Edward Soothill. Dover Publications, Inc. New York.)

2 When Dz-lu heard something, and had not yet been able to put it into practice, his only fear was that he might hear something else.

(The Original Analects, Sayings of Confucius and His Successors, A New Translation and Commentary by E. Bruce Brooks and A Takeo Brooks, Columbia University Press, New York.)

제5편 공야장(公冶長) | 제15장

子貢問曰; 孔文子何以謂之文也? 子曰; 敏而好學, 不恥下問, 是以謂之文也.

자공문왈; 공문자하이위지문야? 자왈; 민이호학, 불치하문, 시이위지문야.

해석 | 자공이 여쭈었다. "공문자에게 무엇 때문에 그를 문(文)이라고 불렀습니까? 공자께서 말씀하셨다. "그는 영민(英敏)하면서도 배우기를 좋아하였고, 아래에 있는 사람에게 묻는 것을 부끄럽게 여기지 않았다. 이 때문에 그를 문(文)이라고 불렀다."

【주석】

01 子貢問曰；孔文子何以謂之文也 자공문왈; 공문자하이위지문야

자공이 물었다. "공문자에게 무엇 때문에 그를 문(文)이라고 불렀습니까? Zi-Gong asked, "Why was Kong Wen-zi called 'Wen'?"

子貢 자공: 공자의 제자. 성은 단목(端木), 이름은 사(賜), 자는 자공(子貢). 공자보다 31세 연하이며, 말을 잘하기로 소문난 제자이다. Zi-gong. a disciple of Confucius.

孔文子 공문자: 위(衛)나라 대부인 공어(孔圉)를 말한다. 중숙어(仲叔圉)라고도 했으며, 시호(諡號)가 문(文)이다. Kong Wen-zi. Minister of Wei. Wen is his posthumous title. It means "cultured" or "refined"

文 문: 공문자(孔文子)의 시호. 시호(諡號)는 그 사람의 생전의 업적에 따라 주어지며, 문(文)이라는 시호는 최상급이다. Kong Wen-zi's posthumous title. Wen means culture.

何以 하이: 무슨 이유로. 무엇 때문에. why. on what ground. for what reason.

以 이: …때문에. …이유로. 원인. 이유를 표시하는 전치사. because of. for account of. for the reason of.

謂之文 위지문: 그를 문(文)이라고 한다. call him "the cultured"

也 야: …인가? …한가? 의문의 어기를 표시하는 어조사. 耶. 乎와 같다. used to pose a question or counter question. (The Commercial Press. 2001. Beijing, New Age Chinese-English Dictionary: p.1806). equivalent to a question mark.

02 敏而好學，不恥下問 민이호학, 불치하문

그는 영민하면서도 배우기를 좋아하고, 아래에 있는 사람에게 묻는 것을 부끄럽게 여기지 않았다. He was intelligent and fond of learning, and he was not ashamed to ask his inferiors something. Therefore he was called Wen.

敏 재빠를(민): 영민(英敏)하다. 민첩하다. 영리하다. intelligent. quick. clever.

恥 부끄러워할(치): 부끄럽게 여기다. 부끄러워하다. be ashamed of. deem something shameful. think something shameful.

下問 하문: 아래에 있는 사람에게 묻다. 자기보다 지위가 낮거나 나이가 어린 사람에게 묻다. ask inferiors something.

03 是以謂之文也 시이위지문야

이 때문에 그를 문(文)이라고 한다. On these grounds we call him Wen.

是以 시이: 이 때문에. 이런 이유로. 이로 인하여. 따라서. 그러므로 (연세대 허사사전편찬실, 『허사대사전』 pp.372~373). hence. on these grounds. because of these reasons.

謂 이를(위): 일컫다. 부르다. call. name. be said to be.

之 지: 그를. 孔文子를 가리킨다. him.

【해설】

문(文)은 위(衛)나라 대부인 공어(孔圉)에게 내린 시호이다. 시호는 생전의 공적에 따라 정하여지며, 문은 가장 높은 단계의 시호인데, 탐욕스럽고 자질도 부족한 공어에게 문이라는 시호가 내려진 것을 자공이 의아해서 이렇게 질문한 것이다. 보통 꾀가 많고 민첩한 인간들은 학문을 게을리하는 경향이 있는데, 그는 이와 반대로 배우기를 좋아하였고 또 윗자리에 앉아 있는 사람은 대개 아랫 사람에게 묻는 것을 부끄럽게 여기는 경향이 있는데, 그는 이를 꺼리지 않고 아랫사람으로부터도 무엇인가를 배우려고 노력한 것이다. 그래서 공자는 그의 학문에 대한 열정을 높이 평가하여 문이라는 시호를 받을 만한 인물로 평가하였다. 공어가 행실에 다소 문제는 있었지만 공자는 그의 학문자세에 더 많은 점수를 부여하였다.

【외국학자 영문해석】

1 Tzu Kung asked, "On what ground has K'ung Wen Tzu received his posthumous title of Wen?" "He was clever and fond of learning," replied the Master, and he was not ashamed to seek knowledge from his inferiors;—that is why he has been styled "Cultured."

(The Analects, Confucius translated by William Edward Soothill. Dover Publications, Inc. New York.)

2 Zi Gong asked, "Why was Kong Wenzi (a previous minister of Wei) called 'Wen' (a title that means "cultured")?"
Confucius answered, "Because he was quick and eager to learn, modest and never ashamed of asking questions. That is why he was honored as 'Wen'."

(Analects of Confucius (1994): Printed by Beijing Foreign Language Printing House. China.)

제5편 공야장(公冶長) | 제16장

子謂子産; 有君子之道四焉, 其行己也恭, 其事上也敬, 其養民也惠, 其使民也義.

자위자산; 유군자지도사언, 기행기야공, 기사상야경, 기양민야혜, 기사민야의.

해석 | 공자께서 자산을 평하였다. 자산에게는 군자의 네 가지 도(道)가 있는데, 그 처신함이 공손(恭遜)하였고, 윗사람 섬김이 경건(敬虔)하였으며, 백성을 양육하는 것이 은혜로웠고, 백성을 부리는 것이 의(義)로웠다.

【주석】

01 子謂子産 자위자산

공자께서 자산에 대해 평하였다. Confucius said of Zi-chan.

子産 자산: 정(鄭)나라 대부, 성은 공손(公孫), 이름은 교(僑), 자가 자산(子産)임. Zi-chan. prime minister of Zheng.

謂 위: 평하다. say of, remark of.

02 有君子之道四焉 유군자지도사언

군자의 도 네 가지가 있다. 자산은 군자의 도 네 가지를 가지고 있다. He possessed four of the ways of the gentleman.

焉 언: …이다(be). 진술문의 끝 부분에 쓰여 종결의 어기나 판단의 어기를 나타낸다(연세대 사서사전편찬실, 『四書集解辭典』 p.512)〔「자장」 19-21〕. used to indicate judgement or explanation. equivalent to a period.

03 其行己也恭 기행기야공

그가 처신하는 것이 공손하다. 그 처신함이 예의바르고 겸손하다. It was courteous that he conducted himself. He was respectful in the manner he conducted himself.

其 기: 그. 자산을 가리킨다. he.

行己 행기: 자기를 행하는 것. 처신. 몸가짐. the manner one conducted oneself. one's conduct of oneself. one's private conduct.

也 야: 음절을 조절하고 어기를 고르는 어조사. 쉼표역할을 한다. used to indicate a pause in a sentence. equivalent to a comma.

恭 공손할(공): 공손하다. 예의바르고 겸손하다. 주희는 恭을 "겸손하다"로 풀이하였다(恭, 謙遜也). courteous and modest. reverent. respectful.

04 其事上也敬 기사상야경

그가 윗사람을 섬길 때 조심하고 삼간다. 그의 윗사람 섬김이 신중하다. It was courteous and prudent that he served the superiors. He was polite and careful in serving people above him.

事上 사상: 윗사람을 섬기는 것. serving people above him. serving the superiors.

敬 삼갈(경): 예의바르고 신중하다. 말을 삼가고 조심하다. 신중하게 일을 처리하다. 경건(敬虔)한 마음으로 일을 처리하다[「자로」 13-19], [「계씨」 16-10]. courteous and prudent. polite and careful. take a cautious attitude in dealing with a matter. act with prudence. reverent. respectful.

05 其養民也惠 기양민야혜

그가 백성을 양육하는 것이 은혜로웠다. 백성을 먹이고 교육시키는 것이 은혜로웠다. It was beneficient that he provided for the common people. He was generous in caring for the common people.

養民 양민: 백성을 먹이고 교육시키는 것. 백성을 양육하는 것. 세금을 거두고 이를 분배하는 데 백성들에게 유익한 방법으로 운용하였음을 뜻한다. to provide for the common people. the care and feeding of the people.

惠 은혜(혜): 은혜롭다. 백성에게 혜택이 간다는 의미임. beneficient. generous.

06 其使民也義 기사민야의

백성을 부리는 것이 의로웠다. 백성을 부리는 것이 합리적이었다. 백성들을 어떤 노역(勞役)에 동원할 때에는 농번기를 피한다든가 하여 백성들의 생업에 지장을 주지 않도록 합리적으로 운용하였음을 뜻한다. He was righteous in his employment of the common people. He was reasonable in his ordering of the people.

義 의: 의로운. 적절한. 합리적인. righteous. appropriate. reasonable.

【해설】

몸가짐이 공손(恭遜)하다는 것은 자만(自滿)하거나 뽐내는 것이 아니라 자신(自身)을 낮추는 것을 의미하며, 상사(上司)를 모시는 것이 정중(鄭重)하다는 것은 출세(出世)만을 위하여 얄팍한 짓을 하는 것이 아니라 진실로 나라를 위하여 헌신(獻身)하는 것을 의미한다. 백성을 양육(養育)함에 은혜롭다는 것은 세금을 적게 걷고 경비절감을 해서 백성의 부담을 덜어 줌을 의미한다. 백성을 부릴 때 의(義)롭다는 것은 자기의 욕심을 채우기 위하여 백성을 부리는 것이 아니라 백성을 위하여 그리고 나라를 위하는 일임을 의미한다. 자산(子產)은 춘추시대(春秋時代)에 중국에서 가장 유능하고 청렴했던 인물로 평가되고 있다. 그에게 이러한 도(道)가 있었기 때문에 혼란 속에서도 그는 나라를 부강하게 만들었다.

【외국학자 영문해석】

1 The Master said of Tsze-ch'an that he had four of the characteristics of a superior man-in his conduct of himself, he was humble; in serving his superior, he was respectful; in nourishing the people, he was kind; in ordering the people, he was just.

(Confucius Analects, The Great Learning and The Doctrine of The Mean, translated by James Legge, Manufactured in Dover Publication, Inc. U.S.A.)

2 Confucius said that Tzu Chan had four characteristics of the Superior Man: In his private conduct he was courteous; in serving superiors he was respectful, in providing for the people he was kind; in dealing with the people he was just.

(The Analects of Confucius: translated by Charles Muller.)

(http://www.human.toyogakuen-u.ac.jp/~acmuller/contao/analects.htm)

제17장

子曰; 晏平仲善與人交, 久而敬之.

자왈; 안평중선여인교, 구이경지.

해석 | 공자께서 말씀하셨다. "안평중은 남들과 사귀기를 잘 하였다. 오래 되어도 그들을 공경하였다." (사귄 지 오래 되어도 그들을 함부로 대하지 않고 늘 공경하였다)

【주석】

01 晏平仲善與人交 안평중선여인교

안평중은 남들과 사귀기를 잘 하였다. 안평중은 남들과 잘 사귀었다. Yan Ping-zhong was excellent at making friends. / Yen P'ing knew well how to maintain friendly intercourse. (James Legge) / Yan Ping-zhong was good at making friends. (Chichung Huang)

晏平仲 안평중: 제(齊)나라 대부. 성은 안(晏), 이름은 영(嬰), 자는 중(仲), 시호가 평(平)임. 제나라 영공(靈公), 장공(莊公), 경공(景公)을 모신 재상(宰相)이다. Yan Ping-zhong. prime minister of the state of Qi.

善與人交 선여인교: 남들과 잘 사귀다. be good at making friends. know well how to maintain friendly intercourse.

善 선: 잘. 교묘히. well

(예) 善爲我辭焉(선위아사언): 나를 위하여 그것을 잘 사절하여 주십시오 〔「옹야」 6-7〕. Please refuse politely well the offer for me.

02 久而敬之 구이경지

① 오래 되어도 그들을 공경하였다. 사귄 지 오래 되어도 그들을 함부로 대하지 않고 늘 공경하였다. (사귄 지 며칠만 되면 말을 놓고 지내는 시중잡배들과는 질이 다름) The acquaintance might be long, but he showed the same respect as at first. (James Legge) / Years later, he still revered them. (Chichung Huang)

② 而자 다음에 人자가 생략된 것으로 보아 "오래 될수록 남들이 그를 존경하게 되었다"고 풀이하는 학자도 있다. 문장에 없는 글자를 끌어들여 이렇게 해석하는 것은 좀 무리한 것 같아 취하지 않기로 한다.(皇侃本論語, 久而人敬之)

久 오랠(구): 오래다. 오래 되다. be long.

之 지: 그들. 남들(人)을 뜻한다. them, others.

【 해설 】

제(齊)나라 경공(景公)이 공자를 기용(起用)하려고 하였을 때, 반대한 사람이 안평중(晏平仲)이었다. 공자와는 좋은 인연을 맺지 못한 사람이다. 그런데도 공자는 안평중을 현명한 재상으로 높이 평가하였다. 사사(私事)로운 이해관계를 떠나 사람을 평가하는 공자의 태도가 훌륭하다. 사람들이 처음 사귈 때에는 서로 존경을 표시하다가도 어느 정도 시간이 흐르다 보면, 말을 놓거나 함부로 대하는 경우가 있다. 그러나 제나라 안평중은 남과 잘 사귀었으며, 오랫동안 사귀어도 예의에 벗어나는 일이 없었다. 재상이 된 후에도 식사 때 육류를 먹지 아니하고 소찬으로 식사를 하였으며 처자에게 비단옷을 입히지 않았다고 한다. 일생을 아주 검소하게 산 인물이다.

【 외국학자 영문해석 】

1 The Master said: "Yan Ying knew the art of social intercourse: with him long acquaintance never turned to familiarity."

(The Analects of Confucius, Translation and Notes by Simon Leys, W. W. Norton & Company. Inc. New York.)

2 The Master said, "Yen Ping-jung was good at associating with others. Even after a long time, he would still treat them with respect."

(The Original Analects, Sayings of Confucius and His Successors, A New Translation and Commentary by E. Bruce Brooks and A Takeo Brooks, Columbia University Press, New York.)

제5편 공야장(公冶長) **제18장**

子曰; 臧文仲居蔡, 山節藻梲, 何如其知也?

자왈; 장문중거채, 산절조절, 하여기지야?

해석 | 공자께서 말씀하셨다. "장문중은 큰 거북을 지니고 있었고, 기둥의 윗부분에는 산 모양을 조각하였고, 대들보 위에 있는 작은 기둥에는 수초(水草)무늬를 조각하였으니, 어찌 그가 지혜롭다고 하겠는가?"

【주석】

01

臧文仲居蔡 장문중거채

장문중은 큰 거북을 지니고 있었다. Zang Wen-zhong kept a large tortoise in a house.

臧文仲 장문중: 노나라의 대부 장손씨(臧孫氏), 이름은 신(辰), 자는 중(仲), 시호가 문(文)임. 공자와 같은 시대의 사람이 아니고 그 이전 춘추 초기 진문공(晋文公) 때의 사람인데, 지혜로운 정치가로 알려진 인물이다. 공자는 이에 이의를 제기한다. Zang Wen-zhong. minister of Lu.

居 있을(거): 있다. 보관하다. 간직하다(居, 猶藏也). occupy. keep. hold. take.

蔡 거북(채): 큰 거북. 이 거북은 천자가 종묘에 간직하고 있으면서 나라에 큰 일이 있을 때 길흉(吉凶)을 점치는 데 사용하였다. a large tortoise.

02 山節藻梲 산절조절

기둥의 윗부분에는 산 모양을 조각하였고, 대들보 위에 있는 작은 기둥에는 수초(水草)무늬를 조각하였다.(이것은 천자의 궁중에 있는 기둥에만 장식하는 조각이다) He made the capitals of the pillars carved in the shape of mountains and made rafters painted like the shape of duck-weed.

山 산: 산의 모양을 새기다. 산 모양을 조각하다(刻山). (옛날 임금의 의복에는 산의 모양을 수놓았다). carve like the shape of mountains.

節 마디[절]: 기둥의 윗부분. 세우는 기둥과 가로지르는 동량이 만나는 기둥의 머리부분으로 두공(斗栱)이라고도 한다. 기둥머리에서 대들보 마룻대를 괴어 주는 역할을 하는 목재. the capitals of the pillars.

藻梲 조절: 작은 기둥(대들보 위에 있는 짧은 기둥)에는 수초(水草)무늬를 그렸다(畵藻於梲也). make the small pillars above the beams painted like the shape of duck-weed.

藻 말[조]: 수초(水草)의 이름(藻, 水草名). 여기서는 "수초모양의 무늬를 그려 넣다"는 뜻이 된다[「공야장」 5-18]. the name of plant growing on the surface of water. duck-weed. paint like the shape of duck-weed. paint in a duck-weed design.

梲 쪼구미[절]: 쪼구미. 동자(童子)기둥. 대들보 위에 있는 짧은 기둥(梲, 梁上短柱也). 천장을 가로지르는 동량(棟梁) 위에 작게 세워지는 기둥을 말하는데, 이는 천장을 지탱하여 주는 역할을 한다[「공야장」 5-18]. the small pillars above the beams. the rafters above the beams.

03 何如其知也 하여기지야

어찌 그가 지혜롭다고 하겠는가? How can we say that he is wise? What can be said of his wisdom?

何如 하여: "어떠하다"라는 뜻의 부사구. 如何. 如之何와 같다. how about. what

about. what as? what do you think of?

其 기: 그. 장문중을 가리킨다. he.

知 지: 지혜롭다. wise.

也 야: …인가? …한가? 의문의 어기를 나타내는 어조사. 耶. 乎와 같다. used to pose a question or counter question. (The Commercial Press. 2001. Beijing, New Age Chinese-English Dictionary: p.1806). equivalent to a question mark.

【해설】

큰 거북도 천자(天子)나 지닐 수 있는 것이고, 기둥에 새긴 산 모양의 조각 및 대들보의 수초무늬 장식도 천자만이 종묘(宗廟)에 보존할 수 있는 것인데, 대부의 신분인 장문중이 예(禮)를 어기고 이러한 월권행위를 하였다. 당시 많은 사람들이 장문중을 지혜로운 사람이라고 칭찬하였으나 공자가 볼 때에는 일개 대부의 신분으로 거북을 간직하는 집을 짓고 내부장식도 화려하게 꾸며 귀신을 섬기고 있었으므로 어떻게 이런 사람을 지혜롭다고 할 수 있겠느냐고 비평한 것이다. 공자는 천자를 중심으로 신하와 백성이 모두 한데 뭉쳐 각자 자기의 위치에서 최선을 다함으로써 나라를 굳건히 다지고 조화로운 사회를 만들어야 한다는 기본생각을 가지고 있었다.

【외국학자 영문해석】

1 The Master said: "Zang Wen-zhong housed a Cai in a hall with hills carved on the brackets of its capitals and aquatic plants painted on the columns of its beams. What do you think of his wisdom?"

(The analects of Confucius (Lun Yu); A Literal Translation with an Introduction and Notes by Chichung Huang, Oxford University Press 1997.)

2 The Master said, "Tsang Wan kept a large tortoise in a house, on the capitals of the pillars of which he had hills made, and with representations of duckweed on the small pillars above the beams supporting the rafters.-Of what sort was his wisdom?"

(Confucius Analects, The Great Learning and The Doctrine of The Mean, translated by James Legge, Manufactured in Dover Publication, Inc. U.S.A.)

제5편 공야장(公冶長) | 제19장

子張問曰; 令尹子文三仕爲令尹, 無喜色; 三已之, 無慍色; 舊令尹之政, 必以告新令尹. 何如? 子曰; 忠矣. 曰; 仁矣乎? 曰; 未知, 焉得仁?
崔子弑齊君, 陳文子有馬十乘, 棄而違之. 至於他邦, 則曰; 猶吾大夫崔子也. 違之. 之一邦, 則又曰; 猶吾大夫崔子也. 違之. 何如? 子曰; 淸矣. 曰; 仁矣乎? 曰; 未知, 焉得仁?

자장문왈; 영윤자문삼사위영윤, 무희색; 삼이지, 무온색; 구영윤지정, 필이고신영윤. 하여? 자왈; 충의. 왈; 인의호? 왈; 미지, 언득인?
최자시제군, 진문자유마십승, 기이위지. 지어타방, 즉왈; 유오대부최자야. 위지. 지일방, 즉우왈; 유오대부최자야. 위지. 하여? 자왈; 청의. 왈; 인의호? 왈; 미지, 언득인?

해석 | 자장이 여쭈었다. "영윤(令尹) 자문(子文)은 세 번이나 벼슬길에 올라 영윤(재상)이 되었는데, 얼굴에 기뻐하는 기색이 없었고, 세 번 그것을 그만두었는데도 성내는 기색이 없었습니다. 전임(前任) 영윤의 정사(政事)일을 반드시 신임 영윤에게 알려 주었는데, 그 사람은 어떻습니까?" 공자께서 말씀하셨다. "충성스럽다." 자장이 "인(仁)하다고 하겠습니까?" 하고 묻자 공자께서는 "알지 못한다. 어찌 仁하다고까지야 할 수 있겠느냐?"라고 말씀하셨다.
"최자가 제(齊)나라 장공(莊公)을 시해(弑害)하자. 진문자는 말 40필을 버리고 그 곳을 떠났습니다. 다른 나라에 도착하였으나 곧 그곳 대부도 '우리나라 대부 최자와 같다' 고 하면서 그 곳을 떠났습니다. 어떤 한 나라에 가자 곧 또다시 '우리나라 대부 최자와 같다' 고 말하고 그 곳을 떠났다고 합니다. 그 사람은 어떻습니까?" 공자께서 말씀하셨다. "청백하다." 자장이 다시 "인(仁)하다고 하겠습니까?"라고 물었다. 공자께서 말씀하셨다. "알지 못한다. 이찌 仁하다고까지야 할 수 있겠느냐?"

【주석】

01 子張問曰; 令尹子文三仕爲令尹, 無喜色; 三已之, 無慍色 자장문왈; 영윤자문삼사위영윤, 무희색; 삼이지, 무온색

자장이 물었다. 영윤(재상)의 직위에 있었던 자문(子文)은 세 번이나 벼슬을 하고 영윤이 되었는데, (그 때마다) 얼굴에 기뻐하는 기색이 없었고, 세 번 그것을 그만두었는데도 성내는 기색이 없었다. Prime Minister Zi-wen was three times appointed to prime minister and never showed any sign of delight. He was three times removed from it and never showed any sign of resentment.

子張 자장: 공자의 제자. 성은 전손(顓孫), 이름은 사(師), 자가 子張이며, 진(陳)나라 사람이다. 공자의 만년 제자로 공자보다 48세 아래이다. Zi-zhang. a disciple of Confucius.

令尹子文 영윤자문: 재상의 직위에 있었던 자문(子文). 영윤(令尹)은 초(楚)나라에서 재상(宰相)을 일컫는 말이다. 子文은 초나라의 대부. prime minister, Zi-wen.

子文 자문: 초(楚)나라의 대부. 성은 투(鬪), 이름은 곡(穀) 또는 누오도(穀於菟), 자는 오토(於菟). 또는 자문(子文). Zi-wen. prime minister of Chu.

三仕爲令尹 삼사위영윤: 세 번이나 벼슬을 하여 영윤이 되었다. be three times appointed to prime minister. three times hold office as prime minister. be thrice made prime minister.

三仕 삼사: 세 번 벼슬을 하다. be appointed to prime minister three times.

仕 벼슬할(사): 벼슬하다. be appointed to the high ranking officer.

爲 위: 되다. become.

無喜色 무희색: 기뻐하는 기색이 없었다. never show any sign of joy in his countenance. show no sign of delight in his countenance. never show any elation.

三已之 삼이지: 세 번 그것을 그만두었다. 之는 벼슬자리 令尹을 가리키는 지시대명사. be dismissed from the position three times. be removed from it three times.

已 말(이): 그만두다. 말다. be removed. be fired. be dismissed.

無慍色 무온색: 성내는 기색이 없었다. do not show any sign of resentment. do not show any disappointment.

02 舊令尹之政, 必以告新令尹. 何如 구영윤지정, 필이고신영윤. 하여

전임(前任) 영윤(令尹)의 정사(政事)일을 반드시 신임 영윤에게 알려 주었다. (그 사람은) 어떻습니까? He always told his successor what he had done in his term of office. What do you think of him?

舊令尹之政 구영윤지정: 전임(前任) 영윤(令尹)의 정사(政事)일. 직접목적어인데 강조구문이므로 문장 맨 앞으로 나왔다. the former prime minister's government affairs. the former premier's government operating way which he had conducted.

舊 예(구): 전(前)의. 오래 된. old. former.

必以告新令尹 필이고신영윤: 반드시 그것을(以之) 신임 영윤에게 알려 주었다. 전임 영윤의 재임기간에 있었던 정사(政事)일을 후임 영윤에게 알려 주었다. 사사(私事)로운 감정으로 숨기는 일이 없음을 뜻한다. He always reported it to the new prime minister (it means the way in which he has conducted the government).

以 이: …을. …를. 동작의 대상을 표시하는 전치사(「공야장」 5-1). 以자 다음에 之자가 생략되었다. 之는 舊令尹之政을 의미한다. used as a particle indicating the object of an action.

何如 하여: (그 사람은) 어떻습니까? 무엇과 같습니까? how about? what about? what as? what do you think of?

03 子曰；忠矣. 曰；仁矣乎？曰；未知，焉得仁？

자왈; 충의. 왈; 인의호? 왈; 미지, 언득인?

공자께서 말씀하셨다. "충성스럽다." 다시 말하였다. "仁하다고 하겠습니까?" 공자께서 말씀하셨다. "알지 못한다. 어찌 仁하다고까지야 할 수 있겠느냐?" The Master said: "He was loyal indeed." Zi-zhang said: "Was he humane?" The Master said: "I do not know, but how could he be considered humane?"

忠矣 충의: 충성스럽다. 충실하다. 충성스러운 사람이다. He was loyal.

矣 의: …이다(be). 문장 끝에 쓰여 결정. 완료의 뜻을 나타낸다. used to indicate the feeling of finish. equivalent to a period. used at the end of a sentence like 了(료). (The Commercial Press. 2001. Beijing, New Age Chinese-English Dictionary: p.1836)

仁矣乎 인의호: 어질었습니까? 仁하다고 하겠습니까? Was he humane? Was he virtuous? Was he benevolent?

矣乎 의호: 어조사 두 개가 이어져 관용적으로 쓰여 의문의 어기를 표시한다(…입니까?). used to indicate the feeling of a question or counter question. used like a question mark.

未知 미지: 모른다. 알지 못한다. I don't know.

焉得仁 언득인: 어찌 仁하다고까지야 할 수 있겠느냐? 어찌 인할 수가 있었겠느냐? How could he be considered humane? How could he be considered that he realized benevolence?

焉得 언득: 어찌 …할 수 있겠는가? 객관적인 사물의 가능성을 부정하는 반문의 어기를 나타낸다 (연세대 허사사전편찬실, 『허사대사전』 pp.450~451). 何得과 같다〔「팔일」 3-22〕. how can … ?

〔예〕 焉得知(언득지): 어찌 지혜롭다고 할 수 있겠는가?〔「이인」 4-1〕 How can the man be considered wise?

焉 어찌〔언〕: 어찌. 어떻게(의문부사). how.

得 얻을〔득〕: 할 수 있다. 가능하다. 能과 같다. can.

04 崔子弑齊君, 陳文子有馬十乘, 棄而違之

최자시제군, 진문자유마십승, 기이위지

최자가 제(齊)나라 임금을 시해(弑害)하자. 진문자에게는 말 40필이 있었는데도 그것을 버리고 그 곳을 떠났다. When Cui assassinated the prince of Qi, Chen Wen-zi, who possessed forty horses, abandoned them and left the country.

崔子 최자: 제(齊)나라 대부 최저(崔杼). Cui Zhu. minister of Qi.

弑齊君 시제군: 제(齊)나라 임금을 죽였다. 시(弑)는 자식이나 신하가 부모나 임금을 죽이는 행위를 가리킨다. 여기서 齊君은 제나라 임금인 장공을 말한다. 장공(莊公)이 최자의 아내와 간통을 하자 이에 격분하여 최자가 임금을 죽인 것이다. assassinated the prince of Qi.

弑 죽일〔시〕: 죽이다. 살(殺)과 같은 뜻이나 시(弑)는 대체로 신하가 임금을 죽이는 경우, 자식이 부모를 죽이는 경우 등에 사용된다. assassinate. kill.

陳文子 진문자: 제(齊)나라 대부, 이름은 수무(須無), 시호(諡號)는 문(文)이다. Chen Wen-zi. minister of Qi.

馬十乘 마십승: 말 40필. 말 네 마리가 수레 1대(一乘)를 끌었으므로 馬十乘은 말 40마리를 말하며, 재산과 세력이 대단함을 상징한다. forty horses. ten teams of horses.

馬 말〔마〕: 말. horse.

棄而違之 기이위지: 버리고 그 곳을 떠났다. abandoned them and left the place.

棄 버릴(기): 버리다. abandon. give up.

違 어길(위): 떠나다. 去와 같다(違, 去也). leave.

之 지: 그 곳. 제나라를 뜻한다. it. that place. that state.

05 至於他邦, 則曰; 猶吾大夫崔子也. 違之

지어타방, 즉왈; 유오대부최자야. 위지

다른 나라에 도착하였으나 곧 (그 곳 대부도) "우리나라 대부 최자와 같다"고 하면서 그 곳을 떠났다. On arriving in another state, he said, "They are also like our minister Cui." He left that state.

至於他邦 지어타방: 다른 나라에 이르렀다. 다른 나라에 도착하였다. He arrived in another state.

則曰 즉왈: 바로 말하였다. at once, he said.

則: 곧. 바로. …하자마자 곧. at once. immediately. without delay.

猶吾大夫崔子也 유오대부최자야: 우리나라 대부 최자와 같다. 우리나라 대부 최자와 같이 무도(無道)하다. (They are also) just like our minister Cui. They are not different from our minister Cui.

猶 같을(유): 같다. 마치 …와 같다. like. same as.

06 之一邦, 則又曰; 猶吾大夫崔子也. 違之. 何如

지일방, 즉우왈; 유오대부최자야. 위지. 하여

어느 한 나라에 가자 곧 또다시 "우리나라 대부 최자와 같다."라고 말하고 그곳을 떠났다.(그 사람은) 어떻습니까? He went to another state, he again said, "They are just like our minister Cui." And again left the state. What do you think of him?

之 갈(지): 가다. go

〔예〕 先生將何之(선생장하지): 선생님은 장차 어디로 가시렵니까?

一 한(일): 어떤. 어느. 하나. one. a. any. a certain.

07 子曰; 淸矣. 曰; 仁矣乎? 曰; 未知, 焉得仁?

자왈; 청의. 왈; 인의호? 왈; 미지, 언득인

공자께서 "청백하다" 라고 말하니, "仁하다고 하겠습니까?"라고 다시 물었다. 공자께서 말씀하셨다. "알지 못한다. 어찌 仁하다고까지야 할 수 있겠느냐?" The Master said: "He was pure indeed." Zi-zhang said: "Was he humane?" The Master said: "I do not know, but how could he be considered humane?"

淸 맑을(청): 맑다. 깨끗하다. 청백하다. 탐욕이 없다. pure. have no greed.

矣 의: …이다(be). 문장 끝에 쓰여 단정의 뜻을 나타낸다. used to indicate the feeling of decision. equivalent to a period.

【해설】

공자는 영윤(令尹) 자문(子文)의 충성심과 진문자(陣文子)의 청렴결백을 인정하였다. 그러나 사람이 충성스럽고 청렴결백하다고 해서 반드시 인(仁)하다고 할 수는 없다는 점을 분명히 하였다. 이런 부분적인 미덕 이외에도 예(禮), 의(義), 신(信), 지(知), 서(恕) 등 모든 덕목을 갖추어야 인의 경지에 이를 수 있다. 인은 우리가 지향하는 지고(至高)의 덕목이다.

【외국학자 영문해석】

1 Zi-zhang asked: "Prime Minister Zi-wen was thrice appointed prime minister and never showed any sign of joy. He was thrice dismissed and never showed any sign of resentment. The old prime minister's government decrees he always imparted to the new prime minister. What do you think of him?"

The Master said: "Loyal indeed."

Zi-zhang said: "Was he humane?"

The Master said: "I do not know. But how could he be considered humane?"
"The viscount of Cui having assassinated the prince of Qi, Chen Wen-zi, who possessed ten teams of horses, abandoned them and left the state. On arriving in another, he said: "They are just like our minister the viscount of Cui." Having left that state and arriving in a third, he again said: "They are just like our minister the viscount of Cui." And again left it. What do you think of him?
The Master said: "Pure indeed."
Zi-zhang said: "Was he humane?"
The Master said: "I do not know. But how could he be considered humane?"
(The analects of Confucius (Lun Yu); A Literal Translation with an Introduction and Notes by Chichung Huang, Oxford University Press 1997).

2 Tzu-chang asked, "Ling Yin Tzu-wen gave no appearance of pleasure when he was made prime minister three times. Neither did he give any appearance of displeasure when he was removed from office three times. He always told his successor what he had done during his term of office. What do you think of this?"
The Master said, "He can, indeed, be said to be a man who does his best."
"Can he be said to be benevolent?"
"He cannot even be said to be wise. How can he be said to be benevolent? "
When Ts'ui Tzu assassinated the Lord of Ch'i, Ch'en Wen Tzu who owned ten teams of four horses each abandoned them and left the state. On arriving in another state, he said, "The official here are no better than our Counsellor Ts'ui Tzu." He left and went to yet another state.
Once more, he said, "The official here are no better than our Counsellor Ts'ui Tzu," and he again left. "What do you think of this?"
The Master said, "He can, indeed, be said to be pure."
"Can he be said to be benevolent?"
"He cannot even be said to be wise. How can he be said to be benevolent?"
(The Analects: translated by D,C. Lau, Penguin Books Ltd, London. England.)

季文子三思而後行，子問之，曰；再斯可矣

계문자삼사이후행, 자문지, 왈; 재사가의

해석 | 계문자는 세 번 생각하고 난 연후에 행동하였다. 공자께서 그것을 들으시고, “두 번이면 된다”고 말씀하셨다.

【주석】

01 季文子三思而後行 계문자삼사이후행

계문자는 세 번 생각하고 난 연후에 행동하였다. Ji Wen-ji thought three times, and then he took actions.

季文子 계문자: 노나라 대부. 성은 계손(季孫), 이름은 행부(行父), 시호는 문(文)이다. 노나라의 집권층 중에서도 가장 세력이 강한 계씨 가문의 제3대 영주로서 선공(宣公). 성공(成公). 양공(襄公) 등 3대의 군주를 모시면서 재상노릇을 하였는데도 사리사욕을 위하여 축적한 재산이 없었던 충성스러운 인물이었다. 『사기(史記)』에서도 “그가 죽었을 때 비단 옷을 입은 첩이 없고, 마구간에 곡식을 먹는 말이 없었으며, 창고에 금과 옥 같은 패물이 없었다”고 전하고 있다. 그래서 공자가 삼환(三桓)의 세도가(勢道家)들을 싫어하였지만 계문자만은 그래도 좋은 평가를 하였다. Ji Wen-ji. prime minister of Lu.

而後 이후: 그러고 후에. 그러고 난 연후에. 이후에. 以後와 같다. and then.

02 子聞之, 曰; 再斯可矣 자문지, 왈; 재사가의

공자께서 그것을 들으시고, "두 번이면 된다"고 말씀하셨다. When Confucius heard of it, he said, "Twice will do."

再斯可矣 재사가의: 두 번이면 된다. 두 번이면 가하다. Twice will do. Twice is enough.

再 두(재): 둘. 두 번 하다. twice. do two times.

斯 사: …이면. …하면 곧. …하면 비로소. 이에 곧. 앞의 문장을 이어 받아 조건에 따른 결과를 표시한다(접속사). hereupon. accordingly. just. thus. and then.

可矣 가의: 괜찮다(可也). 그런 대로 좋다. will do. be enough. be good.

矣 어조사(의): …이다(be). 문장 끝에 쓰여 단정(斷定)의 뜻을 나타낸다〔「학이」 1-2〕. used to indicate the feeling of decision. equivalent to a period.

【해설】

축구 월드컵 경기를 보면 "세 번 생각했다가는 완패한다"는 느낌이 든다. 한 번만 생각해도 충분하다. 순발력이 생명이기 때문이다. 주희의 『논어집주』에서는 "악한 짓을 하는 사람은 당초 생각을 하지 않는다. 생각이 있으면 착한 일을 하게 된다. 그러나 생각이 두 번에 이르면 이미 살핀 것이며, 세 번을 하게 되면 사사로운 뜻이 일어나서 도리어 현혹하게 된다. 그러므로 공자가 그것을 나무란 것이다"라고 말하고 있다(程子曰, 爲惡之人, 未嘗知有思, 有思則爲善矣, 然至於再則已審, 三則私意起而反惑矣, 故夫子譏之).

【외국학자 영문해석】

1 Chi Wen Tzu used to think thrice before acting. The Master hearing of it said, "Twice is quite enough."

(The analects of Confucius Translated and Annotated by Arthur Waley: A Division of Random House, INC. New York.)

2 Ji Wvndz would think thrice and then act. The Master heard of it, and said, "Twice would be enough."

(The Original Analects, Sayings of Confucius and His Successors, A New Translation and Commentary by E. Bruce Brooks and A Takeo Brooks, Columbia University Press, New York.)

제5편 공야장(公冶長) 제21장

子曰; 甯武子, 邦有道則知, 邦無道則愚. 其知可及也, 其愚不可及也.

자왈; 영무자, 방유도즉지, 방무도즉우. 기지가급야, 기우불가급야.

해석 | 공자께서 말씀하셨다. "영무자는 나라에 도가 있으면 지혜로웠고, 나라에 도가 없으면 우직하였다. 그의 지혜로움은 (누구나) 따를 수 있으나 그의 우직함은 (누구나) 따를 수 있는 것은 아니다."

【주석】

01 甯武子, 邦有道則知, 邦無道則愚 영무자, 방유도즉지, 방무도즉우

영무자는 나라에 도가 있으면 지혜로웠고, 나라에 도가 없으면 우직하였다. When the Way prevailed in the state, Ning Wu-zi acted the part of a wise man; when the Way did not prevail in the state, he acted the part of a stupid man.

甯武子 영무자: 위(衛)나라의 대부. 이름은 유(兪), 시호는 무(武)임. 공자보다 1 세기 앞선 춘추시대 초기의 사람이다. Ning Wu-zi. minister of Wei.

邦有道則知 방유도즉지: 나라에 도가 있으면 그는 지혜로웠다. When the Way prevailed in the state, he acted the part of a wise man. When the state had the Way, he was wise.

邦有道 방유도: 나라에 도(道)가 있다. 나라에 도(道)가 있다는 말은 정치가 바르고 질서가 잘 지켜진다는 것을 뜻한다[「공야장」 5-2], [「태백」 8-13], [「헌문」 14-1, 14-4], [「위령공」 15-6]. There is the Way in the state. Good order prevailed in the state. The state possessed the Way.

則 곧[즉]: …이면. …하면. 이에 곧. if. in case. when.

邦無道則愚 방무도즉우: 나라에 도가 없으면 그는 우직하였다. 우직하다(愚)는 말은 나라가 어렵고 정치가 혼란에 빠져 생명이 위태로운 시기를 맞았을 때, 이를 피하지 않고 나라와 임금을 구하려고 몸과 마음을 다 바쳐 용감하게 뛰어드는 어리석을 정도로 보이는 충직함과 우직함을 뜻한다. When the Way did not prevail in the state, he acted the part of a stupid man. When the state did not have the Way, he was stupid.

02 其知可及也, 其愚不可及也 기지가급야, 기우불가급야

그의 지혜로움은 누구나 따를 수 있으나 그의 우직함은 누구나 따를 수 없다. Others may be able to emulate his wisdom, but they cannot emulate his stupidity. Someone may be able to match his wisdom, but no one can match his stupidity.

及 급: 미치다. 뒤좇아 따르다. emulate. match. equal. reach.

其愚不可及也 기우불가급야: (아무나) 그의 우직함은 따를 수는 없다. 세상이 어지러우면 똑똑한 사람들은 위험한 일에서 피하려고 한다. 그런데 영무자는 난세(亂世)임에도 불구하고 위험을 무릅쓰고 임금을 구하려고 몸과 마음을 다 바쳤다. 이런 우직(愚直)한 행동은 아무나 할 수 있는 것이 아니다. No one can match his stupidity. Nobody cannot equal his stupidity. Others cannot emulate his stupidity.

愚 어리석을[우]: 어리석음. 우직(愚直)함. "어리석다"는 말은 東西洋을 막론하고

좋은 느낌(語感)을 주는 단어는 아니다. 그러나 이 말을 "愚直하다"라고 풀이하면 그 말의 나쁜 이미지(image)가 상당부분 완화된다. 直이 들어갔기 때문이다. stupidity. fool.

【해설】

나라가 평온하고 무사할 때에는 총리나 장관을 그저 그만한 사람만 갖다 놓아도 나라를 꾸려갈 수 있다. 사실 지혜로운 사람은 많다. 평상시에는 이들의 힘으로 나라를 이끌어 갈 수 있는 것이다. 그러나 위기(危機)시에는 지혜롭고 약삭빠른 사람보다는 우직(愚直)한 사람이 좋다는 역설적인 말이다. 똑똑하고 이른바 지혜롭다는 약삭빠른 인간들은 전쟁이 나거나 위험이 닥치면 피하려고 노력하지만 우직한 사람들은 위험을 무릅쓰고 나라와 임금을 위하여 몸과 마음을 바친다. 그래서 지혜로움은 누구나 따라갈 수 있으나 우직함은 아무나 다 따라갈 수 있는 것이 아니라고 주장한 것이다. 다산(茶山)은 이것을 보고 "도(道)가 있을 때 지혜로운 것, 역시 사람이 실천하기 어려운 것이기는 하지만 오히려 그것은 할 수가 있는 것이다. 그러나 도(道)가 없을 때, 우직(愚直)하게 실천하는 것은 충성심과 사랑이 지극하지 않으면 억지로 될 수 있는 것이 아니다. 그래서 그 우직함은 따르기 어렵다고 말한 것이다"라고 설명한다(有道而知, 亦人所難, 然猶可爲也. 無道而愚, 非忠愛至極者不能强作, 故曰其愚不可及).

【외국학자 영문해석】

1 The Master said: "When the Way prevailed in the country, Lord Ning Wu was intelligent. When the country lost the Way, Lord Ning Wu became stupid. His intelligence can be equaled; his stupidity is peerless."

(The Analects of Confucius, Translation and Notes by Simon Leys, W. W. Norton & Company. Inc. New York).

2 The Master said, "As for Ning Wuzi, when the way (dao 道) prevailed in the land, he was wise; when it was without the way, he was stupid. Others might attain his level of wisdom, but none could match his stupidity."

(The Analects of Confucius, a philosophical translation, by Roger T. Ames and Henry Rosemont, Jr, 1998 published by The Ballantine Publishing Group.)

제22장

子在陳, 曰; 歸與! 歸與! 吾黨之小子狂簡, 斐然成章, 不知所以裁之.

자재진, 왈; 귀여! 귀여! 오당지소자광간, 비연성장, 부지소이재지.

해석 | 공자께서 진(陳)나라에 계실 때 말씀하셨다. "돌아가야겠구나! 돌아가야겠구나! 나의 고향의 젊은이들은 뜻이 크고 대범하나 일을 처리함에는 치밀하지 못하고, 겉모양은 아름다운 형체를 갖추었으나 일을 재량하는 방법을 모른다." (그래서 돌아가서 그것을 가르쳐 주어야겠다)

【주석】

01 子在陳, 曰; 歸與, 歸與 자재진, 왈; 귀여, 귀여

공자께서 진(陳)나라에 계실 때 말씀하셨다. "돌아가야겠구나!" "돌아가야겠구나!" When the Master was in Chen, he said, "Let's go home! Let's go home!"

陳 진: 주(周)나라 무왕(武王)이 은나라를 멸망시킨 후에 순(舜)임금의 후예를 진(陳) 지역에 책봉하여 세워준 제후국. 하남성 동부지역 및 안휘성 일부를 다스렸다. Chen. a name of state.

歸與 귀여: 돌아가야겠구나! Let's go back home! Let me return!

歸 돌아갈[귀]: 돌아가다[「학이」 1-9]. return. go back.

與 여: 감탄의 어기를 표시하는 어조사. 감탄문의 끝 부분에 쓰인다(연세대 허사사전 편찬실, 『허사대사전』 p.469)[「미자」 18-8]. used to indicate the feeling of exclamation. equivalent to an exclamation mark. used in an exclamation (New

Age Chinese-English Dictionary, The Commercial Press. 2001. Beijing: p.1889).

02 吾黨之小子狂簡 오당지소자광간

나의 고향의 젊은이들은 뜻이 크고 대범하나 일을 처리함에는 정교하지 못하고 거칠다. Young men in my village are ambitious but not elaborate.

吾黨 오당 : 나의 고장. 나의 고향마을. my village in Lu. my native country.

黨 마을(당) : 500 가구가 사는 마을. 고향마을. village.

小子 소자 : 젊은이들. 젊은 제자들. young people. young disciples.

狂簡 광간 : 뜻이 크고 대범하나 일을 처리함에는 치밀하지 못하고 거칠다(狂簡, 志大而略於事也). ambitious but not elaborate.

狂 미칠(광) : 뜻이 큰 사람. 뜻이 크다. ambitious (person).

簡 대쪽(간) : 대쪽같이 엉성하고 속이 비어 있는 모습에서 "치밀하지 못하고 거칠다". "정교(精巧)하지 못하다"라는 뜻이 나옴. simple. not elaborate.

03 斐然成章 비연성장

아름답게 형체를 이루다. 찬란하게 형체를 갖추다. They have made accomplishments splendidly. They have formed their shapes beautifully.

斐然 비연 : 겉모양이 아름다운. 무늬가 찬란한. 여기서는 부사적 용법으로 "아름답게"라는 의미가 된다. splendidly. brilliantly in appearance. brightly in the outside.

斐 아름다울(비) : 아름다운 모양. 무늬의 아름다운 모양(斐, 文貌). brilliant, splendid.

然 그럴(연) : 형용사 또는 부사를 만드는 접미사. 본래는 "그러하다"의 뜻이지만 여기서는 어떤 모습을 형용하는 역할을 한다. adverb or adjective suffix. (Beijing Foreign Language University, A Chinese-English Dictionary, 1997 Revised Edition: p.1015). equivalent to "…ful", "…ant", "…ly". used as adjective or adverb suffix in English grammar.

成章 성장: 형체(形體)를 이루다. 문명사회의 외양을 갖추다. 옷을 만들려면 최소한 옷감은 짜여져 있어야 하는데, 이 옷감이 무늬까지 화려하게 수놓아 준비되어 있음을 뜻한다. 그러므로 이제 재단만 잘하면 훌륭한 의복을 만들 수 있는 상태가 된 것이다. make great accomplishments. achieve a great civilization.

章 글(장): 글. 문장. 무늬. 형체. 장(章)은 형체. 무늬 등을 말하며 "문명사회의 기초구조"가 형성되어 있음을 상징한다. form. shape. pattern.

04 不知所以裁之 부지소이재지

그것을 재량하는 방법을 모른다. 고향의 젊은 제자들이 원대한 포부로 문화적 외양을 훌륭하게 갖추어 놓았으므로, 이제는 내실을 다져야 하는데 그 다듬는 방법을 모른다. 아름다운 무늬의 옷감을 짜놓았으니 이제 내가 귀국하여 그 옷감을 훌륭하게 재단하여 맵시가 한결 돋보이는 옷을 만들어 주어야겠다는 공자의 의지가 담긴 글이다. They do not know how to prune them. They do not know how to tailor them.

所以裁之 소이재지: 그것을 재량하는 방법. how to prune them. how to tailor them.

所以 소이: 방법. 까닭. means. method. the reason why.

裁 마를(재): 가위질하다. 마름질하다. 재량하다. 마름질하여 바르게 만들다(裁, 割正也). cut into parts. tailor. prune. regulate and take shape.

之 지: 그것. 여기서는 斐然成章(겉으로 보기에는 아름답게 형체를 이룬 문화)을 뜻한다. it. them. something.

【해설】

공자는 56세 때에 노(魯)나라 대사구(大司寇)의 직을 그만두고 노나라를 떠나 열국(列國)을 주유(周遊)하였으며 그 중 진(陳)나라에는 오래 머물렀다. 그런데 어디에 가도 도(道)가 실천되지 않는 것을 보고 고국인 노(魯)나라로 다시 돌아가기를 생각하고 있었다. 그래서 당시 진(陳)나라에 머물고 있던 공자는 "돌아가야겠구나! 돌아가야겠구나! 내 고향의 젊은이들이 모두 큰 뜻을 품고 있으나 일을 처리하는 데는 서투르고, 학문은 아름답고 훌륭하게 문채를 이루었으나 마름질하는 방법을 몰라 옷이 되지 못하는 상태에 있다. 그러므로 내가 돌아가서 그들을 훌륭한 재목으로 키워야겠다"는 뜻의 말을 하게 된 것이다.

그 때 고국인 노나라에서는 세도가인 계환자(季桓子)가 병이 들어 병상에서 아들 계강자(季康子)에게 "내 생애에서 공자의 말을 듣지 않은 것이 큰 실수이다. 내가 공자에게 죄를 지었다. 네가 재상이 되면 반드시 공자를 등용하라"라고 명하고 생을 마감하였다고 한다. 그러나 공자의 등용도 대부 공지어(公之魚)의 반대로 무산되었다. 일단 공자의 제자 염구(冉求)를 초청하므로 공자도 고향에 돌아가 자신의 정치이상과 학문세계를 제자들에게 전수하기를 기대하였다. 애공 11년 (B.C. 484) 공자 나이 68세에 계강자의 초청을 계기로 귀국길에 올랐다. 13년 간의 유랑생활을 마감하게 된 것이다.

【 외국학자 영문해석 】

1 When he was in Ch'en, the Master said: "back home! Let's go back home! The young in our villages are full of impetuous ambition. They've perfected eloquence and grace, but know nothing about proper measure."

(The Analects. Confucius Translated by David Hinton, Counterpoint Washington. D.C.)

2 The Master was in Chen. He said: "Let us go home, let us go home! Our young people are full of fire, they have brilliant talents, but they do not know yet how to use them."

(The Analects of Confucius, Translation and Notes by Simon Leys, W. W. Norton & Company. Inc. New York.)

제5편 공야장(公冶長) 제23장

子曰; 伯夷叔齊, 不念舊惡, 怨是用希

자왈; 백이숙제, 불념구악, 원시용희

해석 | 공자께서 말씀하셨다. "백이(伯夷)와 숙제(叔齊)는 옛날에 있었던 나쁜 일을 생각하지 않았다. 그래서 이로 인하여 그들을 원망하는 이들도 드물었다."

【주석】

01 伯夷叔齊, 不念舊惡 백이숙제, 불념구악

백이와 숙제는 옛날에 있었던 나쁜 일을 생각하지 않았다. Bo-yi and Shu-qi did not remember old grudges.

伯夷. 叔齊 백이.숙제: 전설에 의하면 백이와 숙제는 은(殷)나라 말의 고죽국(孤竹國)이라는 제후국의 왕자들이었다. 백이는 부왕(父王)이 평소 동생 숙제에게 왕위를 물려 주려고 하는 뜻을 알고 있었으므로 부왕이 죽자 평소에 흠모하던 주(周)나라 문왕(文王)에게로 도망쳤다. 동생 숙제도 뒤따라 주나라로 나감으로써 중간에 끼어 있던 둘째 아들이 왕위를 계승하게 되었다. 그런데 이들이 주나라에 갔을 때는 이미 문왕이 죽고, 그의 아들 무왕(武王)이 천자(天子)의 나라인 은(殷)나라 주왕(紂王)을 제거하려고 군대를 출동하는 중이었다. 당시 주나라는 천자 밑에 있는 제후국이었으므로 백이숙제는 무왕의 말고삐를 붙잡고 "지금 부친인 문왕의 상례(喪禮)도 아직 다 끝나지 않았는데 군대를 동원하는 것은 불효(不孝)이며, 은(殷)나라의 신하로서 임금을 치려는 것은 불충(不忠)입니다"라고 간언하였다. 그 때 무왕의 군사들이 백이숙제를 칼로 치려고 하자 군사령관인 강태공(姜太公)이 말하기를 "그들은 의인(義人)이니 그냥 두어라"라고 명함으로써 살아남을 수 있었다고 한다. 무왕이 은나라를 멸망시키고 천하를 장악함으로써 모든 제후국이 주왕실을 종주(宗主)로 섬기게 되었다. 그러나 백이와 숙제는 주나라의 백성이 되는 것을 치욕으로 여기고, 불의(不義)를 저지른 주나라의 곡식을 먹을 수 없다고 하며 수양산에 들어가 고사리를 뜯어먹고 지내다가 굶어 죽었다. 두 임금을 섬기지 아니한 정의감(正義感)이 강하고 청렴결백한 인물로 전해지고 있다〔「계씨」 16-12〕, 〔「미자」 18-8〕. Bo-yi and Shu-qi. righteous and cleanhanded hermits. These persons were sons of the prince of the state of Gu-zhu about the end of the Yin Dynasty. When their father died, they ran away to the other country in order to yield the throne to the other. Both fled the world and starved to death in mountain.

不念舊惡 불념구악: 옛날에 있었던 나쁜 일을 생각하지 않는다. never remember old grievances. do not remember old ills. do not bear ills in mind. never bear old grudges.

念 생각할〔염〕: 생각하다. 마음 속에 품다. bear. remember.

舊惡 구악: 옛날의 원한, 전에 있었던 감정이 좋지 않았던 일. 옛날에 있었던 악연(惡緣). old grudges. old ills. old grievances.

02 怨是用希 원시용희

이로 인하여 (그들을) 원망하는 이들도 드물었다. Therefore resentment was little. Hence the feelings of resentment towards them were rare.

是用 시용: 이로 인하여(不念舊惡). 이것 때문에. 그래서. 그러하기 때문에. 是以. 是故와 같다. hence. therefore. for this reason.

用 쓸〔용〕: 쓰다. 用은 以와 같은 뜻으로 사용되었다. 用은 "쓸〔용〕"자이고, 以는 "써〔이〕"자로서 우리 말 표현은 좀 다르지만 둘 다 "쓴다. 사용한다"는 의미를 기본으로 가지고 있다. 그리고 두 글자에 모두 "때문", "까닭"이라고 하는 유(由)의 뜻도 있다. for. because of. for account of. for the reason of.

怨 원망할〔원〕: 원망하다. 미워하다. 여기서는 "백이숙제를 원망하는 사람들"로 풀이

하였으나 "백이숙제 본인들이 남을 원망하는 일이 드물었다"고 해하는 다른 견해도 있으나 앞 부분에 이미 不念舊惡이라는 말이 있어 "같은 개념의 말이 중복되는 느낌"이 있어 매끄럽지 못하다. resentment.

希 드물〔희〕: 드물다. 흔하지 않다. 稀. 鮮과 같다. rare. seldom. little.

【해설】

백이와 숙제는 정의감(正義感)이 있고 절개를 지킨 청렴(淸廉)한 인물이다. 정의감과 청렴성이 강한 사람은 악인(惡人)을 미워하는 경향이 있다고 한다. 그런데 이들은 악덕(惡德)을 막으려고 했을 뿐 사람을 증오하거나 원망하지 않았다. 그리하였기 때문에 남들로부터 원망을 살 일도 없었던 것이다. 주희는 『논어집주』에서 "남들이 저지른 지난 날의 잘못을 기억하려고 하지 않는 것은 성품이 청백(淸白)한 자의 도량(度量)이다"라고 하였다(不念舊惡, 此淸者之量). 백이 숙제가 그러한 도량을 가졌다는 뜻이다.

【외국학자 영문해석】

1 The Master said: "Bo-yi and Shu-qi did not dwell upon old grudges, and, by so doing, eliminated other's resentment against them."

(The Analects of Confucius, A New-Millennium Translation(1999), Translated and Annotated By David H. Li, Published by Premier Publishing Co. U.S.A.)

2 The Master said: "Po I and Shu Ch'i never bore ills in mind; hence those who bore them resentment were few."

(Dover Publications, Inc. Confucius The Analects translated by William Edward Soothill.)

子曰; 孰謂微生高直? 或乞醯焉, 乞諸其鄰而與之.

자왈; 숙위미생고직? 혹걸혜언, 걸저기린이여지.

해석 | 공자께서 말씀하셨다. "누가 미생고를 정직하다고 말하였는가? 어떤 사람이 그에게 식초를 얻으러 왔을 때, 그는 그의 이웃집에서 그것을 구해서 그에게 주었거늘."

【 주석 】

01 孰謂微生高直 숙위미생고직

누가 미생고를 정직하다고 말하였는가? Who said that Wei-sheng Gao was straight?

孰 누구[숙]: 누구. who.

謂 위: 말하다. 평하다. 비평하여 말하다. said. said of.

微生高 미생고: 노나라 사람으로 성은 미생(微生), 이름이 고(高). 정직한 것으로 이름이 난 사람이다. 『장자』「도척편」에 의하면 미생고는 어떤 여자와 다리 밑에서 만나기로 약속하였는데 여자가 도착하기 전에 큰 홍수가 생겨 물이 범람하였으나 약속을 지키기 위하여 그 곳을 피하지 않고 기둥을 붙잡고 있다고 죽었다고 한다(尾生與女子期於梁下, 女子不來, 水至不去, 抱梁柱而死). 이 장에 나오는 미생고와 동일한 인물인지는 명확지 않다. 아무튼 신의를 지킨 사람인지 어리석은 사람인지는 독자가 판단할 일이다. Wei-sheng Gao. native of Lu. known as an upright man.

直 곧을[직]: 곧다. 정직하다. 정직한 사람. straight. upright. straightforward.

02 或乞醯焉，乞諸其鄰而與之 혹걸혜언, 걸저기린이여지

어떤 사람이 그에게 식초를 얻으러 왔을 때, 그는 그의 이웃집에서 그것을 구해서 그에게 주었다.

When someone begged vinegar from him, he begged it from his neighbour and gave it to the man.

或 혹: 어떤 사람. someone.

乞 빌(걸): 빌다. 구하다. beg.

醯 초(혜): 식초. vinegar.

焉 언: 그로부터. 그에게서. 於之와 같다. from him. to him. out of him.

乞諸其鄰 걸저기린: 그의 이웃집에서 그것을 구하다. He begged it from his neighbour.

諸 저: 之於의 축약형(그것을 …에서. 그것을 …로부터). it …from.

其鄰 기린: 그의 이웃집. his neighbour.

而 이: 하고. 하여서. 그리고. and.

與 줄(여): 주다. give.

之 지: 그에게, him.

【해설】

주희의 『논어집주』에서는 "옳은 것은 옳다 하고, 그른 것은 그르다 하며, 있으면 있다 하고 없으면 없다 하는 것이 정직한 것이다"라고 말하고 있다(是曰是, 非曰非, 有謂有, 無謂無, 曰直). 어떤 사람이 미생고(微生高)에게 식초를 얻으러 왔을 때 자기 집에 식초가 없음을 솔직하게 이야기하지 않고 옆집에서 빌어다 주었으니 정직한 사람이라고 할 수 없다는 판단이다. 다소 야박한 평가인 것 같다. 식초를 꼭 주어야 할 상황이라면 이웃집에서 얻어다 주는 것도 훌륭한 봉사행위로 볼 수 있다. 그런데 어떻게 "얻어다 주었다는 사실" 그것 하나만을 가지고 그 사람의 정직성을 그렇게 획일적으로 판단할 수 있단 말인가?

【 외국학자 영문해석 】

1 The Master said: "Who said that Weisheng Gao was straight? When someone asked him for vinegar, he begged it from his next door neighbor and gave it as his own."

(The Analects of Confucius, Translation and Notes by Simon Leys, W. W. Norton & Company. Inc. New York.)

2 The Master said: "Who said Wei-sheng Gao was straightforward? When someone begged some vinegar of him, he begged some of his neighbor and gave it to the man."

(The analects of Confucius (Lun Yu); A Literal Translation with an Introduction and Notes by Chichung Huang, Oxford University Press 1997.)

제5편 공야장(公冶長) 제25장

子曰; 巧言令色, 足恭, 左丘明恥之, 丘亦恥之.
匿怨而友其人, 左丘明恥之, 丘亦恥之.

자왈; 교언영색, 주공, 좌구명치지, 구역치지. 익원이우기인, 좌구명치지, 구역치지.

해석 | 공자께서 말씀하셨다. "듣기 좋게 꾸민 말과 아름답게 꾸민 알랑거리는 얼굴 그리고 지나친 공손(恭遜)을 보고 좌구명이 그런 것들을 부끄럽게 여겼는데 나 역시 그런 것들을 부끄럽게 여긴다. 원한을 감추고 그 사람을 친구로 삼는 것을 좌구명이 그것을 부끄럽게 여겼는데 나 역시 그것을 부끄럽게 여긴다."

【주석】

01 巧言令色, 足恭, 左丘明恥之, 丘亦恥之

교언영색, 주공, 좌구명치지, 구역치지

듣기 좋게 꾸민 말과 아름답게 꾸민 얼굴 그리고 지나친 공손(恭遜)을 보고 좌구명이 그런 것들을 부끄럽게 여겼는데 나 역시 그런 것들을 부끄럽게 여긴다. Clever talk, insinuating appearance, and excessive courtesy — Zuo-qiu Ming deems them shameful; I also deem them shameful.

巧言令色 교언영색: 듣기 좋게 꾸민 말과 아름답게 꾸민 얼굴. 巧는 "꾸미다"의 뜻이고, 令은 "아름답게 만들다"는 의미이며, 色은 "얼굴빛"을 말함〔「학이」 1-3〕. clever talk and insinuating appearance. sweet words and ingratiating face.

足恭 주공: 지나친 공손(恭遜). 지나치게 공손해 하는 것. 아첨하는 것. excessive courtesy. excessive respect. fulsome respect.

足 지나칠〔주〕: 지나치다. 과도하다. 過와 통한다. excessive. go to excess.

左丘明恥之 좌구명치지: 좌구명이 그것을 부끄럽게 여긴다. Zuo-qiu Ming deems it shameful.

左丘明 좌구명: 성은 좌구(左丘), 이름은 명(明), 춘추좌전(春秋左傳)의 작자와 이름이 같으나 동일한 사람인지는 불명확하다. Zuo-qiu Ming. a name of a person.

恥之 치지: 그것을 부끄럽게 여기다. deem it shameful.

恥 부끄러워할〔치〕: 부끄럽게 여기다. 부끄러워하다. be ashamed of. deem something shameful. think something shameful.

丘 구: 공자의 이름. 본인 자신을 말할 때 보통 我 또는 吾를 쓰지만 공자는 자신의 이름인 丘를 사용하였다. I (Confucius).

02 匿怨而友其人, 左丘明恥之, 丘亦恥之

익원이우기인, 좌구명치지, 구역치지

원한을 감추고 그 사람을 친구로 삼는 것을 보고 좌구명이 그것을 부끄럽게 여겼는데 나 역시 그것을 부끄럽게 여긴다. Concealing resentment against a person, and then treating him as if he were a friend — Zuo-qiu Ming deems it shameful; I also deem it shameful.

匿怨 익원: 원한을 숨기다. 원한을 감추다. conceal resentment against a person. conceal one's hostility.

匿 숨을[익]: 숨기다. 숨다. conceal.

友 벗[우]: 벗하다. 벗으로 삼다. 친하게 지내다. make someone a friend. treat someone as a friend.

其人 기인: 그 가람. 원한의 대상이 되는 사람. him. that man.

【해설】

공자는 위선(僞善)과 이중인격(二重人格)을 싫어했다. 남에게 잘 보이려고 듣기 좋은 말만 골라서 교묘히 하고, 얼굴빛을 예쁘게 꾸며 알랑거리고, 상대방에게 필요 이상으로 쩔쩔매는 자세를 취하는 것은 예(禮)가 아니라고 생각하였다. 예란 본 마음이 밖으로 나타나 다른 사람과의 조화를 이루는 행동양식이므로 말이건 얼굴표정이건 그의 본 마음을 그대로 순수하고 소박하게 표현하면 되는 것이지 이를 억지로 꾸며대는 것은 위선이라는 생각하였다. 그래서 공자는 이를 부끄럽게 여긴 것이다.

【외국학자 영문해석】

1 Confucius said: "The cunning words, false appearances, and over humbleness, Qiuming Zuo shamed them, and the Qiu shames them too. Hiding the hatred to be friendly to the enemy, Qiuming Zuo shamed it, and the Qiu shames it too."
(The Analects of Confucius(unabridged), translated by Jack J. Cai & Emma Yu, Americd-rom publishing company.

U.S.A.)

2 The Master said: "Plausible speech, an ingrtiating demeanour, and fulsome respect,-Tso Ch'iu Ming was ashamed of them; I, Ch'iu, also am ashamed of them. To conceal one's resentment and yet appear friendly with a man,-Tso Ch'iu Ming was ashamed of it; I, Ch'iu, also am ashamed of it."

(The Analects, Confucius translated by William Edward Soothill. Dover Publications, Inc. New York.)

제5편 공야장(公冶長) | 제26장

顔淵季路侍, 子曰; 盍各言爾志? 子路曰;
願車馬衣輕裘, 與朋友共, 敝之而無憾. 顔淵曰;
願無伐善, 無施勞. 子路曰; 願聞子之志. 子曰;
老者安之, 朋友信之, 少者懷之.

안연계로시, 자왈; 합각언이지. 자로왈; 원거마의경구, 여붕우공, 폐지이무감. 안연왈; 원무벌선, 무시로. 자로왈; 원문자지지. 자왈; 노자안지, 붕우신지, 소자회지.

해석 | 안연과 계로가 곁에서 모시고 있었는데, 공자께서 말씀하셨다. "왜 각각 너희들의 뜻한 바를 말하지 않느냐?"

자로가 말하였다. "수레와 말과 옷과 가벼운 가죽옷을 친구와 함께 쓰다가, 그것들이 낡아지게 되더라도 유감이 없기를 바랍니다."

안연이 말하였다. "착한 일을 한 것을 자랑하지 않고, 공로(功勞)가 있음을 과장(誇張)하지 않기를 원합니다."

자로가 말하였다. "선생님의 뜻을 듣고 싶습니다."

공자께서 말씀하셨다. "노인들에게 그들을 편안하게 하여 주고, 친구들에게는 그들에게 신의를 지켜 주고, 연소자들에 대하여는 그들을 사랑으로 감싸 주고 싶다."

【주석】

01 **顔淵季路侍, 子曰; 盍各言爾志?** 안연계로시, 자왈; 합각언이지

안연과 계로가 곁에서 모시고 있었는데, 공자께서 말씀하셨다. "어찌하여 각자 너희들의 뜻(마음 속에 품고 있는 생각)을 말하지 않는가?" "왜 각각 너희들의 뜻한 바를 말하지 않느냐?" When Yan Yuan and Ji-lu were in attendance, the Master said: "Why do you not each speak your wish?"

顔淵 안연: 안회(顔回)를 말한다. 공자가 가장 사랑하던 제자이다. 성은 안(顔), 이름은 회(回), 자는 안연(顔淵), 자연(子淵)이라고도 한다. 노(魯)나라 사람으로 젊어서 일찍 죽어 공자가 애통(哀痛)해하였다. Yan Yuan. a prominent disciple of Confucius.

季路 계로: 공자의 제자 자로의 또 하나의 이름이다. 성은 仲(중), 자는 자로(子路). 노(魯)나라 사람으로 지나칠 정도로 용감하고 성격이 급하고 신중하지 못하여 공자로부터 꾸지람을 자주 들었다. another alias of Zi-lu. a disciple of Confucius.

侍 모실〔시〕: 곁에서 모시다. 시중들다. 곁에 있으면서 심부름을 하다. be in attendance. be waiting upon.

盍各言爾志 합각언이지: 어찌하여 각자 너희들의 뜻을 말하지 않느냐? 왜 각각 너희들의 마음 속에 품고 있는 생각을 말하지 않느냐? Why do you not each speak your wish? Why don't you each express your aspirations?

盍 어찌 아니할〔합〕: 어찌하여 …하지 않느냐? 왜 …하지 않는가? 하불(何不)이 합쳐진 글자. 합(蓋)과 같다. why don't you …?

〔예〕 子盍爲我言之(자합위아언지): 그대는 어찌하여 나를 대신해 그것을 말하지 않았는가?〔『孟子』. 「公孫丑 下」〕. Why didn't you tell it for me?

爾志 이지: 너희들의 뜻. 너희들의 마음속에 품은 생각. your wishes. your aspirations.

02 子路曰；願車馬衣輕裘，與朋友共，敝之而無憾

자로왈; 원거마의경구, 여붕우공, 폐지이무감

자로가 말하였다. "수레와 말과 옷과 가벼운 가죽옷을 친구와 함께 쓰다가, 그것들이 낡아지게 되더라도 유감이 없기를 바랍니다. "Zi-lu said: "I would like to share my carriage, horses, clothes and light fur clothes with my friends, and feel no regret even if they spoil them."

願車馬衣輕裘，與朋友共 원거마의경구, 여붕우공: 수레와 말과 옷과 (겉에 입는) 가벼운 가죽옷을 친구와 함께 쓰기를 원하다. 車. 馬. 衣. 輕裘를 4개의 명사로 해석하였다. 이 문장에는 다른 견해도 있다. 주희는 衣를 "입는다"는 동사로 보아 "가벼운 가죽옷을 입는다"는 뜻으로 해석한다(衣, 服之也, 裘, 皮服). 이렇게 해석하면 앞에 나온 車馬를 탄다는 의미의 "乘"자가 필요한데 乘자가 없다. 또 輕자는 필요 없는 글자인데 잘못 삽입되었다는 견해도 있다. 이 책에서는 존재하지 않는 글자(乘)를 생략된 것으로 보는 견해도 취하지 않고, 씌어 있는 글자를 잘못 삽입되었다는 견해도 찬성하지 않는다. 오직 존재하고 있는 글자를 글자 그대로 풀이하는 입장을 취하였다. I would like to share my carriage, horses, clothes and light fur clothes with my friends.

願 원할(원): 원하다. 하고 싶다. want. wish. would like to do.

衣 옷(의): ① 입다. wear. put on. ② 옷. 의복 (겉에 입는 두루마기나 외투 등과 대조되는 말로 쓰였다). clothes.

輕 가벼울(경): 가볍다. light.

裘 가죽옷(구): 가죽옷. 모피로 만든 겉옷을 말한다. 구(裘)는 여우의 겨드랑이 털만을 모아 만든 귀한 겨울철 두루마기. 여우 200마리를 잡아야 옷 한 벌을 만든다고 한다(鄭後洙 譯註, 『論語集註』 p.135). furs.

與朋友共 여붕우공: 친구와 함께 쓰다. share them with my friends.

共 함께(공): 함께 쓰다. 공용(共用)으로 함께 쓰다. share.

敝之而無憾 폐지이무감: 그것들을 낡아지게 하여도 유감이 없다. do not feel any

annoyance even if they spoilt them. have no regrets even if they were damaged.

敝 해질〔폐〕: 해지다. 부서지다. 낡아 떨어지다. spoil. wear out. damage.

憾 한할〔감〕: 서운함. 섭섭한 마음. 유감(遺憾). regret. annoyance. being displeased.

03 顏淵曰; 願無伐善, 無施勞 안연왈; 원무벌선, 무시로

안연이 말하였다. "착한 일을 한 것을 자랑하지 않고, 공로가 있음을 과장하지 않기를 원합니다."
Yan Yuan said, "I would like not to brag about my good points and not to show off my achievements."

願無伐善 원무벌선: 선행(善行)을 자랑하지 않기를 원한다. 자기의 유능(有能)함을 과시(誇示)하지 않는다. I wish I would not boast of my own merits.

伐 자랑할〔벌〕: 자랑하다. 뽐내다(伐, 誇也). brag about. boast of. be proud of.

善 선: 잘하는 것. 뛰어난 점. 선행(善行). 유능한 것(善, 謂有能).

無施勞 무시로: ① 공로(功勞)가 있음을 과장(誇張)하지 않는다. ② 수고로운 일을 남에게 시키지 않는다. 위 두 가지 해석이 모두 가능하나 ①을 취하기로 한다. do not show off one's merits. do not parade one's achievements. do not boast of one's good qualities.

施 전할〔시〕: 널리 알리다. 표명하다. parade. show off. display.

勞 공〔노〕, 수고할〔노〕: ① 공로. 공로가 있음. ② 수고로운 일. 『논어집주』에서는 "노(勞)는 공이 있음을 말한다." "역(易)에서 '勞而不伐(공로가 있어도 자랑하지 않는다)'라고 한 것이 이것이다". 어떤 사람은 말하기를 "勞는 수고로운 일이다. 수고로운 일은 자기가 하고 싶지 않은 일이므로 남에게도 그것을 시키고 싶지 않다는 뜻이라고 하는데, 그것 역시 통한다"라고 하였다(勞, 謂有功, 易曰, 勞而不伐, 是也. 或曰, 勞, 勞事也. 勞事非己所欲, 故亦不欲施之於人, 亦通). achievements. merits. meritorious deeds.

04 子路曰；願聞子之志 자로왈; 원문자지지

자로가 말하였다. “선생님의 뜻을 듣고 싶습니다.” Zi-lu said: "We want to hear your aspirations."

願聞 원문: **듣기를 원한다.** want to hear.

子之志 자지지: 선생님의 뜻. the Master's aspirations. your wishes. what you have set your heart on.

05 子曰；老者安之, 朋友信之, 少者懷之

자왈; 노자안지, 붕우신지, 소자회지

공자께서 말씀하셨다. “노인들에게는 그들을 편안하게 하여 주고, 친구들에게는 그들에게 신의를 지켜 주고, 연소자들에게는 그들을 사랑으로 감싸 주고 싶다.” Confucius said, "My wishes are, in regard to the old people, to give them comfort; in regard to friends, to give them confidence; in regard to the young people, to protect them with affection." / Confucius said, "I wish to comfort the old people, to be faithful to friends, and to cherish the young people with affection."

老者安之 노자안지: 노인들에게는 그들을 편안하게 하여 준다. 之는 老子를 가리킨다. make the old people comfortable. give comfort to the old people.

安 편안할[안]: 편안하다. 여기서는 “편안하게 하여 주다”라는 사역동사 역할을 한다. make someone comfortable.

之 지: 그들. 老者를 가리킨다. them.

朋友信之 붕우신지: 친구들에게는 그들에게 신의를 지켜 준다. 친구들에게는 그들에게 미더움을 준다. give confidence to the friends. be truthful to the friends.

信 신: 신의를 지키다. be faithful to one's friends. be truthful to one's friends. keep faith with a friend.

少者懷之 소자회지: 연소자들에게는 그들을 사랑으로 감싸 준다. cherish them with affection to the young people.

懷 품을(회): 품다. 품에 넣어 감싸다. cherish. protect them with affection.

【해설】

노인문제, 친구관계, 청소년문제에 관한 공자의 생각이다. 노인들에게는 편안하게 하여 주고, 친구들에게는 신의를 지켜 주고, 연소자들에게는 사랑으로 감싸 준다. 이렇게 하면 세대(世代) 간의 갈등도 없어지고 친구 간의 우의도 돈독하여질 것이다.

【외국학자 영문해석】

1 Yen Yuan and Chi Lu being by his side, the Master said to them, "Come, let each of you tell his wishes."

Tsze-lu said, "I should like, having chariots and horses, and light fur clothes, to share them with my friends, and though they should spoil them, I would not be displeased."

Yen Yuan said, "I should like not to boast of my excellence, nor to make a display of my meritorious deeds."

Tsze-lu then said, "I should like, sir, to hear your wishes."

The Master said, "They are, in regard to the aged, to give them rest; in regard to friends, to show them sincerity; in regard to the young, to treat them tenderly."

(Confucius Analects, The Great Learning and The Doctrine of The Mean, translated by James Legge, Manufactured in Dover Publication, Inc. U.S.A.)

2 Yen Yu an and Tzu Lu were by the Master's side. He said to them: "Why don't each of you tell me of your aspirations?"

Tzu Lu said, "I would like to have wagons, horses and light fur coats to give to my friends, and if they damaged them, not to get angry."

Yen Yu an said, "I would like not to be proud of my good points and not to show off my works."

Tzu Lu said, "What are your wishes, Teacher?"

Confucius said, "I would like to give comfort to the aged, trust to my friends and nurturance to the young."

(The Analects of Confucius: translated by Charles Muller) (http://www.human.toyogakuen-u.ac.jp/~acmuller/contao/analects.htm)

제5편 공야장(公冶長) | **제27장**

子曰; 已矣乎! 吾未見能見其過而內自訟者也.

자왈; 이의호! 오미견능견기과이내자송자야.

해석 | 공자께서 말씀하셨다. “끝났구나! 나는 아직 자기의 과오를 발견하고 속으로 자기 자신을 꾸짖을 줄 아는 사람을 보지 못하였다.”

【주석】

01 已矣乎 이의호

다 되었구나! 끝났구나! 실망감을 나타낼 때 또는 깊은 탄식의 염(念)을 나타낼 때 쓰는 표현의 말이다. 2002년 6월에 있었던 World Cup 4강전 독일과의 경기에서 후반전 끝날 무렵에 goal 하나를 내주는 광경이 목격되었다. 그때 우리 응원단의 얼굴과 눈빛에서 순간적인 실망감의 표현을 보았다. 아아 이제 졌구나! 이제 다 되었구나! 이제 끝났구나! 이런 표정에 해당하는 말을 2500년 전에 공자께서는 “已矣乎”로 표현하였다. 그러나 우리 선수들 정말 잘 싸웠다〔「위령공」 15-12〕. It's all over! It is finished! It's hopeless!

已 그칠〔이〕: 끝나다. 그만두다. be finished. be ended.

矣 의: …이다(be). 어떤 동작이 완료되었음을 나타낸다. 已矣만으로도 “끝났다”는

의미가 된다. used to indicate the feeling of finish. equivalent to a period. used at the end of a sentence like 了(료). (The Commercial Press. 2001. Beijing, New Age Chinese-English Dictionary: p.1836)

乎 호: 감탄의 어기를 표시한다. used to indicate the feeling of exclamation. used like an exclamation mark.

02 吾未見能見其過而內自訟者也 오미견능견기과이내자송자야

나는 아직 자기의 과오를 발견하고 속으로 자기 자신을 꾸짖을 줄 아는 사람을 보지 못하였다.
I have not yet seen anyone who can see his own faults and can reprove himself inwardly.

吾未見 오미견: 나는 아직 …을 보지 못하였다. I have not yet seen.

能見其過而內自訟者 능견기과이내자송자: 자기의 과오를 발견하고 속으로 자기 자신을 꾸짖을 줄 아는 사람. the person who can see his own faults and can reprove himself inwardly.

能見其過 능견기과: 자기의 과오를 볼 줄 안다. 자기의 과오를 볼 수 있다. "할 수 있다"는 말과 "할 줄 안다"는 말은 거의 같은 의미로 쓰인다. 여기서 能은 "見其過"와 뒤에 나오는 "內自訟" 양쪽을 모두 받는 조동사이다. can see his own faults. can see his own errors.

而 이: …하고, 그리고. and

內自訟 내자송: 속으로 자기 자신을 꾸짖을 줄 안다. 能內自訟으로 풀이한다. accuse himself inwardly. inwardly reprove himself. criticize his own faults inwardly.

內 안(내): 안. 속. 여기서는 "속으로"라는 뜻의 부사로 사용되었다. inwardly.

自 스스로(자): 자기 자신. oneself.

訟 자책할(송): 꾸짖다. 자책하다. accuse. reprove. criticize.

者 자: 사람. 여기서 者는 "能見其過"와 "能內自訟" 양쪽을 모두 받는 명사로서

목적어 역할을 한다.

the man who …. someone who …. one who …. people who ….

【해설】

새로운 각오를 일깨우는 가르침이다. 주희는 『논어집주』에서 "사람이 허물이 있을 때 스스로 아는 자가 드물고, 과오를 발견하고 속으로 스스로 자기 자신을 꾸짖는 사람은 더욱 드물다. 속으로 스스로 꾸짖으면 뉘우침이 간절하여 반드시 고칠 것이다. 공자가 마침내 얻어 보지 못할까 두려워서 탄식하였으니, 배우는 자에게 경계함이 깊다고 하겠다"라고 말하였다(人有過而能自知者, 鮮矣. 知過而能內自訟者, 爲尤鮮. 能內自訟, 則其悔悟深切而能改必矣. 夫子, 自恐終不得見而歎之, 其警學者深矣). 인간이므로 우리는 과오를 범할 수 있다. 그러나 잘못을 저지르더라도 이를 반성하고 그 잘못을 고치면 두 번 씩 같은 잘못을 저지르지는 않는다. 바른 길로 나아갈 수 있다. 공자의 제자 중 안회는 같은 잘못을 두 번 저지르지 않았다(「옹야」 6-2).

【외국학자 영문해석】

1 The Master said: "It's hopeless! I never see people who can recognize their own faults and then inwardly accuse themselves."

(The Analects. Confucius Translated by David Hinton, Counterpoint Washington. D.C.)

2 The Master said: "It is finished! I have met no one who can see his own faults, and arraign himself within."

(Harvard Classics, Vol. 44, Part 1: The Sayings of Confucius). (http://www.bartleby.com/44/1/)

제28장

子曰; 十室之邑, 必有忠信如丘者焉, 不如丘之好學也.

자왈; 십실지읍, 필유충신여구자언, 불여구지호학야.

해석 | 공자께서 말씀하셨다. "열 집이 있는 마을에도 그 곳에는 틀림없이 충실하고 신의가 있는 나와 같은 사람이 있을 것이다. 그러나 내가 학문을 좋아하는 것만은 못할 것이다." (나처럼 충실하고 신의가 있는 사람이 있다 하더라도 호학의 측면에서는 그들이 나만 못할 것이라는 견해임)

【주석】

01 **十室之邑, 必有忠信如丘者焉** 십실지읍, 필유충신여구자언

열 집이 있는 마을에도 그 곳에는 틀림없이 충실하고 신의가 있는 나와 같은 사람이 있을 것이다.
Even a small town of ten houses, there will certainly be in it someone as sincere and faithful as I am.

十室之邑 십실지읍: 열 집이 있는 마을. 열 가구 정도가 사는 작은 마을. small town of ten houses. a hamlet of ten houses.

室 집[실]: 집. 방. house.

之 지: …의. …하는. 소유격 내지 수식어적 용법으로 영어의 of 와 같다. a hamlet of ten houses.

邑 고을[읍]: 마을. 고을. hamlet. small town.

必有 필유: 반드시 있을 것이다. 틀림없이 있을 것이다. there will certainly be. there will surely exist.

忠信如丘者 충신여구자: 구(丘)와 같이 충실하고 신의가 있는 사람. the man who is sincere and faithful like Qiu.

丘 구: 공자의 이름. 본인 자신을 말할 때 씀. Qiu. I (Confucius).

焉 언: 그 곳에. 거기에. 於之 또는 於是와 같다. 十室之邑을 가리킨다. in it. in that place. there.

(예) 三人行, 必有我師焉(삼인행, 필유아사언): 세 사람이 길을 가게 되면, 거기에 (그 안에) 반드시 나의 스승이 있다[「술이」 7-21]. When three men walk the street together, there are always my teacher among them.

02 不如丘之好學也 불여구지호학야

구(丘)의 호학(好學)만은 못할 것이다. 구(丘)의 호학(好學)과 같지는 않을 것이다. 구(丘)처럼 배우기를 좋아하는 사람은 없을 것이다. There will not be anyone so fond of learning as I am. There will not be the person who loves studying more than Qiu does.

不如 불여: 못하다. 같지 않다. 好學이라는 측면에서 "十室之邑의 忠信者"와 공자 자신을 비교한 것이다. 好學이라는 측면에서 보면 그들이 나만 못하다는 뜻이다. not like. be not as good as. inferior to.

丘之好學 구지호학: 구(丘)의 호학(好學). 나(丘) 같이 배우기 좋아하는 것. Qiu's loving of learning. Qiu's fondness for learning. that Confucius loves learning.

好學 호학: 배우기를 좋아하는 것. 好學은 눈을 감을 때까지 멈출 수 없는 호흡작용(呼吸作用)이며, 자기발전의 원동력이고, 인(仁)을 실천하는 주춧돌이다. loving learning.

【해설】

학문은 도(道)를 바로 세우고 예(禮)를 실천하는 기초가 된다. 과거 군대(軍隊) 내에 "하나회"라는 조직이 있었다. 이 조직의 회원 중에는 충성심도 있고 신의도 있는 군인도 많이 있었을 것이다.

그러나 이 조직은 자기들만의 이익과 친목을 다지기 위한 사조직(私組織)이었으므로 조직 밖의 사람들에게는 무관심 내지는 배타적이어서 나라 전체에서 훌륭한 군인정신을 가진 인물을 발탁할 기회를 감소시키고 군의 사기를 떨어뜨리는 결과를 가져왔다. "하나회" 회원이 아니면 승진이나 주요 보직을 경험할 기회를 얻기가 어려웠기 때문이다. 이와 같이 충성심도 있고 신의도 있는 사람이라 하더라도 어떤 작은 틀 안에 갇혀 자기들의 이익추구에만 집착하면 자기개발의 기회도 상실하고 나라발전에도 전혀 도움이 되지 아니한다. 깡패조직의 충성심이나 의리와 무엇이 다르겠는가? 별로 다를 것이 없다. 호학(好學)은 이러한 소박한 충성심과 신의를 뛰어넘는 또 하나의 도약인 것이다. 호학을 하게 되면 이러한 조직의 회원이 되어 어떤 특혜를 받고자 하는 것이 군의 사기를 떨어뜨리고 국가가 필요로 하는 훌륭한 인재를 선발하는 데 장애요인이 될 뿐이라는 사실을 깨닫게 된다. 호학으로 끊임없이 자기개발에 힘쓰고, 도를 바르게 세워 예를 실천하여야 한다.

열 가구 정도의 조그마한 마을에도 충실하고 신의가 있는 사람은 있다. 마음이 선량하고 정의로운 성품을 타고나면 충(忠)과 신(信)을 실천할 수 있다. 그러나 정도(正道)와 예에 대한 신념이 없으면 무도(無道)한 군주 밑에서 녹(錄)이나 받아먹는 타락(墮落)한 선비로 전락하기 쉽다. 난세(亂世)에 나라를 구하려면 예를 배우고 하늘의 이치를 깨달아야 한다. 군자는 포악무도한 난세를 개혁하고 인정(仁政)을 베풀어야 한다. 그래서 호학은 언제나 필요한 것이다. 학문을 통하여 자기 자신을 갈고 닦지 않으면 인의 경지에 들어갈 수 없다. 제자들에게 더욱 더 학문에 정진(精進)하라는 말로 이해하여야 할 것이다.

【 외국학자 영문해석 】

1 The Master said, In an hamlet of ten houses you may be sure of finding someone quite as loyal and true to his word as I. but I doubt if you would find anyone with such a love of learning.

(The analects of Confucius Translated and Annotated by Arthur Waley: A Division of Random House, INC. New York.)

2 Confucius said: "In the town with some ten families, there must be someone who is as honest as the Qiu, but there is not someone who favors studying more than the Qiu does."

(The Analects of Confucius(unabridged), translated by Jack J. Cai & Emma Yu, Americd-rom publishing company. U.S.A.)

제6편

雍也

【옹야】

제6편 옹야(雍也) | 제1장

子曰; 雍也, 可使南面. 仲弓問子桑伯子, 子曰; 可也, 簡. 仲弓曰; 居敬而行簡, 以臨其民, 不亦可乎? 居簡而行簡, 無乃大簡乎? 子曰; 雍之言然.

자왈; 옹야, 가사남면. 중궁문자상백자, 자왈; 가야, 간. 중궁왈; 거경이행간, 이림기민, 불역가호? 거간이행간, 무내태간호.? 자왈; 옹지언연.

해석 | 공자께서 말씀하셨다. "옹은 임금노릇을 할 만하다."
중궁이 자상백자는 어떠냐고 물었다. 공자께서 말씀하셨다. "괜찮다. 대범하다."
중궁이 말하였다. "평상시에는 예의바르고 엄격하며, 일을 할 때에는 대범한 것, 그런 자세로 그의 백성들을 다스린다면 이 또한 좋지 않겠습니까?" "그러나 평상시에도 대범하고 일을 할 때에도 대범하다면, 이는 너무 대범한 것이 아니겠습니까?"
공자께서 말씀하셨다. "옹의 말이 옳다."

【주석】

01 子曰; 雍也, 可使南面 자왈; 옹야, 가사남면

공자께서 말씀하셨다. "옹은 남쪽으로 향하여 앉게 할 수 있겠다." "옹은 임금노릇을 하게 할 수 있다." The Master said, "Yong is qualified to get the seat facing south. Yong is fit to occupy a ruler's seat.

雍 옹: 공자의 제자. 성은 염(冉), 자는 중궁(仲弓)이며 옹(雍)은 이름이다. 노나라 사람으로 공자보다 29세 연하이다. Ran Yong. one of the four disciples who excelled in moral conduct at the school of Confucius.

也 야: 음절을 조절하고 어기를 고르는 어조사. 쉼표역할을 한다. 우리말 표현으로는

"은", "는", "이", "가"를 붙여 해석하면 자연스럽다. used to indicate a pause in a sentence. equivalent to a comma.

可使南面 가사남면: 남쪽으로 향하여 앉게 할 수 있다. 임금이 될 만하다. 나라를 다스리게 할 수 있다. 임금자리를 주어도 이를 해낼 수 있을 만큼 훌륭한 인품과 자질을 갖추었음을 의미한다. can have him occupy the seat of a ruler facing south. can let him take a seat facing south.

可使 가사: 하게 할 수 있다. 시킬 수 있다. 하게 할 만하다. can let someone do.

南面 남면: 임금자리. 임금이 나라를 다스리는 위치(南面者, 人君聽治之位). 임금이 북쪽에 앉아 남쪽을 향하여 바라보면서 정사를 돌보는 것을 말하므로 비유적으로 "임금" 또는 "임금역할"이란 뜻으로 해석할 수 있다. facing south. being a ruler. In ancient China, the sovereign sits facing the South where the sky light came in. Even to this day, many Chinese houses have also their doors open to the south.

02 仲弓問子桑伯子, 子曰; 可也, 簡 중궁문자상백자, 자왈; 가야, 간

중궁이 자상백자는 어떠냐고 물었다. 공자께서 말씀하셨다. "괜찮다. 대범하다." Zhong-gong asked concerning Zi-sang Bo-zi. The Master said, "He will do. He does not mind small matters."

仲弓 중궁: 염옹(冉雍)의 자(字). Zhong-gong. alias of above mentioned Ran Yong.

子桑伯子 자상백자: 노나라 사람으로 보이나 그 신원은 알려져 있지 않다. a native of Lu. Zi-sang Bo-zi. He is not exactly known about his identity.

可 가: 괜찮다. 可하다. 可하다는 것은 "겨우 괜찮을 뿐이지 아직 충분하지는 못하다"라는 뜻이다. 주희는 『논어집주』「학이편」(1-15)에서 "대체로 可하다고 한 것은 겨우 괜찮을 뿐 충분하지 못한 것이 있다는 말이다"라고 설명한다(凡曰可者, 僅可而有所未盡之辭也). 이 절에서도 위와 마찬가지로 "可하다는 것은 겨우 괜찮은 것으로 미진함이 남아 있는 말이다"라고 설명한다(可者, 僅可而有所未盡之辭). He will do. He is acceptable.

簡 대범할(간): 대범하다. 까다롭거나 잘지 않다. 주희는 "번거롭지 아니함을 말한다"고 설명한다(簡者, 不煩之謂). 이와 대조적으로 "치밀하지 못하다"라는 부정적인 뜻도 내포하고 있다(「공야장」 5-22). do not mind small matters. conduct one's duties with simplicity in ruling the people. be not strict with oneself. not elaborate.

03 仲弓曰; 居敬而行簡, 以臨其民, 不亦可乎

중궁왈; 거경이행간, 이림기민, 불역가호

중궁이 말하였다. "평상시에는 예절 바르고 엄격하며, 일을 행함에는 대범한 것, 그런 자세로 백성들을 다스린다면 이 또한 좋지 않겠습니까?" To act courteously and prudently at ordinary times but to treat the people generously in public affairs, if he governs the people by such a way, it is acceptable, isn't it? / To be strict with himself usually but to be generous to the people publicly is good, isn't it?

居敬而行簡 거경이행간: 평상시에는 예의바르고 신중하며, 일을 함에는 대범한 것. 임금이 백성을 통치할 때에는 까다롭고 잘게 행동하여서는 안 되며, 대범하게 행동하여야 한다. 그러나 평소의 자신의 몸가짐은 예절바르고 엄격하여야 한다는 뜻이다. to be strict with oneself usually but to be generous to the people publicly. / to act courteously and prudently at ordinary times but to deal with the people with generosity in public affairs.

居 있을(거): 평상시. 평일에. 보통 때(연세대 사서사전편찬실, 『四書集解辭典』 p.64; 두산동아, 『새漢韓辭典』 제2판 p.591). usually. at normal times. at ordinary times.

敬 공경할(경): 경건(敬虔)하다. 예의(禮儀)바르고 신중하다. 경건한 자세로 처신하다. "예의바르고 자기 자신에 대하여는 엄격함"을 뜻한다. be courteous and prudent. be polite and careful. be courteous and strict with oneself.

行 행할(행): 일을 함. do. act. conduct oneself. perform. carry out.

以臨其民 이림기민: 그렇게 함으로써 백성들을 다스리다. 以자 다음에 "居敬而行簡"

에 해당하는 지시대명사 "之" 또는 "是"자가 생략되었다. with that means governs his people. governs his people by such a way.

臨 임할[임]: 임하다. 낮은 데로 나아가다. 다스리다. deal with. treat. govern. preside over. go to a low place.

不亦可乎 불역가호: 이 또한 좋지 않겠습니까? 이 역시 좋지 않겠습니까? Isn't it also right? Isn't it also commendable? Is it not acceptable, too?

04 居簡而行簡, 無乃大簡乎 거간이행간, 무내태간호

평상시에도 대범하고 일을 할 때에도 대범하다면, 이렇게 하면 너무 대범한 것이 아니겠습니까? (백성을 다스릴 때에는 까다롭지 않게 관용을 베풀어야 하지만 적어도 자기자신에게는 엄격하고 평소의 생활태도는 예의범절이 몸에 배어 있어야 한다는 뜻임). If a ruler conducts himself with tolerance at ordinary times and deal with the public affairs also with tolerance, is it not excessively tolerant? / To be easygoing with oneself at ordinary times and easygoing with ruling the people, would it be too much laxity?

無乃…乎 무내…호: 바로 …이 아닌가? 반문형식의 의문문이다(無는 不와 같다). isn't it? Is it not?

乃 이에[내]: 이에. 곧. 바꾸어 말하면. 앞의 말을 이어받아 말을 연결시킬 때 사용된다. at once. in other words. namely.

大 클[태]: 너무. 지나치게. 太(태)와 통한다. excessively. overly.

05 子曰; 雍之言然 자왈; 옹지언연

공자께서 말씀하셨다. 옹의 말이 옳다. The Master said, "Yong's words are right."

然 그러할[연]: 그러하다. 그렇다. 맞다. 옳다. so. right. correct.

【해설】

평소에 자신에게 엄격하고 매사를 정중한 마음자세로 처리하고, 언행에 신중하게 처신한다면 정사(政事)를 처리함에 대범하게 하여도 별로 문제될 것이 없다. 군주가 백성들을 통치하면서 너무 꼼꼼하게 따지고 좀스럽게 행동하면 오히려 위엄이 떨어진다. 그러나 평소 자신의 처신도 신중하지 못하면서 정사(政事)를 대범하게 처리한다면 오류(誤謬)가 발생할 우려가 크다. 군주는 백성을 다스릴 때는 까다롭지 않고 너그러워야 하지만, 자신에게까지 너그러워서는 안 된다.

【외국학자 영문해석】

1 The Master said: "Yong[Zhong-gong] is qualified to be seated facing south."
Zhong-gong[Yong] asked the Master about Sang Bo-zi.
The Master said: "He is acceptable--he is tolerant."
Zhong-gong said: "When one conducts one's personal life with restraint but conducts public life with tolerance, is that acceptable?"
"When one conducts one's personal life with tolerance and conducts public life also with tolerance, is that too tolerant?"
The Master said: "Yong's words are cogent."
(The Analects of Confucius, A New-Millennium Translation(1999), Translated and Annotated By David H. Li, Published by Premier Publishing Co. U.S.A.)

2 The Master said, "There is Yung! -- He might occupy the place of a prince."
Chung-kung asked about Tsze-sang Po-tsze. The Master said, " He may pass. He does not mind small matters."
Chung-kung said, "If a man cherish in himself a reverential feeling of the necessity of attention to business, though he may be easy in small matters in his government of the people, that may be allowed. But if he cherish in himself that easy feeling, and also carry it out in his practice, is not such an easymode of procedure excessive?"
The Master said, "Yung's words are right."
(Confucius Analects, The Great Learning and The Doctrine of The Mean, translated by James Legge, Manufactured in Dover Publication, Inc. U.S.A.)

제2장

哀公問; 弟子孰爲好學? 孔子對曰; 有顏回者好學, 不遷怒, 不貳過, 不幸短命死矣. 今也則亡, 未聞好學者也.

애공문; 제자숙위호학? 공자대왈; 유안회자호학, 불천노, 불이과, 불행단명사의. 금야즉무, 미문호학자야.

해석 | 애공이 물었다. "제자 중에서 누가 배우기를 좋아합니까?"
공자께서 말씀하셨다. "안회라는 사람이 있는데 배우기를 좋아하였습니다. 그는 분노를 남에게 옮기지 않았고, 같은 잘못을 두 번 저지르지 않았습니다. 그런데 불행히도 단명하여 죽었습니다. 지금은 없습니다. 배우기를 좋아하는 사람이 있다는 말을 듣지 못하였습니다."

【주석】

01 哀公問; 弟子孰爲好學 애공문; 제자숙위호학

애공이 물었다. "제자 중에서 누가 배우기를 좋아합니까?" "제자 중에서 누가 배우기를 좋아하는 사람입니까?". The Duke Ai asked which of the disciples loved learning? Duke Ai asked which one is the person who loves learning among disciples?

哀公 애공: 노(魯)나라 임금 (B.C. 494~468). 성은 희(姬)이며 애공은 시호(諡號)임. 정공(定公)의 아들로 춘추(春秋) 말엽에 노(魯)나라를 27년 동안 다스렸다. Duke Ai. the prince of Lu. governed the state of Lu for 27 years in the last days of The Spring and Autumn Annals.

孰 누구(숙): 누구. who. which.

爲 위: …이다. be.

好學 호학: 배우기를 좋아하는 것. 학문을 좋아하는 사람. 호학은 도(道)를 바로 세우고 예(禮)를 실천하기 위한 기초가 된다. 호학은 옛 성현(聖賢)들의 도(道)와 행동양식(行動樣式)을 배우고 이를 본받아 실천하는 것이다. 공자는 호학을 여러 곳에서 단편적으로 이야기하였다. 어떤 상황에서 이야기하였든 공부는 생각나면 하고 또 하기 싫으면 그만두어도 되는 그런 대상이 아니다. 과거의 것은 물론이려니와 매일 새로운 것을 배우고 또 이미 배운 것을 몸에 익혀 진리의 길을 찾아야 한다. 그래야 인(仁)을 실천할 수 있는 성인(聖人)의 단계에 오르게 된다〔「공야장」 5-28〕. being fond of learning. loving learning. the person who likes learning.

02 有顔回者好學, 不遷怒, 不貳過, 不幸短命死矣

유안회자호학, 불천노, 불이과, 불행단명사의

안회(顔回)라는 사람이 있는데 배우기를 좋아하였습니다. 그는 분노를 남에게 옮기지 않았고, 같은 잘못을 두 번 저지르지 않았습니다. 그런데 불행히도 단명하여 죽었습니다. There was one Yan Hui, who was fond of learning. He never vented his anger upon others. He did not make a mistake twice. Unfortunately, his time decreed by Heaven was too short, therefore he died.

有 유: …이 있다. there is.

顔回 안회: 공자가 가장 총애하였던 제자. 노나라 사람으로 성은 안(顔), 이름은 회(回), 자는 자연(子淵), 안연(顔淵)이라고도 한다. 41세의 젊은 나이에 죽어 공자를 비통케 하였다〔「위정」 2-9〕. Yan Hui. a prominent disciple of Confucius.

者 자: …라는 사람. …라는 것. 顔回者는 "안회라는 사람"의 뜻으로 영어로는 one Yan Hui 또는 a certain Yan Hui로 번역된다. one. a certain. a person called as … .

好學 호학: 배우기를 좋아하다. be fond of learning. love learning.

不遷怒 불천노: 분노를 (남에게) 옮기지 않는다. 분노를 남에게 풀지 않는다. do

not vent his anger upon others. never vent his wrath upon the innocent. did not transfer his anger to others.

遷 옮길(천): 옮기다(移). vent. transfer.

不貳過 불이과: 잘못을 두 번 저지르지 않는다. 잘못을 두 번 하지 않는다. do not make a mistake twice. do not repeat a fault. never commit the same fault twice.

貳 두(이): 둘. 두 번. 주희는 다시 되풀이하는 것으로 해석한다(貳, 復也). twice.

過 잘못할(과): 잘못을 저지르다. make a mistake. commit a fault.

不幸短命死矣 불행단명사의: 불행하게도 단명하여 죽었다. 불행하게도 명이 짧아서 죽었다. Unfortunately, his time decreed by Heaven was too short, therefore he died. Unfortunately, his span of life allotted by Heaven was short, therefore he died.

幸 다행(행): 다행. 행복. fortunate. lucky. happy.

短 짧을(단): 짧다. short.

命 명: 목숨. 수명(壽命). life. the span of life. lifetime decreed by Heaven. his appointed time (James Legge). his allotted span of life (Simon Leys). the span of life allotted to him by Heaven (Arthur Waley)

矣 의: …이다. 문장 끝에 쓰여 결정. 완료의 뜻을 나타낸다. used at the end of a sentence like 了(le). (Beijing Foreign Language University, A Chinese-English Dictionary, 1997 Revised Edition: p.1484)

03 今也則亡, 未聞好學者也. 금야즉무, 미문호학자야

지금은 없다. 배우기를 좋아하는 사람이 있다는 말을 듣지 못하였다. Now there is not such a person. I have not yet heard of any one who was fond of learning as he did.

今也則亡 금야즉무: 지금은 없다. 지금으로 말하면 (그런 사람은) 없다. Now there

is not such a man. As far as this time is concerned, there is not such a man. Now there is no man like Yan Hui.

也 야: 음절을 조절하고 어기를 고르는 어조사. 쉼표역할을 한다. used to indicate a pause in a sentence. equivalent to a comma.

則 즉: …은. …는. …로 말하자면. 과거와 지금을 대비하고 있다. as for. as regards. so to speak.

亡 없을[무]: 없다. 無와 같다. do not have. nothing.

未聞好學者也 미문호학자야: 배우기를 좋아하는 사람이 있다는 말을 듣지 못하였다. I have not yet heard of anyone who loves learning.

好學者 호학자: 배우기를 좋아하는 사람. 배움의 대상은 예(禮)이다. 예에는 예의범절(禮儀凡節)뿐만 아니라 육예(六藝)와 정치질서, 법률규정 등이 모두 포함된 개념이다. the person who is fond of learning.

也 야: …이다(be). 문장의 끝에 쓰여 판단 또는 진술의 어기를 나타낸다. used at the end of a sentence, indicating an explanation or a judgement.

【해설】

안회는 배우는 것만 좋아한 사람이 아니라 인간적인 수양도 잘 닦은 사람이다. 공자가 노나라를 떠나 14년 동안 유랑생활을 할 때, 공자를 따라다니며 밥도 짓고 나무도 하고 설거지도 하고 공부도 같이 한 제자이며 학문적 동지였다. 노여움을 옮기지 않고 같은 잘못을 두 번 다시 저지르지 않는 지혜를 쌓았다. 가치가 있는 삶이 어떤 것인가를 찾아내기 위하여 그는 항상 학문에 정진하였다. 이런 사람이 41세에 죽다니 애석한 일이다. 3,000여 명이나 되는 공자의 제자 중에서 공자가 가장 애착을 갖던 제자였다고 한다.

【외국학자 영문해석】

1 When Duke Ai asked which of his disciples was eager to learn, Confucius answered,

"There was one Yen Hui who was eager to learn. He did not vent his anger upon an innocent person, nor did he make the same mistake twice. Unfortunately his allotted span was a short one and he died. Now there is no one. No one eager to learn has come to my notice."

(The Analects: translated by D.C. Lau, Penguin Books Ltd, London. England.)

2 Duke Ai[of Lu, reign 494-466 BCE) asked: "Among your students, who is the keenest on learning?"

Master Kong answered: "Thers was Yan Hui (Zi-yuan], who was keen on learning, who never shifted blame onto others, and who never committed the same fault twice. Unfortunately, he died young.

Right now, there is no one as keen."

(The Analects of Confucius, A New-Millennium Translation(1999), Translated and Annotated By David H. Li, Published by Premier Publishing Co. U.S.A.)

제6편 옹야(雍也) | 제3장

子華使於齊, 冉子爲其母請粟. 子曰; 與之釜, 請益, 曰; 與之庾. 冉子與之粟五秉. 子曰; 赤之適齊也, 乘肥馬, 衣輕裘. 吾聞之也, 君子周急, 不繼富. 原思爲之宰, 與之粟九百, 辭. 子曰; 毋, 以與爾鄰里鄉黨乎!

자화사어제, 염자위기모청속. 자왈; 여지부, 청익, 왈; 여지유. 염자여지속오병. 자왈; 적지적제야, 승비마, 의경구. 오문지야, 군자주급, 불계부. 원사위지재, 여지속구백, 사. 자왈; 무, 이여이린리향당호!

해석 | 자화가 제나라에 심부름을 갔을 때 염자가 자화의 모친을 위하여 곡식을 요청하였다. 공자께서 말씀하시기를 "그 여자에게 곡식 한 가마니(6말 4되)를 주어라"라고 하셨다. 더 보태줄 것을 요청하자 공자께서 말씀하시기를 "그 여자에게 곡식 16말〔1庾〕을 주어라"라고 하셨다. 염자가 그 여자에게 곡식 5병(800말)을 주었다.
공자께서 말씀하셨다. "자화(赤)가 제나라에 갈 때에는 살찐 말을 타고 가벼운 모피 옷을 입었었다. 내가 들은 바로는, 군자는 궁핍한 사람을 구제하는 것이지 부유한 사람을 보태주지는 않는다고 하였다."
원사가 그 집 가신의 우두머리가 되었으므로 그에게 곡식 900말을 주었는데 (너무 많다고) 사양하였다.
공자께서 말씀하셨다. "그러지 말아라! 이것을 너의 이웃과 고향사람들에게 나누어 주어라!"

【주석】

01 子華使於齊, 冉子爲其母請粟 자화사어제, 염자위기모청속

자화가 제나라에 심부름을 갔을 때 염자가 자화의 모친을 위하여 곡식을 요청하였다. When Zi-hua was sent as an envoy to Qi, Ran You asked for grain for his mother.

子華 자화: 공자의 제자, 성은 공서(公西), 이름은 적(赤), 자는 자화(子華)이다. Zi-hua. alias of Gong-xi Chi. a disciple of Confucius.

使 사신(사): 심부름시키다. 사신으로 가다. 공자를 위하여 심부름 간 것을 뜻한다(使, 爲孔子使也). be sent as an envoy. be sent on a mission. go on an errands.

冉子 염자: 공자의 제자. 성이 염(冉), 이름은 구(求), 자는 자유(子有)이나 염유(冉有)라고도 부른다. 노나라 사람으로 계씨(季氏)의 가신(家臣)이었는데 공자보다 29세 아래라고 한다〔「팔일」 3-6〕. Ran You. one of the disciples of Confucius, then serving as Ji Kang-ji's chief house officer.

爲 위: 위하여. 하기 위해서. 동작이나 행위가 발생하는 목적을 나타낸다(연세대 허사사전편찬실, 『허사대사전』 p.537)〔「계씨」 16-1〕. for (his mother). in order to. for the sake of.

〔예〕 士爲知己者死, 女爲悅己者容(사위지기자사, 여위열기자용): 선비는 자기를 알아주는 사람을 위하여 죽고, 여자는 자기를 좋아하는 사람을 위하여 치장한다〔『戰國策』. 「趙策一」〕.

其 기: 그의. 子華를 가리킨다. his. Zi-hua's.

請粟 청속: 곡식을 요청하였다. asked for grain.

粟 벼〔속〕: 곡식. grain.

02 子曰; 與之釜, 請益, 曰; 與之庾 자왈; 여지부, 청익, 왈; 여지유

공자께서 말씀하셨다. "그 여자에게 곡식 한 가마니(6말 4되)를 주어라"라고 하셨다. 더 보태줄 것을 요청하자 공자께서 말씀하시기를 "그 여자에게 곡식 16말(1庾)을 주어라"라고 하셨다. The Master said, "Give her a fu (32 liters)." He asked for more. The Master said, "Give her a yu (80 liters) then."

與 줄〔여〕: 주다. give.

之 지: 그 여자에게(간접목적어). 자화의 어머니를 가리킨다. her.

釜 가마〔부〕: 곡식 한 가마니(직접목적어). 釜는 용량을 세는 계산단위(1 釜는 6말 4되). a fu (approximately 32 liters).

請益 청익: 더 주자고 요청하다. ask for more. request more.

益 더할〔익〕: 더하다. 보태다. give more. give more additionally.

庾 열여섯 말〔유〕: 용량의 계산단위. 1庾는 16말이라고 함. approximately 80 liters.

03 冉子與之粟五秉 염자여지속오병

염자가 그 여자에게 곡식 5병(800말)을 주었다. Ran You gave her five bings (4.000 liters. 125 times more).

秉 열여섯 섬[병]: 곡식 16섬. 秉은 용량의 계산단위로 1秉은 16섬임. One bing is approximately 800 liters, therefore five bings mean 4.000 liters. This is 125 times more the quantity than Confucius wanted to give his mother initially.

04 子曰; 赤之適齊也, 乘肥馬, 衣輕裘.

자왈; 적지적제야, 승비마, 의경구.

공자께서 말씀하셨다. 자화(赤)가 제나라에 갈 때에는 살찐 말을 타고 가벼운 모피 옷을 입었었다. The Master said, when Chi left for Qi, he rode a fat horse and wore light fur robe.

赤 적: 공자의 제자. 노나라 사람으로 성은 공서(公西), 이름은 적(赤), 자는 자화(子華)이다. 공자보다 42세 연하였다[「공야장」 5-8]. Chi. the name of Gong-xi Chi. a disciple of Confucius.

赤之適齊也 적지적제야: 자화(赤)가 제나라에 갈 때에는. when Chi left for Qi.

之 지: 주어와 술어 사이에 끼어 그 문장을 절(節)로 만드는 역할을 한다. 여기서는 시간에 관한 부사절을 만들었다(…이 …할 때에는). "之~也"의 구문형식으로 많이 쓰인다. when.

(예) 子之居楚, 何官(자지거초,하관): 당신이 초나라에 있을 때에 무슨 벼슬을 하셨습니까? [史記. 陳平世家] When you lived in Chu state, what official position did you have?

適 갈[적]: 가다. go. leave. depart.

也 야: 음절을 조절하고 어기를 고르는 어조사. 쉼표역할을 한다. 우리말로는 "…는" 정도로 풀이한다. used to indicate a pause in a sentence. equivalent to a comma.

乘肥馬 승비마: 살찐 말을 탔다. rode a fat horse.

肥 살찔[비]: 살찌다. fat.

馬 말[마]: 말. horse.

衣輕裘 의경구: 가벼운 모피 옷을 입었다. 살찐 말을 타고 가벼운 모피 옷을 입었다는 것은 생활이 부유하였음을 뜻한다. wore light fur robe.

衣 옷(의): 입다. wear. put on.

輕 가벼울(경): 가벼운. light.

裘 가죽옷(구): 가죽옷. 모피로 만든 값이 비싼 옷. furs. fur robe.

05 吾聞之也, 君子周急, 不繼富. 오문지야, 군자주급, 불계부.

(내가 그것을 들었는데) 내가 들은 바로는, 군자는 궁핍한 사람을 구제하는 것이지 부유한 사람을 보태주지는 않는다고 하였다. I have heard that a superior man helps the persons who are in strained circumstances; he does not add to the rich.

吾聞之 오문지: 내가 그것을 들었다. I have heard it.

之 지: 그것. 뒤에 나오는 "君子周急, 不繼富"을 가리킨다.

也 야: 음절을 조절하고 어기를 고르는 어조사. 쉼표역할을 한다. used to indicate a pause in a sentence. equivalent to a comma.

周 두루(주): 구제하다. 베풀어 주다. 부족한 것을 도와 주다(周者, 補不足). help. succor. relieve.

急 급할(급): 급한 것. 궁핍한 것(急, 窮迫也). 여기서는 "다급한 처지에 놓인 사람"을 가리킨다. those who are in strained circumstances. the needy. the distressed. the hard-pressed.

繼 이을(계): 잇다. 보태 주다. 여유있는 사람을 보태 주다(繼者, 續有餘). add to.

富 부자(부): 부자. a rich person. the rich. the rich people.

06 原思爲之宰, 與之粟九百, 辭. 원사위지재, 여지속구백, 사.

원사가 그 집안 가신의 우두머리가 되었다. 그에게 곡식 900말을 주었다. 사양하였다. When Yuan Si became his magistrate, The Master gave him nine hundred measures of grain, but he declined them.

原思 원사: 노나라 사람으로 공자의 제자, 성은 헌(憲), 자는 자사(子思). 공자보다 36세 연하. 공자가 노(魯)나라 사구(司寇)라는 벼슬을 할 때 원사를 그의 비서실장〔家宰〕으로 삼았다(孔子爲魯司寇時, 以思爲宰). Yuan Si. alias of Yuan Xian. a disciple of Confucius.

爲 위: 되다. become.

之宰 지재: 그의 가재(家宰). 그 집안의 가신 중 우두머리. 其宰와 같다. 공자집안 가신 중의 우두머리. his governor. his magistrate.

〔예〕 求也, 千室之邑, 百乘之家, 可使爲之宰也(구야, 천실지읍, 백승지가, 가사위지재야): 구(求)는 천호의 고을이나 대부의 집안에서 우두머리가 되게 할 수는 있다〔「공야장」 5-8〕. Qiu can be given the responsibility of a head in a city of a thousand households, or a family with a hundred chariots.

與之粟九百 여지속구백: 그에게 곡식 900말을 주었다. 之는 原思를 가리키는 지시대명사이다. gave him nine hundred measures of grain.

辭 말(사): 사양하다. 거절하다. 사양하고 받지 않다. decline. decline and do not receive.

07 子曰; 毋, 以與爾鄰里鄉黨乎! 자왈; 무, 이여이인리향당호!

공자께서 말씀하셨다. 그러지 말아라! 이것을 너의 이웃과 고향사람들에게 주어라! The Master said, "Do not decline it. Give them to your neighborhoods and hamlets!"

毋 말(무): 말라. 하지 마라. 無. 勿. 莫과 같다. used in prohibitions, admonitions, etc. do not. never.

以 이: …을. …을 가지고. …을 사용하여(동작의 대상을 표시하는 전치사). 뒤에 粟九百을 표시하는 지시대명사 之 또는 是가 생략되었다. with it. with them.

爾 이: 너. you.

鄰里鄕黨 인리향당: 이웃과 고향사람들. 본래 인(鄰)은 다섯 가구, 이(里)는 25 가구, 향(鄕)은 12.500 가구, 당(黨)은 500 가구를 뜻하지만 여기서는 "이웃과 고향사람들"을 의미한다. neighborhoods and hamlets.

乎 호: 명령문의 끝 부분에 쓰인다(연세대 허사사전편찬실, 『허사대사전』 p.892) 〔「위정」 2-21〕. used to indicate the feeling of imperativeness.

【해설】

위급한 상황에 있는 사람을 도와주는 것은 당연한 일이지만 여유가 있는 사람에게 추가로 더 준다는 것은 의미가 없는 일이다. 오히려 국가의 재산을 축낼 뿐이다. 일에 대한 보수는 직위에 따라 또는 일한 실적에 따라 지급되는 것으로 빈부의 정도에 따라 증감되는 것은 아니다. 일에 대한 대가는 당연히 받아야 하며 그것이 본인에게 필요하지 않은 것이라면 본인 주변의 가난한 이웃이나 그 고장 사람들에게 나누어 주면 된다는 것이 공자의 생각이다. 그래서 원사(原思)에게 거절하지 말고 받으라고 한 것이다.

【외국학자 영문해석】

1 Tzu Hua having been sent on a mission to the Ch'i State, Jan Tzu asked for grain for his mother. The Master said, "Give her a fu." He asked for more. "Give her a yu then," was the reply. Jan Tzu gave her five ping.

The Master remarked: "On Ch'ih setting out for Ch'i he drove sleek horses and wore light furs. I have heard that the wise man succours the needy; he does not add to the rich."

When Yuan Ssu was made governor of a certain place, The Master allowed him nine hundred measures of grain, which he declined.

"Do not declined it," said The Master. "Can you not bestow it in your courts and hamlets, parishes, and villages?"

(The Analects, Confucius translated by William Edward Soothill. Dover Publications, Inc. New York.)

2 Tsze-hwa being employed on a mission to Ch'i, the disciple Zan requested grain for his mother. The Master said, "Give her a fu." Yen requested more. "Give her an yu," said the Master. Yen gave her five ping.

The Master said, "When Ch'ih was proceeding to Ch'i, he had fat horses to his carriage, and wore light furs. I have heard that a superior man helps the distressed, but does not add to the wealth of the rich."

Yuan Sze being made governor of his town by the Master, he gave him nine hundred measures of grain, but Sze declined them.

The Master said, "Do not decline them. May you not give them away in the neighborhoods, hamlets, towns, and villages?"

(Confucius Analects, The Great Learning and The Doctrine of The Mean, translated by James Legge, Manufactured in Dover Publication, Inc. U.S.A.)

제6편 옹야(雍也) | 제4장

子謂仲弓曰; 犂牛之子, 騂且角, 雖欲勿用, 山川其舍諸?

자위중궁왈; 이우지자, 성차각, 수욕물용, 산천기사저?

해석 | 공자께서 중궁에 대하여 말씀하셨다. "얼룩소의 새끼라도 털의 색채도 붉고 또한 뿔이 반듯하게 자랐다면 비록 (사람들이) 제물로 쓰지 않으려고 한다 할지라도 (제사를 받

는) 산천(山川)의 신(神)이 어찌 그것을 버리겠느냐?"

【 주석 】

01 子謂仲弓曰 자위중궁왈

공자께서 중궁을 말씀하셨다. The Master said of Zhong-gong.

仲弓 중궁: 염옹(冉雍)의 자(字)〔「옹야」 6-1〕. Zhong-gong. alias of Ran Yong.

02 犁牛之子, 騂且角, 雖欲勿用, 山川其舍諸

이우지자, 성차각, 수욕물용, 산천기사저

얼룩소의 새끼라도 털의 색채도 붉고 또한 뿔이 반듯하게 자랐다면 비록 (사람들이) 제물로 쓰지 않으려고 할지라도 (제사를 받는) 산천(山川)의 신(神)이 어찌 그것을 버리겠느냐? If the calf of a brindled ox is red and has upright horns, even though people might not wish to use it for the sacrifice, how would the gods of the mountains and rivers abandon it?

犁牛之子 이우지자: 얼룩소의 새끼. the calf of a brindled ox. the offspring of a brindled ox. the calf of a plow ox.

犁牛 얼룩소[이]: 누런색과 검은색이 섞인 얼룩소. 제사용으로는 다른 색이 섞이지 아니한 순일(純一)한 소를 사용하였다. 얼룩소는 제사 때의 희생(犧牲)으로는 사용되지 못하고 농사용으로 논이나 밭을 갈 때 사용되었다. a brindled ox. a plow ox. plough ox.

騂且角 성차각: 털의 색이 붉고 또한 뿔이 둥글고 반듯하다. 자기의 몸을 만인이 고귀한 것으로 여기는 붉은색으로 바꾸고, 자기의 마음을 만인이 흠모하는 모나지 않고 예의 바른 인품으로 바꾼다면 훌륭한 재목으로 쓰일 수 있음을 비유하여 말한 것이다. the hair of the calf is red and has straight horn.

騂 붉은 말[성]: (털의 색깔이) 붉다(騂, 赤色). 고대 중국인들은 붉은색을 고귀한

것으로 생각하였다. 그래서 제사 때에는 붉은색의 소를 희생(犧牲)으로 사용하였다. 지금도 중국에서는 각종 축하금 등을 줄 때 붉은색 봉투를 즐겨 사용한다. the hair of the ox is red

角 뿔(각): 뿔이 반듯하게 자라다. 뿔이 둥글고 반듯하다 (角, 角周正). horn is grown straight.

勿 물: 아니다. 不와 같다. not.

山川其舍諸 산천기사저: 산천(山川)의 신(神)이 어찌 그것을 버리겠느냐? How would the gods of the mountains and rivers abandon it?

其 기: 설마. 어찌. 豈와 같다(요진우편저, 이종한 옮김, 『한문문법의 분석적 이해』, p.217). 강한 반문의 어기를 나타낸다. "어찌 …하겠는가?"로 해석한다 (연세대 허사사전편찬실, 『허사대사전』 p.131). how.

舍 사: 버리다. 捨(사)와 같다. abandon. put aside. turn down. reject.

諸 저: 之乎를 합한 글자 (그것을). 之는 犂牛之子를 가리키고, 乎는 의문 또는 반문의 어기를 나타낸다. it.

【해설】

중궁(仲弓)의 아버지는 비천(卑賤)하고 행실이 악(惡)한 인물로 알려졌기 때문에 당시의 시대상황에서는 중궁이 인정받기 힘든 입장이었다. 이에 공자가 비유를 들어 그를 위로한 것이다(仲弓父賤而行惡, 故夫子以此譬之). 제사를 지낼 때의 희생(犧牲)으로 얼룩소가 쓰이지 않는다 하더라도 "그 새끼소의 경우에 털이 붉고, 뿔이 바르게 자랐다면 하늘이 그를 버리지 않을 것"이라고 하면서 미천(微賤)한 집안의 출신이더라도 본인(本人)이 학문(學文)과 덕성(德性)을 잘 갈고 닦으면 재목(材木)으로 쓰일 수 있음을 말한 것이다.

【외국학자 영문해석】

1 Confucius talked about Zhonggong, said: "The calf of an ox with mixed color

gets red hairs and upright horns, even if you do not want to use it for the sacrifice, could the mountain and river abandon it?"

(The Analects of Confucius(unabridged), translated by Jack J. Cai & Emma Yu, Americd-rom publishing company. USA).

2 Confucius, speaking of Chung Kung said: "The calf of a brindled ox could be all red and have good horns.[Note: I.e., fit the specifications for a sacrificial animal.] But even if we decide not to use it, would nature throw it away?"[Note: Legge says: "The father of Chung-kung (See V. ii.) was a man of bad character and some would have visited this upon his son, which drew forth Confucius' remark." (186)]

(The Analects of Confucius: translated by Charles Muller) (http://www.human.toyogakuen-u.ac.jp/~acmuller/contao/analects.htm)

제6편 옹야(雍也) | # 제5장

子曰; 回也, 其心三月不違仁. 其餘則日月至焉而已矣.

자왈; 회야, 기심삼월불위인. 기여즉일월지언이이의.

해석 | 공자께서 말씀하셨다. "회는 그 마음이 석 달 동안 인을 떠나지 않는데, 그 나머지 사람은 어쩌다가 하루에 한 번 혹은 한 달에 한 번 인에 이를 뿐이다."

【주석】

01 回也, 其心三月不違仁 회야, 기심삼월불위인

회는 그 마음이 석 달 동안 인(仁)을 떠나지 않는다. As far as Hui is concerned, his mind does not depart from humanity for three months.

回 회: 안회(顔回)를 말함. 노나라 사람으로 공자가 가장 총애한 제자. 성은 안(顔), 이름은 회(回), 자는 자연(子淵). 안연(顔淵)이라고도 한다. 41세의 젊은 나이에 죽어 공자를 비통케 하였다[「위정」 2-9]. Yan Hui. a prominent disciple of Confucius.

也 야: 음절을 조절하고 어기를 고르는 어조사. 쉼표역할을 한다. 우리말로는 "…는" 정도로 풀이한다. equivalent to a comma.

其心 기심: 그 마음. 그의 마음. his heart. his mind.

三月 삼월: 석 달. 오랫동안. for three months. for a long time.

違 어길(위): 떠나다. 멀리하다. 어기다. depart from. lapse from. violate.

仁 인: 사람이 하여야 하는 덕행(德行). 부모에게 효도하고 형제 간에 우애하고 이웃을 돕고 남을 먼저 배려하고 사리사욕(私利私慾)을 버리는 마음이다. 이러한 마음을 항상 지녀야 한다. 주희는 "인(仁)을 어기지 않는 것은 미세한 터럭만큼도 사욕이 없는 것이다. 조금이라도 사욕이 있으면 이것은 인이 아니다"라고 하였다(不違仁, 只是無纖毫私慾, 少有私慾, 便是不仁). 결국 인은 한편으로는 덕행(德行)을 실천하는 것이고 다른 한 편으로는 사욕(私慾)을 버리는 것이며, 이 두 가지 일은 목숨이 다하는 날까지 단 한 순간도 멈추어서는 안 되는 것이다. 어버이날 하루 불고기 사드리는 것, 회갑 때 한번 제주도 관광시켜드리는 것, 이것은 인이 아니다. 1회용 효행에 지나지 않는다. 그러나 1회용 효심마저도 점점 잊혀져 가는 현실이 더욱 한심스럽고 얄미울 뿐이다. humanity. benevolence. goodness. the attitudes which put aside self-interest and consider others first. humane mind to consider others first and give up one's selfish desire.

02 其餘則日月至焉而已矣 기여즉일월지언이이의

그 나머지 사람은 어쩌다가 하루에 한 번 또는 한 달에 한 번 인(仁)에 이를 뿐이다. The rest of them can only reach it once a day or once a month, that is all.

其餘則 기여즉: 그 나머지 사람은. 그 나머지 사람으로 말하자면. the rest of them. the others. as far as the rest is concerned. as for the rest.

餘 여: 남을〔여〕: 나머지. 잉여(剩餘). the rest.

則 즉: 곧〔즉〕: …은. …로 말할 것 같으면. …로 말하자면. 두 가지 이상의 사실의 비교를 표시할 때 사용된다. 여기서는 안회(顔回)와 그 나머지 사람을 비교하였다. as for. as regards. as far as concerned.

〔예〕 今也則亡(금야즉무): 지금은 없습니다. 則은 과거의 사실과 지금을 비교한다〔「옹야」 6-2〕. Now there is not such a person.

日月 일월: 글자만 보면 "하루 또는 한 달"이란 뜻이다. 그러나 주희는 이를 좀 극적(劇的)으로 표현하여 "어쩌다가 하루에 한 번 또는 한 달에 한 번"으로 풀이하였다. 그는 『논어집주』에서 "日月至焉"은 어쩌다가 하루에 한 번 그것에 이르거나 또는 한 달에 한 번 그것에 이르는 것인데, 그 영역에 이르기는 하여도 오래 갈 수는 없는 것이다" 라고 하였다(日月至焉者, 或日一至焉, 或月一至焉, 能造其域而不能久也). 주희의 해석이 보다 흥미롭다. for a day or for a month. once a day or once a month.

至焉 지언: 그것에 이르다. 그것이란 인(仁)을 말한다. 인에 이른다. attain to it. reach it. attain to benevolence.

至 지: 이를〔지〕: 이르다. 도달하다. reach. attain to. come to. arrive at.

焉 언: 於之. 於是와 같다. 그것에. 거기에. to it. there.

而已矣 이이의: …일 뿐이다. …일 따름이다. that is all. only. nothing but. simply this. merely. nothing more.

〔예〕 夫子之道, 忠恕而已矣(부자지도, 충서이이의): 선생님의 도는 충과 서일

뿐입니다[「이인」 4-15]. The Master's Way simply consists of loyalty and reciprocity. That is all.

【 해설 】

인(仁)은 사람이 하여야 하는 덕행(德行)을 의미한다. 간단히 요약하면 부모에게 효도하고 형제간에 우애하고 이웃을 돕고 남을 먼저 배려하고 사리사욕(私利私慾)을 버리는 마음이다. 이러한 마음을 항상 지녀야 한다. 이 문장에서 "日月至焉"이란 말을 주희가 "어쩌다가 하루에 한 번 이르거나 혹은 한 달에 한 번 이르는 것인데, 그 영역에 이르기는 하여도 오래 갈 수는 없는 것이다"라고 풀이한 것도 인은 항상 마음 속에 품고 실천하여야 한다는 강한 뜻을 전하고자 한 것이다.

【 외국학자 영문해석 】

1 The Master said, "Such was Hui that for three months there would be nothing in his mind contrary to perfect virtue. The others may attain to this on some days or in some months, but nothing more."

(Confucius Analects, The Great Learning and The Doctrine of The Mean, translated by James Legge, Manufactured in Dover Publication, Inc. U.S.A.)

2 The Master said, "Hui is capable of occupying his whole mind for three months on end with no thought but that of Goodness. The others can do so, some for a day, some even for a month; but that is all."

(The analects of Confucius Translated and Annotated by Arthur Waley: A Division of Random House, INC. New York.)

季康子問; 仲由可使從政也與? 子曰; 由也果, 於從政乎何有?
曰; 賜也可使從政也與? 曰; 賜也達, 於從政乎何有?
曰; 求也可使從政也與? 曰; 求也藝, 於從政乎何有?

계강자문; 중유가사종정야여? 자왈; 유야과, 어종정호하유?
왈; 사야가사종정야여? 왈; 사야달, 어종정호하유?
왈; 구야가사종정야여? 왈; 구야예, 어종정호하유?

해석 | 계강자가 물었다. 중유(仲由)는 정사(政事)에 종사(從事)하게 할 수 있겠습니까? 공자께서 말씀하셨다. 유(由)는 과단성이 있습니다. 정사에 종사하는 데에 문제될 것이 무엇이 있겠습니까?

계강자가 물었다. 사(賜)는 정사에 종사하게 할 수 있겠습니까? 공자께서 말씀하셨다. 사(賜)는 세상사에 통달하였습니다. 정사에 종사하는 데에 문제될 것이 무엇이 있겠습니까?

계강자가 물었다. 구(求)는 정사에 종사하게 할 수 있겠습니까? 공자께서 말씀하셨다. 구(求)는 재주가 많습니다. 정사에 종사하는 데에 문제될 것이 무엇이 있겠습니까?

【주석】

01 季康子問; 仲由可使從政也與 계강자문; 중유가사종정야여

계강자가 물었다. 중유(仲由)는 정사(政事)에 종사하게 할 수 있겠습니까? Ji Kang-zi asked: "Can Zhong Iou be engaged in conducting state affairs?

季康子 계강자: 노(魯)나라의 대부 계손씨(季孫氏), 이름은 비(肥)이며, 강(康)은 그의 시호(諡號)이다. 당시 그는 노나라의 세도가인 삼환씨(三桓氏) 중의 한 집안이며, 노나라의 장군과 재상을 겸해 그 세력이 임금보다도 컸다고 한다. Ji Kang-zi.

the head of the noble house of Ji-sun and prime minister of Lu.

仲由可使從政也與 중유가사종정야여: 중유(仲由)로 말하자면, 그를 정사(政事)에 종사하게 할 수 있겠습니까? Can Zhong lou be engaged in conducting state affairs?

仲由 중유: 공자의 제자. 이름은 유(由)이고, 자는 자로(子路)이다. Zhong lou. a name of Zi-lu. a disciple of Confucius.

使 : 하게 하다. 시키다. 使자 다음에 목적어에 해당하는 之가 생략된 것으로 본다. 그 당시의 독특한 말투이다. 의논 대상자의 이름을 먼저 앞에 갖다 놓고 실제로는 목적어로 사용하는 형식이다. "중유는(중유로 말하자면), 그 사람을 政事에 종사하게 할 수 있겠습니까?" let. make. have.

從政 종정: 정사(政事)에 종사하다. be engaged in conducting state affairs. be employed as an officer of government.

也與 야여: 의문문의 끝에 쓰이며, "…인가", "…입니까" 등으로 해석한다 (연세대 허사사전편찬실, 「허사대사전」 p.411). used to indicate the feeling of a question. equivalent to a question mark.

02 子曰; 由也果, 於從政乎何 자왈; 유야과, 어종정호하유

공자께서 말씀하셨다. 유(由)는 과단성이 있습니다. 정사(政事)에 종사(從事)하는 데에 있어서 (문제될 것이) 무엇이 있겠습니까? The Master said: "lou is resolute. What difficulties are there in conducting state affairs?

由也果 유야과: 유(由)는 과단성이 있다. lou is resolute.

也 야: 음절을 조절하고 어기를 고르는 어조사. 쉼표역할을 한다. 우리말로는 "…는" 정도로 풀이한다. used to indicate a pause in a sentence. equivalent to a comma.

果 과단성 있을〔과〕: 과단성이 있다. 결단력이 있다(果, 有決斷). be resolute.

於從政 어종정: 정사(政事)에 종사(從事)함에. 정치에 참여함에. 於는 전치사로서 in. at. on. to의 뜻을 가지고 있다. in conducting state affairs.

乎 호: 乎는 也, 也者 등과 같이 음절을 조정하고 어기를 고르는 어조사로서 comma 처럼 쉼표역할을 한다. 乎자는 구문중(句文中)에서 멈추는 역할을 한다(홍인표, 『한문문법』 p.302). 구(句)의 가운데에 쓰여 잠시 멈춤이나 느슨함을 나타낸다(김원중 편저, 『허사사전』 p.953). 문장의 끝에 쓰여 잠시 쉬는 느낌을 나타낸다(연세대 사서사전편찬실, 『四書集解辭典』 p.892). used to indicate a pause in a sentence. equivalent to a comma.

〔예〕 能以禮讓爲國乎, 何有(능이예양위국호, 하유): 예(禮)와 겸양(謙讓)으로써 나라를 다스리는 데에, 무슨 문제가 있겠습니까?〔「이인」 4-13〕. If you can govern a state with courtesy and deference, what difficulty do you have in conducting state affairs? (Chichung Huang)

何有 하유: (문제될 것이) 무엇이 있겠습니까? 무슨 문제가 있겠는가? 무슨 곤란이 있겠는가?(何難之有) What difficulties are there? What problems are there? Do you have any problems?

03 曰; 賜也可使從政也與 왈; 사야가사종정야여

계강자가 다시 말하였다. "사(賜)는 정사에 종사하게 할 수 있겠습니까?" Ji Kang-zi said: "Can Ci be engaged in conducting state affairs?

04 曰; 賜也達, 於從政乎何有 왈; 사야달, 어종정호하유

공자께서 말씀하셨다. 사(賜)는 세상사에 통달하였습니다. 정사(政事)에 종사(從事)하는 데에 문제될 것이 무엇이 있겠습니까? Confucius said, "Ci is perceptive in dealing with a problem. What difficulties are there in conducting state affairs?"

賜 사: 자공(子貢)의 이름. Ci. a given name of Zi-gong. a disciple of Confucius.

達 달: 세상 이치에 통달하다(達, 通事理). be perceptive. be well versed in. be intelligent.

05 曰；求也可使從政也與 왈; 구야가사종정야여

계강자가 다시 말하였다. "구(求)는 정사에 종사하게 할 수 있겠습니까?" Ji Kang-zi said: "Can Qiu be engaged in conducting state affairs?"

求 구: 염유(冉有)의 이름. Qiu. a given name of Ran You. a disciple of Confucius.

06 曰；求也藝，於從政乎何有 왈; 구야예, 어종정호하유

공자께서 말씀하셨다. 구(求)는 재주가 많습니다. 정사(政事)에 종사(從事)하는 데에 문제될 것이 무엇이 있겠습니까? Qiu is versatile. What difficulties are there in conducting state affairs?

藝 재주[예]: 다재다능하다. 재주가 많다(藝, 多才能). be versatile. be a man of various ability. be talented.

【해설】

제자 세 사람의 각기 다른 특성(特性)을 들어 그들이 모두 쓸모 있는 인물이라고 말하였다. 과(果)는 결단력과 과단성이 있다는 뜻이며, 달(達)은 세상사(世上事)에 통달(通達)하였음을 뜻한다. 예(藝)는 다재다능(多才多能)하다는 의미가 된다.

【외국학자 영문해석】

1 Chi K'ang asked about Chung-yu, whether he was fit to be employed as an officer of government. The Master said, "Yu is a man of decision; what difficulty would he find in being an officer of government?" K'ang asked, "Is Ts'ze fit to be employed as an officer of government?" and was answered, "Ts'ze is a man of intelligence; what difficulty would he find in being an officer of government?" And to the same question about Ch'iu the Master gave the same reply, saying, "Ch'iu is a man of various ability."

(Confucius Analects, The Great Learning and The Doctrine of The Mean, translated by James Legge, Manufactured in Dover Publication, Inc. U.S.A.)

2 Chi Kang Tzu asked whether Chung Yu were suited for employment in the administration. "Yu is a man of decision," said the Master.
"What difficulty would he find in the administration?"
"And Tzu?" he said, "Is he suitable for the administration?"
"Tzu is a man of penetration," was the answer. "What difficulty would he find therein?"
"And Ch'iu ?" he asked, "Is he suitable for the administration?"
"Ch'iu is a man of much proficiency," was the answer. "What difficulty would he find therein?"

(The Analects, Confucius translated by William Edward Soothill. Dover Publications, Inc. New York.)

제6편 옹야(雍也)

제7장

季氏使閔子騫爲費宰, 閔子騫曰; 善爲我辭焉. 如有復我者, 則吾必在汶上矣.

계씨사민자건위비재, 민자건왈; 선위아사언. 여유부아자, 즉오필재문상의.

해석 | 계씨가 민자건에게 비읍(費邑)의 장(長)으로 삼으려 하자 민자건이 (심부름으로 방문한 사람에게) 말하였다. "나를 위하여 그 것을 잘 사절하여 주십시오. 만약 나에게 되돌아오는 사람이 있다면, 나는 틀림없이 문수(汶水)강의 북쪽에 있을 것입니다."

【주석】

01 季氏使閔子騫爲費宰 계씨사민자건위비재

계씨가 민자건에게 비읍(非邑)의 장(長)이 되게 하였다(내부적으로 내정하여 놓고 使者를 시켜 본인에게 내정사실을 통보하고 본인의 의사를 확인하는 과정 중에 일어 난 대화로 생각된다). Ji Shi let Min Zi-qian to become governor of Bi county. Ji Shi appointed Min Zi-qian to become steward of Bi.

季氏 계씨: 노나라의 대부. Ji Shi. prime minister of Lu.

使 하여금(사): 하게 하다. 시키다. let. have. make

閔子騫 민자건: 공자의 제자. 이름은 손(損). 자는 자건(子騫). 노나라 사람으로 공자보다 15세 연하이다. Min Zi-qian, a disciple of Confucius.

爲 위: 되다. 쓰다. 삼다. become. make. appoint. adopt.

費宰 비재: 비읍(費邑)의 수장(首長). 비읍은 지방도시로 당시 계씨의 관장지역이다(費, 季氏邑). governor of Bi county. steward of Bi.

宰 우두머리(재): 지방도시의 수장(首長). 읍장(邑長). governor. magistrate. steward.

02 閔子騫曰 민자건왈

민자건이 (使者에게) 말하였다. Min Zi-Qian said to the messenger.

03 善爲我辭焉 선위아사언

나를 위하여 그 것을 잘 사절하여 주십시오. Please refuse politely well the offer for me.

善 착할(선): 잘, 교묘히(善戰: 잘 싸우다, 善歌: 노래를 잘 부르다, 善教: 잘 가르치다. 善柔: 아첨을 잘하다). well.

爲我 위아: 나를 위하여. for me

辭 말(사): 말하다. 사절하다. refuse. decline. concede.

焉 언: 그것을. 之와 같다. it.

04 如有復我者, 則吾必在汶上矣 여유부아자, 즉오필재문상의

만약 나에게 되돌아오는 사람이 있다면, 나는 틀림없이 문수(汶水)의 북쪽에 있을 것이다(汶水강 북쪽에 있는 齊나라로 망명하겠다는 뜻이다). If anyone comes back to me, I will surely be on the north of River Wen.

如 만일(여): 만약. 가정이나 조건의 접속사. if. in case.

復我者 부아자: 나에게 되돌아오는 사람. 다시 나를 부르는 일(사람). the person who comes back to me. the person who calls me again.

復(부): 다시(부): 되돌아오다. 復는 돌아올(복)으로도 읽는다. come back. return.

則吾必在汶上矣 즉오필재문상의: 곧 나는 틀림없이 齊나라와 국경을 이루는 江인 문수(汶水)의 북쪽에 있을 것이다. then I will certainly be on the north of River Wen.

則 즉: 곧. 이에 곧. 그렇다면 곧. then.

汶上 문상: 문(汶)은 제나라와 노나라의 국경을 흐르는 江을 말하는데, 노나라는 강의 남쪽에 있었고 제나라는 북쪽이었다. 上은 북쪽을 가리킨다. 그러므로 북쪽인 齊나라로 가겠다는 뜻이다. the north of River Wen.

矣 의: …이다(be). 문장 끝에 놓여 단정 또는 필연의 결과를 표시한다. used to indicate the feeling of decision or an inevitable consequence.

【해설】

계손씨는 노나라의 질서를 문란하게 한 삼환씨(三桓氏)를 대표하는 세도가(勢道家)였다. 민자건은 무도(無道)와 부패(腐敗)의 나락(奈落)에 빠진 무리들 밑에서 벼슬하기가 싫어서 이렇게 거절한 것이다. 벼슬을 한다는 것이 결국은 그들을 도와주는 결과 밖에 되지 않는다는 사실을 알고 있었기 때문이다. 민자건은 공자의 제자 중에서 대부의 집에서 벼슬을 하지 않은 증자(曾子). 민자(閔子) 등 몇 안 되는 사람 중 하나이다.

【외국학자 영문해석】

1 The Ji family invited Min Zi Qian to take the governor's seat in the Pi prefecture. Min Zi Qian said to the messenger; "Please return to your master and politely refuse the position on my behalf. If anyone is sent to persuade me again, I will flee to the state of Qi near river Wen."

(The Complete Analects of Confucius(1997), translated by Adam Sia. Asiapac Books Pte Ltd. Singapore.)

2 The Chi Family wanted to make Min Tzu-chien the steward of Pi. Min Tzu-chien said, Decline the offer for me tactfully. If anyone comes back for me, I shall be on the other side of the Riven Wen.

(The Analects: translated by D.C. Lau, Penguin Books Ltd, London. England.)

제6편 옹야(雍也)

제8장

伯牛有疾, 子問之, 自牖執其手曰; 亡之! 命矣夫! 斯人也, 而有斯疾也! 斯人也, 而有斯疾也!

백우유질, 자문지, 자유집기수왈; 무지! 명의부! 사인야, 이유사질야! 사인야, 이유사질야!

해석 | 백우가 병에 걸리자 공자께서 그를 문병하였는데 창을 통하여 그의 손을 잡고 말씀하셨다. 이럴 리가 없다! 운명(運命)이구나! 이렇게 훌륭한 사람인데 이러한 불치의 병을

갖다니! 이렇게 훌륭한 사람인데, 이러한 불치의 병을 갖다니!

【주석】

01

伯牛有疾, 子問之, 自牖執其手曰 백우유질, 자문지, 자유집기수왈

백우가 병에 걸려 공자께서 그를 문병하였는데, 창을 통하여 그의 손을 잡고 말씀하셨다. Bo-niu was ill. The Master inquired after him, and he held his hand through the window, and then he said.

伯牛有疾 백우유질: 백우가 병에 걸렸다. 백우에게 병이 생겼다. Bo-niu was ill.

伯牛 백우: 공자의 제자. 성은 염(冉), 이름은 경(耕), 자가 백우(伯牛), 노나라 사람으로 공자보다 나이가 7년 적다. 덕행(德行)에 있어 안연(顔淵), 민자건(閔子騫) 다음으로 꼽히는 훌륭한 제자이다. Bo-niu. a disciple of Confucius.

有疾 유질: 병을 가지고 있다. 병에 걸리다. 병이 나다. be ill. fall ill. take a disease.

疾 병(질): 병. illness. disease. possibly leprosy.

子問之 자문지: 공자가 그를 문병하였다. The Master inquired after him. Confucius went to inquire after his disease.

問 물을(문): 문병하다. inquire after a sick person. visit a person in a sickbed.

自牖 자유: 창을 통하여. 창으로부터. "창을 통하여" 그의 손을 잡은 것으로 보아 백우는 전염병에 걸려 있었던 것으로 보이며, 당시 그는 한센병(나병, 문둥병)에 걸려 있었다고 한다. through the window. from the window.

自 자: …으로부터. …을 통하여. from. through.

牖 창(유): 창. 창문. window.

執 잡을(집): 붙잡다. hold. grasp.

手 손(수): 손. hand.

02 亡之！命矣夫！ 무지! 명의부!

이럴 리가 없다! 운명(運命)이구나! Oh, no! This can not be! It is the will of Heaven!

亡之 무지: 다음과 같이 몇 가지로 해석되고 있다. 여기서는 "이럴 리가 없다!", "이럴 수가 없다!"로 해석하였다. ① 亡之(무지): 이럴 리가 없다! 이럴 수가 없다! 이런 일은 있을 수가 없다! 백우같이 덕(德)이 있는 사람이 이런 병에 걸릴 이유가 없다는 뜻이다. 亡를 "없을[무]"자로 해석하였다. 之는 그것(it)이란 뜻으로 많이 쓰이지만 대화하는 위치와 상황에 따라 이것(this)의 의미로도 해석된다. 亡는 無와 같은 뜻이다.[有. 無]는 뒤에 오는 말이 실질적인 주어역할을 하는 경우가 많다(…이 없다). Oh, no! This can not be! That can not be the case! Oh, no! That can not be true! How can a thing like this happen? There is no reason to die like this! There is no reason why he dies of this kind of incurable disease as he is very virtuous man! ② 亡之(망지): 이 사람을 잃는구나! 그를 잃는구나! 亡은 "잃을[망]"자로서 타동사 역할을 하며 之를 목적어로 보는 입장이다. 之는 백우를 가리키는 인칭대명사(him). We shall lose him! We are losing him! ③ 亡之(망지): 이 사람을 죽이는구나! (하늘이 또는 병이) 이 사람을 죽이는구나! 그를 죽이는구나! 亡은 "죽일[망]"자로서 타동사 역할을 하며 之는 목적어이다. 之는 백우를 가리키는 인칭대명사(him). It is killing him!

命矣夫 명의부: 명(命)이 다 되었구나! 명(命)이 다 했구나! 운명(運命)이구나! 하늘의 뜻이구나! It must be destiny! It's destiny! It is fated! It is the will of Heaven! It is the appointment of Heaven!

命 목숨[명]: 하늘의 뜻. 천명. 운명. 주희의 『논어집주』에서는 "명(命)은 천명을 말한다. 이 사람은 응당 이러한 병에 걸릴 리가 없는데, 이제 그 병에 걸렸으니 이는 곧 하늘이 명한 것이다"라고 말하였다(命, 謂天命, 言此人不應有此疾, 而今乃有之, 是乃天之所命也)[「옹야」 6-2], [「요왈」 20-3]. life. the will of Heaven. the decree of Heaven. destiny. his appointed time (James Legge). his allotted span of life (Simon Leys). the span of life allotted to him by Heaven (Arthur Waley)

矣夫 의부: 감탄과 추측의 어기를 나타낸다. (…이구나. …하구나. …이겠지). 관용어로 쓰였지만 矣와 夫는 각각 감탄의 어기를 표시하는 어조사이다. 矣는 "이미 그러한", "장차 그러할"이란 의미이며, 夫는 감탄의 어기를 나타낸다(현암사, 김원중, 『허사사전』 p.644). used to indicate the feeling of exclamation. equivalent to an exclamation mark.

〔예〕 三年之喪, 亦已久矣夫(삼년지상, 역이구의부): 3년상은 역시 너무 길구나!(已: 매우. 대단히)〔『禮記』. 「檀弓上」〕. The three-year mourning is too long indeed!

03 斯人也, 而有斯疾也 사인야, 이유사질야

(그는) 이렇게 훌륭한 사람이다. 그런데 이런 (불치의) 병을 갖다니! He is such a virtuous man. And then, how could such a man have such a disease? / He is such a virtuous man. I have never expected that such a man could have such a disease!

斯人也 사인야: 두 가지 해석이 가능하다. ① (그는) 이런 사람이다. 이렇게 훌륭한 사람이다. 也를 진술과 판단의 어기를 나타내는 어조사로 보아 "…이다"로 해석한다. (He) is such a virtuous man. ② "이렇게 훌륭한 사람이", 이 때의 也는 잠시 숨을 고르는 어조사로 comma 역할을 하는 것으로 본다. this virtuous man …, 어느 것이나 큰 무리는 없다. 그러나 뒤에 나오는 而자와의 관계로 보아 ①번의 해석이 자연스럽다.

而有斯疾也 이유사질야: 그런데 이러한 (불치의) 병에 걸려 있구나! 그런데 이러한 (불치의) 병을 가지고 있구나! And then, how could such a man have such a disease?

也 야: 감탄의 어기를 나타낸다. used to indicate the feeling of exclamation. equivalent to an exclamation mark.

【해설】

목사님이 이런 사람을 문병하러 왔다면, "하느님, 이 사람의 병을 낫게 하여 주옵소서"를 외치며 기도하였을 것이다. 스님이 이런 사람을 문병하였을 경우에도 방식만 다를 뿐 "목탁을 두드리며 열심히 독경하면서 부처님께 쾌유를 기원하였을 것이다." 그런데 공자는 어떠한 기적(奇蹟)도 만들 능력이 없는 사람이다. 그는 열심히 배워 덕행만 잘 쌓으면 병도 걸리지 않는다고 믿어 온 사람이다. 그래서 그는 이와 같이 외친 것이다. "어째서 이런 일이 발생한단 말인가. 이럴 수는 없다. 이것이 하늘의 뜻이란 말인가"를 외치며 인간의 무력함을 한탄하였을 뿐이다.

【외국학자 영문해석】

1 Po-niu was ill. The Master visited him and, holding his hand through the window, said, "We are going to lose him. It must be Destiny. Why else should such a man be stricken with such a disease? Why else should such a man be stricken with such a disease?"

(The Analects: translated by D.C. Lau, Penguin Books Ltd, London. England.)

2 Po-niu being ill, the Master went to ask for him. He took hold of his hand through the window, and said, "It is killing him. It is the appointment of Heaven, alas! That such a man should have such a sickness! That such a man should have such a sickness!"

(Confucius Analects, The Great Learning and The Doctrine of The Mean, translated by James Legge, Manufactured in Dover Publication, Inc. U.S.A.)

子曰; 賢哉回也! 一簞食, 一瓢飮, 在陋巷, 人不堪其憂, 回也不改其樂, 賢哉回也!

자왈; 현재회야! 일단사, 일표음, 재루항, 인불감기우, 회야불개기락, 현재회야!

해석 | 공자께서 말씀하셨다. "현명(賢明)하구나, 회(回)는! 한 그릇의 밥과 한 바가지의 물로 빈촌에서 살게 되면, 다른 사람들은 그 괴로움을 감당하지 못하는데, 회는 그러한 (안빈낙도(安貧樂道)의) 즐거움을 바꾸지 아니하니, 현명하구나, 회는!"

【주석】

01 賢哉回也 현재회야

현명(賢明)하구나, 회(回)는! What a man of virtues Hui is! How worthy Hui is!

哉 재: …이구나. …하구다. 감탄의 어기를 표시하는 어조사〔「팔일」 3-4〕. used to indicate the feeling of exclamation. used in exclamations [Beijing Foreign Language University, A Chinese-English Dictionary, 1997 Revised Edition: p.1563].

回 회: 안회(顔回)를 말함. 노나라 사람으로 공자가 가장 총애한 제자. 성은 안(顔), 이름은 회(回). 자는 자연(子淵). 흔히 안연(顔淵)이라고 한다. 41세의 젊은 나이에 죽어 공자를 비통하게 하였다〔「위정」 2-9〕. Hui. name of Yan Hui. a prominent disciple of Confucius.

也 야: …는. …야말로. 감탄의 어기를 표시하는 어조사. 영어의 감탄사(!)에 해당한다〔「팔일」 3-25〕, 〔「옹야」 6-8〕, 〔「자로」 13-3〕, 〔「자장」 19-16〕. used to indicate the feeling of exclamation. equivalent to an exclamation mark.

02 一簞食 일단사

한 그릇의 밥. a bowl of rice. a single bamboo bowl of rice to eat.

簞 밥그릇(단): 밥그릇. 대나무로 엮은 밥그릇. bamboo bowl for rice.

食 밥(사): 밥(食, 飯也). 곡식을 익힌 주식. 食자는 "식"으로도 읽는다. boiled rice. food.

03 一瓢飮 일표음

한 바가지의 물(음료수). a single gourd-cup of water to drink. a glass of water.

瓢 박(표): 박. 바가지. gourd-cup.

飮 마실(음): 마실 것. 물. 음료수. water.

04 在陋巷 재루항

빈촌(貧村)에 살고 있다. He lived in a miserable alley. He lived in a slum.

在 있을(재): 살고 있다. 있다. live.

陋巷 누항: 누추한 거리. 빈촌. a slum. a miserable alley. a mean alley. a poor village. a narrow home like a shack.

陋 좁을(누): 좁다. narrow.

巷 거리(항): 거리. 동네. alley. village.

05 人不堪其憂 인불감기우

다른 사람들은 그 괴로움을 감당하지 못한다. Others would not endure such a distress.

堪 견딜(감): 견디다. 버티다. endure. bear.

憂 근심(우): 괴로움. 고생. 근심. distress. misery. hardship.

06 回也不改其樂 회야불개기락

회(回)는 그러한 즐거움(安貧樂道의 즐거움)을 바꾸지 아니한다. Hui never changes his delight. Hui never alters his living style with delight even in poverty.

【해설】

난세(亂世)에는 무례하고 악덕한 사람들이 득세하고, 양심적인 지식인이나 덕망이 있는 인자(仁者)는 살기 어려운 것이 현실이다. 그러나 그들은 권력에 아부하지 아니하고 안빈낙도(安貧樂道)의 삶 속에서 즐거움을 찾았다. 안회 역시 불의와 타협하지 않고 가난 속에서도 정도(正道)를 지키며 살았다. 그래서 공자는 안회의 생활태도를 이렇게 칭찬한 것이다.

【외국학자 영문해석】

1 The Master said: "How noble Yen Hui is! To live in a meager lane with nothing but some rice in a split-bamboo bowl and some water in a gourd cup- no one else could bear such misery. But it doesn't even bother Hui. His joy never wavers. O, how noble Hui is!"

(The Analects. Confucius Translated by David Hinton, Counterpoint Washington. D.C.)

2 The Master said: "How admirable was Yan Hui! A handful of rice to eat, a gourd of water for drink, a hovel for your shelter-no one would endure such misery, yet Yan Hui's joy remained unaltered. How admirable was Yan Hui!"

(The Analects of Confucius, Translation and Notes by Simon Leys, W. W. Norton & Company. Inc. New York.)

제6편 옹야(雍也) 제10장

冉求曰; 非不說子之道, 力不足也. 子曰; 力不足者, 中道而廢, 今女畫.

염구왈; 비불열자지도, 역부족야. 자왈; 역부족자, 중도이폐, 금여획.

해석 | 염구가 말하였다. "선생님의 도(道)를 좋아하지 않는 것은 아니지만 힘이 부족합니다." 공자께서 말씀하셨다. "힘이 부족한 사람은 도중에서 그만두지만, 지금 너는 (스스로) 선을 긋고 그만두고 있는 것이다."

【주석】

01 非不說子之道 비불열자지도

선생님의 도(道)를 좋아하지 않는 것은 아니다. It is not that I do not enjoy your Way. Not that I do not like what you teach.

非不說 비불열: 좋아하지 않는 것은 아니다. not that I do not like.

說 기뻐할[열]: 기뻐하다. 좋아하다. 悅과 같다. like. enjoy.

子之道 자지도: 선생님의 도. the Master's Way. your Way. what the Master teaches.

之 지: …의. …하는. 형용사구를 만든다. of.

02 力不足也 역부족야

힘이 부족하다. My ability is not enough. My strength is insufficient. I do not have sufficient strength to practice it.

力 힘(력): 힘. 능력. ability. strength. power.

不足 부족: 부족하다. 충분하지 않다. be insufficient. be not enough.

也 야: …이다. be.

03 力不足者, 中道而廢, 今女畫 역부족자, 중도이폐, 금여획

힘이 부족한 사람은 도중에서 그만두지만, 지금 너는 (미리 스스로) 선을 긋고 그만두고 있는 것이다. Those whose ability is not enough give up half way. but you set the limits beforehand.

者 자: …한 사람. …한 것. the person who…. the thing which….

中道而廢 중도이폐: 도중에서 그만두다. go to a certain place along the way, and then give up. give up halfway. stop working halfway.

而 이: …에서. …하고 나서. 중도까지 가는 것과 거기서 그만두는 것이 순차적으로 일어나므로 순접관계를 표시하는 접속사로 본다. and.

(예) 吾十有五而志于學(오십유오이지우학): 나는 열다섯 살이 되어서 학문에 뜻을 두었다(「위정」 2-4). At fifteen, I bent my mind on learning.

廢 폐할(폐): 그만두다. 없애다. 폐지하다. give up.

今女畫 금여획: 지금 너는 선을 긋고 그만두고 있다. 지금 너는 해 보지도 않고 미리 스스로 너의 한계선을 긋고 포기하고 있다. You don't even try and you are drawing a line to limit yourself. Now you are beforehand drawing the limit of your ability.

今 이제(금): 이제. 지금. now.

女 여: 너. 당신. *汝*와 같다. you.

畫 그을(획), 그림(화): 선을 긋다. 구획하다. 구분하다. draw a halting a line. draw a line to limit himself. impose limit. set the limit beforehand.

【해설】

사람이 어떤 일을 처리함에 하는 데까지 최선을 다하다가 그래도 안되면 할 수 없이 도중에서 그만두는 수밖에 없겠지만, 미리 자기의 한계선을 그어 놓고 "이것은 내 힘으로는 안 돼" 하고, 시도(試圖)조차도 해 보지 않고 포기하는 것은 가장 비겁(卑怯)한 행동이라는 점을 일깨워 주고 있다.

【외국학자 영문해석】

1 Ran Qiu[Zi-iou] said: "It is not that I do not appreciate the Master's Direction; it is that I lack energy." The Master said: "For those who lack energy, they at least try and then give up. You draw a line to limit yourself[and will not even try]."

(The Analects of Confucius, A New-Millennium Translation(1999), Translated and Annotated By David H. Li, Published by Premier Publishing Co. U.S.A.)

2 Yen Ch'iu said: "It is not that I don't enjoy your Way, but my strength is not enough."

Confucius said, "Those whose strength is not enough give up half way. You are now limiting yourself."

(The Analects of Confucius: translated by Charles Muller) (http://www.human.toyogakuen-u.ac.jp/~acmuller/contao/analects.htm)

제11장

子謂子夏曰; 女爲君子儒, 無爲小人儒.

자위자하왈; 여위군자유, 무위소인유.

해석 | 공자께서 자하에게 말씀하셨다. "너는 군자다운 선비가 되어야지 소인 같은 선비는 되지 마라."

【주석】

01 子謂子夏曰 자위자하왈

공자께서 자하에게 말씀하셨다. The Master said to Zi-xia.

子夏 자하: 공자의 제자. 위(衛)나라 사람으로 성은 복(卜), 이름은 상(商), 자는 자하(子夏). 공자의 제자 중 학문에 뛰어나 유가의 많은 경전을 전승하는 데 공이 크다고 한다. 공자보다 44세 아래였다. Zi-xia. alias of Bu Shang. a disciple of Confucius.

02 女爲君子儒 여위군자유

너는 군자다운 선비가 되어라. 너는 군자다운 선비가 되어야 한다. Be a noble scholar like a superior man. You should be a virtuous scholar like a gentleman.

女 여: 너. 당신. 汝와 같다. you.

爲 위: …되다. become.

君子儒 군자유: 군자다운 학자. 세상을 다스리고 백성을 구제하는 실천력 있는

학자(經世濟民 學者). 본래 "군자"란 학문과 덕을 갖춘 사람을 뜻하기도 하고 위정자(爲政者)를 뜻하기도 한다. 소인(小人)과 비교하여 말할 때에는 학문과 덕을 갖춘 사람과 그렇지 못한 사람, 위정자와 일반백성으로 구분하기도 한다. 그런데 군자의 특성 중의 하나는 의(義)로움을 숭상한다는 것이다. 이에 비하여 소인은 사적(私的)인 이익(利益)에 집착한다. 이를 유추하면 군자는 사회전체의 공동의 이익을 추구하는 데 비하여 소인은 자기 개인의 이익만을 고집하는 특징이 있다고 말할 수 있다. 그래서 공자는 "군자다운 선비(君子儒)"가 되어야 한다고 당부한 것이다. 여기서 군자는 "군자다운"이라는 뜻의 형용사 역할을 한다〔「학이」 1-1〕, 〔「이인」 4-11〕, 〔「안연」 12-19〕. a virtuous scholar. a scholar like a gentleman.

儒 선비〔유〕: 선비. 학자 (儒, 學者之稱). scholar.

03 無爲小人儒 무위소인유

소인 같은 선비는 되지 말아라. should not be a petty scholar. be not a petty scholar who makes an effort for his own private interest and successful life.

無爲 무위: 되지 마라. 되어서는 안 된다. should not be. must not become.

無 말〔무〕: 말라. 하지 마라. 毋. 勿. 莫과 같다. do not do. never. should not. used in prohibitions, admonitions, etc.

小人儒 소인유: 소인 같은 학자. 자신의 이익과 출세를 위하여 학문을 하는 학자. 이런 유생(儒生)들에게는 예(禮)를 배워 인간의 도리(道理)를 터득하고 덕행을 베풀고 의리를 중시하는 지도자로서의 기반이 처음부터 결여되어 있다. 후일 출세를 하여서도 자기의 이익추구에만 급급하고 공동체 전체를 위해서는 관심이 없다. 이런 자들 때문에 공동체사회가 조화를 이루지 못하고 사람들 간의 계급의식, 군주의 전제의식, 공직자의 특권의식, 지식층의 자만의식, 부녀자 비하의식 등 공자사상을 그르치는 결과를 가져오게 되었다. a petty scholar. a scholar like a small man. a petty scholar who has a strong concern for his own private interest and successful life.

【 해설 】

군자다운 선비란 남을 먼저 배려하고 사리사욕을 버리는 사람을 뜻한다. 예(禮)를 열심히 배워 실천하고 사회를 계몽하고 개조하려고 고민하는 지식인그룹이다. 이에 반하여 소인 같은 선비란 자기를 먼저 생각하고 자기의 개인적 이익과 출세에만 집착하는 세속적인 유생(儒生)들이다. 책에 몰두하는 것도 자기의 개인적인 출세에 목적이 있는 것이므로 불의와 쉽게 타협하며 사회개혁에는 전혀 관심이 없는 출세지향형 선비들이다. 나라를 망치는 인간들이다. 사회가 필요로 하는 인물은 군자다운 선비일 뿐이다.

【 외국학자 영문해석 】

1 Speaking to Adept Hsia, The Master said: "Be a noble-minded scholar, not a small-minded one."

(The Analects. Confucius Translated by David Hinton, Counterpoint Washington. D.C.)

2 The Master said to Tsze-hsia, "Do you be a scholar after the style of the superior man, and not after that of the mean man."

(Confucius Analects, The Great Learning and The Doctrine of The Mean, translated by James Legge, Manufactured in Dover Publication, Inc. U.S.A.)

제6편 옹야(雍也) | 제12장

子游爲武城宰, 子曰; 女得人焉爾乎? 曰;
有澹臺滅明者, 行不由徑, 非公事未嘗至於偃之室也.

자유위무성재, 자왈; 여득인언이호? 왈; 유담대멸명자, 행불유경, 비공사미상지어언지실야.

해석 | 자유가 무성의 수장(首長)이 되었다. 공자께서 말씀하셨다. "너는 거기서 인재를 얻었느냐?" 자유가 말하였다. "담대멸명(澹臺滅明)이라는 사람이 있습니다. 그는 길을 갈 때 지름길로 가지 아니하고, 공무가 아니면 일찍이 저의 집에 온 적이 없습니다."

【 주석 】

01 子游爲武城宰 자유위무성재

자유가 무성의 수장(首長)이 되었다. Zi-you became governor of Wu County.

子游 자유: 공자의 제자. 성은 언(言), 이름은 언(偃), 자가 자유(子游). 공자보다 45세 연하이다. Zi-you. alias of Yan Yan. a disciple of Confucius.

爲 위: …이 되다. become.

武城 무성: 노나라 직할의 지방도시 이름. Wu county. a name of a county of Lu.

宰 우두머리(재): 지방도시의 수장(首長). 지방장관(地方長官). governor. magistrate. steward.

02 女得人焉爾乎 여득인언이호

너는 거기서 인재를 얻었느냐? Have you got any good man at that place? Have you got a man of ability there?

得人 득인: 인재를 얻다. get a good man. obtain a man of ability.

焉爾 언이: 그 곳에서. 거기서. 於其 또는 於之와 같다. 之 또는 其는 무성(武城)을 가리킨다. in it. at that place. there.

焉 언: …에서. 於와 같다. 동작이나 행위가 발생한 장소를 표시한다 (연세대 허사사전편찬실, 『허사대사전』 p.447). at. in. on.

爾 이: ① 그곳. 그. 그것 (其. 彼). it. that. there ② 이곳. 이. 이것 (是. 此).

this. here.

乎 호: …인가? 의문의 어기를 표시한다. used to indicate the feeling of question. equivalent to a question mark.

참고 **焉爾乎(언이호)** | 3개의 글자를 하나의 용어로 보아 의문의 어기를 표시하는 어조사로 보는 견해도 있다. 즉 언이(焉耳)는 제한의 어기를 나타내고, 乎는 의문의 어기를 나타내는데, 중점은 乎에 있다. "…인가"로 해석한다 (연세대 사서사전편찬실, 『四書集解辭典』 p.513). 그러나 이것은 爾에 대한 설명이 없고 다른 글자인 耳를 집어넣어 혼란스럽다. 아무튼 위 사전에 따르면 "너는 인재를 얻었느냐?"라는 해석이 된다. "그곳에서"라는 장소적 의미는 사라졌다. Have you found any men?(Chichung Huang)

---

03 有澹臺滅明者 유담대멸명자

담대멸명이라고 하는 사람이 있다. There is a certain Dan-tai Mie-ming. There is one Dan-tai Mie-ming.

有 유: …이 있다. there is

澹臺滅明 담대멸명: 공자의 제자. 성이 담대(澹臺), 이름이 멸명(滅明), 자는 자우(子羽). 노나라 무성 사람으로 공자보다 39세 연하이다. Dan-tai Mie-ming. a disciple of Confucius.

者 자: …라는 사람. a person called as.

04 行不由徑 행불유경

길을 갈 때 지름길로 지나가지 아니한다. When he walks, he does not go through short cuts. When he walks down the road, he never takes short cuts.

行 갈(행): 가다. 걷다. walk along the road. walk down the road.

由 좇을(유): 따라가다. 지나가다. 경유하다. pass. go through.

徑 지름길(경): 지름길. 좁은 길. short cuts.

05 非公事未嘗至於偃之室也 비공사미상지어언지실야

공무가 아니면 일찍이 저의 집에 온 적이 없습니다. He has never once been to my house, except on official business. He has not once come to Zi-you's house, except on public business.

非 아닐(비): 아니다. 不와 같다. not. never.

公事 공사: 공무. 공적인 일. official business. public business

未嘗 미상: 일찍이 …한 적이 없다. have never yet been.

偃之室 언지실: 언의 집. 언(偃)은 자유(子游)의 이름이다. Zi-you's house.

室 집(실): 집. 방. house.

【해설】

지름길을 가지 않는다는 것은 공명정대(公明正大)하게 행동한다는 뜻이다. 공(公)과 사(私)를 구분할 줄 아는 부하를 얻은 것이 득인(得人)이다. 담대멸명은 공자의 제자답게 처신이 분명하였고, 공자의 제자답게 사사로이 찾아와서 일을 꾸미거나 은밀한 행동을 하지 않았다고 한다.

【외국학자 영문해석】

1 Ziyou became steward of Wucheng. The Master said: "Have you got anybody there at all?" He said: "There is a certain Tantai Mieming, who never takes short cuts and except on public business has never once been to my house."

(The Analects: translated by Raymond Dawson, Oxford University Press)

2 Tsze-yu being governor of Wu-ch'ang, the Master said to him, "Have you got good men there?" He answered, "There is Tan-t'ai Mieh-ming, who never in walking takes a short cut, and never comes to my office, excepting on public business." (Confucius Analects, The Great Learning and The Doctrine of The Mean, translated by James Legge, Manufactured in Dover Publication, Inc. U.S.A.)

제6편 옹야(雍也)

제13장

子曰; 孟之反不伐. 奔而殿, 將入門, 策其馬曰; 非敢後也, 馬不進也.

자왈; 맹지반불벌. 분이전, 장입문, 책기마왈; 비감후야, 마부진야.

해석 | 공자께서 말씀하셨다. 맹지반은 자기의 공적을 자랑하지 않는다. 패주(敗走)하여 뒤로 물러나면서 후미(後尾)에서 적을 막았으면서도 성문(城門)을 막 들어가려고 할 때에는 그의 말을 채찍질하면서 "내가 감히 뒤서려고 한 것이 아니다. 말이 앞으로 나아가지 않았기 때문이다"라고 말하였다.

【주석】

01 **孟之反不伐** 맹지반불벌

맹지반은 자기의 공적을 자랑하지 않는다. Meng Zhi-fan never boasts. Meng Zhi-fan never brags.

孟之反 맹지반: 노나라 대부. 성은 맹(孟), 이름은 측(側), 자는 지반(之反)이다.

Meng Zhi-fan. minister of Lu.

伐 자랑할〔벌〕: 공적을 자랑하다(伐, 誇功也). boast. brag.

02 奔而殿 분이전

패주(敗走)하여 뒤로 물러나면서 후미(後尾)에서 적을 막다. When the army fled, he brought up the rear. In a rout, he covered the rear.

奔 달릴〔분〕: 싸움에 패하여 후퇴하다. 패주하다(奔, 敗走也). flee.

殿 큰집〔전〕: 전쟁에서 패하여 후퇴하면서 후미에서 적을 막다. 『논어집주』에는 전(殿)은 군대의 후미라고 설명한다(軍後曰殿). cover the rear when the army retreats. behind protect a retreating army.

03 將入門 장입문

막 성문(城門)을 들어가려고 하다. He was about to enter the city gate.

將 장차〔장〕: 막 …하려고 하다. be going to. be about to

04 策其馬曰: 非敢後也, 馬不進也 책기마왈: 비감후야, 마부진야

그의 말을 채찍질하면서 말했다. "내가 감히 뒤서려고 한 것이 아니다. 말이 앞으로 나아가지 않았기 때문이다." He whipped his horses and said, "It was not courage that made me stay in the rear. It was just that my horses did not go fast forward."

策其馬曰 책기마왈: 그의 말을 채찍질하면서 말했다. He whipped his horses and said.

策 채찍〔책〕: 채찍질하다 (策, 鞭也). spur. whip.

非敢後也 비감후야: (내가) 감히 뒤서려고 한 것이 아니다. 패전하여 돌아 올 때에는 빨리 도망쳐 성안으로 돌아오는 군인보다는 끝까지 저항하면서 적을 막다가 마지막으로 돌아오는 군인이 공로(功勞)가 많은 것으로 여겼기 때문에 이런 말을 한

것으로 생각된다(戰敗而還以後爲功). It was not courage that made me stay in the rear. It is not that I dare to stay at the back.

後 뒤로할(후): 뒤서다. stay in the rear. stay behind.

馬不進也 마부진야: 말이 앞으로 나아가지 않았다. It was just that my horses did not go fast forward.

進 나아갈(진): 나아가다. go forward.

【해설】

맹지반은 B.C. 484년 노(魯)나라가 제(齊)나라와의 전쟁에서 크게 패하여 노나라 성(城)안으로 후퇴한 일이 있었는데, 이 때 그는 후퇴하는 군대의 뒤를 지키고 엄호하면서 마지막으로 성에 입성하였다고 한다. 추격해 오는 적을 막으면서 아군을 무사히 성 안으로 돌아오게 한 용감한 군인이었다. 자기의 공을 전혀 자랑하지 않고 "말이 잘 뛰지를 못해 처졌다"고 하는 겸손을 취하였다. 용기와 남을 배려하는 마음과 겸손의 미덕을 두루 갖춘 군자의 모습이다. 우리가 본받을 만한 인물이다.

【외국학자 영문해석】

1 The Master said: "Meng Chin-fan never boasts. When the army fled, he brought up the rear. Then when he was coming in through the gates, he spurred his horse on, saying It wasn't courage that kept me behind. This horse just won't go any faster."

(The Analects. Confucius Translated by David Hinton, Counterpoint Washington. D.C.)

2 The Master said: Meng Chih-fan is no boaster. When they were fleeing he brought up the rear, and only when about to enter the gate did he whip up his horse, saying: "It is not that I dare to be in the rear; my horse would not come on."

(The Analects, Confucius translated by William Edward Soothill. Dover Publications, Inc. New York.)

제14장

子曰; 不有祝鮀之佞, 而有宋朝之美, 難乎免於今之世矣.

자왈; 불유축타지녕, 이유송조지미, 난호면어금지세의.

해석 | 공자께서 말씀하셨다. "축타와 같은 말재주를 가지고 있지 않고, 송조(宋朝)와 같은 미색(美色)만을 가지고 있다면, 어렵다! 지금의 세상에서 화를 면한다는 것은."

【주석】

01 不有祝鮀之佞 불유축타지녕

축타와 같은 말재주를 가지고 있지 않다. You do not possess the eloquence of Zhu Tuo.

祝鮀 축타: 위나라 대부. 이름은 타(鮀), 자는 자어(子魚). 말재주가 뛰어난 사람이다. 이 사람은 종묘에서 제사를 지낼 때 축문을 읽는 축관(祝官)의 관직에 있었기 때문에 축타라고 부르게 되었다고 한다〔「헌문」 14-20〕. Zhu Tuo. Priest Tuo. Minister of Wei, said to be famous for his eloquence.

佞 아첨할〔녕〕: 말재주. 구변. eloquence. slick tongue. agile tongue.

02 有宋朝之美 유송조지미

송조(宋朝)와 같은 미색(美色)을 가지고 있다. You possess only the beauty of Song Chao.

而 이: …이면. …하면 if. in case. 그리고 and.

〔예〕 管氏而知禮, 孰不知禮(관씨이지례, 숙부지례): 관씨가 예(禮)를 안다면, 누가 예를 모르겠느냐?〔「팔일」 3-22〕 If even Guan Shi knew the rituals, then who does not know the rituals?

宋朝 송조: 송(宋)나라의 공자(公子)로 이름은 조(朝). 송조는 미남(美男)으로 양공(襄公)의 부인인 선강(宣姜) 및 영공(靈公)의 부인인 남자(南子)와 간통한 적이 있다고 한다. Song Chao.

美 아름다울〔미〕: 미모(美貌). beauty. good looks. fine appearance.

03 難乎免於今之世矣 난호면어금지세의

어렵다! 지금의 세상에서 화를 면한다는 것은. It is difficult for you to survive in the present age. Difficult, indeed! to survive in the present age.

難乎 난호: 어렵다!(말재간을 부리며 아첨하는 자가 판치는 세상을 개탄하는 표현으로 생각된다) Difficult, indeed! How difficult it is.

乎 호: 감탄과 추측의 어기를 표시한다. 乎가 음절을 조정하고 어기를 고르는 역할을 하는 것으로 보는 다른 견해도 있으나 어느 견해를 취하든 전체적인 뜻은 크게 다르지 않다. used to indicate the feeling of exclamation and conjecture. used like an exclamation mark.

〔예〕 郁郁乎文哉(욱욱호문재): 찬란하고 찬란하도다! 문물제도(文物制度)여!〔「팔일」 3-14〕 What a splendid culture! How magnificent is the culture! How splendid is the culture!

免 면할〔면〕: 화(禍)를 면하다. be immune from. stay out of. get away unscathed. survive.

於今之世 어금지세: 지금의 세상에서. in this world. in the present age. today's world.

矣 의: …이다(be). 문장 끝에 놓여 단정 또는 필연의 결과를 표시한다. used

to indicate the feeling of decision or an inevitable consequence.

【해설】

이 문장의 해석은 크게 두 가지로 나뉜다.

〔1〕 첫 번째 나오는 글자인 不가 "有祝鮀之佞"와 "有宋朝之美" 모두를 수식하는 부정사로 본다. "축타와 같은 말재주를 가지고 있지 않고", 또 "송조(宋朝)와 같은 미색(美色)을 가지고 있지 않다"면 살아남기 어렵다는 해석이다. 거꾸로 해석하면 난세에서 살아 남으려면 "아첨도 할 줄 아는 재주"도 있고 "미모"도 갖추어야 한다는 것이다. 주희의 『논어집주』가 이러한 입장이다.

〔2〕 글자 그대로 해석하는 입장이다.
"축타와 같은 말재주를 가지고 있지 않고, 송조(宋朝)와 같은 미색(美色)만을 가지고 있다면" 살아 남기 어렵다고 해석하는 입장이다. 不자가 앞 문장에만 붙어 있으므로 글자 그대로 앞 문장만 부정한 것이다. 실제로도 말재주가 없어 아첨을 잘 못하면 살아 남기 어려운 것이 오늘의 현실이다. 그러나 미모(美貌)가 아름답지 못하여 살아 남기 힘들다는 해석은 좀 무리가 간다. 더구나 송나라의 조(朝)는 남자(男子)이기 때문에 더욱 그러하다. 이 책에서는 〔2〕번의 뜻으로 해석하였다. 외국학자들의 입장도 두 가지로 나뉘고 있다.

【외국학자 영문해석】

1 The Master said: "He who possesses neither Zhu Tuo's eloquence nor Song Cha's good looks will find it difficult to be immune from the perils of today's world."
(The analects of Confucius (Lun Yu); A Literal Translation with an Introduction and Notes by Chichung Huang, Oxford University Press 1997.)

2 The Master said: "If you do not possess the eloquence of the priest Tuo, it is difficult to get away with things in the present age even if you possess the beauty of Zhao of Song."

(The Analects: translated by Raymond Dawson, Oxford University Press.)

제6편 옹야(雍也) | 제15장

子曰; 誰能出不由戶? 何莫由斯道也?

자왈; 수능출불유호? 하막유사도야?

해석 | 공자께서 말씀하셨다. "누가 문을 통하지 않고 나갈 수 있겠는가? 어찌하여 이 도(道)를 따르지 아니하는가?"

【주석】

01 誰能出不由戶 수능출불유호

누가 문을 통하지 않고 나갈 수 있겠는가? Who can go out of a house except through the door?

誰 누구[수]: 누구. who.

由 쓸[유]: 사용하다. 경유하다. 통과하다. 따르다. 좇다. use. go through. pass. follow.

戶 지게[호]: 문. 출입구. the door.

02 何莫由斯道也 하막유사도야

어찌하여 이 도(道)를 따르지 않느냐? Why is it that nobody follows this Way? Why does no one follow this Way?

莫 없을[막]: …하지 않다. do not. no one. nobody.

由 좇을[유]: 따르다. 좇다. follow.

斯道 사도: 이 도(道). 선왕(先王)의 도. 사람이 가야 할 올바른 길. this Way.

也 야: 문장 끝에 쓰여 의문의 어기를 표시한다. 가벼운 의문을 나타낸다 (최상익, 『한문해석법연구』 p.82)〔「이인」 4-15〕. used to indicate the feeling of a question. equivalent to a question mark. used to pose a question or counter question. (The Commercial Press. 2001. Beijing, New Age Chinese-English Dictionary: p.1806).

【해설】

사람들이 밖으로 나갈 때에 문을 통과하여야 하는 것처럼 우리도 세상을 살아나감에 지켜야 할 길이 있다. 옛 성현들의 행동양식을 배우고 익혀 이를 실천하는 것이 바로 그것이다. 그런데 많은 사람이 이를 외면하고 이를 무시하는 풍조가 만연되어 있어 공자가 이렇게 개탄한 것이다. 우리 속담에도 "길이 아니거든 가지를 말고, 말이 아니거든 듣지를 말라"는 말이 있다.

【외국학자 영문해석】

1 The Master said, "Who can go out but by the door? Why is it that no one follows this Way?"

(The Original Analects, Sayings of Confucius and His Successors, A New Translation and Commentary by E. Bruce Brooks and A Takeo Brooks, Columbia University Press, New York.)

2 The Master said: "Who can go out except by the door? Why is it no one keeps to the way?"

(Harvard Classics, Vol. 44, Part 1: The Sayings of Confucius). (http://www.bartleby.com/44/1/)

제16장

子曰; 質勝文則野, 文勝質則史. 文質彬彬然後君子.

자왈; 질승문즉야, 문승질즉사. 문질빈빈연후군자.

해석 | 공자께서 말씀하셨다. "바탕〔內容〕이 무늬〔外觀〕보다 두드러지면 야해서 세련되지 못하고, 무늬가 바탕보다 두드러지면 외관만 화려하고 형식적인 것으로 보인다. 무늬와 바탕이 잘 조화를 이룬 연후라야 군자답다."

【주석】

01 質勝文則野 질승문즉야

바탕이 무늬보다 두드러지면 야해서 세련되어 보이지 않는다. 바탕은 예쁘지만 잘 가꾸지 않으면 야생화(野生花)처럼 거칠고 촌스러워 보인다. 어떤 여인의 얼굴. 가슴. 허리. 다리의 각선미 등이 아무리 훌륭하게 빼어났다 하더라도 화장을 잘 하지 못하거나 의상을 맵시 있게 갖추어 입지 못한다면 그녀의 모양새는 야하고 촌스러워 보일 것이다. 체격(體格)이 아무리 출중(出衆)하여도 예악(禮樂) 등 교양미(敎養美)를 갖추지 못하면 천박(淺薄)하게 보이는 것과 같다. If the natural qualities of a person prevail over refinement, he looks rustic.

質勝文 질승문: 바탕이 무늬를 이기다. 세련되게 갈고 닦지 않음을 뜻한다. the natural qualities of a person prevail over refinement.

質 바탕(질): 바탕. 기본〔「안연」 12-8〕. solid qualities. natural substance. native substance. substance. nature.

勝 이길(승): 이기다. 누르다. 능가하다. surpass. exceed. prevail over. dominate.

文 무늬(문): 무늬. 채색. 교양. 세련되게 갈고 닦음. ornamentation. accomplishments. refinement.

則 즉: …하면. …이면. if

野 야: 야하다. 촌스럽다. 세련되지 못하다. 질박하다. rustic. churlish. coarse. rude.

02 文勝質則史 문승질즉사

무늬가 바탕보다 두드러지면 외관만 화려하고 형식적이다. If refinement prevails over natural qualities, he looks like the manners of a clerk.

史 사: 사관(史官)의 문장처럼 외관만 화려하고 형식적이다. 사관이 역사를 기록할 때, 수식(修飾)을 넣어 화려하게 꾸미는 것처럼 형식적이고 겉치레에 치중함을 뜻한다. 주희는 "史는 문서를 관장하는 관리로 많이 듣고 일에는 익숙하나 간혹 성의가 부족하다"고 설명한다. be like manners of a clerk. be formally splendid. be clerical.

03 文質彬彬然後君子 문질빈빈연후군자

무늬(外觀)와 바탕(內容)이 잘 조화를 이룬 연후라야 군자답다. When refinement and natural qualities are well blended, he becomes like a superior man.

彬彬 빈빈: 무늬(外觀)와 바탕(內容)이 갖추어져 잘 조화를 이루는 모양. 彬은 나무 두 그루가 나란히 서 있으면서 가지와 잎이 서로 잘 섞여 있는 모습을 나타내고 있다. be properly blended. be well blended. be in balance.

彬 빛날〔빈〕: 빛나다. beautiful. harmonious. well-matched.

然後 연후: 그런 뒤에. and then.

君子 군자: 군자답다. 형용사 역할을 한다. become like a gentleman. be like a superior man.

【해설】

얼굴만 예쁘다고 훌륭한 배우가 되는 것은 아니다. 탄탄한 연기력을 쌓아야 한다. 등치만 크다고 씨름선수가 되는 것도 아니다. 튼튼한 체력과 기술을 연마하여야 훌륭한 씨름꾼이 될 수 있다. 사람에게 내재하는 순수하고 질박한 성품과 겉으로 나타나는 세련된 교양미가 어느 한 쪽으로 치우치지 않고 서로 조화를 이루어야 군자답다는 말이다. 미스코리아 선발대회와 관련하여 들은 이야기가 있다. 지원자의 얼굴 바탕과 몸매가 웬만하기만 하면 자기의 화장기술과 몸매 가꾸기 기법(技法)에 의거 미스코리아 진선미(眞善美) 중 하나에 당선시킬 수 있다고 자랑하던 어느 미용실 원장의 이야기가 생각난다. 미모가 군자 급에 속하는 최고의 미인을 뽑는 데에도 "바탕"과 "장식"의 조화가 필요하다는 것이다. 바탕이 모자라는 데 화장과 옷으로 치장해 보았자 촌스러울 뿐이다. 본바탕이 훌륭한 사람도 세련미를 갖추어야 사회가 필요로 하는 인재(人才)가 될 수 있다. 머리가 천재급에 속하는 아이도 공부시키지 않고 집에 파묻혀 놓으면 훌륭한 인물이 될 수 없는 것과 같다.

【외국학자 영문해석】

1 The Master said, "Where the solid qualities are in excess of accomplishments, we have rusticity; where the accomplishments are in excess of the solid qualities, we have the manners of a clerk. When the accomplishments and solid qualities are equally blended, we then have the man of virtue."

(Confucius Analects, The Great Learning and The Doctrine of The Mean, translated by James Legge, Manufactured in Dover Publication, Inc. U.S.A.)

2 The Master said: "When substance prevails over refinement there is churlishness, and when refinement prevails over substance there is pedantry. Only if refinement and substance are properly blended, does one become a gentleman."

(The Analects: translated by Raymond Dawson, Oxford University Press.)

제17장

子曰; 人之生也直, 罔之生也幸而免.

자왈; 인지생야직, 망지생야행이면.

해석 | 공자께서 말씀하셨다. "인간의 삶은 정직한 것이다. 정직하지 아니한 인생은 요행히 화(禍)를 면하고 있는 것이다."

【주석】

01 人之生也直 인지생야직

사람의 삶은 정직한 것이다. "사람의 삶은 정직하여야 한다"고 당위성을 강조하여 해석하기도 한다. 그러나 위 문장에는 당위성을 나타내는 必. 當. 應. 宜 등의 글자가 없다. The way that man lives is uprightness. Man's existence should be maintained in his integrity.

人之生 인지생: 인간의 삶. 사람이 살아나가는 이치. A man's life. a person's living. that man lives. the way that man lives.

之 지: ① …의. …하는 (사람의 삶). of. ② 구(句) 또는 절(節)을 만드는 접속사의 역할로 볼 수도 있다(사람이 살아가는 것). that.

直 곧을[직]: 정직하다. 바르다. 주희는 『논어집주』에서 "삶의 이치는 본래 정직하다"고 설명한다(生理本直). 유가(儒家)에서는 "사람의 본성은 선(善)하다"는 입장이므로 이를 지키려면 반드시 옳고 바르게 살아야 한다. "바르다"는 말은 "잘못되어 있지 않다"는 뜻이다. uprightness. integrity. honesty.

也 야: 음절을 조정하고 어기를 고르는 어조사. "…은" 하고 잠시 숨을 고르는 쉼표 역할을 한다. equivalent to a comma. used to indicate a pause in a sentence

(The Commercial Press. 2001. Beijing, New Age Chinese-English Dictionary: p.1806).

02 罔之生也幸而免 망지생야행이면

정직하지 아니한 인생은 요행히 화(禍)를 면하고 있는 것이다. If he yet survives without it, it is that he escapes from punishment fortunately. The person who exists without it, he only survives luckily.

罔之生 망지생: ① 정직하지 아니한 삶(정직하지 않게 살아가는 인생). life without uprightness. life without integrity. ② 그것이 없이 살아남는 것(정직하지 않게 살면서도 살아남는 것). that a person survives without it.

罔 없을(망): 없다. 정직하지 아니하다. 주희는 "罔은 정직하지 아니한 것"을 뜻한다고 설명한다(罔, 不直也). be not upright.

幸而 행이: 요행(僥倖)히. luckily. fortunately. by a stroke of good luck. by good fortune.

(예) 1. 俄而子輿有病(아이자여유병): 갑자기 자여가 병이 났다〔『莊子』, 「內篇」 大宗師〕 Suddenly Zi-yu got ill.

2. 悤悤而去(총총이거): 서둘러서 떠났다. leave in haste. (Beijing Foreign Language University, A Chinese-English Dictionary)

幸 다행(행): 다행. 요행〔「옹야」 6-2〕. fortune. good luck.

而 말 이을(이): 부사형 접미사. 부사구를 만드는 역할을 한다. 영어의 "…ly"와 같다. equivalent to an adverbial suffix in English, "…ly" / used in connect an adverbial phrase of time or manner with a verb. (The Commercial Press. 2001. Beijing, New Age Chinese-English Dictionary, p.398) / connecting an adverbial element to a verb (Beijing Foreign Language University, A Chinese-English Dictionary, 1997 Revised Edition, p.313)

免 면: 화(禍)를 면하다. escape from punishment. survive.

【 해설 】

사람은 사람답게 정직하게 살아야 한다. 사람이 사람답게 행동하지 않고 짐승처럼 본능적으로 행동한다면 그는 이제 사람이 아니고 동물에 불과하다. 사람이 사람답게 산다는 것은 바르고 정직하게 사는 것을 뜻한다. 바르고 정직하게 살지 않고 살인, 강도, 사기, 강간 등의 야만적인 방법으로 인생을 살아간다면 그는 언젠가 힘이 약하여졌을 때 누군가에게 맞아 죽거나 법망에 걸려들게 될 것이다. 그런 사람이 아직도 살아 있다면 그는 운(運)이 좋아 요행히 잘 피해온 것이다. 그러나 언젠가는 붙잡힌다.

맹자는 "인간의 본성은 선(善)한 것이다"라고 주장하였다 (孟子道性善). 이런 선(善)한 성품도 친구, 습관, 환경 등 외부적 요인에 의하여 악(惡)하게 변할 수 있다. 공자는 맹자처럼 인간의 타고난 성품이 선(善)한 것이라고는 하지 않았다. 다만 인간의 삶은 정직(正直)한 것이라고 말하고 있다. 물론 살다 보면 부정(不正)한 행동을 하기도 한다. 부정한 짓을 하고도 살아남았다면 그것은 아주 운(運)이 좋은 것이다. 선한 일을 하면 선업(善業)이 돌아오고, 악한 일을 하면 악업(惡業)이 돌아오는 것이 자연의 이치이다. 그런데 사기(詐欺)를 치고도 버젓이 잘 살고 있다면 그것은 무언가 잘못된 것이다. 요행(僥倖)이 일시적으로 법망(法網)을 피한 것이지 그 후손들에게까지 면죄부(免罪符)를 준 것은 아니다. 훗날 언젠가는 반드시 거꾸로 사기를 당해서 이자까지 변상해야 하는 악업이 돌아올 수도 있다. 만약 그가 보복을 받지 않는다면 그 자손들이 대가(對價)를 치러야 할 경우도 생기게 된다. 이 세상에 공짜는 없다. 콩을 심으면 콩이 나오고, 팥을 심으면 팥이 나온다. 김씨 집안에 시집을 가면 김씨 성(姓)을 가진 아이가 태어나고, 박씨 집안에 시집을 가면 박씨 성(姓)을 가진 아이가 태어난다. 이것이 정직(正直)한 것이다. 자연의 이치란 바로 이런 것을 두고 말하는 것이다. 그런데 어느 날 갑자기 암탉이 오리알을 낳았다면 수탉이 "너 참 정직하다"라고 할 수 있을까?

【 외국학자 영문해석 】

1 Confucius said, "A person's survival depends on his integrity. Those who lack integrity only survive by a stroke of luck."

(The Complete Analects of Confucius(1997), translated by Adam Sia. Asiapac Books Pte Ltd. Singapore.)

2 The Master said, "A man's life is uprightness, and if he does not have that, he will be lucky if he even escapes with his life."

(The Original Analects, Sayings of Confucius and His Successors, A New Translation and Commentary by E. Bruce Brooks and A Takeo Brooks, Columbia University Press, New York.)

제6편 옹야(雍也) | # 제18장

子曰; 知之者不如好之者, 好之者不如樂之者.

자왈; 지지자불여호지자, 호지자불여낙지자.

해석 | 공자께서 말씀하셨다. "어떤 것을 아는 사람은 어떤 것을 좋아하는 사람만 못하고, 어떤 것을 좋아하는 사람은 어떤 것을 즐기는 사람만 못하다."

【주석】

01 知之者不如好之者 지지자불여호지자

어떤 것을 아는 사람은 어떤 것을 좋아하는 사람만 못하다. Those who know it are not as good as those who love it.

知之者 지지자: 그것을 아는 사람. 어떤 것을 아는 사람. 도(道)를 아는 사람. 之는 사람이 지켜야 할 올바른 길 즉 도(道)를 의미한다. the person who knows it. the man who knows something.

之 지: 보통은 앞에서 이미 말한 것을 다시 가리키는 지시대명사 또는 인칭대명사로 "그것", "그", "그 사람" 등의 의미로 쓰인다. 여기서는 일반적인 사실, 사물 또는 사람을 가리킨다. 知之者(그것을 아는 사람)의 之는 도(道)를 가리키는 것으로 생각된다. 공자가 즐기는 덕목이 道이기 때문이다[「위정」 2-18]. it. something.

it means the Way.

者 자: ① …하는 사람. the person who… ② …한 것. the thing which…

不如 불여: …만 못하다. …보다 못하다. …만 같지 못하다〔「학이」 1-8〕, 〔「팔일」 3-5〕, 〔「자한」 9-24〕, 〔「자로」 13-24〕, 〔「위령공」 15-30〕. not as good as. inferior to. not comparable to. not equal to. not like. not up to.

〔예〕 百聞而不如一見(백문이 불여일견): 백 번 듣는 것이 한 번 보는 것만 못하다(백 번 듣는다 할지라도 한 번 보는 것만 못하다)〔『漢書』〕. Hearing something one hundred times by ears is not equal to watching it one time by eyes.

好之者 호지자: 그것을 좋아하는 사람. the person who loves it.

02 好之者不如樂之者 호지자불여낙지자

어떤 것을 좋아하는 사람은 어떤 것을 즐기는 사람만 못하다. Those who love it are not comparable to those who delight in it.

樂之者 낙지자: 그것을 즐기는 사람. 어떤 것을 즐기는 사람. the person who feels happy in it. the person who delights in it.

【해설】

주희는 『논어집주』에서 "어떤 것을 안다는 것"은 "이 도(道)가 있음을 아는 것이다(知有此道也)"라고 말하였다. 그러므로 "그것"은 道를 의미하는 것으로 해석된다. 그리고 장경부(張敬夫)의 말을 빌려 오곡(五穀)에 비유하여 설명하고 있다. 안다는 것은 그 먹을 만한 것임을 아는 것이고, 좋아한다는 것은 먹어서 즐기는 것이고, 즐긴다는 것은 그것을 즐겨 먹고 배부른 것을 의미한다고 하였다(知者, 知其可食者也. 好者, 食而嗜之者也. 樂者, 嗜之而飽者也). 道는 단순히 공부만 하여서는 내 것이 되지 않는다. 이것을 즐기고 이것에 동화하려는 몸부림이 있어야 한다. 그래야 세속적인 말로 도통(道通)의 경지에 이를 수 있는 것이다.

【외국학자 영문해석】

1 The Master said, "They who know the truth are not equal to those who love it, and they who love it are not equal to those who delight in it."

(Confucius Analects, The Great Learning and The Doctrine of The Mean: translated by James Legge.)

2 Confucius said: "Knowing it is not as good as loving it; loving it is not as good as delighting in it."

(http://web.singnet.com.sg/~clementn/mar.htm: The Analects of Confucius: compiled by Ng Shin Kiat.)

제6편 옹야(雍也) 제19장

子曰; 中人以上, 可以語上也; 中人以下, 不可以語上也.

자왈; 중인이상, 가이어상야; 중인이하, 불가이어상야.

해석 | 공자께서 말씀하셨다. "중급(中級) 이상의 사람들에게는 상급(上級)의 것을 이야기할 수 있으나, 중급이하의 사람들에게는 상급의 것을 이야기할 수 없다."

【주석】

01 中人以上, 可以語上也 중인이상, 가이어상야

중급(中級) 이상의 사람들에게는 상급(上級)의 것을 이야기할 수 있다. To people above average, one can talk the highest subjects.

中人 중인: 중급(中級)의 사람. 자질이나 능력이 중급인 사람. those who are above

average. people above average.

中 가운데[중]: 가운데. 중급(中級). average. mediocrity.

可以 가이: 할 수 있다. can

語 말씀[어]: 말하다 (語, 告也). talk. impart. discourse.

上 위[상]: 상급(上級). 상급수준의 학문. higher subjects. higher things. superior matters. advanced knowledge.

02 中人以下, 不可以語上也 중인이하, 불가이어상야

중급이하의 사람들에게는 상급의 것을 이야기할 수 없다. To people below average, one cannot talk the highest subjects..

【해설】

피교육자의 수준에 따라 강의내용을 달리하여야 교육효과가 크다는 점을 강조하고 있다. 자기 수준에 맞아야 열심히 공부하게 되고 이렇게 열심히 하다 보면 학문을 좋아하게 되고 지혜를 터득하게 되어 다음 단계로의 진입이 가능하여진다.

【외국학자 영문해석】

1 Confucius said, "To those above average, higher knowledge may be transmitted to them. To those who are below average, higher knowledge cannot be transmitted."

(The Complete Analects of Confucius(1997), translated by Adam Sia. Asiapac Books Pte Ltd. Singapore.)

2 The Master said: "To men above the average one may discourse on higher things; but to those who are below the average one may not discourse on higher things."

(The Analects, Confucius translated by William Edward Soothill. Dover Publications, Inc. New York.)

제20장

樊遲問知, 子曰; 務民之義, 敬鬼神而遠之, 可謂知矣. 問仁, 曰; 仁者先難而後獲, 可謂仁矣.

번지문지, 자왈; 무민지의, 경귀신이원지, 가위지의. 문인, 왈; 인자선난이후획, 가위인의.

해석 | 번지가 지혜(知慧)를 물었다. 공자께서 말씀하셨다. "사람으로서 마땅히 하여야 할 도리에 힘쓰고, 귀신을 공경하되 그것을 멀리하면 지혜롭다고 할 수 있다." 번지가 인(仁)을 물었다. 공자께서 말씀하셨다. "인이란 어려운 일은 남보다 먼저 하고, 이득을 취하는 일은 남보다 뒤에 하는 것이다. 그래야 인하다고 할 수 있다."

【주석】

01 樊遲問知 / 번지문지

번지가 지혜(知慧)에 대하여 물었다. Fan Chi asked about wisdom.

樊遲 번지: 공자의 제자. 이름은 수(須), 자는 자지(子遲). 공자보다 36세 연하이다. Fan Chi. a disciple of Confucius.

知 지: 지혜(知慧). 智와 같다. wisdom.

02 務民之義, 敬鬼神而遠之, 可謂知矣

무민지의, 경귀신이원지, 가위지의

사람으로서 마땅히 하여야 할 도리에 힘쓰고, 귀신을 공경하되 그것을 멀리하면 지혜롭다고 할 수 있다. To devote oneself to the duties of man, and to respect the gods but keep away from them, this can be called wisdom.

民之義 민지의: 사람의 도리. 사람으로서 마땅히 하여야 할 도리. 사람의 도리란 광범위한 개념이다. 가족의 부양의무, 자기 직업에 충실하여야 할 의무, 어른을 공경하여야 할 의무, 국가의 충성의무, 백성을 잘 먹여 살릴 의무, 질서를 잘 지켜야 할 의무 등 가정과 사회의 구성원으로서의 모든 의무가 다 포함된다. the duties of man. human way. one's duty to work hard for the people.

務 일(무): 힘쓰다. 다하다. devote oneself to. work hard. make efforts. make every effort to do. do one's best.

民 백성(민): 백성이란 뜻이지만 여기서는 넓은 의미로 "사람"을 가리킨다 (民, 亦人也). man. person. people.

義 의: 의무(義務). 사람으로서 마땅히 지켜야 할 책무. "의로운 것, 올바르고 합리적인 것, 악을 버리고 선을 택하는 것, 사리사욕을 버리고 사회와 조화롭게 사는 것" 등이 義의 구체적 모습이다〔「학이」 1-13〕, 〔「위정」 2-24〕, 〔「이인」 4-16〕. duties. what is right and just. the duties of man. what is reasonable.

敬鬼神而遠之 경귀신이원지: 귀신을 공경하되 그것을 멀리하다. 사람이 마땅히 하여야 할 도리는 다하지 아니하고 귀신에게 의존하려는 마음은 버려야 한다. respect the gods but keep away from them. pay reverence to ghosts and spirits but keep them at a distance.

鬼神 귀신: 조상(祖上)의 영혼(靈魂)과 산천(山川)의 신(神)〔「위정」 2-24〕, 〔「팔일」 3-12〕, 〔「태백」 8-21〕, 〔「선진」 11-11〕. the spirits of ancestors, and gods. the spirits of the dead and the gods. the spirits and gods. spiritual beings. ghosts and spirits.

敬 공경할(경): 예절이 바르고 신중하다. 남에게는 늘 공경하는 마음으로 예의에 맞게 행동하고, 자신에게는 항상 엄격하고 매사에 신중한 자세를 취하는 것을 뜻한다〔「팔일」 3-26〕, 〔「위령공」 15-5〕. be reverent. be respectful to others and act with prudence.

遠 멀리할(원): 멀리하다. 거리를 두다〔「학이」 1-13〕, 〔「태백」 8-4〕. keep afar.

keep something away. keep something at a distance. keep away from.

可謂知矣 가위지의: 지혜롭다고 말할 수 있다. can be called wisdom. may be called wisdom.

03 仁者先難而後獲 인자선난이후획

인(仁)이란 어려운 일은 남보다 먼저 하고, 이득을 취하는 일은 남보다 뒤에 하는 것이다. The thing called as humanity, a man takes difficulties first and gets reward later. A person with nobleness works hard first and seeks reward later.

仁者 인자: 인(仁)은. 인(仁)이란. 인(仁)이라는 것은. 者는 "사람"이라고 해석하기보다는 음절을 조정하고 어기를 고르는 어조사 즉 comma 정도의 역할을 하는 것으로 본다. the thing called as humanity. humanity. benevolence. the attitudes which put aside self-interest and consider others first. humane mind to consider others first and give up self-interest.

先難而後獲 선난이후획: 어려운 일은 남보다 먼저 하고, 이득을 취하는 일은 남보다 뒤에 한다. take difficulties first and get reward later.

先 먼저(선): 먼저 하다. 앞장서다. 솔선수범(率先垂範)하다. take the lead in working. take the initiative in working. set an example oneself to others. become an example. show a good example to others. first. earlier than. above everything.

難 어려울(난): 어려운 일. difficulties.

後 뒤로할(후): 뒤로하다. 뒤로 돌리다. 뒤서다[「옹야」 6-13]. stay in the rear. remain behind. stay behind. run after a person. later. afterwards.

獲 얻을(획): 이득을 취하는 일. reward. benefit.

可謂仁矣 가위인의: 인(仁)이라 할 수 있다. can be called humanity. may be called benevolence. may be called perfect virtue.

【해설】

사람의 힘으로 할 수 있는 것과 할 수 없는 것이 있다. 우리는 사람의 힘으로 할 수 있는 것 즉 사람이 마땅히 하여야 할 도리(道理)에 힘써야 한다. 이것을 제쳐놓고 귀신에 의존하는 것은 지혜롭지 못한 일이다. 귀신은 인간의 힘으로는 알 수 없는 세계이므로 이에 현혹되어서는 안 된다. 그러나 사람이 죽어서 귀(鬼)가 된다고 전하므로 죽은 조상의 영혼에는 마치 살아 계실 때처럼 공경(恭敬)하는 마음을 가져야 한다. 그래서 귀신을 공경하되 멀리하면 지혜롭다고 말한 것이다. 주희는 "귀신의 알 수 없는 일에 현혹되지 않는 것이 지혜로운 자의 일이다(而不惑於鬼神之不可知, 知者之事也)." "사람이 귀신을 많이 믿는 것은 의혹된 것이고, 믿지 않는 자 또한 공경할 줄 모르는 것이다. 능히 공경할 줄 알고 멀리할 줄 알아야 지혜롭다고 할 수 있다"라고 설명한다(人多信鬼神, 惑也, 而不信者, 又不能敬, 能敬能遠, 可謂知矣). 적당히 거리를 두면서 사람으로서 마땅히 하여야 할 도리에 힘쓰라는 공자의 말에서 우리는 그가 절대적인 무신론자(無神論者)는 아님을 알 수 있다. 그는 인도주의(人道主義)를 신봉하는 사람일 뿐이다.

【외국학자 영문해석】

1 Fan Chi asked what wisdom was. Confucius said, "If one gives sound advice to the common people so that they will cherish what is right and just, and respects the spirits of the dead and the gods while keeping them at a distance, then he can be called wise." Fan asked what benevolence was, Confucius said, "If one is the first to take a difficult job and the last to think about reward, then one can be called benevolent."

(Analects of Confucius (1994): Printed by Beijing Foreign Language Printing House. China.)

2 Fan Ch'ih asked about wisdom, and the Master said: "Devotion to perfecting your Duties toward the people, and reverence for gods and spirits while keeping your distance from them-that can be called wisdom."
and when Fan Ch'ih asked about Humanity, the Master said: "The Humane master the difficult parts before expecting any rewards-that can be called Humanity."

(The Analects. Confucius Translated by David Hinton, Counterpoint Washington. D.C.)

제21장

子曰; 知者樂水, 仁者樂山; 知者動, 仁者靜; 知者樂, 仁者壽.

자왈; 지자요수, 인자요산; 지자동, 인자정; 지자락, 인자수.

해석 | 공자께서 말씀하셨다. "지혜로운 사람은 물을 좋아하고, 인(仁)한 사람은 산을 좋아한다. 지혜로운 사람은 동적(動的)이고, 인한 사람은 정적(靜的)이다. 지혜로운 사람은 즐겁게 살고, 인한 사람은 장수(長壽)한다."

【주석】

01 知者樂水 지자요수

지혜로운 사람은 물을 좋아한다. The wise men find joy in water. The man of wisdom delights in water.

知者 지자: 지혜로운 사람. the wise man. the man of wisdom.

樂 좋아할(요): 좋아하다. 樂는 즐거울(락)으로도 읽는다. delight in. like. find pleasure in. take delight in.

水 물(수): 물. water.

02 仁者樂山 인자요산

인(仁)한 사람은 산을 좋아한다. The benevolent men find joy in mountains. The man of humanity delights in mountains.

仁者 인자: 어질고 덕망이 있는 사람. the benevolent man. the man of humanity.

山 뫼(산): 산. mountain.

03 知者動 지자동

지혜로운 사람은 동적(動的)이다. The wise men are active.

動 움직일(동): 움직이다. 동적이다. move. active.

04 仁者靜 인자정

인(仁)한 사람은 정적(靜的)이다. The benevolent men are still.

靜 조용할(정): 조용하다. 정적이다. do not move. still. tranquil. calm. quiet.

05 知者樂 지자락

지혜로운 사람은 즐겁게 산다. The wise men enjoy life.

樂 즐거울(락): 즐기다. 즐겁게 살다. find joy. enjoy life. be joyful. find enjoyment.

06 仁者壽 인자수

인(仁)한 사람은 장수(長壽)한다. The benevolent men are long-lived.

壽 목숨(수): 장수하다. 오래 살다. be long-lived. have long life. achieve longevity.

【해설】

지혜롭고 재주가 많은 사람은 그의 재능을 발휘하여 자기에게 유리한 쪽으로 이곳저곳을 옮겨 다니는 특징이 있다. 그래서 물을 좋아하는 것으로 표현하였다. 물은 늘 흐르기 때문이다.

그리고 이를 동적(動的)이라고 표현하였다. 이에 비하여 어질고 덕망이 있는 사람은 인생관이 확고하여 지조(志操)를 바꾸지 아니하고 한군데 머물러 있는 특징이 있다. 움직이지 아니하므로 산에 비유하였다. 또한 산은 늘 같은 곳에 머물러 있으므로 정적(靜的)이라고 표현하였다. 비록 가난한 살림이지만 세속적인 이해관계에 신경을 쓰지 아니하고 깊은 산 속에서 대자연과 더불어 마음 편히 살고 있으므로 수명이 길어질는지도 모른다. 번화가(繁華街)에 사는 사람 중 장수(長壽)하는 사람이 별로 없기 때문이다. 스트레스 받지 않고 마음 편안하게 사는 사람들 중에 장수하는 사람이 많음을 우리는 흔히 본다.

【외국학자 영문해석】

1 The Master said: "The man of wisdom delights in water; the man of humanity delights in mountains. The man of wisdom is active; the man of humanity is still. The man of wisdom is happy; the man of humanity is long-lived."

(The analects of Confucius (Lun Yu); A Literal Translation with an Introduction and Notes by Chichung Huang, Oxford University Press 1997.)

2 The Master said: "Wisdom delights in water; love delights in hills. Wisdom is stirring; love is quiet. Wisdom enjoys life; love grows old."

(Harvard Classics, Vol. 44, Part 1: The Sayings of Confucius). (http://www.bartleby.com/44/1/)

제6편 옹야(雍也) | 제22장

子曰; 齊一變至於魯; 魯一變至於道.

자왈; 제일변지어노; 노일변지어도.

해석 | 공자께서 말씀하셨다. "제(齊)나라가 한 번 개혁하면 노(魯)나라 수준에 이르게 되고, 노(魯)나라가 한 번 개혁하면 도(道)가 있는 나라에 이르게 된다."

【주석】

01 齊一變至於魯 제일변지어노

제(齊)나라가 한 번 개혁하면 노(魯)나라 수준에 이르게 된다. Qi, by one change, it would come to the level of Lu. If Qi is once reformed, it will reach the level of Lu.

齊 제: 주(周)나라의 제후국(諸侯國)이다. 강태공(姜太公) 여망(呂望)을 제후로 봉하였다. 여망(呂望)은 노나라에 봉하여진 주공(周公)과 함께 주왕조(周王朝) 창업을 도운 공신이다. 제(齊)나라는 환공(桓公)이 관중(管仲)이라는 명재상을 등용하였을 때에는 무력(武力)과 공리(功利)를 숭상하는 정치를 펴서 한 때 국력이 강성하였으나 예(禮)는 쇠퇴하였다. 주나라의 정치, 교육 등 문물제도를 이어받았으면서도 이를 잘 계승하지 못함으로써 노(魯)나라보다 뒤지게 되었다고 한다. Qi. a name of a state.

一變 일변: 한 번 개혁하다. 한 번 변하다. be once carried out. with one reform. by one change.

至於魯 지어노: 노(魯)나라 수준에 이르다. 노(魯)나라 수준이 되다. reach to the level of Lu. come to the level of Lu.

02 魯一變至於道 노일변지어도

노나라가 한 번 개혁하면 도(道)가 있는 나라에 이른다. Lu, by one reform, it would come to the state with the Way. By one reform, Lu would reach the Way.

魯 노: 주(周)나라의 제후국(諸侯國)이다. 주공단(周公旦)을 제후로 봉하였다. 춘추시대(春秋時代)의 백 수십 개의 나라 중에서 중간급에 속하는 국가라고 한다. 그러나 주나라의 예와 문물제도를 비교적 잘 계승하였다고 한다. Lu

至於道 지어도: 도(道)에 이른다. 도(道)가 있는 나라가 된다. 노나라가 한 번 변하면 옛날의 주나라와 같이 도가 행하여지는 훌륭한 나라가 될 수 있음을 뜻한다. 도는 선왕지도를 뜻하며(道, 則先王之道也), 구체적으로는 요(堯). 순(舜). 우(禹) 탕(湯). 문왕(文王). 무왕(武王) 같은 임금의 정치대도(政治大道)를 가리킨다.
reach the Way. bring Lu to the Way. be made to attain the Way.

【해설】

제(齊)나라는 환공(桓公)의 패도(霸道)로 말미암아 무력(武力)과 공리(功利)와 간략(簡略)한 것을 숭상하다 보니, 시조(始祖)인 여망(呂望)이 주(周)나라로부터 이어 받은 문물제도(文物制度)가 변해 버렸다. 그래서 공자가 "제(齊)나라가 한 번 개혁하면 노(魯)나라 수준에 이르게 된다"고 한 것이다. 노(魯)나라는 주(周)나라의 문물제도를 이어 받아 이를 중히 여기었으나 시간이 흐름에 따라 다소 퇴폐(頹廢)하는 경향이 있었으므로 "이를 한 번 개혁하여 바로 잡는다면 선왕(先王)의 도(道)를 다시 되찾을 수 있다"고 말한 것이다.

【외국학자 영문해석】

1 The Master said, "Chi with one change would reach to Lu, and with one change would reach to the Way."

(The Original Analects, Sayings of Confucius and His Successors, A New Translation and Commentary by E. Bruce Brooks and A Takeo Brooks, Columbia University Press, New York.)

2 The Master said, "A single change could bring Ch'i to the level of Lu; and a single change would bring Lu to the Way."

(The analects of Confucius Translated and Annotated by Arthur Waley: A Division of Random House, INC. New York.)

제23장

子曰; 觚不觚, 觚哉? 觚哉?

자왈; 고불고, 고재? 고재?

해석 | 고(觚)술잔이 고(觚)술잔답지 않게 모가 없다면, 고(觚)술잔이라고 하겠는가? 고(觚)술잔이라고 하겠는가?(제례용 8각형의 술잔이 제대로 8각의 모가 나지 않았다면 이를 어찌 8각형 술잔이라 할 수 있겠는가?)

【주석】

01 觚不觚 고불고

고(觚)라는 술잔이 고(觚)술잔답지 않다. 고(觚)술잔이 고(觚)술잔답지 않게 모가 없다. 고(觚)술잔이라고 말은 하지만 잔에 모가 없다면 고(觚)술잔이 아니다. 뒤에 나오는 觚자는 형용사처럼 해석하면 자연스럽다. The drinking vessel called as a gu with squares at the bottom has no squares. (now it is no longer a gu). The vase named a square vase has no square. The vessel called as a cornered vessel is without corners.

觚 술잔(고): 밑 부분이 모가 난 술잔 (酒器). 육각형이라는 해석도 있고 팔각형이라는 해석도 있으나 이는 확실지 않으며, 아무튼 둥근 형의 술잔이 아니고 모가 나 있는 술잔으로서 과거 선왕 때부터 사용하여 온 제례용 술잔이다. drinking cup with square at the bottom. liquor glass round at the top and with square at the bottom.

02 觚哉 고재

觚술잔이라고 하겠는가? Can you call it a square vase? Can you call it a cornered vessel?

哉 재: 의문 또는 반문의 어기를 표시한다. equivalent to a question mark. used together with an interrogative to express doubt or form a rhetorical question (The Commercial Press. 2001. Beijing, New Age Chinese-English Dictionary: p.1925).

【 해설 】

사제(司祭)가 내연의 처를 거느리고 있다면 이제 그는 사제가 아니다. 그저 한 남자일 뿐이다. 비구니 스님이 정부를 거느리고 있다면 이제 그 비구니도 스님이 아니다. 그저 한 여자에 불과할 뿐이다. 여름철 바닷가 콘도에서 용역업체에서 배달해 온 음식으로 제사상을 차렸다면 이는 제사상이 아니고 그저 유흥용 밥상일 뿐이다. 소주잔을 누가 맥주 컵이라고 한다고 해서 소주잔이 맥주 컵이 되는 것은 아니다. 고(觚)라고 하는 술잔은 당초 모(角)가 나 있으므로 이름도 고(觚)라고 불렀는데, 이제 고(觚)에 모가 없다면 더 이상 고(觚)라고 부를 수 없다.

다산(茶山)은 "고(觚)가 〈觚〉 라는 이름을 얻게 된 것은 여덟 모서리가 있기 때문인데, 모서리를 없애고 둥글게 만들고서도 〈觚〉 라고 하니 명칭(名稱)과 실상(實狀)이 맞지 않는 것이다. 공자가 명실(名實)을 논하다가 그를 지적하여 유명무실(有名無實)함을 비유한 것이다"라고 하였다. 임금은 임금다워야 하고, 신하는 신하다워야 한다. 그렇지 않으면 나라의 기강(紀綱)이 문란(紊亂)해진다. 임금과 신하가 각자 자신의 본분(本分)을 다하지 못하는 등 주(周)나라 초기의 예악문화가 제대로 지켜지지 않고 있는 세태(世態)에 대하여 공자는 이렇게 개탄한 것이다.

【 외국학자 영문해석 】

1 The Master said: "A gu[1] is no longer a gu! Is this a gu? Is this a gu?"[2]

[Notes]

[1] A drinking vessel, round at the top and square at the bottom, with ridges on all sides, used at the Prefecture Magistrate's Drinking Ceremony, people at the time defied the traditional pattern of the gu as prescribed by the rituals. Hence the Master's disapproval.

[2] The Master deplored that his contemporaries only indulged themselves in drinking but had no regard for the rituals.

(The analects of Confucius (Lun Yu); A Literal Translation with an Introduction and Notes by Chichung Huang,

Oxford University Press 1997.)

2 Confucius said, A ku that is no longer a ku! What a ku! What a ku!

Note: The ku was a small drinking cup originally used in rituals. Its accepted size and shape had been altered to facilitate drinking and Confucius laments the predominance of drinking over rituals.

(Confucius Publishing Co Ltd.: http://www.confucius.org/maine.htm//)

제6편 옹야(雍也) 제24장

宰我問曰; 仁者, 雖告之曰; 井有仁焉, 其從之也? 子曰; 何爲其然也? 君子可逝也, 不可陷也; 可欺也, 不可罔也.

재아문왈; 인자, 수고지왈; 정유인언, 기종지야? 자왈; 하위기연야? 군자가서야, 불가함야; 가기야, 불가망야.

해석 | 재아가 여쭈었다. "어진 사람은 누가 그에게 '우물 속에 어떤 사람이 있다'고 알려준다면, 그가 그 말을 듣고서 그 사람을 찾아 우물 속으로 들어갑니까?"
공자께서 말씀하셨다. "어찌 그와 같이 하겠느냐? 군자는 우물가로 갈 수는 있겠지만 빠지지는 않는다. 일시적으로 속을 수는 있으나 사리를 분간하지 못하지는 않는다."

【주석】

01 宰我問曰；仁者，雖告之曰；井有仁焉，其從之也

재아문왈; 인자, 수고지왈; 정유인언, 기종지야

재아가 물었다. 어진 사람은 누가 그에게 '우물 속에 인자(仁者)가 있다'고 알려 준다면, 그가 그 말을 듣고서 仁者를 찾아 우물 속으로 들어가겠습니까? Zai Wo asked: "A benevolent man - if someone informs him that there is a man in the well, would he follow him into it?"

宰我 재아: 공자의 제자로서 노나라 사람이다. 성은 재(宰), 이름은 여(予), 자는 자아(子我). Zai Wo. alias of Zai Yu. a disciple of Confucius.

仁者 인자: 어진 사람. 인한 사람. 뒤에 공자가 대답한 말로 미루어 보면 군자를 뜻한다. a benevolent man. a humane man.

雖告之曰 수고지왈: 만약 (누군가가) 그에게 알려 준다면. if someone informs him (that there is a man in the well).

雖 비록(수): 만일. 만약. 若과 같다. if.

告 알릴(고): 알려 주다. tell. inform.

井有仁焉 정유인언: 우물 속에 仁者가 있다. 우물 속에 사람이 있다. There is a benevolent man in the well.

井 우물(정): 우물. well.

有 유: …에 …이 있다. 有자 뒤에 오는 말을 주어처럼 해석한다. there is

仁 인: 어진 사람. 인자(仁者)이므로 악질적이 아닌 사람 즉 "어떤 사람"으로 풀이하는 것이 자연스럽다. 주희는 "사람"으로 풀이하였다. 『논어집주』는 有仁의 仁은 마땅히 人字가 되어야 한다고 주장한다(有仁之仁, 當作人). 맹자(孟子)도 진심장구하(盡心章句下)에서 "仁은 人이다"라고 하였다(仁也者, 人也). 분명히 仁자로 씌어 있는데, 이것을 人자로 이해하기도 그렇고, 글자 그대로 사람이 아닌 "仁"으로 해석하는 견해도 있으나 우물 속에 추상적 개념인 仁이 있다고 해석하는 것도

무리가 있다. a benevolent man. a humane man.

焉 언: …이다(be). 진술문의 끝에 쓰여 판단 또는 진술의 어기를 나타낸다(연세대 허사사전편찬실, 『허사대사전』 pp.448~449). used to indicate judgement or explanation. equivalent to a period.

其從之也 기종지야: 그가 그를 좇아갑니까? 그가 그 말을 듣고서 仁者를 찾아 우물 속으로 들어갑니까? Will he follow him in it?

其 기: 그. 그 사람. he

從 좇을[종]: 좇다. 따르다. 『논어집주』에는 從은 "우물에 따라 들어가 그 사람을 구출하는 것이다"라고 설명한다(從, 謂隨之於井而救之也). follow. go after.

之 지: 그를. 우물 속에 빠진 사람을 가리킨다. him. that person.

也 야: 의문의 어기를 표시하는 어조사. 乎와 같다. equivalent to a question mark. used to pose a question or counter question. (The Commercial Press. 2001. Beijing, New Age Chinese-English Dictionary: p.1806).

02 何爲其然也 하위기연야

어찌 그러하겠느냐? 무엇 때문에 그렇게 하겠느냐? Why should he do so?

何爲 하위: 왜. 어째서. 무엇 때문에(연세대 허사사전편찬실, 『허사대사전』 pp.846~847). why. on what ground.

其 기: 강조의 어기를 나타내는 어조사. indicate the feeling of emphasis. put behind the word which is stressed as an emphatic particle. on earth. under the sun. in the world..

然 그러할[연]: 그러하다. be like that. so. such a way. that way.

03 君子可逝也, 不可陷也 군자가서야, 불가함야

군자는 (우물가로) 갈 수는 있겠지만 빠지지는 않는다. 군자는 (우물까지) 가게 할 수는 있으나 빠지게 할 수는 없다. The gentleman may be made to go to the well, but he cannot be made to fall into it.

君子可逝也 군자가서야: 군자는 갈 수는 있다. 군자를 가게 할 수는 있다. 仁者가 어떻게 대응할 것인가를 물은 것인데 공자는 仁者 대신에 君子로 답변하였다. The gentleman may be made to go to the well,

逝 갈(서): 가다. go

不可陷也 불가함야: 빠질 수는 없다. 빠지게 할 수는 없다. cannot be made to fall into it. cannot be made to go down into it.

陷 빠질(함): 빠지다. 빠지게 하다. 속여넘기다. fall into it. go down into it.

04 可欺也, 不可罔也 가기야, 불가망야

(일시적으로) 속을 수는 있으나 사리를 분간하지 못하지는 않는다. (일시적으로) 속일 수는 있으나 사리를 분간하지 못하게 할 수는 없다. He may be deceived but he cannot be snared in nets.

可欺也 가기야: (일시적으로) 속일 수는 있다. 속을 수는 있다. can be deceived. may be deceived.

欺 속일(기): 속이다. 속여넘기다. deceive. cheat.

不可罔也 불가망야: (이치에 맞지 않는 방법으로) 현혹시킬 수는 없다. 이치에 맞지 않는 방법에 현혹되지는 않는다. cannot be duped. cannot be entrapped. cannot be snared in nets.

罔 어두울(망): 어둡다. 어리석다. 사리를 분간하지 못한다. 현혹되다. 『논어집주』는 기(欺)는 "이치가 있는 방법으로 사람을 속이는 것"을 말하고, 망(罔)은 "이치가 없는 방법으로 사람을 우매(愚昧)하게 하는 것"이라고 해석하였다 (欺, 謂誑之以理

之所有. 罔, 謂昧之以理之所無). do not distinguish between right and wrong. be duped. be entrapped. be led astray.

【해설】

인자(仁者)는 어질어서 남을 먼저 배려하고 사욕을 챙기지 않는 애정이 풍부한 사람이다. 누가 우물에 빠졌다고 하면 우물가로 달려갈 것이다. 누가 그럴 듯하게 속이면 속아넘어가기도 할 것이다. 그러나 사리분별 없이 우물 속으로 뛰어들어가는 어리석은 짓은 하지 않는다. 사람을 구하려면 우물가에 도착하여 먼저 위기상황을 파악하여야 한다. 무작정 우물 속으로 따라 들어가면 그를 구하지 못한다. 그도 구하지 못하고 자기도 죽게 되기 때문이다. 의협심(義俠心)만 가지고 위기를 극복하기는 어려운 것이다. 빨리 동네 사람의 협조를 받아 밧줄을 던진다거나 줄사다리를 넣어 주어 그를 끌어올리는 조치를 취하여야 한다. 우물가에 가서 빨리 "춘추 119 구조대"를 부르는 것도 한 방법이다. 인자(仁者)는 어리석지 않다. 맹목적으로 우물에 뛰어드는 만용은 부리지 않는다. 그래서 공자는 "不可罔"이라고 표현한 것이다.

【외국학자 영문해석】

1 Zai Wo asked: "A humane man - if someone should tell him that there is a man in the well, would he follow him into it?"

The Master said: "Why should he do so? The gentleman might be made to rush over but could not be made to jump in. He might be deceived but could not be duped."

(The analects of Confucius (Lun Yu); A Literal Translation with an Introduction and Notes by Chichung Huang, Oxford University Press 1997.)

2 Tsai Wo asked, saying, "A benevolent man, though it be told him, -- 'There is a man in the well" will go in after him, I suppose." Confucius said, "Why should he do so? A superior man may be made to go to the well, but he cannot be made to go down into it. He may be imposed upon, but he cannot be fooled."

(Confucius Analects, The Great Learning and The Doctrine of The Mean, translated by James Legge, Manufactured in Dover Publication, Inc. U.S.A.)

子曰; 君子博學於文, 約之以禮, 亦可以弗畔矣夫!

자왈; 군자박학어문, 약지이례, 역가이불반의부!

해석 | 공자께서 말씀하셨다. "군자가 널리 학문(學文)을 배우고, 예(禮)로써 그 자신을 적절하게 조절한다면, 역시 도(道)를 어기지 않을 수 있을 것이다!"

【 주석 】

01 君子博學於文 군자박학어문

군자는 학문(學文)을 널리 배운다. A gentleman studies culture extensively.

博 넓을〔박〕: 넓다. 여기서는 부사적 용법으로 "넓게", "광범위하게"라는 뜻이다. widely. extensively.

學 배울〔학〕: 배우다, 공부하다〔「학이」 1-1〕. learn. study.

於 어: …을. …를. 동작의 대상을 표시한다. indicate the object of an action.

文 문: 학문(學文). 문헌(文獻). 문물제도(文物制度). 文은 시(詩), 서(書), 예(禮), 악(樂), 역(易), 춘추(春秋) 등 성현(聖賢)의 글을 뜻한다. liberal arts. culture. literature.

02 約之以禮 약지이례

예(禮)로써 그 자신을 적절하게 조절하다. 예(禮)를 갖추어 그 자신의 언행을 적절하게 조절하다. restrain himself with the rituals. discipline himself with propriety. regulate himself with the rites.

約 묶을(약): ① 묶다. 제약하다. 단속하다. 적절하게 조절하다. 茶山은 約은 "자기를 단속하고 작게 하는 것이다"라고 풀었다(約, 束而小之也). restrain. regulate oneself ② 요약하다. 주희는 約은 "요약하는 것이다"라고 풀었다(約, 要也). summarize.

之 지: 그를. 그 자신을. 그 자신의 언행을. 之는 君子를 가리킨다. 조절의 대상은 사람이다. him, himself.

03 亦可以弗叛矣夫 역가이불반의부

역시 정도에서 벗어나지 않을 수 있을 것이다! 역시 도를 어기지 않게 될 수 있을 것이다! He also will not go astray. He is not likely to betray.

可以 가이: 할 수 있다. can.

弗叛 불반: 배반하지 않다. 위반하지 않다. 정도(正道)에서 벗어나지 않다. 弗叛은 不叛과 같다. will not go astray. be unlikely to deviate. be not likely to leave the track.

弗 아닐(불): 아니다. 不와 같다. not.

畔 배반할(반): 경계선에서 벗어나다. 배반하다. 도(道)에 어긋나다. 정도(正道)에서 벗어나다. 叛과 같다. betray. deviate from. overstep what is right.

矣夫 의부: 감탄의 어기를 표시하는 어조사. used to indicate the feeling of exclamation. equivalent to an exclamation mark.

〔예〕 三年之喪, 亦已久矣夫(삼년지상, 역이구의부): 삼년상은 역시 너무 길구나!(已: 매우. 대단히 very, too)〔『禮記』. 「檀弓上」〕. The three-year mourning is too long indeed!

【 해설 】

군자는 학문(學文)을 널리 배워야 한다. 그러나 좀 배웠다고 해서 함부로 떠벌리거나 잘난 척하거나 배운 것을 본래의 목적 외에 다른 목적으로 이용해서는 안 된다. 자기자신을 스스로 절제할 줄 알아야 한다. 約이라는 글자는 '묶는다'는 뜻이다. 자기자신을 잘 다스리고 통제할 수 있어야 정도(正道)를 벗어나지 않는다.

【 외국학자 영문해석 】

1 The Master said: "A gentleman enlarges his leaning through literature and restrains himself with ritual therefore, he is not likely to go wrong."

(The Analects of Confucius, Translation and Notes by Simon Leys, W. W. Norton & Company. Inc. New York.)

2 Confucius said: "A gentleman studies the culture widely, restrains himself with rituals, then could not go against the benevolent way."

(The Analects of Confucius(unabridged), translated by Jack J. Cai & Emma Yu, Americd-rom publishing company. U.S.A).

제6편 옹야(雍也) | 제26장

子見南子, 子路不說, 夫子矢之曰; 予所否者, 天厭之, 天厭之!

자견남자, 자로불열, 부자시지왈; 여소부자, 천염지, 천염지!

해석 | 공자께서 남자(南子)를 만났는데, 자로가 좋아하지 않았다. 공자가 이에 맹세하고

말씀하셨다. "내가 만약 나빴다면, 하늘이 이 사람을 버리실 것이다! 하늘이 이 사람을 버리실 것이다!"

【주석】

01 子見南子 자견남자

공자가 남자를 만났다. Confucius visited the Nan-Zi.

南子 남자: 위(衛)나라 영공(靈公)의 부인으로 음란한 여자로 알려졌으며 정치에도 관여하였다. 공자가 위나라에 갔을 때, 이 여자가 면담을 청하였는데 공자가 처음에는 거절하였다. 그러나 영공을 만나려면 자기를 먼저 만나야 한다고 하므로 부득이 그 여자를 만난 것이다. 공자는 부인을 매개로 영공에게 접근하여 바른 정치를 하도록 해 보려고 시도한 것이었는데, 제자 자로의 눈에는 "음란한 여인과 공자의 만남", 무언가 어울리지 않는 느낌이 들어 이를 불쾌하게 생각한 것이다. Nan-Zi. the wife of a ruler of Wei. become known to be notoriously promiscuous but influential in state affairs.

02 子路不說 자로불열

자로가 좋아하지 않았다. Zi-lu was displeased.

03 夫子矢之曰 부자시지왈

공자가 이에 대하여 맹세하고 말하였다. The Master, swearing about this., said.

夫子 부자: 공자. Confucius.

矢 맹세할[시]: 맹세하다. 서(誓)와 같다. swear.

之 지: 여러 가지 해석이 나뉘고 있다. ① 이것 (this). 그것 (that. it). 이것에 대하여. 그것에 대하여. 즉 "공자가 영공의 부인 남자를 만난 사실"을 가리키는

지시대명사로 보는 입장이다. Zi-lu was displeased. Our Master swore an oath about this. (Raymond Dawson) / Whereupon the Master made a solemn declaration concerning his visit, saying. (Arthur Waley) ② 제자인 자로에게 맹세한 것으로 해석하는 견해도 있다. 이 때의 之는 "그에게(him)"의 뜻이다. Tzu Lu showed his displeasure, on which the Sage swore to him saying. (William Edward Soothill) / The master, swearing to him, said. (Chichung Huang) ③ 그것. 어떤 것. 무엇인가. 이 때의 之는 일반적인 사실이나 사물을 가리키므로 많은 학자들이 이 글자(之)를 해석하지 않고 있다. "하늘"을 가리킬 수도 있고, "나쁜 짓을 하지 않았다는 사실"을 가리킬 수도 있으며, 막연히 "무언가"를 뜻할 수도 있다. it. something. / The master swore. (Simon Leys) / Confucius swore. (Beijing Foreign Language Printing House)

04 予所否者 여소부자

내가 만약 나쁜 짓을 했다면, 내가 만약 예(禮)에 어긋나는 일을 하였다면. if I have done anything inappropriate. If I have done anything improper.

予 나(여): 나 (我. 吾). I

所 소: 가정 또는 조건을 표시하는 접속사. 대부분 맹세하는 말 중에 쓰이며, "만약"으로 해석한다(연세대 허사사전편찬실, 『허사대사전』 p.335). if

否 아닐(부), 악할(비): 나쁘다. 좋지 않다(연세대 사서사전편찬실, 『四書集解辭典』 p.321). 주희의 『논어집주』에서는 否는 "禮에 부합되지 아니하고 道에 의거하지 아니한 것을 의미한다" 고 하였다(否, 謂不合於禮, 不由其道也). anything improper. do amiss. anything wrong.

者 자: …이면. …하면. 가정 또는 조건을 표시한다. 말을 잠깐 멈추고, 다음 말을 환기시키는 쉼표역할을 하는 것으로 볼 수도 있다. 가정의 뜻은 이미 앞에 所가 나왔기 때문이다. if.

05 天厭之 천염지

하늘이 이 사람을 버리실 것이다. 하늘이 나를 미워할 것이다. Heaven will forsake this person. Heaven will desert me. Heaven will curse this man.

厭 싫어할〔염〕: 미워하다. 싫증이 나다. 주희는 '끊어 버리다'로 설명한다 (厭, 棄絶也). desert. throw away. curse.

之 지: 이. 이것. 이 사람 (공자를 가리킨다). 之는 '이것' 또는 '그것'이라고 하는 기본의미를 가지면서 대명사(이것. 이 사람. 그것. 그 사람), 형용사(이, 그), 부사(이에, 그에) 등으로 두루 쓰인다. 공자 자신의 말이므로 '이 사람'이란 '나'를 가리킨다. this person. me.

【해설】

품행이 좋지 않은 여자를 만난 데 제자인 자로가 불만을 토로했다. 남자(南子)는 그 당시 위(衛)나라 통치권자인 영공(靈公)의 부인으로서 정치적인 실권을 쥐고 있었다. 어떤 정치적인 협상을 하려면 우선 그 나라 최고지도자와의 면담이 필요한 것이다. 남자를 통하지 않고서는 위령공을 만날 수 없었기 때문에 공자는 그의 부인인 남자를 경유한 것이다. 그것뿐이다. 어디 여자가 없어 당대 최고의 지성인(知性人)인 공자가 당시 최고의 음녀(淫女)를 만났겠는가. 그래서 공자는 "내가 만약 나쁜 짓을 했다면, 하늘이 이 사람을 버릴 것이다! 하늘이 이 사람을 버릴 것이다!"라고 외친 것이다. 그러나 자로의 분노도 이해는 간다. "어떻게 공자같이 근엄한 스승이 교활한 음녀(淫女)와 자리를 같이 한단 말인가?" 생각만 해도 화가 치미는 일이었을 것이다.

【외국학자 영문해석】

1 When the Master went to see Nan-tzu, Tzu Lu showed his displeasure, on which the Sage swore to him saying: "If I have in any way done wrong, may Heaven reject me! May Heaven reject me!"

(The Analects, Confucius translated by William Edward Soothill. Dover Publications, Inc. New York.)

2 Confucius visited the famous lady Nan Zi (Queen Consort of Wei), and Zi Lu was unhappy about it. Confucius swore, "If I have done anything inappropriate, may Heaven curse me! May Heaven curse me!"

(Analects of Confucius (1994): Printed by Beijing Foreign Language Printing House. China.)

제6편 옹야(雍也) | 제27장

子曰; 中庸之爲德也, 其至矣乎! 民鮮久矣.

중용지위덕야, 기지의호! 민선구의.

해석 | 공자께서 말씀하셨다. "중용(中庸)의 덕(德)됨은 지극(至極)한 것이다! 백성 중에 중용의 덕을 행하는 자가 드물게 된 지가 오래 되었다."

【주석】

01 中庸之爲德也, 其至矣乎 중용지위덕야, 기지의호

중용(中庸)의 덕(德)됨은 지극(至極)한 것이다! 가난한 이웃에 양식을 주는 것도 덕이 되고, 아프리카 오지에서 가난한 환자들에게 인술을 베푸는 것도 덕이 된다. 덕이 되는 것 중에서는 "중용을 지키는 것이 최고의 덕"이라는 것이다. That the Mean becomes virtue is sublime indeed! The Mean as a virtue is supreme indeed! The virtue which follows the Constant Mean is supreme indeed!

中庸 중용: 중(中)은 과도(過度)하지도 않고 부족(不足)하지도 않은 상태를 말한다(『中者』, 「無過不及之名也」). 용(庸)은 항상 일정한 상태를 유지함을 말한다(庸, 平常也).

中은 어느 한 쪽으로 치우치지 않는 것을 말하며(不偏之謂中), 庸은 항상 변하지 않는 것을 뜻한다(不易之謂庸). 맥주 잔이 넘치지도 않고 모자라지도 않게 거품을 잘 조절하여 꽉 채우고, 거울이 어느 한쪽으로 삐딱하게 치우쳐 사람의 모습이

일그러지게 보이지 않도록 반듯하게 세우는 자세를 항상 갖추는 것을 뜻한다. the Mean. the constant Mean. the doctrine of the Mean. It means that a situation is not overflowing, not short, not biased. Such a situation is always not changed and is maintained uniformly.

之 지: 주어와 술어 사이에 놓여 절(節)을 만드는 역할을 한다. 영어의 종속접속사에 해당한다. if. when. that. though. how 등으로 다양하게 쓰인다. 여기서는 명사절을 형성한다. "之…也"의 구문형식으로 많이 쓰인다〔「학이」 1-16〕, 〔「태백」 8-4〕. That the Mean becomes virtue (is supreme indeed!). The Mean's becoming virtue.

爲 위: …이 되다. become.

爲德 위덕: 덕 됨. 덕이 되다. 덕을 이루다. attain to virtue. become virtue.

也 야: 한 박자 쉬는 역할을 한다. 음절을 조정하고 어기를 고르는 어조사. used to indicate a pause in a sentence. equivalent to a comma.

其 기: 동작, 행위 또는 어떤 상황에 대한 추측을 나타낸다. "아마도"로 해석한다(연세대 허사사전편찬실, 『허사대사전』 p.132). perhaps. maybe.

至 이를〔지〕: 지극하다. supreme.

矣乎 의호: 감탄의 어기를 표시한다. 감탄문의 끝에 쓰여 矣는 이미 그러함을 나타내고, 乎는 감탄을 나타낸다(연세대 허사사전편찬실, 『허사대사전』 p.583). used to indicate the feeling of exclamation. equivalent to an exclamation mark.

02 民鮮久矣 민선구의

백성들 중에 드물어진지가 오래 되었다. 백성 중에 중용의 덕을 행하는 자가 드물게 된 지가 오래 되었다. 『논어집주』는 "백성이 덕행에 힘쓰지 않아서 이 덕을 가진 이가 적은 지 오래 되었다"고 설명하고 있다(民不興於行, 少有此德久矣). It has been rare among the people for a long time.

鮮 적을〔선〕: 드물다. 적다. 흔하지 않다. rare. seldom. few.

久 오랠(구): 오래이다. 길다. long.

矣 의: …이다. …하게 되다. 한 사건이 발전 변화하는 과정을 서술하며, 대체로 '…이다'로 해석한다 (김원중, 『허사사전』 pp.637~640). be. become. come to. get to.

【해설】

길바닥에 쓰러진 환자를 등에 업고 병원 응급실까지 데려다 주는 일도 덕이 되고, 글을 모르는 문맹자들에게 글을 가르쳐 주는 것도 덕이 된다. 중용(中庸)은 이러한 개별적인 덕목(德目)이 아니다. 중용은 넘치지도 않고, 모자라지도 않고, 어느 한 편으로 치우치지도 않으면서, 항상 일정하게 변함없이 실천하는 덕행(德行)이다. 그러니까 최고의 덕행인 셈이다. 어버이날 하루만 효도관광을 보내는 1회용 효도와도 다르고, 부모에게는 잘하지만 이웃어른들에게는 공경하지 않는 소인배(小人輩)적 덕행과도 다르다. 가난한 이웃에 쌀을 나누어 주는데, 朴씨 집에는 쌀 한 가마니를 주고, 괘씸죄에 걸린 金씨 집에는 쌀 한 되를 주는 것은 편파적인 행동으로 덕을 훼손시키는 행위이다. 중용의 덕에 위반되는 것이다. 중용은 개별적인 덕목이 아니라 종합적(綜合的)인 덕목(德目)이다. 1회용이 아니라 항상 일정하게 조화를 이루어야 하는 종합적인 덕목이다. 그래서 중용의 덕을 지극(至極)한 것이라고 표현하였다. 흔히 중용(中庸)을 중간적(中間的)인 개념으로 이해하고 있는 사람이 있다. 초등학교 수학에서의 100점 만점 중 50점 정도라는 것이다. 이것은 잘못된 생각이다. 오히려 중용은 100점 만점을 의미한다. 맥주 잔에 맥주를 채우는 데 넘치지도 않고 모자라지도 않게 부었다면, 그것은 "꽉 채워진 상태"를 뜻한다. 그러니까 100% 채워진 상태이니 굳이 수학적인 개념을 동원하자면 100점을 뜻한다고 볼 수 있다. 인색하지도 않고 사치스럽지도 않은 검약의 생활, 난폭하지도 않고 비겁하지도 않은 용기 있는 행동, 술을 마셔도 과음하지 않고 적당히 마시는 습관 그리고 이런 자세를 항상 유지하는 것, 이것이 중용으로 가는 길이다.

【외국학자 영문해석】

1 Confucius said, "The Mean is the supremest virtue! However, it has been rare among the people for a long time now."

(Analects of Confucius (1994): Printed by Beijing Foreign Language Printing House. China.)

2 The Master said, "How transcendent is the moral power of the Middle Use ! That it is but rarely found among the common people is a fact long admitted."

(The analects of Confucius Translated and Annotated by Arthur Waley: A Division of Random House, INC. New York.)

제6편 옹야(雍也) | 제28장

子貢曰; 如有博施於民, 而能濟衆, 何如? 可謂仁乎?
子曰; 何事於仁? 必也聖乎. 堯舜其猶病諸. 夫仁者,
己欲立而立人, 己欲達而達人. 能近取譬,
可謂仁之方也已.

자공왈; 여유박시어민, 이능제중, 하여? 가위인호? 자왈; 하사어인? 필야성호. 요순기유병저. 부인자, 기욕립이립인, 기욕달이달인. 능근취비, 가위인지방야이.

해석 | 자공이 말하였다. 만약 백성에게 널리 은혜를 베풀 수 있고, 많은 사람을 구제할 수 있는 사람이 있다면, 어떻겠습니까? 어질다고 할 수 있겠습니까?
공자께서 말씀하셨다. "어찌 어진 것에 그치겠느냐? 그런 사람이 있다면 틀림없이 성인일 것이다. 요임금, 순임금도 아마 그것을 걱정했을 것이다. 대체로 인(仁)한 사람은 자기가 어느 위치에 서고 싶으면, 다른 사람에게 거기에 서게 하고, 자기가 어느 위치에 도달하고 싶으면, 다른 사람에게 거기에 도달하게 한다. 가까운 곳에서 깨달음을 얻을 수 있다면, 그것이 바로 인(仁)의 경지에 이르는 방법이라고 할 수 있다."

【주석】

01 如有博施於民, 而能濟衆, 何如 여유박시어민, 이능제중, 하여

만약 백성에게 널리 은혜를 베풀고, 많은 사람을 구제하여 줄 사람이 있다면, 어떻겠습니까? If there were someone who benefited the people extensively and could relieve the multitude, what would you think of him?

如 여: 만약. 가정. 조건의 접속사로서 雖. 若와 같다. if. suppose.

有 유: …이 있다. there is. 有자 뒤에 나오는 말이 실질적으로 주어가 된다.

博施 박시: 널리 베풀어 주는 사람. 앞에 나오는 有자 때문에 의미상으로 "사람"으로 본다. the person who benefits the people extensively.

能濟衆 능제중: 많은 사람을 구제하여 줄 사람. 앞에 나오는 有자가 여기에도 걸리므로 "구제하여 줄 사람"으로 본다. can relieve the multitude.

濟 건질〔제〕: 구제하다. save. relieve.

衆 무리〔중〕: 많은 사람. the multitude.

何如 하여: 어떻겠습니까? How about? What do you think of him?

02 可謂仁乎 가위인호

어질다고 할 수 있겠습니까? Can he be called humane? May he be called a man of virtue? Can he be called benevolent man?

03 何事於仁 하사어인

어찌 어진 것에 그치겠느냐? 어찌 仁한 것뿐이겠는가? Why is he only humane? Why does he stop at a man of humanity?

事 사: …에 그치다. …한정하다(연세대 사서사전편찬실, 『四書集解辭典』 p.361). stop at. only.

04 必也聖乎 필야성호

그런 사람이 있다면 틀림없이 성인(聖人)일 것이다. If there is such a person, he must be a sage. He will undoubtedly be a sage. He will be a saint.

必也 필야: 굳이 말한다면. 그런 사람이 있다면. 어떤 조건하에서 자기의 의사를 표시할 때 주로 사용된다. "만약…이 있다면 틀림없이", "…한 사람이 있다면 필시", "만약에 그런 사실이 있다면 틀림없이" 등으로 앞에 말한 내용을 뒤집거나 구체적으로 강조하려고 할 때 사용되는 어법이다〔「팔일」 3-7〕, 〔「안연」 12-13〕, 〔「자로」 13-3〕, 〔「자장」 19-17〕. if I particularly speak of it. if there is such a person. if such a situation happens. surely. undoubtedly. certainly.

也 야: 음절을 조절하고 어기를 고르는 어조사. 쉼표처럼 잠깐 말을 멈추는 역할을 한다. used to indicate a pause in a sentence. equivalent to a comma.

乎 호: 감탄과 추측의 어기를 표시한다. used to indicate the feeling of exclamation and conjecture. used like an exclamation mark.

05 堯舜其猶病諸 요순기유병저

요임금. 순임금도 아마 오히려 그것을 걱정했을 것이다. Even Yao and Shun would find it difficult. Even Yao and Shun would worry about this.

堯 요: 요 임금을 말한다. 성은 도당(陶唐), 이름은 방훈(放勳). 효행으로 이름이 높았던 순(舜)을 등용하였고, 자기의 두 딸을 그에게 주었다. 요(堯)는 희화(羲和) 등에게 명하여 농사짓는 데 필요한 역법(曆法)을 만들기도 하였다. 1년을 366일로 정하고 4년에 한 번씩 윤달을 둔 것도 이 때 만들어졌다고 한다. 요(堯)가 죽은 뒤, 순(舜)은 요(堯)의 아들 단주(丹朱)에게 왕위를 넘겨 주고 자기는 황하 남쪽 땅으로 피신하였다. 나중에 제후들이 찾아와 순(舜)을 추대하므로 순(舜)이 천자(天子)의 자리에 올랐다고 한다. King Yao. One of the legendary sage kings admired by Confucius. Yao ceded the throne to Shun.

舜 순: 성은 우(虞). 이름은 중화(重華). 요임금과 더불어 공자가 성군으로 칭송한

임금이다. 『사기(史記)』에 의하면, 순의 아버지는 장님이었고 계모와 이복동생이 있었는데 이들의 음모로 여러 번 죽을 고비를 당하면서도 효행의 도를 다하였다. 당시 천자로 있던 요임금은 순의 평판을 듣고 자기 딸을 순에게 출가시켜 그 인간됨을 확인하고 그를 등용하였다. 요가 죽자 요의 아들 단주(丹朱)를 즉위시키려 하였으나 천하의 인심이 순에게 기울어졌으므로 순이 왕위에 올랐다. 그 후 순은 사냥하던 도중 병을 얻어 죽었다고 한다. Shun. one of the legendary sage kings admired by Confucius. By employing talented and worthy men, he achieved humane government, and he ceded the throne to his minister Yu instead of his son Shang-jun.

其 기: 아마. perhaps. maybe.

猶 오히려(유): 오히려. …조차. …마저도. …까지도. even

病 병: 걱정하다. 괴로워하다. 힘들어하다. solicitous about. worry about. find something difficult.

諸 저: 그것을. 그것에 대하여. 諸는 之於 또는 之乎와 같다. 그것이란 博施. 濟衆을 가리킨다. 博施. 濟衆을 행한다는 것이 무척 어려운 일이므로 요임금. 순임금 같은 사람도 그것을 걱정하고 괴로워했으리라는 추측이다. over this. about it.

06 夫仁者, 己欲立而立人, 己欲達而達人

부인자, 기욕립이립인, 기욕달이달인

대체로 仁한 사람은 자기가 (어느 위치에) 서고 싶으면, 다른 사람에게 (거기에) 서게 하고, 자기가 (어느 위치에) 도달하고 싶으면, 다른 사람에게 (거기에) 도달하게 한다. On the whole, the humane man helps others establish what he wishes to establish, helps others achieve what he wishes to achieve.

夫仁者 부인자: 대체로 仁한 사람은. on the whole, a man of humanity.

夫 대저(부): 대체로. 대개. 무릇(「자로」 13-4). on the whole. generally

己欲立而立人 기욕립이립인: 자기가 (어느 위치에) 서고 싶으면, 다른 사람에게 (거기에) 서게 한다. In case he wants to make a stand, helps others first make a stand.

而 이: …하면. …이면. 조건에 관한 접속사. 則과 같다. if. in case.

己欲達而達人 기욕달이달인: 자기가 (어느 위치에) 도달하고 싶으면, 다른 사람에게 (거기에) 도달하게 한다. In case he wants to reach a goal, helps others first reach the goal.

達 통할(달): 달성하다. 도달하다. achieve. attain one's purpose.

07 能近取譬, 可謂仁之方也已 능근취비, 가위인지방야이

가까운 곳에서 깨달음을 얻을 수 있다면, 그것이 바로 인(仁)의 경지에 이르는 방법이라고 할 수 있다. If one can take a hint on what is near at hand, that may be called the method of humanity.

能近取譬 능근취비: 가까운 곳에서 비유를 취할 수 있다. 가까운 곳에서 깨달음을 얻을 수 있다. 자기 근처에 있는 것을 보고 남의 입장을 미루어 알 수 있다는 뜻이다. 사람의 마음은 비슷한 것이다. 내가 배가 고프면 다른 사람도 배가 고프다. 빵 한 조각이라도 있으면 같이 나누어 먹어야 한다. 내가 피곤하면 부하직원도 피곤하다. 그러므로 내가 쉬고 싶으면 부하직원도 함께 쉬도록 하여야 한다. 내가 승진을 원하면 다른 사람도 승진을 원한다. 그러므로 부정된 방법으로 출세를 시도하여서는 안 된다. 페어 플레이를 하여야 한다. 가까이에 있는 내 마음을 취해서 헤아려 보면 다른 사람이 무엇을 원하는지를 알 수 있고, 다른 사람의 마음을 읽으면 인(仁)을 실천할 수 있다. 진리는 결코 먼데서 찾으려고 할 필요가 없다. 자기 주변으로부터 시작하여 그것으로 미루어 생각하면 먼 곳까지 알 수 있는 것이다. 인(仁)은 남을 배려하는 마음이다[「자장」 19-6]. can take a hint on what is near at hand. can look for analogy from the place that is near at hand. can get a similar feeling on things at hand.

近 근: 가까운 곳에서. 가까이에서. near at hand.

譬 비유할(비): 비유하다. 깨닫다. 주자(朱子)의 『논어집주』에는 譬를 喩(깨우칠

〔유〕)라고 하였다. 즉 비유 또는 깨달음을 뜻한다(譬, 喩也). hint. analogy. example.

08 可謂仁之方也已 가위인지방야이

인(仁)의 방법이라고 할 수 있다. That may be called the method of humanity.

仁之方 인지방: 인의 방법. 인을 실천하는 방법. the method of humanity. the method of benevolence. the key to love.

方 방: 방법. method

也已 야이: …이다 (be). 문장 끝에 쓰여 긍정적인 어기나 감탄의 어기를 나타낸다. '…이다', '…하구나' 등으로 해석한다(연세대 사서사전편찬실, 『四書集解辭典』 pp.493~494)〔「학이」 1-14〕. used to indicate the feeling of decision or exclamation. equivalent to a period.

【해설】

인(仁)은 사람이 하여야 하는 덕행을 의미한다. 부모에게 효도하고, 형제 간에 우애하고, 이웃을 돕고, 남을 먼저 배려하고 사리사욕을 버리는 마음이다. 인은 공자 사상의 핵심으로 쉽게 표현하여 '자비심' 또는 '박애정신'이라고 표현(表現)할 수 있다. 사람이 사는 사회는 각기 다른 성격의 사람이 모여 사는 곳이므로 항상 갈등(葛藤), 반목(反目)과 충돌(衝突)이 끊이지 않는다. 질서(秩序)가 유지되고 사회가 안정(安定)되려면 남을 먼저 배려하는 마음이 필요하다. 남을 먼저 생각하고 남을 먼저 배려하는 박애정신이 필요하다. 仁은 윤리적인 문제이므로 반드시 학문에 뛰어나거나 지혜를 갖추어야 하는 것은 아니다. 남을 먼저 배려하는 착한 마음과 사욕을 버리는 정신 그리고 위 두 가지를 항상 변치 않고 간직하는 자세만 있으면 된다. 1회용 인은 인이 아니다.

【외국학자 영문해석】

1 Zigong said: "Suppose there were someone who benefited the people far and wide and was capable of bringing salvation to the multitude, what would you think of him? Might he be called humane?

The Master said: "Why only humane? He would undoubtedly be a sage. Didn't even Yao and Shun have to take pains over this? Now the humane man, wishing himself to be established, sees that others are established, and wishing himself to be successful, sees that others are successful. To be able to take one's own familiar feelings as a guide may definitely be called the method of humaneness."

(The Analects: translated by Raymond Dawson, Oxford University Press.)

2 Tsze-kung said, "Suppose the case of a man extensively conferring benefits on the people, and able to assist all, what would you say of him? Might he be called perfectly virtuous?" The Master said, "Why speak only of virtue in connection with him? Must he not have the qualities of a sage? Even Yao and Shun were still solicitous about this.

"Now the man of perfect virtue, wishing to be established himself, seeks also to establish others; wishing to be enlarged himself, he seeks also to enlarge others.

"To be able to judge of others by what is nigh in ourselves;-- this may be called the art of virtue."

(Confucius Analects, The Great Learning and The Doctrine of The Mean, translated by James Legge, Manufactured in Dover Publication, Inc. U.S.A.)

영어세대를 위한 완벽한 한문공부

김영일 논어 ——— **[제1권]**

제1편 학이(學而) ~ 제6편 옹야(雍也)

초판 1쇄 발행 2005년 5월 10일
초판 2쇄 발행 2007년 9월 10일
초판 3쇄 발행 2015년 9월 10일

지 은 이 김영일
펴 낸 이 이찬규
펴 낸 곳 선학사
등록번호 제10-1519호
주 소 462-807 경기도 성남시 중원구 사기막골로 45번길 14 A동 1007호
전 화 02-704-7840
팩 스 02-704-7848
이 메 일 sunhaksa@korea.com
홈페이지 www.북코리아.kr

값 17,000원

ISBN 89-8072-163-3 04190
ISBN 89-8072-162-5 (전3권)